AF240991

DE L'VSAGE
ET DE
LA PERFECTION
DE TOVTES LES
CHOSES DV MONDE.

TROISIESME VOLVME DE LA
Science Vniuerselle de SOREL.

Où l'on trouue les plus beaux secrets des Arts, & les plus curieuses inuentions des Hommes.

A PARIS,

Chez **TOVSSAINT QVINET**, Au Palais
dans la petite Salle, sous la montée de la Cour
des Aydes.

M. DC. XXXXI.

AVEC PRIVILEGE DV ROY.

AVX CVRIEVX.

VOvs vous mettriez au hazard de faire
perdre l'opinion que l'on a de vous, ſi
vous laiſſiez eſchapper ce liure de
vos mains ſans l'auoir leu. Prenez
garde qu'il ne parle point de choſes communes; Que pluſieurs ont eſtudié dix ans dans les
Colleges ſans auoir rien apris de ſemblable, &
que les cours de Philoſophie ne comprennent
point cela d'ordinaire. Vous trouuerez maintenant dans vn ſeul volume quantité de curioſitez que vous ne pourriez rencontrer que dans
pluſieurs liures de differents Autheurs qui vous
ſeroient vendus bien cherement pour leur rareté, & peut-eſtre perdriez vous auſſi la peine que
vous prendriez à les entendre. Mais auec cela aſſeurez vous de trouuer encore icy pluſieurs choſes toutes nouuelles afin de receuoir vne ſatisfaction entiere dans cette lecture. C'eſt icy pro pre-
ment le Palais de Phyſis & de Technes, où la
Nature eſt mariée à l'Art, ſuiuant ce que l'on en
peut apprendre dans *la Solitude & l'Amour Phi-
loſophique de Cleomede.* Voicy l'explication de
cette fable myſtique: l'on y apprend l'vſage &
l'employ de toutes les choſes de l'Vniuers, &

comment l'induſtrie de l'homme peut ameliorer & perfectionner tant les corps que les eſprits,
& les tourner à ſon vtilité ; c'eſt le deſſein de la
feconde partie de la Science Vniuerſelle, dont la
premiere partie qui traiĉte de l'Eſtre des choſes
& de leurs proprietez eſt contenuë dans les deux
volumes precedents. Liſez cecy & l'examinez
pour cognoiſtre ſi ce que l'on vous en dit eſt
certain. Ce n'eſt qu'vn Imprimeur qui vous en
aſſeure, mais ce qu'il dit eſt ſelon le rapport de
pluſieurs perſonnes aſſez capables d'en iuger,
& ne croyez point qu'il parle plus pour ſon
intereſt que pour la verité.

TABLE DES CHAPITRES ET SECTIONS
DV LIVRE DE L'VSAGE ET DE LA
Perfection des choses corporelles.

CHAPITRE PREMIER.

DV changement que l'on peut donner aux choses, soit pour l'vsage ou pour leur propre melioration & de l'imitatiõ de ce qui est desia assez parfait: En premier lieu du pouuoir que l'on a sur les corps principaux, & comment l'on imite la lumiere, la chaleur & le mouuement des Astres.   pag. 1.

CHAPITRE II.

CHAPITRE III.

CHAPITRE IV.

ã iij

TABLE DES CHAPITRES ET DES SECTIONS
DV LIVRE, DE L'VSAGE ET DE LA PERFE-
ction des choses Spirituelles.

CHAPITRE PREMIER.

DE *l'vsage, perfection ou melioration du sens commun de l'homme; Moyens de corriger ses erreurs, & raisons certaines contre ceux qui doutent de tout, appellez Sceptiques ou Pyrrhoniens.*   *pag.* 257.

CHAPITRE II.

De l'vsage & perfection de l'imagination & de la memoire.   *pag.* 283.

CHAPITRE III.

De l'vsage de la raison & du iugement; de leur melioration & perfection.   *pag.* 285.

CHAPITRE IV.

CHAPITRE V.

EXTRAICT DV PRIVILEGE
du Roy.

DE
L'VSAGE
ET
PERFECTION
DES CHOSES.

Du changement que l'on peut donner aux choses, soit pour l'Vsage, ou pour leur propre Melioration, & de l'Imitation de ce qui est desia assez parfait. En premier lieu, Du pouuoir que l'on a sur les Corps principaux, & comment l'on imite la lumiere, la chaleur & le mouuement des Astres.

CHAPITRE PREMIER.

NOVS nous sommes employez iusques icy à considerer toutes les choses qui subsistent au Monde, & à sçauoir la verité de leur Estre & de leur Nature, enquoy nous auons veu aussi les changemens qu'elles peuuent souffrir par leurs propres forces ; Il reste d'apprendre quel changement y peut estre apporté par l'exterieur, & ce que nous sommes capables d'y executer, soit en les appliquant à l'vsage où elles sont propres par leur action prochaine, soit en les exposant seulemēt deuant les autres choses auec lesquelles ellespeuuent faire quelque nouueauté. De là nous connoistrons qu'il y en a qui operēt par leurs effets & par ce qui sort d'elles sans qu'il y ait rien de changé en leur substance; les autres sont changées veritablement, pource qu'elles peuuent demeurer entre les mains des hommes: & ce que les hommes en font est vn changement indifferend, pour monstrer simplement leur pouuoir; ou bien cela apporte de la commodité à quelque autre chose, & sert à quelque vsage; ce qui est vn changement vtile; & si cela sert à la chose mesme qui est changée, cela s'appelle vne Melioration, ou vne perfection accomplie. Pour ce qui est des choses qui sont trop éleuées ou trop parfaites pour estre en nostre puissance, il semble qu'elles ne nous laissent rien que la contemplation & l'admiration: Mais outre que nous pouuons faire que par leur moyen il arriue du changement à d'autres choses inferieures, nous transportons aussi & nous augmentons leurs effects en plusieurs endroits; & d'ailleurs, nous sommes capables de les imiter en quelques-vnes de leurs proprietez, tellement que nous en tirons tousiours de la Melioration ou de l'Vsage; ce qui nous apprend qu'il y doit auoir vne seconde partie de la Science Humaine Vniuerselle; & que comme la premiere a esté de la connoissance de l'Estre & de la Nature des choses, celle-cy doit traicter du changement qui y peut estre donné exterieurement par l'industrie & la prudence des hommes.

L'on sçaura dans cet ordre tout ce qui peut donner accomplissement à la recherche generalle des choses: & puisqu'en ce lieu l'on doit comprendre la recherche des Arts, qui d'ordinaire sont separez des Sciences, ils seront rangez à bon droict sous la Science Vniuerselle: car la connoissance que l'on en reçoit est vne partie de cette Science, quoy que leur practique ne soit qu'vn Art.

POVR garder vne methode plus aifée, nous fuiuons celle qui a efté defia prefcrite dans les premiers Liures. Nous confiderons premierement ce qui fe peut faire des Corps principaux; En ce qui eft d'augméter leur nombre, de changer leur fituation & leur rang, d'accroiftre ou diminuer leur maffe, d'alterer leur couleur, de retarder ou d'auancer leur mouuement, de corrompre leur odeur & leur faueur, de les rendre plus durs ou plus mols, plus fecs ou plus humides, plus pefans ou plus legers, & plus chauds ou plus froids; il femble que nous n'y auons non plus de puiffance qu'à changer leur matiere, leurs elemens & leurs principes, ou les aneantir ; ce qui n'eft permis qu'à leur Createur & leur fouuerain Maiftre. L'on dira que la grandeur de leur maffe & leur eloignement, font que nous n'auons pas de pouuoir deffus eux, fi nous les confiderons comme des globes efleuez: mais que fi nous fommes arreftez fur quelqu'vn comme fur la Terre, nos effeéts y peuuent apporter quelque changement. Noùs la pouuons diuifer, ou en tranfporter quelques portions, & corrompre fes qualitez par le feu ou par le meflange. Toutesfois, ce n'eft qu'en de petites parties que nous agiffons; nous ne pouuons rien fur le total. L'on repliquera que noftre corps eftant grand & fort, plus il peut remuer de chofes, & qu'il ne luy manque rien que d'eftre égal à vn autre corps, ou de le furpaffer pour auoir quelque pouuoir fur luy. L'homme fe peut figurer cela dans fon efprit, fe croyant capable de changer auffi-bien de grandes chofes comme de petites, pourueu que fes forces refpondiffent à fa penfée. Mais puifque fes forces corporelles ont des limites plus courtes que celles de fon ame, il en faut tenir vn difcours conuenable quand l'on ne parle que de ce qui eft corporel. Ceux qui fe meflent de faire des machines pour efleuer les fardeaux & les tranfporter, affeurent bien d'ailleurs, que l'on pourroit faire tant de refforts & de rouës que la force feroit multipliée fans peine ; & que fi quelque globe en eftoit atteint, l'on le pourroit faire changer de lieu, pourueu qu'il fuft plus leger que celuy de la

Terre où le fondement de la machine feroit. C'eſt tousjours reuenir à la meſme impoſſibilité : car il faudroit faire
pour cela des inſtrumens ſi grands & ſi hauts qu'il ne nous
feroit pas poſſible d'y trauailler, eſtans ſi petits que nous
ſommes. Outre cela, ne faut il pas croire que chaque globe eſtant placé où il eſt par la Nature, il n'en ſçauroit eſtre
oſté par l'Artifice, quand il auroit vne force égale à ce que
nous en imaginons ? Tenons donc les corps principaux
pour eſtre hors de noſtre puiſſance. L'Air, l'Eau & la
Terre que l'on met en ce rang, ne nous ſont pas dauantage ſouſmis, encore que nous les touchions. Nous ne pouuons chaſſer l'Air d'vne contrée, ny empeſcher le flux &
reflux de la mer, ou arreſter le cours des riuieres, ny faire
que la Terre ſe ſepare entierement de l'eau. Il eſt certain
que les Loix naturelles ne peuuent auſſi eſtre violées ;
mais l'on tient que lors que l'on s'y veut rendre conforme,
l'on peut accroiſtre ou diminuër leurs effets. Il faut auoüer
que cela ſe peut faire ſi nous trauaillons ſur les choſes qui
ſouffrent l'action des Corps principaux, & qui ſont en noſtre pouuoir pour leur petiteſſe.

L'on peut augmenter l'ardeur qui eſt receuë du Soleil
en quelque lieu en y oppoſant vn miroir ou quelqu'autre
Corps où elle ſoit ramaſſée. Le meſme peut eſtre fait encore de la tiede chaleur de la Lune, dót l'on raſſemblera &
fortifiera les rayons, qui cauſeront vne humidité ſenſible
dans l'eſponge ou ſur le papier lors que l'Air y ſera diſpoſé
ſelon que le Soleil luy en aura laiſſé le pouuoir, ne l'ayant
pas attenué exceſſiuement : car ce grand Aſtre ſe fait tousjours recónoiſtre pour le ſouuerain. Rien n'empeſche que
la lumiere qui viét d'vn Aſtre ou de l'autre, ne ſoit auſſi ac-
cruë par les Corps ſolides, ſpecialement par ceux qui ſont
faits exprés : mais cela ne ſera pas ſi ſenſible, pourceque toute grande lumiere nous ſemble extréme, & neantmoins il
y en a ſouuent diuers degrez. Quand l'on trauaille à ces
experiences auec des miroirs pleins ; cela ſe fait par vne
ſimple reflexion, & n'eſt pas ſi fort qu'aux miroirs concaues, d'autant que les rayons s'vniſſent au centre. Vn pa-

reil effet se trouue aux verres conuexes ou bossus des
deux costez, à cause que les rayons s'y rassemblent & en
sortent de mesme.

Mais outre l'accroissement de la lumiere & de la chaleur, il se fait vn transport des mesmes qualitez en faisant
reflechir les rayons qui les possedent. Si les rayons du
Soleil frapent droit en vne place descouuerte, en les receuant dans quelque miroir, l'on les peut faire aller dans
vne chambre obscure qui soit aupres; l'on peut encore
auec des miroirs concaues renuoyer la chaleur sur d'autres corps. C'est en cette façon que les hommes ont du
pouuoir sur ce qui deriue des Corps Celestes. Mais il n'y
a que les qualitez qui sont communiquées iusqu'en Terre
qui reçoiuent quelque changement; Ce n'est que leur
reception qui est augmentée en vn certain endroit, y faisant venir ce qui s'espandroit en plusieurs, ou bien c'est
qu'vn corps ayant receu leur action est rendu capable d'a-
gir & de repousser ailleurs ce qui luy a esté donné. La
source ne participe point à cela; Elle n'a rien de changé,
de sorte que pour ce regard l'on peut dire que les Corps
principaux demeurent tousiours inuiolables. C'est pourtant auoir beaucoup de puissance que d'augmenter leurs
effets, & de les destourner. Il faut que l'on domine sur
eux en cela en quelque maniere, puisque l'on les empesche d'agir à leur mode. Cela est particulier à l'homme qui
a du pouuoir sur les choses qu'il peut toucher. S'il n'est
pas assez puissant pour aporter du changemét aux Astres,
il change au moins ce qui en procede en quelques lieux.

Outre cela, l'homme n'a t'il pas le pouuoir de l'imitation ? Ne peut-il pas faire quelque chose de semblable aux
Astres ? Il ramasse des Corps qui ont de la lumiere &
de la chaleur. L'on tient que comme il s'en peut trouuer
qui ont de la chaleur sans lumiere, il y en a qui ont de la
lumiere sans chaleur. Les Corps que l'on eschauffe par le
mouuement ont de la chaleur, & n'ont point de lumiere.
L'on fait vne grande roüe qu'vn contre poids fait tourner,
& cette roüe en fait tourner vne autre, & celle-là encore vne

*Du transport
des rayons.*

*A sçauoir si l'on
peut imiter les
Astres, ramassant
des corps qui
ayent de la lumie-
re ou de la cha-
leur.*

A iij

autre, laquelle suportant vn plat d'acier qui se glisse auec violence contre vne plaque de mesme estoffe, cause de la chaleur par le mouuement, ce qui est capable d'eschauffer vn cabinet à ce que l'on pretend, & c'est vne imitation de ce que les Philosophes vulgaires attribuent aux Astres d'eschauffer par leur mouuement. Mais quoy qu'il en soit, ce n'est que de la chaleur, & l'on veut encore de la lumiere, Peut-estre en sortiroit il quelquefois des estincelles de feu aussi bien que des roües des chariots; mais elles s'esteignent incontinent. Pour ce qui est des Corps qui ont de la lumiere sans chaleur l'on allegue ces petits vers qui luisent de nuict, comme aussi les escailles de quelques poissons, les esclats du bois pourry. L'on dira qu'il y a là quelque chaleur vitale, au moins en ce qui est des vers luisans, & que pour tout le reste ce sont choses naturelles qui ne procedent point de l'artifice de l'homme. Pour la chaleur elle n'y domine pas beaucoup. Ce qu'il y a de poly dedans ces Corps reçoit si peu de clarté qu'il y a en vn lieu & le renuoye, & si dauantage l'on souftient qu'il y ait quelque chaleur aux vers luisants pour les faire éclatter dans vn lieu tres-obscur; ils ont de vray quelque chaleur en eux qui fait cela, & qui estant espanduë dans vne certaine humidité bien assortie auec les parties terrestres les réd propres à cet esclat. Quant aux droits de la Nature, il n'y faut point toucher maintenant; l'on ne pretend faire icy aucune chose sans se seruir d'elle, mais l'on augmentera, ou bien l'on transportera ses effets. Si l'on mettoit ensemble vne grande quantité de vers luisans, & principalement de ceux que l'on trouue aux Indes qui sont fort grands, & qui sont capables de seruir à la conduite d'vn homme, il faut croire que cela rendroit vne grande lumiere. Pour ceux de ces païs-cy, encore ont-ils quelque esclat qui sort d'eux, mais il est fort petit. Toutefois s'ils estoient plusieurs ensemble il pourroit estre augmenté, & il en est de mesme de celuy des escailles de poisson, & du bois pourry. Il y a encore d'autres choses qui esclattent la nuict à quoy l'on ne prend

pas garde. Si l'on ratiſſe du ſuccre en lieu obſcur, l'on verra paroiſtre des eſtincelles ſous le couſteau , mais cet effet
n'a pas beaucoup de pouuoir. Il ne s'en peut pas faire vne
conionction comme des corps qui éclattēt d'eux meſmes.
Toutesfois ie n'en atten pas auſſi vne grande operation,
car s'ils donnent de l'éclat en vn lieu, ils n'y donneront pas
aſſez de lumiere pour lire & pour voir tout ce que l'on dc-
ſirera.

Quelques-vns ont penſé que non ſeulement l'on pouuoit faire tout ce que fait la Nature, mais auſſi adiouſter
beaucoup à ſa puiſſance. Ils ont dit que ſi l'on prenoit quā-
tité de vers luiſans, l'on en pourroit tirer vne certaine liqueur qui eſclaireroit dans les tenebres : mais ie penſe que
cette liqueur ayant eſté extraicte par diſtillatiō, ou autrement, toute la conſtitution en doit eſtre changée, de ſorte
qu'elle n'eclattera plus d'elle meſme. Peut-eſtre ſi cela
eſtoit mis dans vne phiolle auec vne chandelle allumée
aupres, cela rēdroit beaucoup de clarté, mais point du tout
autrement. L'on peut bien augmenter la puiſſance des
choſes en les joignant, non pas en deſtruiſant leur nature.

Le vray moyen par lequel nous pouuons imiter la puiſſance des Aſtres, c'eſt en faiſant des feux de pluſieurs manieres. Les feux meſmes qui ſont produits dans la plus
haute region de l'Air, & ceux qui ſont allumez ſur la Terre ou dans ſes entrailles, ſont des effets qui procedent des
Aſtres pour faire quelque choſe à leur reſſemblance, car
la principalle action d'vn Agent, c'eſt de rendre conformes à ſoy autant comme il peut, les Corps ſur leſquels
il agit. En faiſant donc des feux l'on fait quelque choſe de
ſemblable à ces globes celeſtes, car les feux leur reſſemblent en ce qu'ils eſclairent & qu'ils eſchauffent. Or pour
auoir du feu lors qu'il manque, ſi l'on ne le tire des rayons
de tous les Aſtres, l'on le tire de ceux du Soleil, afin
de monſtrer le pouuoir que l'on a de leur faire accomplir vne choſe qu'ils font quelquefois par haſard , & qu'ils
ne feroient pas alors ſi l'artifice ne leur preparoit les matieres. En expoſant vn miroir ardent au Soleil, il s'eſchauf-

fe de telle forte, que les Corps fur lefquels le rayon paffe s'allument incontinent. Des vaiffeaux d'airin ou d'autre metail receuant la mefme ardeur dans leur concauité, enflámeroient auffi les corps voifins. L'on peut mefme compofer vne mixtion fi propre à s'enflammer, que fans qu'il foit befoin de reflexion elle fera allumée par les feuls rayons du Soleil, pourueu que ce foit en la faifon qu'ils font dardez auec le plus de chaleur. Cette mixtion eft faite auec des huiles de fouffre vif & de genieure, de l'eau ardente, des iaunes d'œuf, de la poix liquide, de la colophone reduite en poudre, du canfre, du falnitre, de l'arfenic & de la lie de vin. Le bois qui en aura efté enduit, pourra s'allumer s'il eft expofé au Soleil. Quel pouuoir n'auroit point ce grand Aftre qui produit la chaleur manifeftement, fi mefme l'on tient que l'on peut allumer du feu par le moyen de l'Eau, qui eft vne propofition merueilleufe. L'on prend pour cet effet du falpeftre, du fel armoniac, de l'aymant calciné, de la chaux viue faite de cailloux de riuiere, du fuif, de la graiffe de canard, de l'huille de fouffre & de cedre, auec de la poix liquide. Toutes ces chofes ayans efté mifes dãs vn pot, & couuertes d'eau de vie, doiuent eftre tenües fous le fumier l'efpace de trois mois, & apres il les faut cuire au feu iufques à ce que les liqueurs foient confommées; L'on dit que la poudre qui reftera fera capable de s'allumer dés que l'on iettera de l'eau deffus. L'on attribüe encore cela à d'autres drogues diuerfement apareillées, mais tout reuient à vn, & de quelque façon que ce foit, bien que plufieurs Autheurs en ayent parlé, l'on a de la peine à les croire. Il eft vray qu'vn tel apareil eft fort fufceptible de la flamme, & que fi cela ne fe peut enflammer à l'Eau feule, cela s'enflammera à la moindre chaleur furuenante, & pourra au moins brufler dedans l'Eau. Ce feroit vne chofe eftrange, fi l'Eau qui eft froide naturellement allumoit de telles mixtions. Il faudroit que ce fuft par le pouuoir de la contrarieté, & que le froid y ayant refueillé la chaleur, les matieres propres à brufler s'enflammaffent incontinent. Ie ne voudrois pas

promettre

promettre vn tel effect pour rendre vn difcours plus merueilleux, & tromper les hommes par de faux fecrets.

Demeurons aux moyens plus certains de produire le
feu, fans aucune mixtion extraordinaire; En frappant d'vn
caillou contre vn fer, ou de deux cailloux l'vn contre l'autre l'on en fait fortir des eftincelles que l'on reçoit fur de la
mefche. En frottant auffi deux bois fort fecs l'vn contre
l'autre, comme de l'oliuier & du laurier, & d'autres encore plus propres qui fe trouuent aux Indes, l'on en verra fortir du feu que l'on pourra arrefter fur vne matiere prochaine, & il s'accroiftra toufiours tant que l'on luy donnera
dequoy s'entretenir. Ce n'eft pas qu'il fe nourriffe à la
maniere d'vn animal ; C'eft que pendant qu'il eft en bon
eftat ; il faut que l'on en aproche de la matiere qui fe con-
uertiffe en fa nature, & que les parties fuccedent toufiours
les vnes aux autres à mefure qu'elles feront confommées,
c'eft à dire que toute l'humidité ayant efté attenuee fe fera
efleuée en l'air, & ce qu'il y aura de terreftre fera tombé en
cendre. Nous auons defia pû aprendre ailleurs, que pour
faire que le feu s'allumaft facilement, il faloit que la matiere terreftre fuft exactement meflée à l'humide. Il y a des
matieres qui bruflent mieux, d'autant que l'humidité n'y
abonde pas, & qu'elles font plus feches, comme le bois
& les eftouppes. Les autres ont beaucoup plus d'humidité que de feichereffe, & neantmoins bruflent parfaitement bien, d'autant que les parties de la Terre fort ame-
nuifées y font fubtilement coniointes à l'eau, comme les
huiles & les graiffes. En tout cecy l'air eftant efchauffé
s'attache au corps fec par le moyen de l'humide, lequel
eftant rarefié petit à petit, donne matiere au feu qui trouue
dequoy entretenir fa chaleur & fa lumiere de mefme qu'elle a commencé. Or fi l'on difpofe en rondeur la matiere
que l'on veut allumer, cela imitera la figure des Aftres, ou
bien de loin vn grand feu nous femblera rond, encore qu'il
ne le foit pas, mais à dire vray, tout cela eft peu de chofe. Si
l'on veut faire vn feu qui ait plus de raport aux Aftres, il
faut qu'il foit inextinguible, & qu'il dure continuellement.

Vol. III.   B

DES FEVX
INEXTIN-
GVIBLES.

Des feux Inextin-
guibles, & deceux
qui ne se peuuent
esteindre par le
vent, & qui bru-
flent mesme dans
l'eau.

POVR ce qui est de faire vn feu qui ne se puisse esteindre par le vent ou par quelque autre violence, l'on y paruient en faisant vne mixtion de vernis, d'huile, de resine, de salpestre & de souffre vif; & si l'on y adiouste du camphre, du bitume & de la poudre à canon, cela bruslera mesme dans l'eau. Cela se fait, parce que l'humidité y est si bien attachée à la matiere terrestre, qu'elles ne peuuent estre separées par aucun accident, & s'accordent parfaitement ensemble pour faire durer le feu, mais il ne durera neantmoins qu'autant que la matiere employera de temps à se consumer, ce qui se passe en peu d'heure, au lieu que les Astres esclairent continuellement. Il faut sçauoir s'il y a quelque feu qui les puisse imiter dans la durée.

Des feux eternels
qui sont ceux que
l'on doit propre-
ment appeller in-
extinguibles.

C'est vne maxime certaine que le feu ne dure qu'autant qu'il a de matiere pour s'entretenir, mais l'on luy en donne quelquefois tant & l'on la mesnage si bien, qu'il n'en vient à bout que dans vn terme fort long. Cela se remarquera en de certaines Lampes faites comme vne grosse Tour, où n'y ayant qu'vn petit trou au bas par où sort l'huyle, elle ne s'escoulera que lors que la chaleur du feu la rarifiera petit à petit pour remplir la place de celle qui sera consommée. Mais enfin il faut que ce feu s'esteigne si l'on ne luy fournist de nouuelle huyle, & de nouuelle mesche, & l'on ne void pas auiourd'huy de Lampe qui puisse durer allumée quelques années entieres, sans renouueller la matiere du feu. L'on ne les fait point de grandeur excessiue, ny l'on ne les faisoit point telles autrefois. Si elles duroient long-temps, c'estoit par quelque autre secret. L'on tient qu'en ouurant des sepulchres an-

Des lampes des
sepulchres ancies.

tiques, l'on y a trouué des Lampes qui estoient encores allumées, tellement que plusieurs ont asseuré que l'on peut faire des feux qui ne peuuent iamais estre esteints, ou qui durent si long-temps, que l'on ne sçauroit dire quand la fin en doit arriuer. L'on fait plusieurs questions là dessus, car il y en a qui tiennent que les feux dont on parle, n'ont esté qu'illusions, ou que s'ils ont esté réels, il faut chercher comment ils ont pû estre allumez, & que cela

doit auoir esté fait soudainement, non point qu'ils ayent
duré par vne longue suïte d'années. L'on remonstre que
les cables des vaisseaux, & ceux qui sont employez à supporter quelque gros fardeau, allument quelquefois du feu
autour d'eux, d'autant que l'air estant pressé viuement
par la corde qui s'estend, s'eschauffe outre mesure; &
trouuant autour de soy quelque humidité vnctueuse, il en
produit de la flamme; Aussi en remuant les sepulchres,
la force de quelque machine auroit bien pû produire cet
effet, ou bien mesme les pierres que l'on leue ou que l'on
aura laissé tomber auec violence: & cela se trouue d'autant plus facile que l'on tient que les lieux où l'on enterre les corps sont d'ordinaire remplis d'exhalaisons capables de s'enflammer; mais il faut donc que l'on ait continué d'y en enterrer souuent: car à la longue tout estant
desseché il ne s'y en feroit plus. Toutefois, l'on peut dire que cette matiere se feroit conseruée dans vn sepulchre
de pierre bouché de toutes parts, & se feroit enflammée
aussi-tost qu'il auroit esté ouuert. La facilité qu'il y auroit eu à cela, auroit esté par le moyen de l'effort des machines ou de quelque autre instrument: Et mesme, l'on
adjouste qu'vn marteau ou vne pince de fer touchant fortement contre la pierre, en a pû tirer des estincelles, qui
se trouuans dans la matiere vnctueuse ont allumé quelque feu: & qu'à cause que cela estoit proche de la lampe
qui estoit dans le sepulchre, l'on s'est imaginé que ce feu
venoit de là, & qu'il auoit tousiours duré depuis que la
lampe y auoit esté mise, ne s'estant esteint que pour le
trop grand air dont il auroit esté dissipé. La tromperie a
pû arriuer à cause du peu de temps que l'on a eu de considerer cela: car le sepulchre estant ouuert, l'on a veu parestre la flamme qui s'est esteinte si viste, que l'on n'a pas
sceu remarquer si c'estoit par accident qu'elle auoit esté
allumée, ny de quel lieu elle partoit. Quelqu'vn a dit
encore qu'il y auoit possible dans les tombeaux quelque
matiere gluante & reluisante que l'on auoit prise pour

de la flamme; soit que l'on l'y euſt miſe par hazard, ou
que ce fuſt vne matiere conglutinée au fonds de la lampe,
du reſte de l'aliment du feu. Voylà ce que l'on peut dire
pour monſtrer que le feu que l'on a veu dans des tombeaux, n'y a pas eſté conſerué par vne longue ſuite d'années, ou qu'il n'a pas eſté reel. Mais ceux qui ſouſtiennent que cela peut eſtre vray, ne tiennent compte de ces
raiſons, & veulent prouuer abſolument que l'on peut faire vn feu inextinguible : Ils cherchent vn aliment au feu
dont l'on ne puiſſe voir la fin. Ils diſent qu'vn certain
arhre appellé Abeſtus, ou la pierre appellée Amyanthus
& l'Alun de plume, ne peuuent eſtre conſommez ; Que
l'on en a tiré des filets dont l'on a fait des ſeruiettes, qui
eſtans graſſes & ſalles, eſtoient iettées au feu où elles ſe
blanchiſſoient & ne brûloient point ; Que l'on a mis
quelquefois les corps morts dans de pareil linge ſur le
buſcher, afin qu'eſtans brûlez, leurs cendres fuſſent ſeparées de celles du bois ; Que ſi l'on faiſoit vne meſche
de cela pour vne lampe ou pour vn flambeau, elle dure-
roit touſiours, mais cecy n'eſt rien ſi l'on ne trouue encor
vn aliment incombuſtible qui entretienne le feu, & s'il n'y
a vne huyle ou vne graiſſe qui ne ſe puiſſe conſommer.
D'ailleurs, ie ne tien point que l'Abeſtus ny l'Amyanthus
ſoient incombuſtibles, encore que les ſeruiettes qui en ſont
faites ſe blanchiſſent au feu ſans y bruſler; C'eſt qu'il ne
faut qu'vn moment pour cela ; Si elles y eſtoient vn bien
long-temps, elles ſeroient conſommées, & la meſche que
l'on feroit de cette matiere ſeroit à la fin renduë incapable
de ſouſtenir le feu. Pour ce qui eſt de l'humidité qui doit
ſeruir d'aliment, l'on taſche d'en trouuer vne qui ne ſoit
point deſtruite : & l'on ſe va imaginer pour cela qu'il faudroit que ce fuſt vne huyle d'or, d'autant que ce métal n'eſt
point conſommé par le feu, mais il n'eſt pas certain que
l'on puiſſe faire vne telle huyle : & quand cela ſeroit, bien
qu'elle fuſt tirée de ce metal, elle ſe pourroit éuaporer
comme vne autre, au cas que ce fuſt vne huyle veritable
Il ne faut point auoir recours à cette matiere ; il faut croire

feulement que n'y en ayant aucune qui ne foit fujette à fe changer en fumée, il eft impoſſible d'en faire vn feu durable s'il n'y arriue de la circulation, & fi cette fumée ne s'épaiſſit pour brûler encore apres, tellement qu'il faut qu'vne lampe foit difpofée pour cet effet, & que le lieu où elle eft mife foit clos de toutes parts, afin qu'il ne fe perde aucune portion de la matiere qui brûle, & par ce moyen il femble qu'il ne foit pas befoin qu'il y ait de la mefche dans la lampe, fi ce n'eft pour arrefter le feu en vn certain lieu, afin qu'il ne côfomme pas fi toft fa matiere: mais n'y ayant aucune mefche qui ne foit enfin confommée, il ne fe peut pas faire de circulation ny d'autre remede pour la reparer, tellement qu'il ne faut pas penfer qu'il y en euft dans les lampes inextinguibles : Auſſi n'y en trouue-t'on point, ny d'Amyanthus ny d'autre chofe. Quelqu'vn a dit qu'vne petite broche de fer ou d'autre metal ayant receu la chaleur du feu la côferueroit autour de foy, & feroit office de mefche, eftant accompagnée d'vne matiere conforme à cela; mais l'on ne trouue point de tels preparatifs dans les lampes des fepulchres; & l'on ne fçait pas les moyens de s'en feruir. Il eft plus aifé de faire vn feu lent qui brûle fans mefche, & dont l'exhalaifon eftant épaiſſie fe rende encore capable de brûler. L'on trouue bien dans les lâpes anciênes quelque matiere durcie, qui eft vne efpece de biturne, mais la mefche ne s'y remarque point, de forte que l'on eft toufiours en doute fi elles en ont eu. Si leur feu a donc duré fort long-temps, il faut que c'ait efté par la circulation. Toutesfois, il y a vne grande difficulté à faire que la matiere éuaporée, eftant condenfée derechef, fe rende encore au fonds de la lâpe. L'on ne voïd point qu'il y euft de la difpofition pour cela dans les tombeaux; mais foit qu'il y en euft ou non, il eft croyable que l'on pourroit faire des vaiſſeaux propres à cela, dans lefquels les vapeurs ne fe perdans point, s'épaiſſiroient en quelque receptacle où elles s'arrefteroient, & couleroient encore apres par quelque canal dans le fonds de la lampe qui

fourniroit de nourriture à la flamme par vne ouuerture
proportionnée. La matiere est difficile à trouuer, & les
vaisseaux sont difficiles à construire, mais l'on en pourroit bien venir à bout y employant l'industrie & la diligence, & par ce moyen nous imiterions la durée des
Astres : Neantmoins, d'autant que cette circulation fini-
roit si les vaisseaux estoient ouuers, & que ce feu ne pourroit pas resister au grand Air ny à l'eau, il ne seroit pas
parfait de tout poinct. Aussi nous suffit-il de trouuer ces
perfections separément en diuers feux. Il y a quelque
contradiction en ce qu'vne lampe allumée dans vn vaisseau clos ne met guere à s'esteindre; mais cela ne se fait pas
quand le vaisseau est bien grand, pour la capacité de la
flamme ; c'est assez alors qu'il y entre quelque Air par les
pores, ou que celuy qui s'y trouue enfermé y soit main-
tenu.

L'on promet vn feu d'vne autre sorte, lequel parestra
aprés vne grande longueur de temps. L'on ordonne de
tirer l'esprit ardent du sel de Saturne, & d'enfermer tout
ce qui en restera dans vne phiolle bien bouchée ; & l'on
pretend que si l'on la casse fort long-temps apres, cela parestra encore comme des charbons ardens. Si l'on prend
aussi du vin vieil, du sel & du camphre, que l'on mette sur
vn réchaud dans vne armoire où il n'y ait d'ouuerture
qu'autant qu'il en faut pour vne petite expiration ; Quand
tout sera consommé, ayant retiré subtilement le réchaud,
& fermé l'armoire de telle sorte qu'il n'y entre plus aucun
air, de là à longues années, si l'on y introduit vne bou-
gie allumée, tout y sera remply de flammes & d'esclairs.

Voylà vne experience que l'on auroit pû faire aux sepulchres & autres lieux pour garder le feu, mais il ne paroist en cecy que lors que l'on en apporte d'autre ; tellement que c'est vn feu caché, ou plustost vne matiere propre à s'enflammer dés qu'elle sent le moindre feu. Neantmoins, cela monstre comment la durée du feu est imitée
diuersement.

L'ON peut bien augmenter la chaleur & la lumiere aux corps où nous la faisons produire; il ne faut que leur donner plus de matiere combustible pour faire de plus grands feux : Mais l'inegalité des flammes est souuent mal propre à reprefenter des Aftres si l'on les veut imiter. L'on fait mieux de ne prendre que de petits feux plus artificiels, comme de poser des flambeaux derriere des bouteilles pleines de vinaigre distillé, ou de quelque autre liqueur fort claire, ayant donné aux bouteilles vne telle forme & vne telle situation, que cela puisse reffembler aux Aftres. Si l'on fait mesme vn grand globe de verre creux au milieu pour placer vne chandelle, estant remply de femblables liqueurs enfermées dans son estenduë autour de la lumiere, cela esclairera comme vne forme de Soleil, & ce sera vne gentille inuention d'attacher de tels globes autour des murailles d'vne salle où l'on veut faire quelque magnifique assemblée. Tout le defaut qu'il y auroit, c'est que la chandelle feroit paroistre de l'obscurité à cause de sa longueur. L'on pourroit mettre de l'huyle & de la mesche dans le creux du globe pour en faire vne lampe, mais cela paroistroit encore assez sombre : Toutefois, la clarté qui feroit autour repareroit cecy, & mesme pour vne plus grande curiosité, si l'on veut faire vn globe de verre entierement percé au milieu, l'on y pourra hausser la lumiere de la chandelle petit à petit à mesure qu'elle se consommera, afin qu'il y ait moins d'obscurité. Si l'on veut seulement faire vne semblance d'Astre ayant caché vne lumiere vn peu au dessous d'vne verriere ronde, & ayant mis au delà vne feuille de cuiure, cela rendra quelque esclat pareil, mais il ne s'estendra pas fort loin : & si cela est rendu aussi grand que le Soleil nous paroist, cela en donnera quelque ressemblance parmy des nuages contrefaits, excepté que l'on ne pourra imiter la viuacité de ses rayons. Pour ce qui est de contrefaire les estoilles, l'on y réussira beaucoup mieux, ayant fait plusieurs petits trous couuers de verrieres, & mis des flambeaux au delà. Pour contrefaire la Lune, il ne faut qu'vn rond de papier huylé qui ait

quelques taches pareilles aux siennes, auec quelque clarté derriere ; & pour imiter la face du Ciel qui resplendit de
cette diuersité de feux, il faut qu'il y ait force lumieres
derriere vne toile peinte de bleu celeste. Tout cecy n'est
que pour l'apparence, & sert à l'ornement des Theatres,
où les yeux prennent plaisir à estre trompez. L'on
sçait bien la tromperie lors que l'on est enfermé dans vne
salle où le Ciel & les Astres ne peuuent paroistre naturellement dans la situation où l'on met ces representations. Mais si l'on faisoit paroistre cela la nuict au bout de
l'allée de quelque iardin, l'on y pourroit estre surpris, &
l'on croiroit voir vne vraye face du Ciel, & vne vraye
Lune & des Estoilles qui esclaireroient entre les arbres.
Ainsi, l'on contrefait les Corps celestes par des inuentions
assez faciles, qui neantmoins sont considerables puisqu'elles réussissent à l'esgard de nous. L'industrie paroist assez
d'ailleurs de ne representer pas seulement les Astres tels
qu'ils sont à l'aspect, mais de les imiter en leur chaleur,
leur lumiere & leur mouuement, comme nous auons veu.
Si l'on n'a guere de pouuoir sur eux ; c'est beaucoup d'a-
uoir presque autant de pouuoir qu'eux.

De l'Imitation des Corps Princi-paux inferieurs.

LES autres Corps Principaux estans inferieurs, doiuent estre plus accessibles aux Hommes. S'ils n'ont
pas le pouuoir de leur faire changer de place en leur total, ils peuuent mesler & transporter leurs parties ; Ils employent aussi leurs effets où ils veulent par vne application prochaine : & pour ce qui est de leur imitation, ils y
réussissent en plusieurs manieres. Quand nous faisons
euaporer quantité d'eau par la chaleur, nous faisons quelque chose de semblable à l'Air. Nous tirons aussi de l'eau
par distilation de plusieurs corps meslez, & par ce moyen
il semble que nous faisons de l'eau ; & affermissant par le
feu quantité de choses liquides, il semble que nous faisons de la Terre. L'on peut aussi imiter la couleur, l'o-
deur, la saueur, la dureté ou la mollesse, la secheresse ou
l'humidité, la pesanteur ou la legereté, la froidour ou la

chaleur

chaleur de ces Corps : & fi l'on ne donne vne durée eternelle à ce que l'on fait, au moins l'on y en peut donner v-
ne affez longue. La figure propre s'y rencontre fort facilement : & quant au nombre, l'on le peut bien égaller à ce
qui nous paroift, faifant autant de reprefentations. Pour
la fituation & la grandeur, qui font les proprietez qui reftent, l'on ne fçauroit mettre des Corps au mefme lieu que
font les Principaux, ny les faire fi grands, fpecialement
pour ce qui eft des Aftres où l'on ne peut atteindre. L'on
peut bien pourtant mettre l'Air auec l'Air, & la Terre auec
la Terre, ou bien les broüiller l'vne auec l'autre, à caufe de
noftre proximité, mais l'on ne fait rien que de fort petit.

DE L'IMI-
TATION
DES CORPS
PRINCIP.

Il y a vne autre maniere d'imiter la fituation, & la figure des Corps Principaux, c'eft par la reprefentation que
l'on en fait dans les Carthes du Monde, dans les Globes
& dans les Spheres. Ayant auffi obferué la proportion
des vns enuers les autres, c'eft en quelque forte reprefenter leur grandeur malgré la petiteffe de leur image. Pour
ce qui eft de leur Mouuement, il eft entierement imité
felon toutes les opinions que l'on en peut auoir. C'eft peu
de chofe des horloges, qui mefurans l'efpace de douze
heures & de vingt & quatre, reprefentent le cours du Soleil autour de la Terre, & qui reglans auffi l'année, marquent le chemin que cet Aftre fait par le Zodiaque. Cecy
n'eft que pour mefurer le temps. Outre cela, l'on fait des
machines où les Aftres marchent effectiuement d'vn mefme pas que dans le Ciel, & en de femblables efpaces &
proportions, felon que l'on les fuppofe. L'on en fait felon l'opinion de ceux qui fouftiennent que le Soleil eft
immobile au centre du Monde, & que c'eft la Terre qui
tourne ; & d'autres pour ceux qui croyent que c'eft la Terre qui eft fixe. Cela s'execute par le moyen de diuerfes
roües cachées qui conduifent les Cercles & les Globes.
Il eft vray que les Corps Principaux fe meuuent par leur
propre force ; ce que l'on n'imite pas en ceux-ci, qui ne
fçauroient marcher que par l'artifice qui les pouffe. Il fuffit que par ces moyens l'on paruienne à vne chofe pref-

que pareille, & que les reſſorts ſoient cachez de ſorte, que l'on voye l'effet ſans connoiſtre la cauſe.

I'oſe bien pourtant dire que l'on ſe peut imaginer quelque choſe de plus ſemblable ... Aſtres, & à toute l'œconomie du Ciel que ne ſont les figures & les mouuemens des ſpheres communes. Ie voudrois que pour repreſenter le Soleil, il y euſt vn vray feu qui par ſa vigueur ſeulement fiſt marcher ſon Corps ; & la Lune ſeroit vn Corps poly qui cheminant par quelque autre moyen ſecret repreſenteroit toutes les diuerſes faces que l'on luy void au Ciel, & ſeroit tantoſt en Croiſſant & tantoſt pleine ſelon qu'elle receuroit la clarté de ſon Soleil. Il faudroit que cela ſe fiſt de la ſorte, ſi elle ſe trouuoit touſiours dans la diſtance neceſſaire. Cela ne reçoit point de difficulté que pour la meſure du mouuement, ſi l'on le vouloit rendre égal à celuy des Corps Celeſtes ; mais l'on ſe pourroit contenter d'vne repreſentation de quelques heures, qui donneroit encore aſſez de plaiſir aux curieux, pource qu'vn tel ſpectacle auroit quelque choſe de conforme à la Nature.

L'ON ſe peut icy informer ſi le Mouuement perpetuel des Corps Principaux eſt imitable à l'artifice. Leur vigueur naturelle ne manquant iamais, ils ſe meuuent inceſſamment ; Cela eſt propre aux Aſtres qui doiuent auoir vne circulation eternelle. Quant à l'Air & à l'Eau, ils peuuent demeurer fixes lors qu'ils ont trouué vn lieu de repos : Mais les Aſtres qui leur font changer de place par leurs attractions, ſont cauſe qu'ils ſe transportent en diuers endroits, lors qu'ils cherchent place, & qu'apres s'eſtre éleuez ils tombent, ou s'eſcoulent par leur peſanteur. L'on pretend que l'on peut faire auſſi artificiellement vn Mouuement perpetuel par quelque ſemblable raiſon, quoy qu'il y ait beaucoup de choſes qui s'oppoſent à cette entrepriſe. Premierement, l'on ne ſçauroit faire de machines qui ſoient ſi durables qu'il ne les faille raccommoder. Celles de bois ſont ſujettes à ſe rompre & à ſe

pourrir, & celles de fer ou de quelque autre metal, font
fujettes à s'vfer. Toutefois, cela n'eft point confiderable:
car pourueu que l'on preuue que le Mouuement doiue
toufiours durer, au cas que la machine ne s'vfe point, l'artifice aura affez monftré fa puiffance. Or comment y
paruiendra-t'il? L'on a fabriqué plufieurs machines auec
des roües & des contrepoids differens de grandeur & de
fituation; Mais ce qui donne le branfle s'arrefte enfin; &
lors que le Mouuement a duré quelque temps, il finit a-
uant qu'il fe foit fait vne circulation entiere, d'autant que
fi vn Corps ne fe meut que pour auoir efté pouffé par vn
autre prochain qui finit fon Mouuement dés que fon reffort a joüé, le fecond ou le troifiefme ne reçoiuent pas
affez de force pour pouffer apres le premier par reciprocation. Les diuers moyens dont l'on a vfé pour trouuer
vn Mouuement perpetuel, ont eu des obftacles diuers,
chacun felon leur forme. Il feroit mal-aifé de faire vn rapport de cette varieté. Nous iugeons affez par la raifon
que fi l'on donne quelque accompliffement à ce deffein,
il faut que ce foit par le moyen d'vn principe naturel qui
fubfifte toufiours dans fa vigueur, & qui ayant plus de
force que la machine qu'il doit faire mouuoir, ne manque
point à la faire joüer tant que fes refforts feront entiers.
Ainfi, l'eau d'vn ruiffeau qui coule fans ceffe, & n'eft point
fujet à fe tarir ny à fe glacer, peut faire tourner la roüe d'vn
moulin, foit pour moudre du bled ou pour faire des hûy-
les, ou pour feruir à faire du papier, & à l'vfage des forges. Ces roües feruiront mefme à faire aller des horloges
où il ne faudra point de contrepoids. Par le moyen de
quelques pompes elles efleueront auffi l'Eau continuellement pour la porter ailleurs, & feront ainfi vne fontaine
perpetuelle, quoy qu'elle foit artificielle. L'on peut mefme efleuer long-temps l'eau d'vn puys par le moyen d'v-
ne pompe fans y mettre les mains. L'on fera vn piuot
garny de petits volans qui tourneront de quelque cofté
que le vent puiffe venir, & donneront le branfle à d'autres roües pour faire joüer la pompe, mais le defaut du

vent laiſſera la machine oiſiue, tellement que celle qui eſt
ſur vn ruiſſeau eſt plus ſeure. Quelques-vns ont penſé
que comme l'Eau monte auſſi haut qu'elle eſt deſcenduë,
cela pourroit ſeruir à vn Mouuement perpetuel, & que
l'eau d'vn eſtang ou d'vne riuiere tombant dans vn canal
baiſſé, qui monteroit de l'autre coſté, pourroit retourner
à ſon origine; mais il faudroit pour cet effet qu'elle mon-
taſt encore plus haut, ce qu'elle ne peut naturellement; de
ſorte que cela ne réuſſit point par vne inuention ſi ſimple.
Il y faut adjouſter quelque machine, & que meſme elle
ſoit poſée ſur vne eau courante. Il y a encore vne agreable inuention de Mouuement perpetuel, de faire que
l'Eau d'vne fontaine qui ſort continuellement d'vn tuyau,
tombe touſiours dans vn ſeau qui s'abaiſſera à meſure
qu'il ſera plein: & s'eſtant vuidé par le moyen d'vne corde attachée au bas & tenduë à certaine diſtance, vn contrepoids qui ſera au bout de la corde de la poulie le fera
auſſi-toſt remonter pour s'emplir derechef. L'on peut dire que ce n'eſt point encore là auoir trouué vn Mouuement perpetuel par le ſeul artifice, d'autant que la force
d'vne Eau qui coule touſiours de ſa propre nature, eſt ce
qui y ſert de principe. C'eſt pourtant quelque choſe d'eſtimable d'auoir trouué de ſemblables gentilleſſes; Et principalement de faire des machines ſur des riuieres & des
ruiſſeaux, leſquelles ſe meuuent tant qu'elles ſont en bon
eſtat, & ſont vtiles à beaucoup de neceſſitez de la vie Humaine. Mais afin de contenter l'eſprit en ſa curioſité, l'on
recherche ce qui a du Mouuement par vn artifice entier.
Il me ſemble que l'on en peut trouuer quelque choſe par
le moyen de l'Eau pluſtoſt que par les ſeuls contrepoids.

Il faut taſcher de faire vne fontaine ſans fin, & que l'Eau
qui ſortira d'vn vaſe eſtant tombée dans vn autre, retourne apres au premier. Mais ſi l'on fait vn vaiſſeau dont il
ſorte vn canal, croyant que l'Eau qui y retombera, re-
montera par reciprocation, l'on trouuera qu'elle ne montera qu'à ſon niueau ſi le tuyau eſt plus haut qu'elle; Que
s'il eſt plus bas, & qu'il rentre dans le vaiſſeau, il ſera tous-

jours plein d'eau de toutes parts, si bien que l'eau y demeurera sans mouuement. Pour le canal qui monte de
bas en haut & qui retombe, lequel on appelle Syphon,
l'Eau qui en sortira estant receuë dans vn bassin ne pourra rentrer non plus au premier recipient par vn canal du
bas, d'autant qu'elle le trouuera tousjours plein, & l'Eau
se perdra plustost que de rentrer. Ce seroit vne imagination puerile de penser faire quelque chose par ces moyens-
là. Nous sçauons qu'il faut faire monter l'Eau plus haut
que sa source pour la rejetter d'où elle vient: mais il ne
faut pas ignorer que cela ne peut estre executé par de simples canaux, & qu'il luy faut de l'aide pour l'esleuer. L'on
void que les pompes l'attirent si haut que l'on veut, &
qu'elle y monte par succession de parties. Il est donc besoin de faire vne pompe qui lors que l'Eau sera tombée
dans le recipient, l'esleue plus haut pour la porter dans le
premier vaisseau. Mais si l'on fait joüer cette pompe par
vne machine separée, ce ne peut estre que par des contrepoids, ou par quelque autre force que l'on renouuellera
de temps en temps, de maniere que le mouuement ne sera point perpetuel. Il faut que cette pompe & cette puissance motiue, soient en vne mesme machine, & se rendent
des deuoirs reciproques. N'y a-t'il pas moyen de faire que
l'Eau du premier vase tombe sur vn petit moulin qu'elle
fasse tourner, lequel fera joüer vne pompe par qui elle
sera esleuée apres estre tombée dans vn bassin? & ayant
esté receuë dans vn autre vaisseau apres cette esleuation,
ne retournera-t'elle pas au premier pour faire vne circulation continuelle? Il ne faut pas s'amuser à dire que l'Eau
se diminuëra bien-tost si l'on n'y en remet à toute heure;
Cela n'empesche pas que si cela se peut executer, l'on n'ait
trouué vne espece de Mouuement perpetuel; Car toutes
ces choses consistent plus en raisonnement qu'en effet, &
l'on suppose tousiours que l'Eau n'y manque iamais, &
que les machines puissent tousjours durer. L'on dira que
de cette sorte l'on peut faire tourner continuellement vne
machine par le moyen de la fumée tant que durera le feu;

Il eſt vray, mais ce n'eſt pas vne ſi ſubtile inuention comme de faire vne fontaine ſans fin dont l'Eau meſme qui
tombe, ſerue à faire joüer vne pompe qui l'eſleue apres.
Si l'on faiſoit ſeulement tomber de l'Eau d'vn vaſe pour
faire tourner vne roüe qui fiſt joüer vne machine, & que
l'on rempliſt le vaiſſeau de ſa propre main à meſure que
l'Eau en ſortiroit, cela ſeroit ſemblable à ce feu, que l'on
entretiendroit touſiours pour faire joüer vn autre artifice
par la fumée. Il faut apprendre en cecy à ne ſe point abuſer dans les comparaiſons, & cela peut ſeruir à la guide
du raiſonnement.

Il n'y a point de doute que le Mouuement eſt aſſez
ſubtil eſtant fait par le moyen de l'Eau : Car outre qu'il
eſt perpetuel en la fontaine, il l'eſt auſſi en la machine. Il
n'y a rien de plus commode à cet effet que ce Corps fluï-
de. L'on peut diuerſifier l'inuention de la machine qui
ſeruira à faire eſleuer l'Eau, mais tout ſe rapportera à vn
meſme principe. Cela ſe fera par le Mouuement de la
Terre auſſi bien que de l'Eau, puiſque les machines ſont
des Corps terreſtres. L'on pourroit bien trouuer vne inuention de faire vn petit amas d'Eau qui ſe hauſſaſt & s'a-
baiſſaſt par les regles du flux & reflux de la Mer, & vn
globe terreſtre qui tournaſt continuellement comme l'on
pretend que fait la Terre. Il faudroit que cela dependiſt
de quelque machine dont le Mouuement ſeroit perpetuel,
& il ſeroit facile d'y faire mouuoir l'Air pareillement.

Pour ce qui eſt de faire mouuoir auſſi vne figure du
Monde, cela deuroit dependre de la meſme ſubtilité que
nous auons alleguée d'vne Eau qui fiſt tourner perpe-
tuellement vne machine, & le ſecret conſiſteroit à faire
que l'vne des roüës ne ſeruiſt pas ſeulement à faire monter l'Eau, mais à communiquer le Mouuement à d'autres
roüës appropriées à faire tourner les cercles de la Sphere.
L'on ne doit point objecter que tout ce qui ſe trouue-là
ne depend pas de l'induſtrie de l'Homme, pourcé que le
coulement de l'Eau vient de ſa nature, & que l'on voudroit vne machine où tout ce qui auroit mouuement au-

roit esté façonné par artifice ; mais quand cela seroit, l'on
pourroit donc dire de mesme, que si vn poids s'abaissoit
ce seroit par l'inclination que la Nature luy auroit donnée de tendre tousiours en bas. Il y a assez de difficulté
à tout cecy de quelque façon que l'on y procede, tellement que l'on a recours à l'Eau comme au plus expedient.

Quelqu'vn ne voulant employer que les choses terrestres, s'est imaginé de faire vne rouë auec deux pierres
d'Aymant qui s'attireroient l'vn l'autre, & attirás aussi des
ayguilles d'acier qui seroient posées au tour, feroient ainsi
mouuoir vne machine ; mais elles demeureroient en mesme estat à cause qu'elles seroient attirées égallement de
tous costez, & autant par le diametre que par la circonference : Ioint que c'est prendre encore vn principe naturel, au lieu de se seruir du simple artifice ; mais pourtant
cela seroit fort agreable si cela pouuoit estre executé. Vn
autre a dit qu'ayant fait distiller quelques mineraux, & les
ayant fait passer par diuers feux, il s'en peut faire vne composition, qui estant gardée dans vne phiolle bien bouchée
ne cessera iamais de remüer par petits atomes agitez con-
fusément ; de sorte qu'il pretend auoir trouué en cela le
Mouuement perpetuel. Cela est fort beau de verité, mais
ce qui seroit fait par le Mouuement des machines, seroit encore plus ingenieux, specialement s'il n'y estoit besoin que
de rouës de fer ou de bois & de contrepoids de plomb
ou de pierre, & de toute autre matiere terrestre, sans que
le cours de l'eau fust necessaire pour les faire joüer. Mais
il y a beaucoup de difficulté à vser de cet artifice. Tout
ce qui n'est point naturel, n'est point de durée. C'est pourquoy il n'est pas permis aux Hommes de faire des choses
qui soient eternelles. Elles ont bien quelque representation de cette eternité, mais rien dauantage : & mesme il se
trouue que toutes ces inuentions de Mouuement perpetuel ne sont d'aucune vtilité, comme pour nous auertir que
cela n'est bon qu'à contenter vne curiosité passagere. Pour
les Mouuemens terminez, ils sont tres-vtiles, & se font de
plusieurs sortes. Ils ne sont pas eternels & infaillibles

comme ceux des Corps Principaux : mais puiſque l'on en peut renouueller la matiere & la force, cela eſt touſiours tres-conſiderable, & la diuerſité de cette induſtrie eſt à eſtimer. D'ailleurs, nous auons monſtré que ce Mouuemét perpetuel pouuoit eſtre trouué par le moyen de l'Eau, & que l'Air ou le Vent y auoient auſſi quelque pouuoir. Nous ſuppoſons que le Vent ſouffle touſiours naturellement pour faire tourner vn moulin ; mais artificiellement l'on le peut produire par vn feu qui faſſe éuaporer de l'Eau, ou bien par l'inuention d'vn ſeau mobile, qui eſtant remply de l'Eau d'vne ſource, ſe vuidera & attirera vn leuier qui fera joüer des ſoufflets pour tel ſeruice que l'on voudra. Pour ce qui eſt du feu & de la fumée, c'eſt choſe trop ſimple de penſer donner vn Mouuement fort conſiderable par leur moyen, ſi l'on fournit touſiours vn nouuel aliment au feu. Mais ſi outre cela l'on pouuoit trouuer le moyen de faire vne circulation de la matiere d'vn feu dont les vapeurs s'épaiſſiſſent pour ſe rendre encore combuſtibles ; c'eſt alors que l'on auroit trouué vne eſpece de Mouuement perpetuel. S'il n'imite le feu des Aſtres dans le cours qu'il fait autour du Monde, il l'imitera dans la reciprocation continuellé dont quelques-vns pretendent qu'il ſe ſert pour s'entretenir touſiours d'vn meſme aliment. Si l'on pouuoit auſſi appliquer quelque Mouuement perpetuel à cette machine, dont nous auons déſia parlé, où vne platine d'acier rend de la chaleur par ſa circulation, ce ſeroit vn feu eternel comme celuy des Aſtres, & qui n'auroit pas beſoin d'aliment : ce qui en ſeroit encore vne digne imitation pour ceux qui ont opinion que les Aſtres, ne ſe ſeruent pas ſeulement d'vne meſme nourriture, mais qu'ils n'en ont beſoin d'aucune.

C'EST aſſez parler de l'imitation qui ſemble eſtre reſeruée pour les Corps les plus eſleuez. Voyons ſi nous ne pouuons rien obtenir dauantage des inferieurs. Nous n'auons pas deſſein de les tranſporter tous entiers de leur place : nous n'y gagnerions pas dauantage que ſur

les

les Aftres, mais il nous eft permis de difpofer de leurs par-
ties. Apprenons en particulier ce que nous en pouuons
faire. L'Air fera-t'il exempt de la loy qui eft impofée aux
autres ? Nous efquiuera-t'il à caufe de fa tenuité, & ne fera-t'il pris que pour le champ des Elemens & de tous les
Corps deriuez ? Nous luy faifons changer de fituation
plus les mouuemens que nous faifons font violens ; mais
nous auons le pouuoir de le retenir auffi-bien que de le
chaffer. Nous l'attirons en refpirant, & le repouffons par
apres. Il ne nous fert pas feulement à reftaurer noftre
corps; nous en formons noftre voix : mais tout cela fe fait
felon l'ordonnance de la Nature. Il eft vray qu'il eft en
noftre difpofition de refpirer plus ou moins, & de parler
ou de nous taire; & pour trouuer quelque imitation de
noftre voix en foufflant dans les fluftes, les chalemies &
les haut-bois, nous les faifons refonner. L'on peut auffi
enfermer l'Air dans des balons & dans quelques vafes,
dont l'on le fait fortir apres quand l'on veut. Sa de-
tention eft vtile à donner de la fermeté à des Corps fans
les rendre lourds ; & dauantage , elle fert auffi quelque-fois à faire joüer des fontaines artificielles : Car l'on
fait des vaiffeaux où l'Air fe trouuant trop preffé pouffe
l'Eau auec violence pour fe rendre libre, & l'efleue bien
haut hors du tuyau. L'on luy fait encore monftrer fa force
lors que l'ayant enfermé dans des canons accommodez
exprés, en le délâchant l'on luy fait pouffer vne balle prefque auffi loin & auffi fort que feroit vne piece d'artillerie.
En ouurant auffi des foufflets, & les refermant, l'on y fait
entrer l'Air, & l'on l'en fait fortir par vne continuelle fuc-
ceffion. Il fert par ce moyen à fouffler le feu des forges,
& à faire fonner les tuyaux des orgues, qui eftans ouuers
les vns apres les autres felon les touches où l'on pofe les
doigts, rendent vne harmonie agreable. L'on refferre
encore l'Air fous des planchers & des voûtes, de telle forte qu'eftant repouffé par reflexion, il fait retentir fimplement la voix, ou bien il la repete diftinctement vne fois
ou plufieurs, ce que l'on appelle vn Echo ; & à l'imitation

des Echos qui ſe trouuent dans les cauernes & les lieux creux naturellement, ou prés des ruines des grandes maiſons, l'on en fait par artifice ayant eſſeué des murailles en rondeur & des edifices voûtez & ouuerts, afin que l'Air y entre & en reſſorte librement pour repouſſer la voix auecque ſoy. L'on pourroit diſpoſer la reflexion des voûtes ſelon le nombre des Echos que l'on voudroit auoir, ce que l'on regleroit ſuiuant l'eſtat des lieux où par hazard l'on en auroit trouué de ſemblables. L'on fait auſſi des canaux ſous Terre ou dans des murailles, par qui la voix eſt portée en pluſieurs lieux : & quant à ceux qui n'ont point d'autre ouuerture que leur entrée, ils font vne reflexion de la meſme voix. Quelques-vns pretendent que par le moyen de ces tuyaux on pourroit porter la voix ſi loin que l'on voudroit, mais l'Air qui la ſouſtient ne demeure pas ſi facilement en ſa conſiſtence comme l'Eau qui eſt tranſportée par les canaux de fontaine. L'Air ſe comprime & ſe dilate ou ſe meſle parmy d'autre, tellement que les ſons dont il eſt le porteur ſe peuuent perdre à diuerſes diſtances, & le tranſport de la voix dans le canal peut auoir vn terme proportionné à ſa force. Pour ce qui eſt de retenir long-temps la parole en quelque lieu en le bouchant ſoudain, cela ne ſe peut, d'autant que le ſon de la voix n'eſt continué que dans le mouuement de l'Air. L'vn ceſſe quand l'autre s'arreſte. Si l'Air, qui porte la voix, ſe trouue auſſi comprimé par la gelée, c'eſt vne ſimplicité de croire que les meſmes ſons ſoient ouys au dégel, puiſque le ſon a ceſſé auec la liberté du mouuement.

Apres le changement de lieu, examinons les autres accidens. Pour ce qui eſt de la froideur ou de la chaleur & de l'odeur, l'on les corrige en pluſieurs lieux : L'on eſchauffe l'Air par le moyen du feu dans vn lieu clos , & l'on le raffraiſchit pẽdant l'Eſté dãs vne chambre où l'on jette de l'Eau de puys, & où l'on eſpanche des herbes fraiſches. Cela ſeruira auſſi beaucoup de fermer toutes les feneſtres du coſté du Soleil, & d'entr'ouurir quelques portes par où l'Air ſe raffraiſchiſſe en ſe preſſant. Vn éuentail

qui en fait fucceder du nouueau en la place de l'autre, y
donne encore du raffraichiffement; mais il n'y a rien qui
y puiffe tant feruir que de verfer continuellement de fort
haut de l'Eau d'vn vafe dans vn autre; ce que l'on peut
faire foy-mefme, & que l'on peut auffi executer par quelque fontaine artificielle : Enfin, tout l'Air circumuoifin
fera imbeu de cette froide humidité. Pour la mauuaife
odeur, elle eft oftée dans les chambres par les paftilles
que l'on brufle. Si elle s'eftend plus loin, i'on y remedie
en nettoyant les cours, les places & les rües, & en y allu-
mant des feux de toute forte de bois : & ils feront d'autant
meilleurs s'ils font faits auec du bois de geniéure & d'autres bois odorans. S'il y a mefme de l'infection conta-
gieufe dans ces lieux-là, elle en fera chaffée ou corrigée.
Que fi l'on tire force coups de canon par deffus vne Ville,
cela repouffera violemment les parties de l'Air infectées,
afin que d'autres plus faines y fuccedent: & s'il refte encore quelques mauuaifes vapeurs, l'on y remediera apres
plus facilement. Si nous ne chaffons le mauuais Air de
toute vne prouince, au moins nous le banniffons de quelques endroits: ce qui fe rapporte encore au pouuoir que
l'on a fur fa fituation & fon mouuement. Il eft vray que
tout cet Air dont nous parlons, lequel tombe fous noftre
puiffance, eft l'Air inferieur: mais le vray Air qui fe gliffe
par tout à caufe de fa fubtilité, y doit eftre compris, de maniere qu'ayant de l'authorité fur fes parties, l'on ne peut
pas dire qu'il foit entierement inuincible, & que l'Homme
ne puiffe retrancher ou augmenter fa perfection, & la conuertir à fon vfage.

DE L'VSA-
GE DE
L'AIR.

NOVS parlerons maintenant de l'Eau que l'on contraint d'executer plufieurs chofes qui ne font point
de fa propre nature. Par diuers artifices, l'on la fait monter d'vn lieu bas, foit d'vn puys, d'vne riuiere ou d'vn lac.
C'eft trop de peine de la tirer auec les feaux. Pour les riuieres & autres lieux plats, l'on a vn baquet attaché d'vn
ofté à vn anneau, & de l'autre à vne corde fufpenduë

De l'vfage de
l'Eau.

D ij

par vne poulie esleuée, de sorte qu'autant de fois que l'on
la tire, le baquet se hausse & vuide son eau facilement dans
vn auge prochain, pource qu'il n'a point de bord de ce
costé-là.

De la Pompe.

Pour vuider l'Eau des puys les plus creux, l'on se sert
d'vne Pompe qui se hausse & se baisse, & contraint l'Eau
de monter dans son canal. L'on la remuë à force de bras
si elle est petite: & pour plus de commodité si elle est grande & forte, l'on peut faire tourner vne roüe par vn cheual, laquelle fera leuer la machine auec vne maniuelle, ou
bien l'on aura vn piuot garny de gyroüettes pour tourner
au moindre vent, & communiquer le mouuement à d'autres roües. Si c'est pour faire monter l'Eau d'vne riuiere,
l'on y mettra vne roüe qui aura de grandes aisles, afin que
le courant de l'Eau les fasse tourner. Au reste, l'inuention de la Pompe est tres-ingenieuse. Lors qu'auec la maniuelle l'on esleue vne barre de fer, au bout de laquelle
est vne soufpape enfermée dans sa boëte; alors l'Air qui
s'y trouue resserré s'esleue auec elle, & attire à soy l'Eau
qui est au bas: laquelle estant aussi-tost pressée par l'instrument qui redescend, est contrainte encore de monter
plus haut, passant au trauers de la boëte de la soufpape
qui s'ouure par sa violence; tandis qu'vne autre soufpape
d'au-dessous se referme pour la soustenir, n'estant plus
contrainte de s'ouurir par l'attraction. Plusieurs tiennent
que la premiere esleuation de l'Eau se fait pour éuiter le
vuide, mais il faut que l'attraction de l'Air opere cela.

Du Syphon.

L'Air attire aussi l'Eau au Syphon, & apres elle ne
cesse de couler, d'autant qu'elle a le pouuoir de s'esleuer
afin de retomber à son mesme niueau. L'on vse du Syphon en des vaisseaux que l'on prend plaisir de vuider
ainsi; & à l'imitation de cela l'on pense que pour faire
que l'Eau qui est au pied d'vne montagne tombe de l'autre costé, il ne faut que faire passer vn grand canal par
dessus la montagne; & l'ayant bouché par la sortie, l'emplir d'Eau entierement par le dessus, & puis le reboucher,
& apres en ouurir la sortie du bas, afin que l'Eau qui sor-

tira attiré toute l'autre. Rien n'empefche que cela ne s'e-
xecute, pourueu que l'on y trauaille foigneufement.

Pour chercher les autres moyens de l'efleuation des
Eaux, nous parlerons d'vne roüe dont l'Eau fait tourner
les aifles, & cette roüe fait tourner vn pieu autour duquel
il y a vn canal tortillé, où l'Eau entre & fe gliffe jufqu'au
haut en defcendant pour remonter. Cette forme de Viz
eft auffi redoublée dans plufieurs auges pofez l'vn fur
l'autre, à chacun defquels il y a vn pieu auec vn canal tortillé, & vn grand arbre mobile fait tourner tous ces pieux
auec autant de roües à lanternes qui donnent dans d'autres crenellées, attachées au bout des pieux. L'on fait
tourner l'arbre par vne machine que l'Eau fait joüer, ou
bien cela fe fait par la force des Hommes. Mais pource que
ce canal ne peut efleuer l'Eau qu'en lieu où elle abonde,
& qu'il y a de la peine à l'abaiffer felon que l'Eau diminuë,
l'on cherche des inuentions plus faciles.

L'on fait vne roüe que l'Eau fait tourner, qui eft toute
enuironnée de feaux, qui s'empliffent & fe vuident en fe
penchant. Pour prendre beaucoup d'Eau à la fois, l'on
fait auffi vne roüe double diuifée au dedans par plufieurs
feparations ouuertes par la circonference, de forte que
l'Eau y eftant entrée en fort vers le centre quand elles
s'efleuent. Cela fe peut pratiquer aux riuieres dont l'Eau
eft affez forte pour faire tourner de telles roües toutes
chargées. En quelques lieux l'on fe contente de faire des
roües garnies de planchettes, qui efleuans peu d'Eau, font
auffi plus faciles à tourner & à entretenir. Cela ne fe pratique pas feulement pour fournir d'Eau en quelque lieu,
mais pour vuider les creux que l'on fait au milieu des ba-
ftardeaux pour baftir les fondemens d'vn pont. Vne roüe
à aifles eft pofée dans l'Eau courante qui fait tourner en
mefme temps la roüe qui efleue l'Eau. Que fi le cours
d'vne riuiere n'a pas affez de force pour cela, ou bien s'il
eft befoin de vuider vne Eau dormante, l'on fait vn échaf-
faut au milieu, fur lequel il y a vne roüe que plufieurs
Hommes font tourner, & celle-là en fait tourner vne au-

tre qui esleue plusieurs petits auges attachez ensemble
d'vne chaisne de fer, lesquels apportent l'Eau continuellement jusques dans vn grand conduit qui la fait couler loin
de là. En quelques machines il n'y a que des planchettes
qui s'esleuent le long d'vn conduit qui les supporte, estans
encore attachées auec du fer pour mieux resister à la violence du mouuement. D'autres y mettent des boules, mais
cela amene moins d'Eau que les planches. Il se faut seruir
de toutes ces inuentions selon les commoditez que l'on
en pense receuoir.

Outre l'vtilité l'on cherche la recreation. L'on fait faire
à l'Eau des choses merueilleuses : Quoy que de sa nature
elle tasche tousiours de tomber en bas, l'on fait qu'elle s'esleue fort haut en l'air au sortir d'vn tuyau, comme l'on
void en plusieurs bassins de fontaines. Il faut pour paruenir à cecy qu'elle descende encore de plus haut qu'elle
ne monte, & qu'ayant esté conduitte par des canaux assez
spatieux, elle soit enfin tellement resserrée que cela luy
donne plus de violence. Il y a des espreuues qui semblent estre plus artificieuses. L'on fait vn certain instrument de fer ou de cuiure, qui n'a pas plus d'vn demy pied
en quarré ; mais que l'on peut faire plus grand si l'on veut,
lequel a vn petit canal au dessous que l'on pose dans l'eau,
& en tournant vne maniuelle qui est à costé, l'on fait ioüer
des roües qui sont dedans, & qui forcent l'eau de s'esleuer aussi haut qu'vne picque par vn canal superieur. L'on
en fait vn autre que l'on fait ioüer par le moyen d'vn leuier qui hausse & baisse, & l'ayant posé dans vne cuue que
l'on remplit à mesure qu'elle se vuide, cela sert à darder
l'eau en haut pour esteindre le feu de quelque maison ; car
l'on y applique vn tuyau que l'on esleue, selon les lieux
où l'on veut toucher. L'on fait encore de petits reseruoirs

dont l'Air voulant sortir, pousse l'Eau iusqu'à vne hauteur assez considerable.

Il y a d'autres ouurages qui ne causent pas moins d'admiration. Dans les grottes & dans quelques machines
de plaisir, l'Eau fait mouuoir plusieurs figures de bestes &

d'hommes qui ont diuerſes actions. Tout cela ioüé par
le moyen d'vn canal courant poſé ſur vne roüé à aiſles qui
en tournant tire des fils de fer dans vn temps conuenable
pour faire agir les ſtatuës. Il y a auſſi quelques roüës
qui ont de longues pointes tout autour auec leſquelles
elles ſoufleuent en paſſant ce qui ſe doit eſleuer le
touchant par vn petit bout auancé, & tout cela eſt caché
au dedans des machines qui ſont d'autant plus induſtrieuſes que leur induſtrie eſt ſecrette. L'eau peut faire auſſi
ſonner des clochettes, & diuers inſtruments, comme des
Violes, des Luths & des Guytarres, faiſant mouuoir les
doigts des ſtatuës qui les touchent par des interualles re-
glez, ou faiſant ſeulement paſſer des roües à pointes ſur de
ſemblables inſtrumẽs qui ſeront tenus cachez. L'Eau peut
auſſi faire joüer vne fluſte, vne cornemuſe & des orgues,
quoy que ces inſtrumẽs reſonnent par le moyen du vent:
car l'on donne du pouuoir à l'Eau deſſus l'Air qu'elle
peut pouſſer en diuerſes manieres, & le faire entrer dans
les tuyaux, au meſme temps qu'vne groſſe roüe qui aura
pluſieurs pointes fichées d'vn coſté & d'autre, frappera
diuerſemẽt le clauier dont les ſoufpapes ſont gouuernées,
leſquelles ouurans & refermans les tuyaux, leur feront
rendre vn ſon pareil que ſi veritablement vn Homme ex-
pert mettoit les doigts ſur les touches. Par la meſme inuention l'on pourroit auſſi faire joüer vne eſpinette. La
roüe muſicale eſtant groſſe comme vn tambour ſera diuiſée par pluſieurs eſpaces où les pointes ſeront fichées
ſelon les notes de muſique. Si l'on veut elles ſeront là à
demeurer, mais l'on les peut auſſi diuerſifier pour changer de chant. Si l'on veut mettre des ſoufflets aux orgues,
vne roüe de la machine les peut eſleuer l'vn apres l'autre
par vne double maniuelle; & ſi l'on deſire ſe paſſer de
ſoufflets, l'on aura vn grand reſeruoir dont l'Air ſera chaſ-
ſé par l'Eau qui y tombera, & il ſera par ce moyen communiqué aux tuyaux : & pource que l'Eau qui tombe plus
fort au commencement qu'à la fin, pourroit cauſer vne inégalité de ſon, il y aura dans le reſeruoir vne cloſture ſe-

parée où elle sera retenuë. Les premieres Orgues qui ont
esté faites n'auoient du vent que par vn tel secret. C'est
pourquoy l'on les mettoit au rang des machines hydrau-
liques. Depuis ce temps-là l'on a inuenté les soufflets.
Maïs d'vne façon ou d'autre cela peut estre gouuerné
par la force de l'Eau. Auec de semblables inuentions,
l'on imite le chant des oyseaux, soit que de petits soufflets donnent du vent aux machines, soit qu'vne Eau
qui y tombe repousse l'air, tandis qu'vne autre Eau tombant sur vne roüe, en fait tourner vne autre auec quelques cheuilles pour faire ouurir les tuyaux qui font entendre des sifflets. La mesme roüe, ou quelques autres
voisines tirent aussi des filets qui font ouurir le bec des
oyseaux & font esleuer leurs aisles, ou donnent d'autres
semblables mouuemens à plusieurs figures.

Des statuës qui rendent vn certain son lors que le Soleil les touche de ses rayons.

Par vne plus grande merueille de l'Art & plus extraordinaire, l'on peut faire des statuës d'hommes ou d'animaux, qui sembleront siffler ou rendre d'autres sons, sans
qu'il y ait aucun robinet de fontaine que l'on ouure pour
faire tourner des roües, & cela se fera mesme ouyr presque tous les iours lors que le Soleil sera en son Midy,
specialement dans la plus chaude saison. Escoutez curieux qui auez tantouy parler de la statuë de Memnon qui
rendoit vn certain son quand le Soleil iettoit ses rayons
sur elle. Cela peut bien n'estre pas vne Fable, puisque l'on
vous va monstrer que cela est faisable. Que le pied d'e-
stal d'vne statuë soit de cuiure & fort creux, estant dressé
sur le canal d'vne source naturelle & perpetuelle. La chaleur du Soleil fera renfler l'Eau dans son reseruoir, & en
soufleuera des vapeurs, qui poussans l'air qui sera au dessus, il passera par des tuyaux où il rendra vn sifflement;
& si l'on veut que le son soit diuersifié, il faut faire que
quand l'Eau sera à vne certaine hauteur qui puisse donner de la violence à l'air, elle soit disposée à faire mouuoir quelque roüe qui fasse ouurir & fermer plusieurs
tuyaux l'vn apres l'autre; mais sans tout cela comme l'air
sera poussé inegallement par la force de la chaleur, cela

aura

aura affez de rapport à vn chant bigearre.

Pour monftrer la force qu'a la chaleur de faire renfler l'Eau, l'on promet bien mefme de faire par là vne fontaine artificielle dont l'Eau s'efleuera fort haut. L'on aura des vaiffeaux de cuiure auec des miroirs ardens enchaffez au deffus, afin que le Soleil efchauffe l'Eau dauantage, & les canaux qui en procederont porteront cette Eau rarefiée, & prefque toute changée en vapeurs iufques à vn autre referuoir, où il fe trouuera tant d'air preffé, que l'Eau qui fera dans vn vaiffeau prochain fera contrainte de s'efleuer. Quelques-vns croyent qu'elle fe pouffera en l'air, mais il fuffit aux autres d'affeurer qu'elle s'efleuera pour fortir, encore faut-il que cela fe faffe en des païs où le Soleil foit tres-ardent. Pource qui eft de s'efleuer immediatement fans que l'air & les vapeurs la pouffent, cela eft tres-mal aifé. Toutefois, l'on attribuë ce pouuoir à vne extreme chaleur.

De l'efleuation de l'Eau par la chaleur.

L'on fait mefme par ce moyen vne efpece de mouuement continuel, ayant vne balle fouftenuë fur l'Eau d'vn vaiffeau, laquelle foit attachée à vne corde montée fur vne poulie auec vn contrepoids à l'autre bout. Quand l'Eau fe hauffera par la chaleur, la balle fe hauffant fera baiffer le contrepoids & tourner la poullie, dont l'effieu paffant fur vn quadran où l'on aura marqué vn certain nombre de chiffres, l'on verra continuellement les diuers degrez de chaleur. Cette obferuation fe fait encore plus facilement auec vn inftrument que l'on appelle vn Thermometre. C'eft vn long canal de verre où l'on a enfermé quelque Eau colorée, & que l'on a pofé fur vne planchette diuifée par degrez. Selon la chaleur du lieu où cet inftrument fe trouue, l'Eau s'eftend incontinent le long du canal, & l'on compte par ce moyen de combien il fait plus chaud en vn lieu qu'en l'autre, & ce qu'opere le changement des faifons.

D'vne efpece de mouuement continuel, & des moyens de connoiftre les degrez de la chaleur.

Du Thermometre.

Nous auons veu iufqu'icy que la fituation de l'Eau eft changée par diuers moyens. Les machines la peuuent efleuer, ou bien l'air qui l'attire, ou la chaleur qui fait qu'el-

34

le se hauffe & s'eftend. C'eft luy donner vn mouuement
qu'elle n'auoit pas ; & pour ce qui eft de toutes fes qualitez, l'on les peut auffi changer, luy donnant des couleurs,
des odeurs & des faueurs diuerfes auec des meliorations
& des perfections que l'on y adjoufte. L'vfage different
que l'on en reçoit fait auffi remarquer vn femblable pouuoir.

IL faut traiter icy de l'Vfage de la Terre & des corps
terreftres & maffifs, en tant qu'ils ne font confiderez
que par les proprietez que la Terre leur donne, qui eft
d'eftre lourds & folides ; ce qui fert à les faire tomber & à
leur donner la force d'en pouffer d'autres. Pour ce qui
eft de la pefanteur, l'Eau la poffede auffi bien qu'eux , &
caufe de femblables effects, qui ne fe monftrent differens
que lors qu'il eft befoin de folidité. Puifque d'abord nous
confiderons le changement de la fituation des Corps &
leur mouuement, la pefanteur qui s'y rend propre en diuerfes manieres, eft icy examinée à bon droict. Il faut

monftrer comment nous nous en pouuons feruir pour faire mouuoir les Corps ; & nous trouuerons en cecy la raifon de plufieurs machines, dont nous auons defia efté
contraints de parler. L'Eau & l'Air feruent à en faire joüer
quelques-vnes, mais il n'y en a point qui ne foient de fer
ou de bois, ou de quelque autre matiere terreftre qui en
compofe les principales parties : Si bien que l'on peut dire
que la Terre a le plus de pouuoir en ce qui eft du mouuement & du changement de lieu. Sçachons premierement que les Corps terreftres eftans lourds de leur nature, font capables de pouffer ceux qui le font moins, fpecialement fi l'on les y porte. C'eft le naturel d'vn corps
terreftre de tomber en bas, & de trauerfer l'Air auec facilité ; mais fi l'on le pouffe bien fort, il ira encore plus vifte,
& s'enfoncera plus auant dans les corps contre lefquels il
tombera. Or quoy que naturellement les Corps maffifs
tombent en bas, fi eft-ce qu'ils ne tombent pas en vn feul
inftant ; & font fufpendus en l'Air durant vn certain efpa-

ce de temps selon la force qui les a dardez, laquelle leur a imprimé sa vigueur autant qu'elle a pû. Mais il y a cecy de remarquable, que soit qu'ils tombent d'eux-mefmes, ou qu'ils soient pouffez de quelque aide furuenant, plus ils defcendent, plus ils augmentent la viftesse & la violence de leur mouuement; pource que la force de la defcente va toufiours augmentant fes degrez les vns par les autres, de forte qu'elle eft double au premier, au fecond elle eft quadruple, & ainfi toufiours en augmentant iufques à vn terme où il ne fe peut rien trouuer de plus fort & de plus vifte. Quant aux Corps que l'on jette en haut, ou que l'on darde en ligne droite; lors qu'ils viennent à vn certain poinct ils perdent petit à petit la force qui leur auoit efté imprimée, & s'abaiffans affez promptement, ils tombent enfin. Il faut prendre garde encore que fi vne pierre eft mife dans vne fonde, l'on la iettera plus loin qu'auec la main feule, d'autant que la force de la main efmeut defia la fonde, qui donne vn redoublement de puiffance à la matiere. Pour les Corps que l'on jette contre vne muraille, ils y peuuent eftre dardez de telle violence qu'ils foient repouffez plus loin que le lieu dont ils viennent. Cette force deriue non feulement de la premiere impulfion, mais encore de la feconde qui fe fait à la rencontre d'vn Corps fort dur; Car s'il eft mol, le renuoy ne fera guere grand.

LA contemplation de toutes ces chofes peut feruir à l'intelligence de plufieurs Arts, fpecialement de ce qu'on appelle les Mechaniques, & de tout ce qui fe faict pour efleuer ou pouffer les Corps lourds, & accomplir quantité de mouuemens dont nous allons icy donner les principes. Pour jetter les Corps de haut en bas, il y a peu d'artifice; mais pour les lancer; outre la main, il y a les fondes, les refforts de fer qui eftans retirez en arriere pouffent apres violemment ce qui eft pofé deffus eux; Il y a les arbaleftes qui pouffent les ballet ou les traits, les machines que l'on appelle des pierriers, qui eftans deftenduës iettent quantité de pierres. Pour ce qui eft des mouf-

quets & des canons qui iettent des balles de plomb ou de
fer, cela se rapporte à la puissance du feu. Il faut remarquer
seulement qu'il y a vne certaine proportion pour chaque
Corps touchant la force de celuy qui iette, & celle de celuy qui est ietté. Il ne faut pas que le Corps que l'on veut
ietter excede la force de ce qui le iette, & ce qui le iette a
vne telle puissance à cause de la vistesse de son action & de
la solidité de sa matiere. Il en est de mesme pour ce qui est
de pousser simplemēt les Corps. Celuy qui est le moins
lourd, fera sortir de sa place celuy qui l'est dauantage, en
tant qu'il sera aidé de la force & de l'industrie de l'Homme,
& qu'il aura quelque solidité. Pour faire aussi qu'vn Corps
s'enfonce aisément dans vn autre, il faut que l'vn soit bien
dur & l'autre bien mol; comme le baston que l'on fourre
dās les liqueurs & les graisses; Mais s'il est besoin de percer
du bois, vn outil de fer le peut faire, pourueu que la main le
pousse & que le marteau le cogne, afin de luy donner plus
de force. Il entrera plus doucement en tournant ayant
quelque coste ayguisé qui creuse le bois, comme le Vile-
brequin, ou s'il est pointu, & s'il a vne coste faite en Viz
côme le Foret. Ce sont là des secours donnez par l'artifice.
En ce qui est de soufleuer, l'on le fera auec vn instrument
beaucoup plus leger que ce qu'il soustiendra, pourueu
qu'il soit ferme & solide, comme le fer est d'ordinaire, &
quelques pieces de bois. Ainsi, vn Leuier ou vne Pince
soustiennent quelque peu, & font reculer petit à petit vne
grosse pierre quand les Hommes y mettent la main, d'autant que leur force y coopere, se seruans de la solidité des
outils. Vn leuier suspendu prés de l'vn de ces bouts, sup-
portera aussi vn gros fardeau, à cause du grand bout que
l'on tient, qui en a d'autant plus de force, & qui de luy-
mesme a d'autant plus de poids pour correspondre à ce
qu'il esleue. L'on a inuenté là dessus vne maniere de balance que l'on appelle le Pezon, y mettant vn poids qui
selon que l'on l'approche ou recule, est à l'esgal de ce
que l'on veut pezer. Mais pour plus d'asseurance & plus
de facilité, l'on se sert encore de la balance, qui ayant des

baſſins eſgaux de chaque coſté, fait voir auec des poids
differens combien peſent toute ſorte de Corps. Or la Ter-
re & les Corps terreſtres ne ſont pas tous ſeuls les mini-
ſtres du mouuement. Pour ce qui eſt de ſouſleuer ou de
pouſſer les Corps, l'Eau y a du pouuoir ; car eſtant enfermée dans vn ſeau, elle peut ſeruir de contrepoids à quelque machine, & lors qu'elle tombe d'vn robinet, ou qu'elle coule aux riuieres & aux ruiſſeaux, elle peut pouſſer
des roües pour les faire tourner ; mais elle ne fait rien dauantage : Il faut que tout l'artifice conſiſte aux Corps
terreſtres, d'autant que ſon corps fluide ne ſçauroit garder
diuerſes figures neceſſaires à l'action.

En continuant noſtre recherche, & le progrez des Mechaniques, nous dirons qu'afin de pouſſer plus aiſément
les Corps lourds, l'on les met ſur des Leuiers ronds, qui
n'ayans rien qui les arreſte, s'auancent en tournant. De là,
pour plus grande facilité, l'on a inuenté les Chariots poſez
ſur des roües qui ſont faciles à tourner lors que l'on tire
les Limons, d'autant que le poids des parties hautes a de
l'inclination à tomber en bas : car ſi vne boule eſtoit miſe
ſur vn lieu vny, elle déuroit touſiours tourner ; Mais les
roües eſtans chargées, s'arreſtent & ne tournent que
quand le Chariot eſt tiré d'vne force ſuffiſante. Elles s'a-
uancent neantmoins plus viſte qu'vn Corps d'vne autre
forme lors qu'elles ſont eſmeuës ainſi, à cauſe de leur principe, & leur circulation eſt plus prompte & plus facile ſi
elles ſont ſur vn lieu panchant. En conſiderant de ſemblables maximes, l'on a inuenté la Poulie qui ſert à eſleuer
les fardeaux. La corde la fait mieux tourner à cauſe de ſa
rondeur. Eſtant poſée ſur vn eſſieu, ſes parties ſe baiſſent
aiſément l'vne apres l'autre. Il y a auſſi de grandes roües
ſimples pour tirer de l'Eau d'vn puys & des pierres d'vne
carriere. Leur facilité dépend de ce que les parties hautes
tombent en bas auſſi-toſt qu'elles y ſont pouſſées. D'ailleurs, il faut remarquer que plus elles ſont grandes, plus
elles ſont faciles à tourner, d'autant qu'elles tombent preſque d'elles-meſmes eſtans plus lourdes que ce qu'elles

portent. Si l'on veut auſſi commencer à faire tourner des
Rouës par leur centre, cela ſera beaucoup plus difficile
que par leur ſuperficie, à cauſe que de cette façon il faut
tranſporter toutes leurs parties ; au lieu qu'en les pouſſant
par leur circonference, l'on leur fait executer facilement
ce qui eſt conforme à la nature de leur matiere, qui eſt de
tomber en bas. Pour ce qui eſt d'attirer les fardeaux en
lieu plat, l'on a inuenté des Machines qui tiennent de la
Rouë & du Leuier tout enſemble, comme le Guindal &
autres ſemblables. Il y a là des baſtons croiſez que l'on tire
l'vn apres l'autre, pour faire tourner vn eſſieu rond autour
duquel la corde ſe met en attirant le fardeau.

Sur la commodité du mouuement de Circulation, l'on
a encore inuenté des Machines plus induſtrieuſes pour
eſleuer les plus lourdes maſſes ; Ce ſont les Grües qui ſeruent aux baſtimens. Celles qui tournent par le moyen
des Leuiers, ont du rapport au Guindal dont nous venons
de parler, excepté que la Machine eſt eſleuée. Mais pour
la tourner plus aiſément, l'on y fait vne grande Rouë dans
laquelle vn Homme peut marcher: & s'auançant touſiours
d'vne partie à l'autre, il les fait toutes baiſſer aiſément à
cauſe de l'inclination que les Corps circulaires ont à tourner, & la corde qui ſe range autour de l'eſſieu, fait encore
tourner vne Poulie qui eſt au haut de la Machine, & fait
monter iuſques-là les pierres que l'on a attachées à l'vn
de ſes bouts. La Poulie a eſté miſe au haut de la Grüe par
neceſſité pour y communiquer le mouuement, afin que le
fardeau y ſoit eſleué: Mais de là, l'on a pû trouuer encore, que le redoublement de circulation donne plus de facilité au tranſport: ſi bien que l'on a inuenté des Machines
où il y a pluſieurs Poulies, dont la premiere communique
le mouuement aux autres. De tres-lourds fardeaux en
ſont plus aiſément eſleuez ou amenez au lieu où l'on les
deſire ; & l'on n'y trouue autre defaut, ſinon que l'execution en eſt plus longue. Mais quoy que c'en ſoit, l'on peut
donner par ce moyen plus de force au Guindal, ſi l'on
fait que ſa corde paſſe par vne Poulie ſouſtenuë ſur vn ſe-

cond Essieu. Cela seruira pour tirer plus facilement des
marchandises hors d'vn vaisseau. Pour soufleuer aussi en
l'air des colomnes ou des pieces d'artillerie auec plus de
facilité, les Poulies sont redoublées. Nous auons veu
comment les forces se multiplient aux Corps qui se meuuent d'eux-mesmes, lors qu'ils en acquierent de nouuelles
par la violence de leur cheute; & comment elles sont mul-
tipliées par vn double secours de la main, & de quelque instrument qui les lance. Il en arriue de mesme à les tranfporter & à les pousser; Nous sçauons les effets des Poulies & des bandages, en ce qui est d'augmenter la force du
transport: Mais outre cela, l'on a inuenté des Roües qui
se touchant l'vne l'autre, la premiere les fait mouuoir toutes, & leur puissance est redoublée selon leur nombre.
C'est auec de telles inuentions que l'on pretend que l'on
auroit assez de force pour changer la Terre de place, ou
quelque autre globe d'entre les principaux, si l'on auoit vn
lieu pour se soustenir. Mais outre cela, il faudroit souhaiter vne extreme solidité aux instrumens. Pour preuue de la
multiplication des forces, il y a vn petit instrument que l'on
appelle vn Cry, qui est capable de releuer des charrettes
versées par le moyen de deux ou trois roües de fer qui
esleuent vne barre, par laquelle ce qui est au dessus est
contraint de s'esleuer aussi. Les Moulins à bras sont faits
suiuant cette mesme inuention. Le redoublement de
roües les fait tourner plus facilement. Pour les Moulins
à vent & à eau, leur premiere roüe a autant de force qu'il
est besoin pour l'execution que l'on desire, à cause de sa
grandeur: & si l'on multiplie les roües, c'est afin de communiquer le mouuement à celles qui sont dans la situation
où il faut qu'elles soient pour accomplir l'ouurage qui leur
est ordonné, soit de moudre du bled, d'escrazer des noix,
des oliues ou des escorces par le moyen des meules qu'elles font tourner, ou des maillets qu'elles soufleuent. Il y a
plusieurs autres machines de disposition diuerse. Celles
que l'on fait tourner de la main commencent par la roüe la
plus facile, comme les Moulins à poiure ou à ris: car ne

s'adreſſant point d'abord à la plus difficile, la force s'accroiſt aux autres par leur multiplication. Pour les Machines qui vont par vn contrepoids, elles commencent par la roüe la plus mal-aiſée à tourner, comme les tournebroches, afin que la corde qui eſt autour ait moins de longueur, & qu'il ne faille pas vne ſi grande eſtenduë au contrepoids, ou qu'il ne ſoit pas beſoin de le rencontrer ſi ſouuent. Vn contrepoids de peſanteur raiſonnable pour faire tourner la plus forte roüe, eſt bien plus capable de conduire l'artifice auec iuſteſſe que s'il eſtoit plus petit, & ſi le mouuement commençoit par les roües les plus aiſées.

Toutes les Machines ſont ordonnées à pluſieurs fins, mais les plus induſtrieuſes ſont celles qui ſeruent à marquer les heures, les mois & les Lunes. Les Roües ſont ajuſtées pour monſtrer ce temps : L'on ſuppute leur mouuement & le nombre de dents qui s'y trouue neceſſaire, & l'on garde apres cette regle. La force qui les fait mouuoir eſt vn contrepoids de fer ou de plomb. L'Eau retenuë dans vn ſeau y pourroit ſeruir auſſi, & ſi l'on veut, vne Eau courante fera tourner vne Roüe à aiſles pour donner du mouuement à toutes celles d'vn Horloge. Vne autre inuention ſe peut faire ſous vn canal courant auec vn ſeau

mobile qui a vn contrepoids pour le redreſſer d'vn coſté, tandis qu'il s'emplit d'eau, & il ſe vuide apres auſſi-toſt qu'il eſt plein, eſtant attaché d'vn anneau par l'vn des coſtez du bas, afin de le faire renuerſer par ſa peſanteur. En ſe vuidant il attire vn Leuier, lequel donne contre vne Roüe de ſoixante dents, qui marquera vne heure en ſon tour; & s'il y a vn pignon à l'arbre de cette Roüe, il en fera mouuoir vne autre de ſoixante & douze, ſelon que l'on aura meſuré le mouuemēt, laquelle marquera le cours de douze heures. Voylà vne machine qui aura cette commodité de n'eſtre point ſujette à eſtre remontée, ayant vn mouuement perpetuel autant que ſes parties ſeront en leur entier. Si l'inégalité de l'Eau qui tombe & qui ſe vuide eſt à craindre, pour rendre l'Horloge certain, il le faut ajuſter ſoigneuſement.

Pour

Pour retourner aux mouuemens dont la force eſt com-
muniquée de l'vn à l'autre, nous ſçauons qu'il y a d'ordinaire aux Horloges vn contrepoids qui fait tourner les
Roües iuſques à ce qu'il ait attiré toute la corde; mais l'on
en fait auſſi qui ne ſont pas obligées à ce ſecours, qui demande vne longue eſtenduë pour laiſſer pendre les
plombs. Il y en a que l'on n'eſt point ſuiet d'attacher contre vne muraille, & que l'on peut mettre ſur vne table, ou
les porter dans la pochette, lors qu'elles ſont aſſez petites
pour cela : Il faut donc qu'elles ayent vne force interne, ce
qui eſt vne excellente inuention. L'on s'eſt auiſé d'entor-
tiller vne lame d'acier autour d'vn piuot, & quand elle ſe
veut remettre en liberté, elle fait tourner vne boiſte ronde où elle eſt enfermée, & emmene auec cela vne corde
qui fait tourner vn autre piuot, lequel communique ſon
mouuement à toute la Machine. De telles monſtres marquent les heures & tous les autres temps, & quelques vnes
ſonnent & ſeruent auſſi de reſueille-matin. Il y en a qui
ſe paſſent de corde par le moyen des dents de la boiſte
du reſſort, leſquelles font tourner vne autre roüe. L'effort de cette lame tortillée eſt fondé ſur la force des corps
maſſifs & ſolides, qui eſtans contraints dans leur continuité taſchent de repouſſer cet obſtacle. Ie dirois que c'eſt
auſſi vne marque du pouuoir des corps lourds qui taſchent
de retomber à leur centre ; mais ce mouuement ſe fait
en haut auſſi bien qu'en bas, de ſorte qu'il ne procede
d'autre choſe que de l'inclination de ſe reünir. C'eſt vn
priuilege de la ſolidité de quelques corps, où les parties
ſont parfaitement iointes auec vne humidité qui les raſſemble, comme aux Plantes & aux Metaux : car les
branches des arbres ayans eſté ployées ſe redreſſent incontinent : Les lames & les fils des metaux en font ainſi;
Mais les pierres & les marbres ſe rompét pluſtoſt que d'a-
uoir ce retour. Ceux qui auront bien entendu quel eſt la
nature des vns & des autres, ſçauront bien que les metaux
ſont compoſez d'vne eau parfaictement meſlée à la terre,
auſſi bien que les plantes, & que pour les pierres elles ont

plus de terre que d'eau, fi bien que n'ayans pas tant de fluidité, elles ne peuuent pas auoir tant de continuité.

Nous aprenons ainfi la diuerfité de ce qui fert au mouuement, pour faire changer de lieu aux corps terreftres en
les tranfportant ou les pouffant. Mais pour vn chef d'œuure des mouuemens artificiels, il faut confiderer encore
que l'on fait des Spheres dôt les cercles accompliffent leur
cours dans vn pareil temps que ceux que l'on fe figure au
Ciel. Il faut auoir trouué pour cela le nombre des rouës
& de leurs dents, & le plus difficile eft de placer tant de
rouës diuerfes pour faire que les cercles tournêt fans qu'elles foient veuës. L'on fait auffi cheminer de petites figures fur vne table par le moyen des rouës qui tournent en
s'auançant, à caufe de l'effort de celles qui tournent les
premieres & qui pouffent les autres & tout l'artifice eft caché fous la robbe des ftatuës. L'on peut encore faire cheminer fur des rouës vne chaire où l'on feroit affiz, en touchât
au premier mouuement qui feroit affez facile, & de mefme l'on feroit bien aller vn chariot fans cheuaux, & l'on
feroit auffi iouër auec peu de peine les auirós d'vn bafteau.
Ce font des forces mouuantes attribuées aux corps terreftres, foit pour leur pefanteur, foit pour leur folidité, felon l'accommodation qui s'en fait par l'induftrie des hommes.

C'eft tout ce que nous deuós dire icy fur vn tel fujet, car fi
l'on accóplit beaucoup d'autres ouurages differens auec la
Terre, ils appartiennent à fa varieté, qui monftre qu'elle
eft diuifée en plufieurs corps meflez, dont l'on doit dif-
courir à part. Il fuffit que nous fçachions que l'on a le mefme pouuoir de changer fa figure, fon odeur, fa faueur, &
autres qualitez en fes parties, comme celles de l'air & de
l'eau; que les experiences en font communes & l'vfage affez frequent.

DANS ce traidé de l'vfage des corps principaux, en
ce qui eft des Aftres nous auós fpecialemêt eu efgard
à l'imitation que l'on en peut faire, dautant qu'il n'y a rien à

souhaiter pour la melioration des corps si parfaits, & qu'ils
ne sont pas non plus de ceux que nous pouuons manier à
nostre gré, neantmoins nous auons mostré que nous pou-
uions augmenter & transporter leurs effets, ce qui est vne
melioration en ce qui procede d'eux. Or comme nous les
imitons pareillement en leurs qualitez & en leurs actions,
cela seul mesme pourroit faire asseurer qu'ils nous sont propres à quelque vsage, quoy que fort esloignez de nous,
car l'exemplaire que l'on se propose pour former vne chose pareille, en est vne dependance. Mais sans cela nous
vsons d'eux fort frequemment ou au moins de ce qui tire
d'eux vne origine manifeste comme font leurs rayons.
Puis que la chaleur ordinaire qu'ils causent icy bas, peut
estre renduë vtile à faire meurir les plantes, à reschauffer
les corps des animaux, & à faire seicher plusieurs mixtions
& autres ouurages, l'on en reconnoist l'vsage & l'vtilité,
que l'on se peut aproprier, leur exposant ce qui a besoin
de leur secours. Que si ces mesmes rayons sont trop ve-
hements & nuisibles en quelque saison pour certaines
constitutions, nous auons le pouuoir de nous en defendre,
nous retirant sous quelque endroit couuert, ou temperant
l'ardeur du lieu qu'ils eschauffent par l'introduction de
l'air & de l'eau sur qui nous auons plus d'autorité. Voila
comment nous en disposons à nostre choix.

Des changemens
de l'air, de l'eau
& de la terre.

Pour ce qui est de l'air, de l'eau, & de la terre, pouuans
toucher leurs parties, nous y donnons plusieurs changemens, & il semble mesme que nous les transformions les
vns aux autres par le moyen de la chaleur ou de la froideur. A tout le moins nous changeons leurs qualitez essentielles; car l'eau estant rarefiée n'a pas tant d'humidité;
Elle a en recompense plus de mollesse & de legereté; &
l'air commun qui n'est composé que de vapeurs, estant reduit en eau, a moins de mollesse & plus de pesanteur &
d'humidité. La terre ne se transforme point en effet, mais
l'on separe d'elle les parties humides, tellement qu'elle en
deuient plus seiche & plus diuisée. Si tous les corps n'ont
des changemens reciproques, au moins ils seruent à se fai-

re changer les vns les autres par leur meflange & leur proximité, car de cette forte ils fe rendent plus ou moins
folides & humides : Mais fi l'on cherche leur perfection, il les faut mettre en leur pureté en les feparant par
vne diftillation exacte. Si cela ne fe fait qu'à moitié, c'eft
feulement les rendre meilleurs, non pas entierement parfaits. Quelquesfois l'on peut appeller auffi vne melioration, de leur dóner des odeurs, des faueurs & d'autres bonnes qualitez qu'ils n'auoient pas. C'eft pour en retirer des
vtilitez particulieres. En ce qui eft des generales qui appartiennent à la totalité de ces corps principaux, nous les
deuons confiderer encore icy.

L'air qui eft vn principe de noftre vie, eft de furplus vn
champ libre pour tous nos mouuemens, nous cedant de
toutes parts, comme il fait auffi aux oyfeaux, qu'auec cela
il fouftient quand ils remuent les aifles, & il nous fouftien-
droit de mefme fi nous auions vne pareille agilité, & vn
femblable fecours. L'Eau fert à noftre boire & à noftre raffraichiffement; Elle nourrit plufieurs poiffons qui feruent
apres à noftre nourriture; Elle nous tranfporte auec les
vaiffeaux où nous nous mettons pour faciliter nos voyages; Elle fait tourner plufieurs moulins & autres machines vtiles à noftre neceffité. Quant à la Terre, nous fçauons qu'elle nous fouftient; Que les plantes qui croiffent
fur elle nous fourniffent des alimens; Que diuers animaux qu'elle entretient encore, feruent à nous nourrir, à
nous porter ou à nous récreer, & que plufieurs pierres &
mineraux qui font en fes entrailles font vtiles à fabriquer
diuers inftrumens, & à remedier à quelques maladies du
corps humain. Si l'on vouloit l'on feroit prefque entrer
icy tous les vfages que l'on tire de tous les Corps du Monde pour les confiderer en general; mais il vaut mieux dire
quelque chofe de chacun en particulier felon leur ordre.
L'on remarquera affez qu'ayant traicté de l'Air, de l'Eau
& de la Terre, nous n'auons point parlé du Feu au rang
des Corps Principaux, fi ce n'eft de celuy des Aftres. Les
Feux que nous auons parmy nous, & ceux qui font dans

les cachots fouſterrains, ou dans la haute region de l'Air
ne ſont que des Corps Deriuez que nous deuons confiderer à leur tour. Si nous auons deſia parlé de diuers feux
artificiels, ç'a eſté pour accomplir le diſcours de l'Imitation des Corps celeſtes en leur chaleur & leur clarté.

De l'Vſage, Imitation, Melioration & Perfection des
premiers Corps Deriuez, que l'on appelle Meteores,
ſoit de ceux qui ſont long-temps eſleuez, ſoit de ceux qui
retombent facilement en Terre, ou de ceux qui s'y ren-
dent fixes.

CHAPITRE II.

LEs Aſtres ſont les ſouuerains Agens ſur les
autres corps, en ce qui eſt d'vne action corporelle, & ſpecialement le Soleil a cette pre-
rogatiue deſſus l'air, l'eau, & la terre, de ſorte que par ce moyen il eſt cauſe de la production de pluſieurs Corps deriuez, dont nous auons aſſez
conſideré les qualitez differentes. Les plus aiſez à produire ſont ceux qui ſont eſleuez que l'on appelle Meteores, qui ne ſont au commencement que de legeres
fumées, & qui compoſent apres les nuages de couleurs
diuerſes, & puis retombent en pluye, en neige, en frimats, en roſée, & en beaucoup d'autres formes. D'autant
que la plspart montent ſi haut inſenſiblement, il n'y a
point lieu de croire que les hommes leur puiſſent ayder
à cette eſleuation, ny à ſe meſler bigearrement comme ils
font. L'on peut rendre vn païs plus aquatique & plus ſujet
aux broüillards, y faiſant couler pluſieurs eaux, où y plan-
tant force bois qui entretiennent l'humidité ; mais cela
n'aura guere de credit en ce qui eſt de cauſer les grandes

pluyes. L'on n'aura pas auſſi plus de pouuoir d'y donner
de l'obſtacle. Quand quelques peuples deſſeicheroient
de telle ſorte la region où ils habiteroient, qu'il n'en ſor-
tiſt plus aſſez de vapeurs pour faire de groſſes nuées; ils
ne pourroient pas empeſcher qu'il n'en vinſt quelquefois
au deſſus d'eux, d'autant que celles qui paroiſſent en l'air,
s'auancent d'ordinaire plus loin que le lieu dont elles dé-
riuent. Il eſt vray que comme l'on peut aider à la production des broüillards & des autres petits Meteores dans
vne contrée, l'on s'y peut auſſi oppoſer: mais pour les
plus grandes éſleuations, l'on n'a autre pouuoir que de
les conſiderer, & ſe garantir de l'incommodité qu'elles
apportent en leur cheute. Les moindres animaux ont cet
inſtinct de ſe mettre à l'abry ſous les branches des arbres,
ou dans les cauernes: Mais les Hommes, outre cela, ſe
ſeruent de leur induſtrie, baſtiſſans des maiſons pour ſe
tenir à couuert. Or comme ce qui ſe fait au Monde n'apporte point de dommage ſans quelque profit, en quoy
l'on void des marques de la Prouidence Eternelle, la
cheute des Meteores n'arriue pas ſans que cela ſoit vtile à
quelque bien: C'eſt pourquoy l'on ſe peut mettre en
eſtat de le receuoir autant qu'il ſera poſſible. Les laboureurs & les jardiniers cultiuent leurs terres, & y ſement
ce qu'ils deſirent en vn temps propre, afin que les pluyes
& les neiges qui ſuruiendront y apportent de la melioration, abreuuans la Terre, ou y faiſans reſſerrer la chaleur
interieure, afin que les ſemences y puiſſent mieux vegeter.

Au defaut d'vn pouuoir general, nous auons encore
la puiſſance de l'Imitation. Premierement, l'apparence
des Nüées ſe repreſente en ces figures du Ciel, dont nous
auons fait mention ailleurs; les doubles-Soleils & les
couronnes des Aſtres s'y peuuent encore repreſenter
auſſi bien que les Aſtres meſmes, par de moindres lumieres, pour teſmoigner vne reflexion: Et quant à l'Arc-en-
Ciel, ſes couleurs eſtans peintes ſur vne eſtoffe tranſparente, les flambeaux qui ſeront derriere y donneront de

l'efclat. Ces reprefentations fe font fur de grands theatres, & n'ont pas tant de naturel que celles que nous allons alleguer, pour lefquelles il faut auoir la commodité
du lieu & du temps.

Qu'vne groffe boule de verre pleine d'eau foit mife
fur vne feneftre vn peu haute lors que le Soleil luit, fes
rayons qui pafferont au trauers y feront paroiftre les
couleurs de l'Arc-en-Ciel : mais outre cela, ils le feront
mefme voir en Terre & contre vne muraille, par la mefme raifon qu'ils le font voir fur vne Nuée, où la diuerfité
des couleurs vient de la diuerfe reception de la lumiere
au trauers d'vn corps tranfparent, comme eft celuy d'vne
autre Nuée fort humide, directement oppofée au Soleil.
Pour faire croire auffi que l'Iris eft veritablement au Ciel
encore qu'il n'y foit pas, il faut donner l'inuention de le
faire reprefenter dans la vraye Image du Ciel que l'on re-
gardera dans vn miroir ou fur vne Charte. Ayant bouché toutes les feneftres d'vne chambre, & n'y ayant laiffé
qu'vn petit trou auec vn verre conuexe, l'on verra tout ce
qui eft à l'exterieur reprefenté contre la muraille ou contre vn linge eftendu au deuant. Or l'on fait cecy plus
commodement pour noftre intention, auec vne grande
boëte, au haut de laquelle l'on place le verre, & l'on regarde par vne petite ouuerture à cofté les efpeces qui font
reprefentées fur le fonds, foit que l'on y ait collé vn miroir ou du papier blanc. L'on y void bien mieux le Ciel
de toutes parts : car hauffant & baiffant l'inftrument comme l'on veut, l'on y fait entrer à toute heure l'Image du
Soleil : ce qui ne fe fait pas au trou d'vne feneftre qui demeure fixe. Ayant donc fait tailler vn demy cercle de
criftal auec vn angle, & ne laiffant que la pointe defcou-
uerte, fi l'on le met fur le trou de la boëte, à l'oppofite du
Soleil, l'on verra l'Iris paroiftre dans l'Image du Ciel, qui
fera reprefentée fur le fonds du carton. De petites taches
faites fur le verre feront auffi reprefenter des Nuées, &
toutes les impreffions de l'Air feront imitées de pareille
forte.

L'imitation de l'apparence des Meteores peut bien e-
stre secondée de celle de leur production reelle & effecti-
ue. Faire tomber de l'eau par filets de la voûte d'vne
grotte, c'est de verité vne pluye, & ce qui tombe d'vn
arrousoir en est vne semblable, mais ce n'est pas vne pluye
qui soit produite par vne mesme cause que celle qui tombe de l'Air: Il faut paruenir à vn tel effet, imitant la Nature qui ne se sert que de vapeurs qu'elle surprend promptement, & les fait tomber par gouttes. Nous auons desia
le pouuoir d'allumer le feu, qui ayant les mesmes effects
que les Astres, fait esleuer des vapeurs de l'Eau & de tous
les Corps meslez. Si nous arrestons ces vapeurs en quelques lieux fermez comme des estuues, elles s'épaissiront,
& retomberont en Eau. Nous deuons sçauoir que le seul
obstacle suffit pour les épaissir de cette sorte. Le froid n'y
est pas necessaire. Nous voyons qu'il tombe des gouttes
d'Eau du couuercle des marmites qui boüillent ; Il est
vray que si les vapeurs rencontroient du froid outre l'obstacle qui les resserre, elles seroiēt plus abondāment épaisz-
sies, Il faudroit donc que la voûte du lieu où l'on feroit e-
uaporer l'Eau fust composée de lames de plomb ou de cuiure, & qu'il y eust au dessus vn reseruoir d'eau froide, afin
que les vapeurs ne manquassent point de trouuer vne puissante cause de leur condensation. Asseurement cela feroit
tomber vne espece de pluye, & les broüillards & la bruyne s'y pourroient faire aussi selon les degrez que l'on
donneroit à la froideur, l'entretenant contre les murailles
du lieu, de mesme que contre la voûte. Cela se verra en
moindre volume dans vn vaisseau de verre bien clos & à
moitié plein d'Eau, posé sur le feu, lequel sera couuert
d'vn vaisseau plein d'eau froide, & en aura encore deux
autres remplis de mesme à costé d'vn chapiteau, où les vapeurs s'esleueront, & retomberont en pluye. Quand la
froideur aura gagné ce lieu entierement, l'on pourra voir
mesme qu'il s'y formera vne espece de neige. Voylà des
Imitations telles que nous les pouuons executer, & qui
sont encore beaucoup pour nous. Elles ne se font qu'en

des

dès lieux preparez & affez bien clos, non point à l'Air
defcouuert ; car ce feroit faire la mefme chofe que faict la
Nature.

Quant à l'œconomie foufterraine où il fe fait des Meteores auffi bien que dans l'Air, elle eft de plus facile imitation. Si l'Eau monte en vapeurs, & s'efpaiffit contre la
voûte des cauernes, c'eft ce que nous fommes tres-capa-
bles de reprefenter, puifque mefme nous imitons tous les
autres Meteores par le fecours des voûtes. Pour ce qui
eft d'auoir quelque puiffance fur les Eaux qui fortent de la
Terre, nous n'en manquons point, à caufe que nous en
fommes affez proches. L'on pourroit fapper des montagnes, & deftourner quelque peu le canal des fontaines :
A dire la verité, il y a bien loin iufqu'à leurs referuoirs que
l'on n'a guere accouftumé de trouuer ; mais c'eft toufiours
auoir de la puiffance fur leurs parties. Pour ce qui eft d'imiter entierement la production de leurs fources, & d'en
faire de femblables ; fi l'on croid que leur Eau vienne de
là Mer, l'on pourroit creufer des canaux où l'Eau de la
Mer s'eftant gliffée, fe rangeroit apres dans quelque grand
referuoir où l'on auroit mis force grauier, afin qu'elle y fuft
purifiée, & de là paffant par plufieurs autres canaux &
referuoirs, elle pourroit enfin perdre fa faleure, & venir
paroiftre au iour à l'endroit où l'on voudroit auoir vne
fource. Si l'on vouloit auffi auoir l'experience de l'efleuation des eaux, l on les conduiroit vers quelque lieu où il
y euft des feux foufterrains ; ou bien l'on pourroit faire
quelque fourneau artificiel dont la chaleur faifant efleuer
l'Eau en vapeurs dans les grottes, la portaft extremement
haut : mais tout cela feroit difficile, & l'on ne s'y affujetti-
roit que pour vn temps. Il vaudroit mieux donner de la
pente aux Eaux pour tafcher de leur acquerir plus de violence, & les faire mieux monter apres. L'on peut auffi
imiter les fontaines qui font faictes par l'Eau des pluyes,
comme l'on tient qu'il y en a, puifqu'aucunes tariffent
prefque lors qu'il y a long-temps qu'il n'a pleu. L'on en
peut faire de femblables. Il faut baftir vn grand referuoir,

où l'on fera aller par diuers conduits toute l'Eau qui tombera fur vne colline & autres lieux penchans. Toutes les
cloftures en feront reueftuës des plus gros cailloux que
l'on aura pû trouuer auec vne bonne liaifon de terre graffe qui ne laiffe point efchapper l'Eau, & mefme il faut pluftoft laiffer le lieu bigearre & inefgal pour fe feruir de ces
grandes roches que l'on treuue en quelques endroits, &
que l'on ne peut tranfporter. Ce referuoir aura vne defcharge qui aboutira à l'endroit où l'on voudra auoir vne
fource; & plus l'on donnera d'eftenduë au canal, plus
cela fera femblable à vne fontaine naturelle.

Pour ce qui eft des ruiffeaux & des riuieres qui coulent fur Terre, l'on y peut apporter diuers changements.
L'on peut faire que plufieurs ruiffeaux coulent en vn, ou
au contraire, qu'vne riuiere foit diuifée en plufieurs ruiffeaux; & l'on peut faire auffi plufieurs canaux de trauer-
fe. L'on en peut faire pour la conjonction de deux riuieres, & mefme pour la conjonction des mers, afin de donner de la facilité au commerce, comme fi l'on ioignoit la
mer Oceane à la Mediterranée par le moyen de quelques
fleuues de France, tirant vne tranchée de l'vn à l'autre,
aux lieux où ils font le plus voifins, & où il faudroit moins
couper de terre; mais l'on deuroit bien prendre garde à
la hauteur des lieux, de peur d'inonder les païs. Celuy
qui auoit entrepris autresfois de faire vn canal depuis le
Nil iufqu'à la mer Rouge, ne pourfuiuit pas fon deffein,
pource qu'il fut auerty que cette mer eftoit plus haute que
l'Egypte. L'on peut encore ioindre les mers en faifant
feulement des tranchées qui feruent à leur communication : & quoy que tous ces ouurages foient longs & difficiles à faire réuffir, fi eft-ce que d'vne façon ou d'autre,
l'on en pourroit bien enfin venir à bout.

Si nous auons du pouuoir fur les Eaux coulantes, nous
n'en auons pas moins fur les Eaux arreftées ou refferrées
en des bornes. L'on peut vuider les eftangs & les lacs;
l'on en peut faire de nouueaux; & quant à la Mer, bien
que fa grandeur la rende inuincible, l'on peut apetiffer

fon eftenduë en quelques lieux auec des digues, & l'augmenter en d'autres, applaniffant les leuées de terre qui
la bornoient. Quant à fon mouuement, l'on n'y peut apporter d'obftacle, mais pour l'imiter, l'on en pourroit bien
venir à bout en quelque lac artificiel qui s'enfleroit & fe
diminuëroit par des canaux fecrets ; l'on y adioufteroit
quelque chaleur foufterraine pour y donner de l'emotion,
& y enuoyer des exhalaifons, & l'on pourroit faire par
quelqu'autre moyen qu'il y euft auffi des Vents qui vinf-
fent toucher l'Eau en fa fuperficie pour luy donner de
l'agitation ; mais plus cela feroit grand, plus cela feroit difficile. Quant au débordement particulier des Eaux, l'on
pourroit non feulement l'imiter, mais le faire en beaucoup
de lieux, non pas le Deluge general, qui venant des pluyes
continuelles ou de la defcharge des Eaux foufterraines,
ne fçauroit dépendre de la force des hommes.

Pour ce qui eft des proprietez naturelles des Eaux qui
fortent de la Terre, l'on y peut apporter beaucoup de
changement. L'on peut auffi donner à plufieurs des qualitez qu'elles n'auoient pas. Faifant boüillir des mineraux
auec de l'Eau commune, l'on luy donne vn mefme gouft
& prefque vn femblable pouuoir qu'à vne vray Eau mineralle, foit pour la boire foit pour s'en feruir au bain, & fi
l'artifice n'eft iamais fi bon que la Nature, au moins il a
cette vtilité en cecy, que la force de l'Eau contrefaite eft
augmentée & diminuée felon que l'on la defire, & que
l'on la iuge propre au mal que l'ô veut guerir, au lieu que la
naturelle eft toufiours femblable. L'on en peut faire auffi
des chofes que difficilement trouuera-t'on en toute forte
de païs, car la diuerfité des Mines ne fe rencontre point
partout, & mefme il n'y a pas des Eaux à toutes : Mais
l'on peut preparer des Eaux qui participeront aux qualitez
de tel mineral que l'on voudra, y procedant par artifice:
tellement que cette inuention peut fuppleer aux defauts de
la Nature aux occafions où l'on en aura befoin, & il ne
fera pas neceffaire que nous allions aux contrées où il y a
des Mines d'or pour chercher des Eaux qui participent

52

aux qualitez de ce metal, puifque nous en pouuons faire
par tout.

Il y a vne autre forte de Corps Deriuez humides, dont
les Hommes ne fçauroient empefcher la production, fi ce
n'eft peut-eftre en changeant la conftitution d'vn païs où
ils fe forment. Ces Meteores font les plus parfaicts & les
plus meflez. L'on met en ce rang la rofée de Miel, la
Manne & les pluyes prodigieufes. Pour ce qui eft de les
imiter, il fe peut faire que l'on y paruienne en quelque
forte. Sçachant le gouft, les odeurs & les autres qualitez
de tous ces Corps, l'on peut prendre ce qui en approche
parmy cette grande diuerfité de Drogues que la Chymie
prepare, & par ce moyen l'on fera quelque chofe de femblable à ces beaux prefens de l'Air. Quant aux pluyes de
fang & de laict, ce n'eft qu'eau rouge & blanche, tellement que cela eft facile à reprefenter. Pour les grenoüilles, les infectes & autres Corps meflez que l'on dit eftre
engendrez de la pluye, il n'eft pas dans l'impoffibilité
d'en faire produire de pareils, ramaffant les chofes qui y
font propres, & les expofant en vn lieu conuenable. Cela
fuffit bien fans faire tomber d'enhaut tous ces Corps Deriuez : Mais fi l'on tafchoit de le faire, ce ne fçauroit eftre
de la mefme forte que cela fe faict dans la Nature. Ces
Corps humides eftans meflez, leur éleuation & leur cheute ne fçauroient eftre imitées de mefme que celles des
fimples, tels que la pluye commune & les moindres Meteores. Si l'on faifoit tomber des grenoüilles & autres infectes ou bien les autres Corps auffi difficiles à produire,
il faudroit que ce fuft par vne tromperie femblable que fi
elles tomboient de quelque machine. Il y a d'autres Corps
qui ont du meflange, lefquels ont vne imitation plus facile comme font les feux que l'on efleue, & que l'on faict
mouuoir à fa volonté. Pour ce qui eft des Corps dont il
s'agit maintenant, c'eft bien affez de les faire produire en
tel lieu, que ce foit fi l'on le peut. L'on ne doutera point
de ce pouuoir ayant confideré que le Miel & la Manne
font engendrez de la fubtile exhalaifon de la Terre & des

plantes, & que pour les infectes, ils s'engendrent d'vne
certaine matiere corrompuë : laquelle ayant esté obseruée,
l'on la peut prendre pour en faire ce qui a coustume d'en
estre fait, en appliquant les choses actiues aux passiues. Si
l'on dit contre cecy, que l'on n'a point entendu parler que
personne ait fait du Miel ou de la Manne, cela n'empesche pas que cela ne soit faisable, mais c'est qu'à cause du
grand soin & de la longueur du temps qu'il faudroit employer à chercher les compositions qui y seroient propres,
l'on se retire d'vn ouurage qui seroit inutile encore qu'il
fust fort curieux, pource que nous trouuons à moindres
fraiz ces deux substances quand elles sont engendrées
naturellement. Pour ce qui est de la pluye prodigieuse, &
notamment celle des grenoüilles, nous sçauons qu'elle
est plus nuisible que profitable, & que l'on ne se soucie
guere de s'appliquer à la rechercher.

Nous venons maintenant à la parfaicte attenuation de
l'humidité esleuée, laquelle est quelque chose de semblable à l'Air, qui remplit tout sans estre veu. L'extreme chaleur du Soleil opere cela en faisant dilater l'Eau & la soufleuant. Nous y pouuons cooperer en luy exposant de
l'Eau dans vn vase, & nous pouuons aussi retarder ou
empescher entierement son effect en couurant l'endroit
sur lequel il dardoit ses rayons. Nostre feu vulgaire peut
causer de semblables attenuations & esleuations, enquoy
nous monstrons aussi ce que nous sommes capables d'executer à l'imitation de la Nature. Au reste, si la chaleur du
Soleil faict le Vent par vne certaine attenuation de vapeurs, nous faisons le mesme auec le feu, & specialement
lors que nous auons enfermé l'Eau dans quelque vaisseau
qui a vne fort petite ouuerture, comme en ces poires de
cuiure qui soufflent le feu, & qui rendent beaucoup de
bruit. Dans vn instrument plus grand, l'on pourroit faire
vn vent qui auroit plus de puissance. En chassant l'Air a-
uec vn éuentail ou quelque autre chose, nous faisons aussi
du vent; c'est ainsi que le premier effort du Vent frappe
l'Air qu'il rencontre, & le fait venir iusqu'icy. Cela se fait

tantoſt par vne maniere & tantoſt par l'autre, ou meſme par toutes les deux ; c'eſt à dire par l'attenuation des vapeurs, & par le mouuement de l'Air que l'on prend auſſi pour la cauſe du Vent, ce qui peut eſtre également imité. Pour ce qui eſt d'empeſcher la production generalle des Vents dedans le Monde, il ne ſe faut point vanter d'y auoir du pouuoir. Nos efforts n'ont pas vne aſſez grande eſtenduë: Mais ſi quelque Vent particulier procedoit ordinairement de quelque endroit, à cauſe d'vne riuiere ou d'vn eſtang reſſerré entre deux montagnes où le Soleil attenuëroit les vapeurs, & les feroit couler comme vn ſouffle, il ſeroit au pouuoir des Hommes d'empeſcher cela, aplaniſſant les montagnes & deſtournant les eaux. Si ces choſes ne ſe font point, pource que la peine y ſurpaſſeroit le profit, il ſuffit que nous ſçachions qu'elles ſont poſſibles. Quant aux Vents ſouſterrains, ils ne ſont pas ſi puiſſans que l'on ne les puiſſe empeſcher de ſe produire, faiſant pluſieurs trous à la Terre. Pour en faire auſſi qui ſoient ſemblables aux naturels, il faudroit enfermer de l'Eau prés d'vn fourneau ſecret, ayant laiſſé quelque creux auprés ; & tout cela eſtant bien bouché, il s'y feroit du Vent dont l'on entendroit le bruit, & dont il pourroit arriuer vn tremblement de Terre, au moins au deſſus de là, & il s'en feroit meſme des mines, ſans que nous mettions en ligne de compte ce qui ſe peut faire dans les mines auec la poudre à canon.

L'eſtat contraire de l'attenuation des Corps humides, eſt la condenſation dont l'effet eſt la glace. Pour empeſcher que l'Eau ne fuſt ainſi arreſtée par le grand froid, il faudroit touſiours auoir du feu auprés. L'Eau de vie, qui ne gele point à cauſe de ſa chaleur naturelle, ſi ce n'eſt qu'elle ſoit corrompuë, empeſche auſſi d'autres liqueurs de ſe glacer, comme l'ancre, & ſi l'on garde quelques Eaux dans les caues pendant l'Hyuer, le froid ne changera point leur conſiſtence ; Mais ſi l'on veut haſter l'operation de la froideur, & rendre incontinent l'Eau commune, fixe & ſolide, l'on n'a qu'à l'expoſer au Vent qui eſt fort froid en cette ſaiſon, & qui s'inſinuë dans les pores

de l'Eau. Si l'Eau a boüilly auparauant, & si elle est encore chaude, elle en sera pluftoft glacée, pource que la
froideur de l'Air penetrera plus facilement dans ses parties qui se sont estenduës ; non pas que cela se fasse seulement par l'effort de la contrarieté, comme disent quelques-
vns, & que la froideur ayant rencontré de la chaleur, se
soit renduë d'autant plus forte ; car la chaleur de l'Eau e-
stant empruntée, & n'y estant attachée aucunement, elle
est bien-tost chassée par la froideur. D'autres disent que
les parties les plus subtiles de l'Eau estans éuaporées par
la chaleur, le reste qui est plus grossier en demeure plus
propre à estre fixé ; mais toutes les parties de l'Eau commune sont à peu prés semblables ; ce n'est pas comme d'v-
ne autre plus meslangée : si bien qu'il est plus raisonnable
de croire que l'Eau eschauffée, ayant commencé de se
dilater, en reçoit apres plus fortement l'impression de
l'Air froid qui l'enuironne. En ce qui est d'empescher que
la glace ne retourne en Eau, cela se fait encore assez facilement : L'on la garde iusqu'en Esté malgré la chaleur du Soleil, l'ayant enfermée sous Terre dans de la paille, qui n'en
laisse approcher aucune tiede vapeur. L'on promet mefme de changer l'Eau en glace dans la plus chaude saison,
l'ayant enfermée dans vn vaisseau couuert de neige que
l'on aura gardée sous Terre auec de la paille, de mesme
que l'on garde la glace ; & pour empescher que la neige
ne se fonde, l'on fera par dessus des licts de salpestre ou de
camphre bien couuerts encore de paille, & le tout sera tenu en lieu sousterrain & fraiz. L'on croid que l'Eau se
glacera par ce moyen dans quatre ou cinq heures. D'autres disent qu'il ne faut que faire boüillir l'Eau pour la faire
glacer apres plus facilement ; & l'ayant mise dans vne
bouteille la descendre en vn puits. Il y en a de si fraiz que
cette Eau boüillie s'y pourroit glacer, & l'inuention en
seroit plus aisée, d'autant qu'il ne seroit pas besoin d'auoir
gardé de la neige de l'Hyuer precedent : L'on auroit aussi
facilement gardé de la glace. Il est vray que la formation
artificielle de la glace seroit estimée pour sa rareté ; & d'ail-

leurs, l'on y peut adiouſter cette gentilleſſe , de mettre
l'Eau que l'on veut glacer en des moules d'airin de diuerſes façons, & ſpecialement faiᵭs en forme de coupe pour
y boire delicieuſement ſi toſt que l'on les aura apportez;
& l'on les verra apres fondre incontinent ſur la table ſi le
temps a beaucoup de chaleur.

Nous auons eſté contraints de parler icy de l'Eau comme d'vn Corps Deriué, quoy que nous l'ayons auſſi con-
ſiderée comme vn Corps principal, dont nous auons appris les raiſons. Au reſte, d'vne façon ou d'autre, nous
tirons d'elle vne ſemblable vtilité. Nous nauigeons ſur la
mer & ſur les riuieres. Toutes les Eaux courantes font
tourner des moulins. Les petits ruiſſeaux arrouſent les
Terres, & l'Eau de la moindre ſource eſt en pluſieurs endroits la meilleure à boire. L'Eau des pluyes remplit auſſi
les ciſternes & raffraiſchit pluſieurs côtrées apres les grandes ardeurs du Soleil. Toutes les Eaux ſont propres à
deſtremper les Terres pour la poterie; ou le plaſtre & la
chaux pour la maſſonnerie, & les plus pures ſeruent à net-
toyer quantité de choſes. Quelque Eau que ce ſoit, ayant
auſſi des qualitez particulieres, l'on les change en diuerſes
ſortes, & lors que l'on les met toutes au meilleur eſtat où
elles puiſſent eſtre, donnant de l'aide à la Nature, c'eſt
trauailler à leur perfeᵭion.

De l'Imitation des Feux qui paroiſſent en l'Air , & de
l'Vſage & perfeᵭion de ceux que l'on
allume d'ordinaire.

CHAPITRE III.

LES Corps Deriuez qui s'allument en l'Air,
s'exemptent de la iuriſdiᵭion des Hommes,
ſpecialement s'ils ſont fort eſleuez. L'on ne
ſçauroit empeſcher leur produᵭion; & pour
ce qui eſt de ceux qui tombent comme fait le
tonnerre, pluſieurs croyent s'en pouuoir garder en des

eaues fort profondes, à cause que l'on tient qu'il ne sçauroit entrer fort auant dans Terre, mais il pourroit bien paffer par les degrez ou par les foufpiraux. L'on dit auffi que
la peau de veau marin empefche fon effet, pource qu'elle
eft rare & peu compacte. De verité, il ne rôpt pas ce qui ne
luy refifte guere, mais cela n'empefche point qu'il ne paffe
au trauers comme en gliffant pour aller attaquer ce qui eft
plus folide. Quant au Laurier, que l'on croid eftre exempt
du foudre, il femble que fes feüilles font trop fermes pour
cela. Il y en a de plus tendres qui n'y refiftent pas. Ce
que l'on en a dit n'a efté que fuiuant les fuperftitions des
Autheurs. Au refte, il eft aifé d'imiter le Tonnerre par
quelques Corps qui faffent vn femblable bruit; mais fi
l'on entend qu'il procede d'vne femblable caufe, il faut fe
feruir en cela de diuerfes pieces d'artillerie que l'on tirera
coup fur coup, ayans efté remplies de poudre à canon, &
bien bouchées. Cette poudre fert encore à vne vraye Imitation des Meteores enflammez. Le Feu la faifant eflar-
gir, il faut qu'elle trouue de la place, & que pouffant tout
ce qu'elle rencontre elle faffe beaucoup de bruit. C'eft
par ce moyen qu'elle imite le Tonnerre : Et parce qu'elle
brufle & fracaffe tout ce qui luy refifte, elle en a plus de
reffemblance. La promptitude qu'elle a pour s'enflammer, imite auffi les exhalaifons les plus chaudes. De vray,
fa compofition eft de foulphre, de charbon & de falpeftre:
ce qui ne refpond pas à celle de tous les Meteores de Feu,
dont la matiere n'eft quelquefois qu'vne fimple exhalaifon huileufe qui s'enflamme fans violence, mais tout cela
ne manque point d'Imitation. Nous faifons des huiles &
des exhalaifons auffi. D'ailleurs, l'Eau de vie dont le Feu
efclaire fans brufler, reprefente bien celuy de quelques
Meteores enflammez, qui ne confomment rien, comme
les Ardens. Parlons maintenant de ces Feux les plus
abaiffez, que l'on prend pour guides. Il eft aizé de s'en
garder en ne les fuiuant point. Quelquefois ils fe monftrent fi proches, que mefmes l'on pourroit bien les eftein-
dre fi l'on auoit de l'Eau pour leur iecter. L'on pourroit

De l'Imitation
des Ardens.

faire aussi qu'il s'en esleuast en plusieurs endroits si l'on
vouloit, y mettant vne matiere propre à cet effet. L'on
imite encore leurs diuers mouuemens. Quelqu'vn faisant aller des flambeaux d'vn costé & d'autre dans les
champs, tromperoit ceux qui en seroient loin, & qui prendroient cela pour des Feux follets; Attachant aussi des
bougies allumées sur le dos des Tortuës, cela estonne-
roit en les voyant marcher, & si elles estoient attachées
sur le dos de quelque animal dôt la course seroit prompte,
& qu'elles fussent composées de sorte qu'elles ne se pus-
sent esteindre, cela imiteroit encore mieux les Ardens.
Que si l'on veut que ces Feux paroissent sur vn lac ou sur
vn estang, il ne faut que ficher des espingles au bout de
quelques chandelles, ou bien y attacher des pieces de
monnoye; Lors qu'elles seront allumées & posées dans
l'Eau, elles n'enfonceront point; au contraire, elles s'esleueront à mesure que le suif bruslera, d'autant que la flamme l'attirera tousiours, & que cette matiere visqueuse ne
pourra se mesler auec l'Eau. Cela se feroit difficilement
sur vne riuiere qui entraisneroit tout, mais cela se fera fort
bien sur vn maraiz; & si l'on craint que le Vent n'esteigne
de tels Ardens, il les faut composer d'vne matiere qui resiste à cette impetuosité, comme de therebentine, de soulphre & de camphre : Attachant aussi de tels flambeaux
sur vne plaque de bois, ce seroit alors qu'ils se pourroient
tenir sur vne Eau couräte, qui les emporteroit sans leur nuire, dont ceux qui les verroient de nuiĉt seroient estonnez.

Pour ce qui est d'imiter les Feux plus esleuez, ayant
accommodé vne toile de telle sorte qu'elle puisse resister
au Feu quelque temps, il la faut estendre sur de petits fils
de fer qui la soustiennent en rond ou en quarré, & plustost
en oualle ou en lozange. Cela sera supporté en l'Air e-
stant ietté du haut de quelque edifice, & si l'on y a attaché
quelque composition à laquelle l'on ait desia mis le Feu
par vn endroit dont l'effeĉt ait esté lent, cela paroistra enfin tout enflammé auec la figure selon laquelle la matiere
combustible aura esté disposée. Il est vray que la compo-

sition y donnant du poids, pourroit abbattre le tout, mais
la toille estant bien grande & iettée fort haut, sera balan-
cée en l'Air, outre que la chaleur la soufleuant, l'empeschera de tomber. Les fuzees qui montent en l'Air representent aussi en quelque sorte les Feux esleuez : Sur tout,
celles qui retombent en claires estincelles representent
bien ces Feux qui courent par l'Air, & qui semblent tomber en guise d'estoilles. Pour les Feux sousterrains, leur
origine est si profonde, que l'on ne peut retarder ny ad-
uancer leur production, ny s'en defendre que par l'esloignement à cause de leur violence. Leur Imitation
seroit fort aizee emplissant des cauernes de soulphre,
de bitume & de quelques autres matieres combustibles.
Pour ce qui est de la matiere des fusées, elle est d'ordinaire de poudre à canon, de salpestre & d'vn peu de soulphre. L'on leur donne la forme selon l'effect que l'on desire : Celles qui doiuent faire des estoilles ou des serpenteaux, ont plusieurs petits tuyaux enfermez dans vn grãd,
& l'on les attache chacune à vne longue baguette, afin
que s'esleuans plus droict elles montent aussi plus haut.
Il y en a d'autres simples qui ne sont faites que pour causer vn grand bruit en se creuant ; les autres n'estans attachées aux eschaffauts des Feux d'artifice, qu'afin d'y
entretenir long-temps la clarté, l'on les remplit d'vne matiere plus durable, ayant meslé de l'antimoine auec du
soulphre & du salpestre, ce qui les fait esclairer sans violence. Quant à celles qui doiuent donner du mouuement à
quelques ressemblances d'animaux, elles ont vn Feu plus
puissant qui les agite sans cesse. Quelques-vnes s'esleuent
par boutades pour faire leuer & baisser le bras de quelques figures, & pour faire choquer les autres ensemble. Il
y en a qui font tourner des rouës, pource qu'y estans toutes attachées de costé, lors que leur violence les entraisne,
elles ne sçauroient donner qu'vn mouuement circulaire à
ce qui les retient, la facilité s'y trouuant à cause des piuots
sur lesquels cela est placé. Que si l'on veut faire auancer
de fort loin quelque figure d'Homme ou de beste, il faut

qu'elle soit attachée à vne corde par vn anneau coulant, ou bien que la corde passe au trauers de ce corps, & que toutes les fusees dont il sera garny tendent vers le lieu où il doit aller, afin que la conduite se fasse par leur effort. Mais il faut prendre garde que le feu ne touche à la corde, ou bien qu'elle soit propre à y resister, ayant esté couuerte d'vne toile si bien gommee ou plastree, qu'il ne luy en puisse arriuer aucun dommage.

De l'Artillerie.

Apres les Feux de recreation l'on peut parler de ceux de la guerre. Il y en a qui s'esleuent en l'Air auec l'instrument où l'on les a enfermez ; mais pource qu'ils n'iroient pas d'eux-mesmes aux lieux où l'on veut nuire, l'on les y jette de la main, ou bien l'on les y adresse. Ce sont les grenades, les pots à Feu & autres pareilles machines, soit de fonte ou de fer, ou d'autre matiere moins dure. L'on les emplit de poudre à canon, & si tost que l'on y a mis le Feu par le canal de l'amorce, l'on les jette contre les ennemis. L'on fait aussi des mortiers qui sont des pieces d'artillerie larges & courtes que l'on charge de pierres, de clouds & de chaisnes, & la force de la poudre fait tout sauter en l'Air. L'on y met aussi des Bombes qui sont encore des boistes de fonte pleines de poudre à canon & de soulphre, & d'autre matiere violente : lesquelles sont poussees vers le lieu que l'on a dessein de ruiner. Elles fracassent toute vne maison en tombant, & brisent aussi tout ce qui est aux enuirons lors qu'elles se creuent. Pour bien guider le Feu où l'on veut & mieux viser, l'on a inuenté des instrumens dont le tuyau est plus long, & qui par consequent ont aussi plus d'effort, à cause que le feu s'y trouue dauantage resserré. Entre les moindres il y a celles que l'on tire à la main, comme les mousquets, les carabines & les pistolets qui tüent vn Homme en vn instant de la balle qu'ils poussent. Il y a d'autres plus grandes pieces qui peuuent tüer plusieurs Hommes d'vn seul coup, & ruiner des edifices. Ce sont les canons qui sont traisnez sur des roües à cause de leur pesanteur. Les plus gros sont propres au siege d'vne place, & les moindres

font pour mener dans les armées qui marchent à la campagne.   L'on a voulu trouuer l'inuention d'en faire de
plus legers que de metal, & de ne les faire que de cuir
boüilly auec vne simple feüille de fer au dedans, & l'on
les a esprouuez quelquefois, mais il ne les faloit pas charger si fort que les autres, ny si souuent, de sorte que cela
estoit plus pour la gentillesse que pour l'vtilité. Il faut a-
uoir esgard principalement à la plus parfaite artillerie, qui
est celle des canons de fonte. Depuis qu'ils sont en vsage,
l'on a augmenté la fortification des villes pour s'en defendre. Il ne suffit pas d'auoir des murailles, il faut des ter-
rasses derriere, & l'on a aussi trouué que la seule fortification de terre est la meilleure, & que la balle du canon n'y
fait que son trou, au lieu qu'ayant brisé quelques pierres,
vn pan de muraille en peut estre ébranlé & renuersé. Il
est vray que les bastions de terre se peuuent bien-tost es-
bouler, mais en recompense ils sont bien-tost reparez.
L'on se defend par ce moyen des plus grands efforts du
Feu, mais c'est en y opposant des Corps qui reçoiuent sa
violence. Il y a d'autres Feux qui ne sont point jettez ny
poussez, mais qui font pourtant beaucoup de rüine à cause qu'ils sont retenus; Tels sont les Feux des Mines & des
Petards que l'on attache aux portes.   Pour empescher
l'effort des Mines, il faut faire des puits auprez, & pour
resister aux petards, il faut que les portes soient terrassées
au derriere.

L'on vse d'autres remedes contre de moindres Feux.
L'on treuue mesme des choses qui les empeschent d'agir
contre les Corps où ils sont adressez. Il semble que si l'on
estoit couuert d'vne robbe faite de cet Amyanthus qui ne
brûle point, l'on ne seroit point endommagé des flammes:
Mais il ne s'y faudroit pas fier, car outre que le Feu treuue passage par tout, il donneroit tant de chaleur à cette
estoffe, que l'on en seroit incommodé. Nous ne la tenons
pas aussi pour estre entierement incombustible. Plusieurs
soustiennent que la Salemandre peut viure dans le Feu, &
sur cette opinion l'on dira que si l'on se frottoit les mains

H iij

de la liqueur extraite de son corps, l'on les pourroit mettre
apres sans crainte dans la flamme, ou bien manier des
charbons ardens. Mais comme l'on trouue que cet animal est vn petit lezard si plein d'humidité & de froideur,
que d'abord il esteint le Feu où il est mis, c'est par là que
l'on pretend qu'il y resiste, quoy qu'il n'y puisse pas viure
tousiours; car si le Feu estoit grand, il y seroit bien-tost
consommé. Neantmoins, l'on peut croire que l'eau qui
sort de son corps quand il est pressé, ou ses parties mesmes
reduites en vnguent, seroient capables de garentir les
mains de brusleure si elles en estoient frottées : ce que l'on
fait encore par le suc de guymauues & de Mercurialle, par
le suc de refort, le blanc d'œuf & la chaux esteinte, dont
l'on compose vn liniment. Il est certain que cela peut empescher que l'on ne sente l'ardeur du Feu, pourueu que
l'on ne le touche guére long-temps ; mais à la fin, l'humidité de la drogue estant euaporée, la froideur ne s'y trouueroit plus, tellement que l on seroit en danger de se brûler ; Toutesfois, pour tenir quelque temps vn charbon, ou
passer sa main par la flamme, cela se peut facilement. Quelques-vns disent dauantage, que l'on peut faire degoutter
desfus du plomb fondu, pource que ce liniment y resiste,
& que le plomb ne fait que couler promptement : mais cela n'est pas fort asseuré. Les charlatans qui en ont quelquefois fait l'espreuue deuant vne populace, auroient peut-
estre couuert leurs mains outre cela de quelque Ceruse, ou
de quelque plastre assez espais, afin de ne receuoir point
de mal. Si l'on desire aussi garentir du Feu quelque machine ou quelque galerie de bois faite au siege d'vne ville,
l'on la peut enduire de chaux & d'alun & de quelques-
vnes des matieres alleguées. Cela seruira contre les grenades & les petits artifices ; Mais ceux qui ont plus de
violence, ne bruslent pas seulement ; ils rompent tout par
leur effort. Toutesfois, l'on ne doit pas dire que les Hommes ayent mieux trouué l'inuention de faire agir le Feu,
que de s'en defendre : car si l'on oppose au moindre Feu
ce qui ne peut brusler, l'on oppose au Feu ruïnant ce qui

ne peut estre abbattu. L'attaque & la defense reuﬂiﬂent
diuerſement ſelon nos preparatifs.

Nous auons deſia parlé des moyens d'allumer le Feu,
qui ſont par le choc des cailloux & du fer, par le frotte-
ment de quelque bois, & la reuerberation des miroirs ou
des vaſes. Il s'allume auſſi ſans que les Hommes y coope-
rent, comme l'on dit que de la ﬁente de pigeon s'eſtant
allumée en vn païs chaud, bruſla pluſieurs edifices. Cela
nous donne l'inuention d'expoſer au Soleil les matieres
que nous voulons enﬂammer. Pour ce qui eſt d'empeſcher qu'vn flambeau ne ſoit eſteint par le vent & la pluye,
le ſecret en a eſté aſſez declaré, & nous auons cherché s'il
ſe pouuoit faire des feux inextinguibles. L'on peut adiouſter à cela le pouuoir que l'on a ſur les qualitez du Feu,
les rendant plus ou moins manifeſtes, comme le faiſant
paroiſtre plus chaud & plus actif, & meſme plus odorant
& plus coloré. Il faut auſſi conſiderer ſes vtilitez ſelon la
matiere dont il eſt fait, comme de bois, de charbon, ou de
bitume, & le lieu où il eſt fait, ſoit vne cheminée, vn fourneau, vn poëlle, ou vn lieu deſcouuert. L'on ſçait qu'il
ſert à reſchauffer les membres des animaux, à faire cuire le
pain, à faire boüillir ou roſtir les viandes, à faire pluſieurs
decoctions & diſtillations pour la Medecine, à faire cuire
les vaiſſeaux de terre, les thuilles & les briques, à faire le
verre, à faire fondre les metaux, & à rendre le fer plus mol
pour la forge.

Le Feu ſert ainſi aux principales commoditez de la vie.
L'on a trouué meſme l'inuention de ne pas laiſſer ſa fumée
inutile. Tandis qu'il bruſle pour roſtir la viande, ſa fumée
peut faire tourner des aiſles de fer blanc attachées ſur vn
pignon qui fait apres tourner vne roüe dont la corde d'v-
ne broche eſt gouuernée. La meſme fumée pourroit faire
tourner de plus grandes machines pour d'autres ouurages plus conſiderables & plus ingenieux. D'ailleurs, le
Feu peut cauſer pluſieurs mouuemens par ſa propre force
& par celle qu'il donne à d'autres matieres, comme lors
qu'il fait attenuer l'eau d'vn vaiſſeau pour produire vn vent

*De l'vtilité du
Feu.*

*Des mouuemens
que peut cauſer le
feu, tant par ſa
fumée que par la
force qu'il donne à
l'Eau, & meſme
par ſes cendres.*

tres-actif, qui pouſſera des aiſles de machines, ou qui fera
reſonner des fluſtes ou des tuyaux d'orgues.   L'on dit
auſſi qu'ayant eſleué vn Autel qui ait vne platine de cuiure où l'on faſſe vn grand feu, & qui ait au dedans vne
peau d'animal tenduë aſſez laſche, lors que le feu ſera ve-
hement, elle ſe retirera & ſe bandera de telle ſorte, que ſi
vne corde eſt attachée vers ſon milieu, & ſi elle paſſe par
des poulies miſes en lieu conuenable & caché, elle fera
ouurir les portes d'vn petit Temple, pour donner de l'e-
ſtonnement à ceux qui ne ſçauent pas le ſecret. Mais cette
peau bandée par la chaleur ſe pourroit ſecher entierement
apres auoir ſeruy deux ou trois fois : & d'ailleurs, l'on doute ſi ſa force ſeroit aſſez grande. L'on promet d'executer
encore mieux cet artifice par le moyen de l'Eau placée
ſous l'Autel, laquelle ſe renflera par la chaleur, & tombant par vn canal dans vn ſeau, le remplira tellement qu'il
s'abaiſſera, & par ſon poids attirant vne corde ou vne
chaiſne, fera ouurir les portes, ou bien les fera fermer, ſelon que l'on aura diſpoſé les poulies, car l'vn & l'autre eſt
faiſable ; & ſi l'on veut, ſans qu'il y ait des poulies, les
chaiſnes paſſans au deſſous du planché, feront tourner le
pied des piuots où les portes ſeront attachées, pour les faire ouurir, & le ſeau s'eſtant vuidé, vn contrepoids qui aura ſon mouuement de l'autre coſté, fera vne ſoudaine cloſture. L'on ſe peut ſeruir de vif argent au lieu d'eau pour
de ſemblables inuentions, car le vif argent ſe renfle incontinent par la chaleur, de ſorte que s'eſtant ietté dans le
tuyau il chargera les vaiſſeaux, qui ſeront les principes du
mouuement.   Quand l'on ne ſe ſeruiroit que de l'eau ſimple, l'on pourroit auſſi appliquer cette cheute de ſeau à des
mouuemens de roües, pour faire remuer des ſtatuës, faire ſonner des orgues, & toute autre inuention que l'on
voudra ; car ſi toſt que le feu aura cauſé la repletion de ce
ſecond vaiſſeau, il pourra ſeruir de contrepoids, ſe laiſſant
couler au long d'vn creux fait en forme de puits, & quand
il ſera au bas, vne corde ou vne chaiſne attachee à ſon
fonds le fera renuerſer ; ou bien cela ſe fera par vn crochet
qu'il

qu'il rencontrera, & auſſi-toſt qu'il ſera deuenu leger, vn contrepoids attaché au bout de ſa maiſtreſſe chaiſne le fe-ra remonter, pour eſtre encore remply. Cela pourra auſſi eſtre pratiqué aux fontaines naturelles, que l'on faict eſchauffer par l'ardeur du Soleil. L'Eau qui s'y renflera y remplira vn ſeau pour cauſer quelque mouuement extraordinaire par ſa deſcente, & c'eſt par ce moyen que l'on pourra varier le ſifflement des Statuës, dont nous eſtions tantoſt en peine. Cela ſemblera plus émerueillable que par le moyen du Feu; mais cela ſera plus difficile, & ne ſera pas ſi certain. L'on peut faire vne autre ſorte d'inuention où l'on ne laiſſera pas meſme les cendres oiſiues. Si ie feu eſt fait de bois ou de charbon prompt à ſe tourner en cendres, n'y ayant au deſſous qu'vne grille à barreaux ronds, elles pourront tomber toutes par vn canal iuſques dans vn ſeau, qu'elles chargeront pour faire ouurir des portes, & pour cauſer pluſieurs autres mouuemens. Ces machines nous ont conduit à donner meſme de l'vſage à la cendre, auſſi bien qu'à la fumee, en ce qui eſt de la force moſſuante. D'vn autre coſté, l'on peut conſiderer que la fumee eſt propre à faire ſecher pluſieurs choſes, & à engendrer auſſi de la ſuye, qui ſert apres à quelques teintures & à d'autres ouurages; & quant aux cendres, leur vſage le plus commun eſt celuy de blanchir le linge par les leſſiues. Si leurs autres applications ſont diuerſes, c'eſt ſelon la diuerſité de la matiere dont elles ſont tirées, & particulierement l'on fait de là pluſpart ou du Sel ou du Verre, ce que nous deuons encore conſiderer ailleurs. Nous auons icy parlé de l'vſage des Feux, tels que nous les auons parmy nous; Ce ſont proprement des Corps Deriuez, tels que ceux que compoſe la Nature, quand elle allume des feux de quelque matiére qui s'y trouue propre. Nous les faiſons auſſi à ſon imitation, de ſorte qu'à bon droict ils ont icy leur lieu; mais ils ont cela de particulier d'eſtre employez à des vſages où la Nature ne les conduiſoit pas toute ſeule, en quoy les Hommes font pareſtre leur artifice.

*De l'Vsage, Imitation, Melioration, & Perfection
des Sels, des Soulphres, & des Bitumes;
Et de la Chymie.*

CHAPITRE IV.

APRES les Corps Deriuez qui font efleuez en l'Air, il faut parler de ceux qui demeurent en Terre, mais qui ont la fluidité comme l'Eau lors qu'ils font fondus.
Ce font les Sels, les Soulphres, les Bitumes & diuerfes fortes de Sucs. Ayant
defia parlé de plufieurs feux d'artifice, cela peut monftrer
l'vfage de quelques-vnes de ces maticres. Le Salpeftre
& le Soulphre entrent dans la compofition de la poudre à
canon, pource que le Soulphre brufle facilement, & le Salpeftre a vne vapeur violente lors que la chaleur le force de
fe dilater. Le Sel commun petille auffi au feu, à caufe que
l'humidité qui s'y trouue eftant atteniee, fe veut feparer
auec effort de la Terre où elle eft meflee & refferree trop
eftroitemen:. De telles proprietez ont fait trouuer l'inuention des Feux d'artifice, où l'on mefle encore le charbon de faule, le camphre, l'Eau de vie & autres ingrediens,
pour donner plus de vigueur à ce que l'on pretend executer. L'on fait auffi des Feux fans violence auec les Bitumes & les Cires; & toutes ces matieres ont encore d'autres employs pour le feruice des Hommes. L'on compofe diuerfes drogues de quelques-vnes pour accommoder
plufieurs chofes neceffaires au mefnage; les autres feruent
à des medicamens. Sur tout, l'vtilité du Sel commun eft remarquable pour l'affaifonnement des viandes. En ce qui
eft de la preparation des Sucs & des Corps qui fe fondent,
elle fe fait affez aizément; La plufpart eftans tirez des entrailles de la Terre font purifiez par le Feu; les autres en
font tirez tous purs. Il y a mefme des cachots foufterrains

où l'on trouue le Sel tout fec & tout formé : Mais il y a d'autres contrées où l'on tire l'Eau de quelques puits falez, laquelle eftant boüillie fe conuertit en Sel. En d'autres lieux l'on fe fert de l'Eau de la Mer, que l'on fait couler en de certains maraiz, où il s'en fait auffi du Sel quand le Soleil donne deffus, d'autant que la chaleur fait euaporer tout ce qu'il y auoit là d'humeur fuperfluë. Il faut que les regions y foient propres ; qu'il y faffe chaud affez long-temps, & que les pluyes n'y foient pas fort frequeñtes, pource qu'elles gaftent tout l'ouurage. Si les hommes operent ainfi à la production de quelques Corps en prenant des chofes que l'on y peut iuger vtiles auec affez de facilité, ils font encore paroiftre d'autres Corps Deriuez qu'ils tirent de ceux dont ils n'auroient pas efté produits fi vulgairement. L'on fait du Salpeftre par le moyen des fumiers, des entrailles des beftes & de certaines terres, apres y auoir fait couler de l'eau par plufieurs fois, qui en tirè la fubftance que l'on defire, & l'on la fait boüillir pour en faire euaporer l'humidité inutile. L'on imite encore affez facilement les Soulphres & les Sels que la Nature produit toute feule ; car il n'y a guére de Corps dont l'on ne puiffe tirer manifeftement du Soulphre, & du Sel par artifice. Le Soulphre eft vne matiere huyleufe & combuftible que l'on tire diuerfement de plufieurs Corps. Il ne faut que preffer ceux qui en abondent pour la faire fortir; & pource que le phlegme y demeure auffi meflé, il ne faut qu'vfer d'vne fimple diftillation pour feparer l'vn de l'autre. Quant aux Corps qui font d'vne nature plus feche & plus compacte, il les faut mettre d'abord fur le feu dans des vaiffeaux propres à cela. L'Eau en fort la premiere & l'huyle apres, qui eft vn vray foulphre. Pour le fel, il demeure au marc & aux cendres, & l'on le peut tirer auec vne Eau plufieurs fois coulée deffus, laquelle on fait boüillir apres iufqu'à ce qu'elle s'efpaiffiffe. Il y a d'autres Corps dont l'on tire fimplement le fuc, & l'ayant fait boüillir iufques à vne confiftence mediocre, l'on le laiffe repofer quelques iours en lieu affez froid, & quel-

que temps apres, l'on trouue le Sel tout fec & tout pris.
Les Bitumes peuuent eftre imitez auec diuerfes huyles ou
graiffes meflées à d'autres Corps terreftres; ou bien quelques Bitumes font imitez par d'autres y faifant vn meflange qui en prend la couleur, l'odeur & les autres qualitez.
Pour ce qui eft des Sucs, ils font de mefme imitez par
d'autres, ou par des matieres differentes. Ainfi, l'on contrefait les gommes & les diuerfes fortes d'Ambres, par
d'autres Corps qui fe fondent & qui fe durciffent, & il en
peut eftre de mefme des Sels.

De la Chymie.

LA Chymie eft employée à ces chofes: mais fur tout,
elle doit feruir à de telles preparations lors qu'elles
font propres à remedier à quelque maladie, ou à produire
quelque autre effect vtile. Elle a deux parties principales
qui font, la Solution des Corps & leur Coagulation. La
Solution eft diuifée en Calcination & en Extraction. Pour
la Calcination, qui eft de priuer vn corps de fon humidité, le reduifant en chaux ou en poudre, elle fe fait par Cor-
rofion, c'eft à dire auec d'autres corps fort corrofifs; ou
bien par ignition, c'eft quand l'on brufle fimplement les
corps. Quant à l'Extraction, autre partie de la Solution,
elle eft diuifée en Afcenfion & Defcenfion. Il y a Afcenfion feche, qu'on nomme Sublimation, laquelle fe faict,
lors que les parties les plus fubtiles d'vn compofé font
contraintes de s'efleuer au haut d'vn vaiffeau, où elles
s'attachent. L'Afcenfion humide, qu'on nomme Diftillation, eft vne Extraction de l'humidité attenuee, qui s'ef-
paiffiffant au chapiteau coule apres dans le Recipient. La
Diftillation eft encore diuifée en droite & en oblique. La
droite fe fait par l'Alembic commun, & l'Oblique par la
Retorte. Quant à l'Extraction qui fe fait par la Defcenfion, elle eft double : à fçauoir, la chaude & la froide. L'on
appelle la chaude, celle qui fe fait par exemple d'vn bois
refineux que l'on met brufler dans quelque fourneau, où
la poix fe fond & coule au dehors. Pour la Defcenfion
froide, il y en a deux efpeces; la premiere eft la Filtration,

qui fe fait quand l'on coule les liqueurs au trauers d'vn ta-
mis ou d'vn gros papier, ou d'vne chauffe de drap. La
feconde eft vn fimple coulement, qui fe fait fur vn marbre
ou fur vne planche polie. L'Extraction fe fait encore par
des moyens que l'on appelle Intermedes, d'autant qu'ils
tiennent quelque chofe des autres, comme la Digeftion
qui fe fait pour cuire le corps par vne chaleur temperee,
reuniffant les parties feches, & faifant euaporer petit à petit les humides, qui pourtant ne fortent pas tout à coup du
vaiffeau, fi l'on ne le defire, felon l'effet que l'on demande. Il y a encore la Putrefaction par laquelle le corps
mixte fe refout en pourriture naturelle, ce qui fe fait lors
que l'humidité vient à furmonter la fechereffe par la chaleur externe qui l'attire. L'on joint à cecy la Circulation
qui fe fait dans vn vaiffeau où il y a plufieurs circuits, pour
purger la matiere de toutes fes impuretez. Il y a vne autre
Extraction fpeciale qui fe fait par Infufion d'vne liqueur
fur quelque corps; Et pour retourner à la Coagulation,
feconde partie de la Chymie, c'eft elle qui rend folides les
chofes molles par priuation de leur humidité: Cela fe fait
par Exhalation, Decoction ou Fixation; mais toutes ces
operations font conjointes auec la plufpart de celles que
nous auons defia nommées. Il faut encore obferuer que
l'on diftille par plufieurs fois ce qui eft forty d'vne diftillation, ou bien l'on rejette la liqueur fur le marc. Ce font
deux efpeces de Rectifications. Il y a plufieurs autres o-
perations meflées, que l'on apprend facilement quand
l'on fçait les premieres. Les vnes & les autres s'accompliffent par le Feu, ou au Soleil, ou dans le bain, ou dans
le fumier. C'eft par leur moyen que l'on peut faire des
Eaux, des Sucs, des Huyles, des Soulphres, des Sels &
autres Corps compofez & deriuez. La varieté en eft auffi
grande, comme il y a de diuerfité en tous les Corps du
Monde, & l'on la multiplie encore par le meflange & la
difference des vaiffeaux, & les degrez de chaleur dont
l'on fe fert. L'on donne en cela de l'aide à la Nature, &
l'on monftre le pouuoir que l'on a fur les corps meflez

qu'elle a produits, pour les changer à volonté, & mefmes pour en produire de femblables. La Melioration & la Perfection font en cela toutes euidentes , foit
pour les naturels, foit pour les artificiels, & l'vfage en eft
fi commun en la Medecine & autres Arts, qu'il eft fuper-
flu d'en parler.

*De l'Vfage , Melioration , Perfection & Imitation
des Terres, des Pierres , des Mineraux
& des Metaux ;
Et de la Pierre Philofophalle.*

CHAPITRE V.

PRES les Corps qui font aizément rendus
liquides , nous confiderons ceux qui font
fecs & folides pour la plufpart, & que nous
auons defia appellez des Corps Deriuez Fixes , tels que font les Terres, les Pierres &
les Metaux. Il eft vray que les Metaux peuuent eftre fondus par vn grand Feu & quelques Pierres auffi , mais leur
folidité & leur fechereffe font toufiours affez remarquables.

*Du changement
des Terres.*

Si la production des Corps Deriuez Fixes , tels que
font les Terres, les Pierres & les Metaux, fe fait fort a-
uant, il n'y a aucun moyen d'y apporter de l'obftacle ou
de l'aide, mais fi c'eft à la fuperficie, vn meflange contraire y pourroit nuire , & vn meflange propre y pourroit
feruir auec vn fecours conuenable, fpecialement pour la
diuerfité des Terres qui font plus aizées à former ; Que
l'on les rende plus humides ou plus feches , & que l'on
adioufte ou retranche quelque chofe de ce qu'il y a de plus
folide en elles , il s'en fait vne varieté par le temps auec
l'action de l'Agent fupréme. Les Terres fablonneufes
font renduës plus graffes, ou plus chaudes & humides en

y meflant quelque autre Terre, comme la Marne ou l'Argille, ou bien en y mettant du fumier. Il y a vne infinité
de manieres de les diuerfifier, & en effect quelque chofe
que l'on y faffe felon l'eftat où l'on les treuue, ce font tousiours autant de diuerfitez, quoy que la nature du lieu ne
foit pas vaincuë entierement, & que l'on ne puiffe pas tout
reduire à vne mefme forme.

Pour ce qui eft des Terres qui font propres à autre chofe qu'à nourrir des plantes, & qui font fort enfoncées en
beaucoup de lieux, l'on les treuue telles qu'elles font fans
y auoir rien adioufté ny diminué : Neantmoins, l'on pourroit bien faire que d'autres leur fuffent femblables à force
de les mefler ou de les expofer au Soleil ou au feu, & cela
fe feroit plus parfaitement d'autant plus qu'elles auroient
de qualitez particulieres. A force de fecher la Terre, l'on
en peut faire du fablon ; A force de l'humecter, l'on en
peut faire de l'Argille. Pour ce qui eft des Terres rouges
côme la Lemnienne, & des iaunes ou d'autre couleur, l'on
peut trouuer quelle eft leur compofition & l'imiter, y donnant mefme les proprietez neceffaires, auec diuerfes liqueurs que l'on y employeroit. Ce ne feroit pas la mefme
chofe que fait la Nature, mais cela en approcheroit de bien
prez.

Les artifices que l'on fait pour la melioration des Ter-
rés, font premierement ceux du labourage, qui les rendent plus propres à porter des fruicts. Apres cela, il faut
confiderer d'autres vfages. Il y a des Terres qui ont affez d'humidité huyleufe pour feruir à entretenir le feu en
des païs où l'on manque de bois. Toute l'induftrie que
l'on y employe eft de laiffer vn peu fecher les gazons ou
tourbes auparauant que de les mettre au feu, afin que l'humidité fuperfluë en forte. En ce qui eft de la Terre propre
aux baftimens, ou pour faire plufieurs vaiffeaux qui feruent au mefnage, elle change plus d'eftat que celle que
l'on deftine à receuoir les femences & les faire germer,
car dans le labourage, la Terre demeure en fon lieu, &
prefque en fa mefme conftitution. Dans la maffonnerie,

72.

elle change de lieu & d'eſtat, ſpecialement ſi l'on ne l'employe pas toute pure comme l'on fait aux ouurages ruſti-
ques, mais ſi l'on la meſle auec le ſable ou la chaux pour
faire quelque mortier. Quand l'on en fait de la brique ou
de la thuille, elle change auſſi d'vne conſtitution en l'autre, prenant la dureté au lieu de la molleſſe & de l'humidité. Il en eſt de meſme dans les ouurages de la poterie commune; il n'y entre aucun meſlage, mais il faut auſſi que tout
ſoit fait d'vne certaine terre propre à cela, & dauantage ſi
l'on veut que les pots reſiſtent au feu, il eſt beſoin qu'ils
ſoient enduits d'vne certaine compoſition metallique. Les
beaux Vaſes de Fayence ſont encore couuerts de diuerſes
compoſitions ſelon les couleurs que l'on leur veut donner, & les figures que l'on y veut repreſenter ; Mais pour
le dedans, il eſt d'vne certaine terre fort bien preparée. Il
s'en fait qui ſont par tout d'vne eſgalle matiere, & l'on excelle en cela en de certains païs, car cette matiere y eſt
renduë ſi fine que les vaiſſeaux ſont tranſparents. Cela
s'appelle de la Pourcelaine. Elle ſe fait auec vn meſlange
d'vne Terre tres-pure, & de la poudre de certaines coquil-
les caſſées que l'on a laiſſé long-temps dans vne foſſe
bien couuerte pour rendre la matiere parfaite, tellement
que lors qu'vn Pere en fait accommoder, c'eſt vne richeſſe
qui ne profite quelquefois qu'à ſes petits Enfans. Voylà ce
qui ſe fait pour les Terres.

QVANT aux Pierres groſſieres, c'eſt choſe peu conſiderable de ce que l'on pourroit retarder ou auancer leur production. Pour ce qui eſt de l'imiter, cela ſe fait
en ce que ſi l'on prend vne Terre bien deſtrempée & bien
liée par l'humidité, l'on la peut faire durcir au Soleil ou au
Feu ; Les thuilles & les briques ſont meſme des imitations
de Pierre. Mais l'on fait des Imitations plus naturelles.
L'on contrefait les Marbres & les Porphyres auec des pla-
ſtres deſſayez parmy diuerſes teintures, & ayant auſſi
broyé du marbre incorporé auec de la chaux, l'on luy
peut donner telle forme que l'on veut. Si cela eſt deſtrem-
pé auec

pé auec de l'huile, cela se rendra fort dur. Toutes fortes de pierres ayans esté broyées & deftrempées auec des li-queurs glutineufes comme les blancs d'œuf ou le fang de bœuf & d'autres beftes, font propres à jetter en des mou-les pour former des colomnes ou de tres-grandes ftatuës que l'on croira de pierre naturelle à caufe de leur dureté, & l'on s'eftonnera de la patience de ceux que l'on s'ima-ginera les auoir taillées. Quelques-vns difent qu'il y a des pierres qui fe peuuent fondre auffi pour en mouler ce que l'on veut, mais apres qu'elles feront broyées, il y faut donc adioufter vn fel vnitif tiré de quelques plantes, ou bien quelque portion de metal, de forte que cela compo-fera vn corps qui ne paroiftra plus eftre pierre. Neant-moins, l'on peut trouuer l'artifice de faire qu'encore que l'on y mette fort peu de cette matiere eftrangere, elle ait le mefme effect de couler au feu & de fe reunir; ou bien l'on fera qu'elle paroiftra moins, quoy que l'on y en mette da-uantage. La negligence feule de plufieurs fecrets, fait que l'on les ignore, bien que quelques-vns ayent efté practi-quez autrefois.

Pour ce qui eft de rendre les pierres vtiles à quelque chofe, l'on les employe à faire des baftimens toutes telles qu'elles font, fi elles font trop dures pour eftre taillées, & fpecialement les plus dures, que l'on appelle des cailloux. Ces cailloux feruent auffi à faire du feu, ou en les frappant l'vn contre l'autre, ou contre vn fufil. Pour les pierres qui font aifees à tailler, l'on leur donne telle figure que l'on veut pour les mieux arranger dans les edifices, & mefme pour y apporter de l'embelliffement. L'on les taille auffi auec beaucoup d'induftrie pour faire diuerfes ftatuës. Or en tout cela, leur conftitution ne change point; il n'y a que leur figure, mais quelques-vnes fouffrent de l'alteration pour en tirer quelque chofe de meilleur & de plus vtile que ce qu'elles font naturellement. Telles font les pierres dont l'on fait la chaux & le plaftre.

APRES les pierres communes, venons aux pretieu-fes; Leur production eft laiffée en la liberté de la

Nature, & pour leur imitation, elle n'a pas manqué d'eſtre trouuée. Le verre eſt vne excellente imitation du criſtal de roche. Il s'en fait de ſi clair & de ſi net, que la Nature ne produit rien de plus tranſparent, & l'on a meſme projetté quelque-fois de luy faire ſurpaſſer les qualitez des pierres les plus exquiſes, dont la dureté ne ſçauroit reſiſter aux grands efforts, & qui ſeroient pluſtoſt brizees en poudre que de s'eſtendre aucunement. Il y a eu autrefois vn Homme qui promettoit d'oſter au verre ſa fragilité, & de le rendre capable de ſe ployer & de s'applattir ſous le marteau ; mais pource que l'on ne luy permit pas de l'eſprouuer, la reputation luy eſt demeurée de l'auoir pû faire, quoy que peut-eſtre n'en fuſt-il pas venu à bout ſi l'on l'euſt pris au mot, & ce qu'il en auoit deſia entrepris eſtoit poſſible imparfait ; ou bien il n'euſt pas trouué le moyen de refaire ce qu'il auoit fait vne fois. Neantmoins, comme la faculté que peut auoir vn corps de ſe ployer & de s'eſtendre depend d'vne certaine humidité metallique, laquelle on tient que l'Art pourroit joindre auec le verre, il ne faut pas tenir ce ſecret impoſſible ; mais quand l'on l'accompliroit, c'eſt vne erreur de penſer que l'on ait deu craindre, comme l'on dit, que cela fuſt capable de faire meſpriſer les metaux, qui ont tant d'autres qualitez remarquables. Chaque Corps ſera touſiours eſtimé ſelon ſon excellence & ſelon l'vtilité de ſon employ. Or il nous faut ſçauoir que le verre en l'eſtat qu'il eſt, ſe peut caſſer d'autant que l'humidité qui le raſſemble s'eſt fort eſtenduë pour paruenir à cet effet de reunir toutes ſes parties terreſtres, de ſorte qu'elle en eſt deuenuë plus foible. L'humidité qui ſert à vnir les metaux eſt en plus grande quantité, & mieux meſlec auec la terre, ce qui fait qu'ils ſe peuuent eſtendre ou ployer parfaitement. Cette Eau vniſſante eſt proprement vn Sel, car le Sel eſt ce qui reunit les corps ; & l'on void que les cendres priuees de leur Sel ne ſe peuuent iamais vitrifier. Ce Sel ſe trouue en tous corps meſlez, & s'il n'eſt pas ſi puiſſant au verre qu'au metal, il ne s'en faut pas eſtonner, non ſeulement pource que le

verre n'eſt qu'vn corps artificiel, mais à cauſe que le ſel
que l'on luy donne n'eſt emprunté que des plantes dont
la conſtitution eſt foible. Le verre eſt compoſé de ſablon,
de manganeſe, & de cendres de ſoulde, de feugere & d'autres herbes où le ſel abonde. Cette compoſition coule au
feu, & s'eſtant liée deuient tranſparente par ſon extenſion.
Quoy que cela ſoit ſujet à ſe caſſer, c'eſt vn des beaux ouurages de l'artifice, & vne aſſez bonne Imitation de la Nature, puiſque le criſtal & les autres pierres ſe peuuent caſſer
auſſi, bien qu'en effet ce ne ſoit pas auec tant de facilité. Le
verre ne ſert pas ſeulement à contrefaire le criſtal, mais la
pluſpart des pierres pretieuſes, meſlant dans ſa compoſition diuerſes drogues pour imiter leurs couleurs. L'on
contrefait encore les pierres pretieuſes auec vn verre artificiel; Faiſant cuire des glaires d'œufs dans vne veſcie,
vous y donnerez diuerſes couleurs à voſtre choix; &
quand cela ſera cuit, vous taillerez les pierres auec telle
groſſeur & tels angles que vous les voudrez; & les ayant
laiſſé ſecher au Soleil par pluſieurs iours, vous y trouuerez enfin de la dureté & de la tranſparence. L'on fait encore mieux cette Imitation auec le vray criſtal appliquant
des feüilles de metal au deſſous pour lui donner du luſtre,
& l'on le fait fondre auſſi auec diuers Sels & diuers Mineraux pour vne plus parfaite Imitation. Eſtant fondu a-
uec le ſel de Tartre, il ſert à contrefaire le Diamant; Pour
contrefaire le Saphir, l'on le fond auec de l'azur; Pour
contrefaire l'Eſcarboucle, l'on le fond auec le vermillon,
& l'airin calciné. L'on change ainſi les matieres que l'on
y joint ſelon les couleurs que l'on y deſire, le criſtal four-
niſſant de ſon coſté la tranſparence & l'eſclat. Les autres
pierres ſont quelquefois ſi bien repreſentées par ces ſortes
de meſlanges, que l'on ne ſçauroit reconnoiſtre ſi elles
ſont naturelles, ſans eſpreuuer par le burin ou la lime ſi elles
ont aſſez de dureté, & par la balance ſi elles ont aſſez de
poids. L'on peut dire que ſi l'on les fait d'vne exceſſiue
grandeur, cela fait auſſi reconnoiſtre leur fauſſeté, comme
il eſt tres-veritable. Neantmoins, il faut auoüer que ſi l'on

K ij

 vouloit prendre la peine de faire de telles compoſitions en vne grande maſſe, ce ſeroit vne belle choſe d'en former des ſtatuës. C'eſt vne inuention que l'on n'a point encore praſtiquée. Neantmoins elle eſt faiſable, & pourroit rendre des edifices tres riches & tres ſuperbes, ſi l'ō y voyoit des entablemens faits de pierre pretieuſe, & tous les autres ornemens de meſme. Auec cela, l'on pourroit faire que les moindres pierres qui ne ſeruiroient que de ſouſtien, ſeroient de marbre ou de porphyre contrefaits plus diuerſifiez que les naturels; Et ſi l'on ne trouue à redire qu'à la ſolidité, l'on pourroit bien trouuer l'inuention de la donner aux vns & aux autres. Les pierres pretieuſes contrefaites ne doiuent pas eſtre en grande eſtime lors qu'elles ſont petites, puiſqu'on en void de vrayes auſſi grandes; mais ſi l'on en faiſoit de groſſeur exceſſiue, qui fuſſent reſplendiſſantes & dures, cela auroit beaucoup de prix. Il

Des Perles & du Corail. nous reſte de parler des perles & du corail, que l'on met auſſi au rang des pierres pretieuſes. Le corail eſt contrefait auec des gommes & des cires; & pour les perles, l'on les contrefait en diuerſes façons. L'on en fait auec du verre qui eſt enduit au dedans de quelque matiere blanche: Mais il y en a d'autres qui ſont plus ſolides eſtans formees d'vne certaine paſte à laquelle l'on donne la poliſſeure. L'on promet auſſi de faire vne groſſe perle artificielle auec pluſieurs perles naturelles rompuës, & en effet il ſemble que leur matiere y ſoit plus propre qu'vne autre empruntée. Il ne faut point que l'artifice des Hommes ſe faſſe moins paroiſtre en cela qu'aux autres choſes, produiſant partout autant de Corps Naturels que d'Artificiels.

Du pouuoir que l'on a de rendre les pierres pretieuſes plus belles & plus vtiles. Apres l'Imitation des pierres pretieuſes, l'on doit parler du pouuoir que l'on a ſur elles pour les rendre plus belles & plus vtiles. L'on les tire des mines; l'on les taille, l'on les polit. Le mouuement des rouës ſert à cela. L'on trouueroit biē auſſi des liqueurs aſſez fortes pour les amollir ou les briſer, comme l'on tient que l'on peut faire auec du ſang de bouc tout chaud, mais cela n'eſt pas ſi certain ny ſi commode. En ce qui eſt de les réunir & de les ſouder, l'on treuue des cimens & des gommes qui y feruent. Nous voyons leur Melioration en ce que l'on les rend de beaucoup plus refplendiffantes qu'elles n'eftoient en leurs mines, & leur vtilité fe connoift, non feulement pource qu'elles resjoüiffent la veuë, mais pource qu'il y en a qui eftans trempées dans de certaines liqueurs, y peuuent donner des qualitez medecinales; L'on tient auffi que plufieurs communiquent de la fanté par leurs influences aux perfonnes qui les portent; La verité en peut eftre cherchée. Pour vne vtilité plus manifefte, nous auons celle de la pierre d'Aymant, qui fe tournant toufiours vers vn certain endroit lors qu'elle eft fufpenduë, fait connoiftre à ceux qui font fur Mer en quelle partie du Monde ils fe trouuent. Pour efprouuer cela, l'on l'attache à vne piece de liege que l'on laiffe flotter fur l'Eau, ou bien l'on la met au bout d'vne aiguille mobile, & il fuffit encore que l'ö en ait froté le bout de pareilles aiguilles pour leur communiquer fon pouuoir. Celuy qu'elle a d'attirer le fer eft tresmerueilleux, mais il n'eft vtile que pour nous faire mieux connoiftre les forces de la Sympathie, ou pour eftre appliqué à des experiences delectables. L'inuention eft dauantage à eftimer de fe feruir de fon mouuement & de fon inclination pour compofer des aiguilles de quadrans que l'on pofe iufte par ce moyen, pour fçauoir quelle heure il eft quand le Soleil luit, & qui dauantage font pareftre dans les plus grandes tenebres, de combien l'on eft efloigné du Pole en quelque lieu que l'on foit, de la Terre ou de l'Eau.

NOVS venons maintenant à l'vfage des Metaux, pour fçauoir ce que nous fommes capables d'en faire, & quel changement nous y pouuons apporter. L'empefchement que l'on pourroit donner à leur augmentation ou à leur formation feroit d'ouurir leurs Mines en plufieurs endroits, & faire que la chaleur n'y fuft plus conferuée, mais ceux qui feroient defia en leur perfection, n'en feroient point gaftez pour cela. Si l'on vouloit au contraire fecourir ceux qui feroient fur le poinct de fe former,

*Comment l'on
trouue les Mines
des Metaux.*

il faudroit reboucher promptement les ouuertures , & n'y
toucher qu'apres beaucoup d'années. L'on a ainſi refermé en quelques lieux des Mines où l'argent eſtoit imparfait , & où il y auoit apparence qu'il s'en formeroit beaucoup auec le temps.

Les Metaux eſtans cachez au fonds de la Terre , il a
eſté beſoin d'induſtrie pour en trouuer en grande quantité. Au commencement , les Hommes les trouuerent par
hazard ſans ſçauoir ce que c'eſtoit ; mais ayans remarqué
leurs diuerſes vtilitez , ils chercherent les moyens de reconnoiſtre les endroits où il y en auoit encore. Ils ont
pû iuger cela par certaines couleurs de la Terre , cauſees de
l'exhalaiſon des Mines qui eſtoient au deſſous , & par la ſterilité de ces lieux , ou par la naiſſance de certaines Plantes
que les Metaux peuuent ſouffrir aſſez proches ; Le gouſt
& l'odeur des eaux de quelques ſources ont auſſi donné
connoiſſance de la nature des endroits qui leur auoient
ſeruy de canal. L'on ſe ſert encore aujourd'huy de ces
indices ; & dauantage , ayant diſtillé les eaux , & ſeparé
ce qui eſt ſec & ſolide de ce qui eſt le plus humide , l'on apprend parmy quelles matieres elles ſe ſont meſlées , ou
bien l'on fait d'autres eſpreuues des Terres que l'on a
veuës , & l'on ſe hazarde de creuſer iuſques aux endroits
où peuuent eſtre les Mines. Il y en a qui les creuſent à la
maniere des puits , mais d'autres ont penſé que quand vne
Mine eſtoit ſous vne montagne , c'eſtoit pluſtoſt fait de ca-
uer droit au pied , que de commencer par le ſommet , & que
la peine y eſtoit moindre. Il ſe faut gouuerner en cela ſelon les lieux.

*Comment l'on
rend les Metaux
& les Mineraux
plus parfaits.*

Or comme les Metaux ne ſont point tirez de la Terre
auec pureté , il ſe faut ſeruir de pluſieurs artifices pour les
purifier. Il les faut lauer , les piler & les fondre , pour ſeparer les matieres diuerſes les vnes d'auec les autres ; & pour
cet effet , l'on trauaille bien facilement quand l'on a quelque ruiſſeau voiſin , car l'on dreſſe des moulins , ſoit pour
faire jouer des maillets , ou des ſoufflets de fournaiſe. Les

Metaux les plus groffiers font meflez auec de certaines DV POVV.
terres ou auec les Mineraux qui ont de l'affinité auec eux. QVE L'ON
Ils font rendus plus parfaicts en les feparant de ces A SVR LES
fubftances inferieures ; mais rien n'empefche que nous MIN. ET
ne difions qu'elles font mifes auffi par ce moyen en leur LES MET.
meilleur eftat; car chaque chofe a fes conditions propres
où elle excelle. Pour ce qui eft de trouuer les Mineraux
ou Marcafites, l'on s'y employe de pareille façon que
pour les Metaux, & l'on les purifie prefque de mefme. Si
l'on les vouloit imiter, il faudroit que ce fuft les vns par les
autres; & quant à leur vfage, il fe void quelque peu dans
la Medecine, mais dauantage en quantité de drogues que
l'on fait pour plufieurs Arts.

Pour parler des Metaux particulierement n'eftans pas De la feparation
fimplement meflez auec les Mineraux, mais les vns auec des Metaux en
les autres, ils n'ont pas feulement befoin d'eftre lauez, mais particulier.
encore d'eftre fondus. Le feu fert principalement à les
feparer & à les rendre plus purs chacun en leur efpece :
Mais pource que fon action feroit trop lente fans fecours,
quand l'on veut faire fondre les Metaux les plus folides,
l'on y adjoufte du plomb, qui fe fondant aizément, fait
fondre les autres apres par fa chaleur. Il y a des Metaux
qui eftans liquefiez nagent les vns fur les autres, & font aifez à feparer. Ceux qui font le mieux joints, comme l'or
& l'argent, font feparez par les Eaux fortes. Ces artifices
font affez publics pour n'eftre pas befoin d'en parler dauantage. Ce que nous auons à faire, c'eft de chercher fi
chaque Metal peut eftre rendu plus parfait qu'il n'eft de
fon naturel, & s'ils peuuent tous paffer au fouuerain degré
des autres ; Si l'on les peut auffi produire tous auec quelque matiere preparée, tels que la Nature les produit, &
enfin fi les merueilles que l'on publie de la Pierre Philofophalle, & de la poudre de projection, ont quelque certitude ou quelque vray-femblance.

De la transforma-
tion des Metaux,
& de la Pierre
Philofophalle.

VOICY premierement comment l'on veut refuter
les propofitions de ceux qui affeurent que les Me-

taux peuuent estre transformez les vns aux autres. L'on dit qu'il n'est pas possible qu'vne espece de Corps complet soit transmuée en vne autre, mesmes par la Nature, & que si la Nature ne le peut faire, encore moins le feroit l'Art; Qu'vn Cheual ne sçauroit estre transformé en Elephant; Que chaque Corps est parfait en soy; Que la Nature tend seulement à les produire tous auec leurs diuersitez essentielles, & s'arreste lors qu'ils sont produits, tellement que le plomb demeure plomb, & l'argent demeure argent, lors qu'ils sont produits tels.

L'on peut respondre à cecy, que c'est prendre les choses de trop haut, de comparer les Metaux aux Animaux les plus parfaits; Qu'il est vray que les animaux parfaits ne sçauroient estre transformez les vns aux autres, mais qu'il s'en fait bien d'imparfaits, soit du corps des parfaits reduits en pourriture, soit de plusieurs matieres corrompuës; Que les animaux les moins parfaits comme les insectes, peuuent bien aussi estre transmuez; Qu'il y a des Vers qui deuiennent Papillons; Que pour descendre plus bas, il faut considerer qu'il y a plusieurs Plantes qui se changent par circulation; Que la Menthe aquatique deuient Baulme de iardin, & le Baulme deuient Menthe; Que l'Yuroye deuient Segle; le Segle, Froment, & le Froment deuient l'vn & l'autre; Que si vn tel changement se fait pour les corps sensitifs & vegetatifs, il se doit bien faire pour ceux que plusieurs n'estiment estre que des corps simplement meslez comme les Metaux; & que quand l'on leur attribuëroit de la vegetation, l'on ne leur sçauroit pas refuser ce qu'on accorde aux Plantes; Que de verité, la Nature tend tousiours à produire les corps auec le plus de perfection qu'elle peut, mais qu'elle les laisse aux plus bas degrez, selon les dispositions qu'elle rencontre, & que si les dispositions se changent, il faut que le sujet change aussi; Que le plomb & l'argent ne demeurent donc en leur estat, qu'alors qu'ils sont destituez de moyen pour leur apporter vn changement qui les rende plus excellens.

Pour

Pour donner plus d'esclaircissement à cette opinion,
l'on n'entend pas que le plomb ou l'argent tous durs &
tous secs comme l'on les trouue dans la Mine, soient me-
tamorphosez en Or par la Nature: L'on croid qu'estans
en cet estat ils demeurent tousiours ce qu'ils sont; mais que
si lors qu'ils sont encore liquides, la chaleur continuë plus
long-temps d'agir dessus eux, elle les conduira chacun à
vn autre degré, ou bien qu'encore qu'ils ayent desia esté
durcis, si elle vient les dissoudre vne seconde fois, elle
pourra aussi les faire paruenir à vne parfaite cuisson. L'on
tient que ces degrez de perfection sont tres-naturels, &
que c'est la mesme chose qui arriue aux plantes dont le
germe produit vn simple scion, & de ce scion il sort des
branches garnies de feüilles, & puis des fleurs ou des fruits;
Qu'il y a des Animaux qui naissent comme vne masse
imparfaite, & sont apres mieux formez; Que la pluspart
n'ont au commencement ny poil ny plume, & qu'enfin
l'vn ou l'autre leur vient; & que pour vne transformation
remarquable, l'on void celle des œufs dont l'humeur interieure se change en des oiseaux; Que la semence des autres
Animaux qui auparauant n'estoit que sang, se change petit à petit en vn Animal parfait; Que tous les iours il se
fait aussi vn grand changement dans le corps de tous les
Animaux qui viuent, lors que les fruits ou les herbes dont
ils se nourrissent sont changez en chyle & en sang, & ce
sang en esprits, & que ce sang passe en la nourriture de toutes les parties, demeurant mol auec la chair, & se durcissant
auec les os. Qu'en toutes ces transformations il y a diuersité de degrez, & à plus forte raison il y en peut bien a-
uoir pour la production des Metaux, qui sont des corps
moins parfaits que les Animaux & les Plantes; Que mesme ils ne sont tous qu'vne espece de Corps qui a de la diuersité selon les forces qui ont agy dessus eux. Or l'on
pretend que si ces choses se font ainsi par la Nature, elles
se pourront de mesme acheuer par l'Art, d'autant que l'Art
aide la Nature en beaucoup de rencontres, se seruant de
la puissance qu'elle a sur de certains Corps, & l'appliquant

Les metaux ont besoin d'estre dis-souts pour estre transformez, & leurs degrez sem-blent tres-natu-rels.

Quand la Nature ne feroit point de tels changemēs, l'on peut repartir que l'artifice les peut faire.

à ceux où elle peut estre vtile alors qu'elle y manque, dont il ne faut point chercher vn meilleur exemple que des œufs, dont l'on fait esclorre les pouſſins par vne certaine chaleur temperée d'vn fourneau, auſſi bien que ſous la poule.

Si quelques-vns diſent que peut-estre la Nature ne fait iamais de tels changemens comme ſont ceux d'vn metal en vn autre, & que par conſequent l'artifice ne les peut faire, pluſieurs ſeront aſſez hardis pour repartir, qu'encore que la Nature ne les fiſt pas toute ſeule, cela n'empeſcheroit pas que l'artifice ne les fiſt; Que les peintures, les huyles, les Eaux medicinales, le verre, l'eſmail, & quantité d'autres-choſes ſont artificielles, & ne ſemblent pas estre de moindre importance que les Metaux; Que la Nature ne les fait pas, d'autant qu'il y faut adiouſter des choſes qui ne ſe rencontrent guéres enſemble que par la deliberation, qui eſt vn effet de la raiſon, principale faculté de l'Ame humaine; Que ſi les Metaux ne peuuent eſtre tranſmuez par la ſeule cuiſſon que fait la Nature, c'eſt ce qui empeſche qu'elle ne les change ſi facilement, n'ayāt pas touſiours au meſme lieu les meſlanges qui y ſont neceſſaires: Mais que ſi cela y eſt eſleué par quelques ſubtiles vapeurs, alors cette mutation ſe peut faire naturellement; Et qu'à l'exemple de cecy, l'artifice prend ce qui eſt neceſſaire pour meſler à chaque Metal, & y donnant vne cuiſſon conuenable, ils ſont tous amenez à leurs changemens. Pluſieurs Liures ſont pleins de ſecrets qui ſeruent à cela. L'on ſçait deſia par experience comment quelques Metaux ſont rendus plus parfaits qu'ils n'eſtoient de leur nature, & ſont changez en vn autre metal, ou bien ſont rendus d'vne eſpece plus accomplie. L'on les affine, l'on les purifie, l'on les ſublime; Le fer deuient acier, & l'on pretend meſme de le pouuoir changer en airin. Le plomb eſt auſſi quelquefois changé en airin, de meſme que l'eſtain peut eſtre changé en plomb; car ſi les metaux paſſent du parfait à l'imparfait, ils peuuent bien paſſer de l'imparfait au parfait. Il n'y a pas plus de chemin pour l'vn que

pour l'autre. En se reglant là dessus, l'on s'est aussi persua-
dé que le plomb pouuoit estre transformé en argent, &
que l'vn & l'autre pouuoient estre transformez en or. L'on
met par escrit les moyens d'y paruenir ; l'on nomme les
choses qu'il y faut mesler, & de quelle sorte il les faut gouuerner par le feu. Il se peut faire que cela ait reüssi à quelques-vns, & que cela n'ait de rien seruy aux autres, pource qu'ils n'ont pas fait les mesmes obseruations, & qu'ils
n'ont pas eu la patience & l'attention qu'il faut auoir dans
vne operation si difficile. Nous ne reuoquerons point en
doute pour cecy la possibilité de l'œuure. A dire la verité, il y en a qui tiennent que le plomb est si mal-aizé à
purger de ses ordures, & qu'il a si peu de solidité que c'est
auoir peu de iugement de le prendre pour la matiere de
l'or; Ils aimeroient mieux prendre le cuiure qui en a desia
la couleur & quelque solidité, & plustost encore l'argent,
auquel ils esperent d'en donner la couleur, y adioustant
d'autres mineraux.

Mais les plus subtils croyent que ce n'est point encore
icy la plus seure voye, pource qu'ils se persuadent qu'il est
difficile que les metaux qui ont desia pris vne constitution
parfaite , & qui se sont rangez sous vne certaine espece
soient ramenez à vne autre. Il leur semble que pour cela il
les faut remettre en vn estat indifferend, & non pas seulement les fondre, mais les reduire à leurs principes, afin
que de leur meslange il se fasse apres quelque chose de
nouueau; ou bien ils pensent que pour produire les plus
parfaits metaux auec plus de seureté & plus de profit, il faut
plustost chercher leur veritable matiere ; & comme ils ont
opinion que c'est le Mercure & le Soulphre, ils s'en veulent seruir prenant plus de Mercure pour l'argent , &
plus de Soulphre pour l'or. Mais bien que l'on dise que le
Mercure & le Soulphre seruent à la composition de tous
les metaux, cela ne s'entend pas d'vn Soulphre bitumi-
neux, ny du Mercure commun; L'on s'abuse fort si l'on
les prend pour cela. Toutefois, il faut croire que si ce Soulphre & ce Mercure, qui seruent à la generation des me-

Plusieurs tiennent
que pour transfor-
mer les Metaux, il
les faut reduire à
leurs principes, ou
bien prẽdre le Mer-
cure & le Soul-
phre pour les faire.

taux, font plus purs; si est-ce qu'ils se peuuent trouuer dans les matieres communes aussi-tost qu'en d'autres, & estre amenez à perfection à force de feu; Car en effet il y a du Soulphre & du Mercure en toutes choses, & le meslange & les diuerses actions, auec la purification en suite, peuuent tout amener dans l'esgalité. Que si l'on ne se contente point de ce qui est trop vulgaire, & de ce qui paroist estre trop esloigné de ce que l'on desire, il faut chercher parmy tous les mineraux, quel Soulphre & quel Mercure l'on en peut tirer, autres que ceux que l'on treuue ordinairement dans la Terre, & choisir ceux qui approchent le plus de la nature de l'argent & de l'or, afin de trauailler sur eux pour la transmutation parfaite. Il y a apparence que c'est le moyen le plus asseuré pour y paruenir, & que les deux principes necessaires ayans esté extraits des matieres conuenables, peuuent estre joints apres pour faire vn Corps plus excellent. L'on peut dire que ce ne seroit pas là simplement vne transmutation d'vn metal en vn autre, mais vne vraye generation par les principes. Cela peut estre accordé, & d'ailleurs c'est aussi vne transmutation metallique, d'autant que ces principes sont tirez d'autres metaux; & quand ils ne seroient tirez que de la Terre, ils doiuent tousiours auoir quelque qualité metallique en eux. Quelques-vns ont pensé que voulant faire de l'or, il en faloit chercher le germe dans l'or mesme, sans se soucier de tout autre metal; mais les sçauans disent qu'vne substance n'agiroit pas contre elle-mesme pour faire quelque production, & qu'il en faut deux dont l'vne agisse & l'autre souffre; l'vne represente la forme & l'autre la matiere, l'vne ait vne chaleur penetrante & formatrice, & l'autre ait vne humidité parfaictement meslée à la Terre, pour estre capable de se renfler & de tendre à la production & à la multiplication, de sorte que pour trouuer ces facultez en leur souuerain degré, l'on les doit chercher en deux corps diuers.

L'on peut dire encore là dessus que si l'on tire le Soulphre & le Mercure de deux substances differentes, ou

bien si l'on reduit deux metaux à leurs principes pour en
faire vn tiers;il ne faut point objecter encore, Que de deux
especes il ne s'en peut faire vne seule, ou bien que l'vne ne
peut pas estre changée par le meslange de l'autre, & qu'elle demeure tousiours ce qu'elle estoit. Cela est bon pour
les especes d'animaux, ou de plantes dont les corps sont
plus parfaits que ceux des metaux; Encore par le meslange de la semence de deux animaux de diuerse espece, il
s'en fait vn qui n'est ny de l'vne ny de l'autre, & tient de
toutes les deux; Comme les mulets qui sont engendrez
d'vn asne & d'vne caualle; Et il y a mesme des artifices
pour donner à vne seule plante le naturel de plusieurs.
Pourquoy donc deux substances metalliques meslées ensemble n'en feroient-elles pas vne seule, veu que la pluspart sont propres à se ioindre, ayans de la proportion l'vn
auec l'autre ou de l'affinité, comme le plomb qui se ioint
à l'estain, & le cuiure & l'argent qui se ioignent à l'or? Cela se fait aussi facilement comme deux diuerses liqueurs se
meslent, & en font apres vne differente. Pour ce qui est de
changer la substance imparfaite par le meslage de la parfaite, cela n'arriuera-il pas, si en toutes matieres nous voyons
tousiours que la plus forte a du pouuoir sur la foible? L'on
n'allegue contre cecy que des subtilitez de Sophiste, qui
ne portent aucun coup. Que sert-il de faire des argumens
pour monstrer que les Loix de la Nature seroient violées
si vne espece estoit changée en vne autre differente, & que
si deux substances gardent tousiours leur constitution,
leurs formes ne se peuuent perdre, & par consequent il ne
s'en fait point vne troisiesme. N'est-ce pas assez de dire
contre cela que l'on entend reduire les especes des metaux à autre chose que ce qu'elles estoient, auant que de
penser accomplir la grande transformation; & que les ra-
menant iusques à des principes qui leur sont communs a-
uec beaucoup d'autres corps, il s'en peut faire alors diuerses especes, puisqu'vne mesme matiere est capable de diuerses formes? Mais sans tout cela, qui empesche que de
deux choses parfaitement iointes, il ne s'en fasse vne autre

plus accomplie? Quand l'on y songe attentiuement, l'on ne doute point que les meslanges ne se puissent faire vtilement en plusieurs choses & les changemens aussi, specialement en des corps qui ont seulement vne parfaite mixtion, comme les metaux que l'on ne tient pas du rang des plantes, & qui ne s'accroissent point par vegetation, mais par addition d'vne eau metallique qui se fixe elle-mesme toute seule apres qu'elle s'est formée, ou qui conuertit en des corps semblables les matieres où elle se glisse. L'on commence donc fort bien de prendre deux substances ou leurs extraits pour faire vn ouurage accomply. Le nœud de l'affaire, c'est de sçauoir comment l'on pense proceder au changement des metaux auparauant & apres cette jonction. Si l'on veut extraire le Mercure & le Soulphre de quelques mineraux ou de quelques metaux, comme les vrays principes de l'argent ou de l'or, il y a de la difficulté à les choisir & à les extraire, & il y en a encore plus à les coaguler ensemble pour en faire vn composé tel que l'on le souhaite: C'est pourquoy plusieurs parlent de ces choses sans qu'aucun les ait mises à fin, à cause des diuers obstacles qui s'y trouuent, & de la differente maniere de trauailler, qui deriue de l'ambiguité des termes des principaux Autheurs, qui semblent n'auoir escrit que pour mettre beaucoup de gens en peine sans leur donner vne entiere satisfaction : Neantmoins, l'on iuge leurs propositions vray-semblables autant comme l'on les peut comprendre; & quand l'on cherche seulement la verité par raisonnement, il faut demeurer d'accord que la transmutation des metaux nous semble possible, bien qu'elle soit fort mal-aizée à executer.

Propositions, attaques & defenses touchant la Pierre Philosophale, & la Poudre de projection.

Ceux qui ont beaucoup estudié sur ce sujet pretendent faire encore dauantage. Ils asseurent que l'on peut preparer vne matiere si accomplie, que si l'on en iette vne petite portion non seulement sur l'argent, mais sur l'estein ou quelque autre metal impur, tout sera conuerty en or. Ce n'est pas qu'ils promettent seulement d'extraire l'esprit ou le germe de l'or, & l'ayant ietté sur vn autre metal de pa-

reille quantité, le transformer en or aussi-tost ; L'on tient
bien cela faisable ; mais il n'y a pas grand profit ny si grande merueille qu'à leur propositiõ, qui est de ne ietter qu'vn
grain sur cent, ou sur beaucoup dauantage. Ils declarent
que cela se fait de mesme qu'vn petit morceau de pressure
fait cailler vn seau de laict & le change en fromage ; Que
cette matiere excellente reunit ainsi celle qui est moins solide, & que tirant le germe de celle-là l'on peut encore faire des multiplications à l'infiny. Sur ce qu'ils disent que
leur projection se faict sur vne certaine masse de quelque
qualité qu'elle soit, ie pense que s'il y a quelque chose à leur
remonstrer, c'est qu'ils doiuent garder de la proportion selon l'impureté des metaux. S'ils confessent cela, ils en seront plus croyables. L'on se peut imaginer qu'vne matiere sera renduë si parfaite qu'elle perfectionnera les autres.
Or comme l'on cherche les principes de celle-cy en toutes choses, il n'y en a point où elle se doiue trouuer plustost
qu'aux plus parfaites substances metalliques. C'est auec
cela qu'il faut trauailler. L'effet que l'on en desire en peut
reussir, quoy qu'il ne soit pas si grand que l'on le promet ;
Tant y a que c'est ce que l'on appelle Pierre Philosophal-
le, pource que c'est vne matiere à qui les Philosophes tas-
chent de donner la plus parfaite de toutes les soliditez, &
qui peut aussi rendre solide & fixe ce qu'il y a de plus mol
ou de plus foible & de plus mobile ; & l'on l'appelle poudre de projection à cause qu'estant reduite en poudre, la
maniere dont l'on s'en sert n'est que de la ietter sur vn
metal fondu. Pour combattre cette opinion, l'on peut
dire que s'il y a vne semence des plus parfaicts metaux,
qui estant iettée sur des metaux imparfaits leur donne vne
perfection entiere, l'on doit trouuer cette semence toute
accomplie dedans les mines de la Terre, & que la Nature
la peut faire encore mieux que l'artifice. L'on respond à
cela que cette semence est de vray en quelques lieux, mais
qu'elle n'est pas en tous, & qu'elle s'escoule auec tant de
promptitude des lieux qui sont ouuerts que l'on ne la sçauroit arrester ; Qu'en beaucoup d'autres endroits elle ne se

fait aucunement, encore qu'il y ait quantité d'or , pource qu'il n'y a pas là assez de chaleur pour acheuer sa produ-ction ; Qu'ainsi, dans les païs froids les Orengers ont des feüilles , & quelque fruict verd qui ne meurit point ; mais que si l'artifice leur donne du secours , mettant ces arbres en des lieux bien couuerts & bien chauds, leur fruict pour-ra venir à perfection ;   Et que les metaux ont besoin de mesme d'estre secourus par nostre Art, afin que leur fruict puisse esclorre & venir à maturité , portant vne semence capable de multiplication.   L'on pense auoir sujet de con-fondre ces Docteurs sur cette parole.   L'on dit que les fruits qui viénent par artifice ne sont iamais si bós que ceux qui croissent & qui meurissent naturellement, tellement que l'on reuoque en doute cette production de semence ac-complie, & l'on soustient aussi que de quelque façon que les metaux soient changez en argent ou en or par l'artifi-ce des Hommes, ce n'est ny bon or ny bon argent, & que cela n'est point pareil à ce qui est dans les mines de la Ter-re.   Ils respondent que rien n'empesche que ces metaux ne soient en leur parfaite bonté , & que l'on ne les peut te-nir pour faux , s'ils sont composez de la mesme matiere dont la Nature les compose ;   Que les grenoüilles qui naissent du limon de la Terre, & les souris qui sont produi-tes des ordures, sont des animaux aussi accomplis en leurs especes que ceux qui sont engendrez l'vn de l'autre par la semence selon l'ordre de Nature ; & que l'on peut ainsi preparer vne matiere pour faire l'or & l'argent ayant choi-sy celle qui s'y trouue la plus propre.   Quelques Philoso-phes tiennent pourtant que la production des grenoüilles & des souris faite par corruption , les rend differentes de celles qui se font par generation ;   mais pource que cela n'est pas resolu, nous dirons que sans cela il y a lieu de re-pliquer que la production qui se fait des grenoüilles & des souris auec vne certaine matiere conuenable, est faite na-turellement aussi bien que celle qui est faite par la semen-ce , & que mesme l'on rapporte là leur premiere origine. Il n'en est pas ainsi de la production des metaux qui sont

engen-

engendrez par vn seul moyen. La chaleur qui fomente le limon ou les ordures, procedant aussi d'vn ordre naturel, est toute telle qu'il la conuient, & aussi puissante que celle qui est dans la matrice de ces animaux imparfaits qui sont produits assez facilement. Mais si c'est la chaleur du Soleil qui engendre les metaux dans la Terre par vne longue suite d'années, l'on ne doit pas croire que la chaleur du feu artificiel que l'on employe puisse operer le mesme effet. L'on peut repartir à cela que ce n'est point la chaleur du Soleil seulement qui fait cuire les metaux ; Que ses rayons ne vont point si auant dans Terre; Qu'il faut qu'outre cela il y ait vne chaleur interieure dedans les Mines, comme nous auons appris par la consideration des Proprietez des choses, & que l'on peut tellement temperer nostre feu, que son degré sera semblable à celuy du naturel : L'on peut faire vn fourneau dans le sommet duquel la chaleur soit receuë tant & si peu que l'on voudra ; l'on peut faire vn feu de lampe ; l'on peut receuoir seulement la chaleur des cendres chaudes ou celle du fumier, ou bien celle de quelque machine qui la donnera par son seul mouuement, afin d'imiter la chaleur des Astres : Mais pource que l'on attribuë aussi la production des metaux, à la chaleur du feu sousterrain, non seulement l'on le peut imiter faisant des feux sous Terre, mais l'on se peut seruir de luy-mesme, mettant nos compositions dans les mines les plus chaudes, ou nous seruant des fanges des bains mineraux pour entourer nostre vaisseau. L'vsage de ces dernieres inuentions est tout nouueau, mais il est aussi propre pour nostre dessein qu'aucun autre. Ce sont là de vrayes Imitations de la Nature, mais si l'on en demeure d'accord, l'on ne laissera pas d'objecter que par tous ces moyens-là il faut vn long-temps pour mettre son ouurage à fin, & que la vie de plusieurs Hommes n'y pourroit suffire, tellement qu'il faut augmenter la chaleur, & gaster tout par cette precipitation, ou attendre vn tel nombre d'années, qu'il n'y a aucune esperance d'y reussir, pource que nous ne viuons pas assez, & qu'il est à craindre

que par vn si long-temps les vaisseaux dont l'on se seruira ne s'vsent, & que la matiere ne se perde, ou qu'il ne s'y
introduise quelque mauuais air qui l'empesche de profiter. Les plus subtils sçauent bien dire contre cela, Qu'il ne
faut point vn si long terme que l'on croit pour venir à
bout de ce qu'ils cherchent; Que quand la Nature a trouué ce qui luy est propre, ses changemens sont extremement prompts; Que si l'on peut mettre la matiere en estat
de faire ce que l'on desire, sa preparation doit estre suiuie
d'vne execution assez soudaine. Auec les argumens l'on
apporte des exemples pour monstrer s'il y a de la certitude en la transmutation. Il est certain que plusieurs ont
fait des fourbes sur ce sujet, ayans caché de bon or dans
des charbons creux, ou dans vne verge de fer dont ils re-
muoient la matiere fonduë, ou bien dans les boules de
plomb qu'ils y iettoient, de sorte que le plomb ou le vif
argent s'estans tournez en fumée, il n'y restoit que de
l'or : mais nous ne parlons pas icy de telles suppositions;
Nous entendons que quelques-vns s'estans seruis des
moyens qu'ils proposoient pour vne transmutation effe-
ctiue, n'ont pourtant fait que des metaux imparfaits, qui
n'auoient ny le poids, ny la dureté, ny la couleur qui leur
estoient necessaires. L'on asseure pourtant d'vn autre costé, qu'il y en a eu qui sont paruenus à la vraye operation,
selon le tesmoignage de quantité de personnes ; & si quelqu'vn en a pû venir à bout, il faut tenir la chose pour faisable & pour certaine, veu que mesme l'on ne laisseroit
pas de la tenir pour veritable quand personne n'y reussi-
roit, puisque l'insuffisance ou le mal-heur des Artisans
n'empeschent pas que l'effet de l'Art ne soit possible. Ie
ne vous dy point encore en ce lieu s'il est bon de s'appliquer à cette recherche sur l'esperance de treuuer quelque
chose plus que les autres : Ie parle seulement icy de la verité des Arts, & à quoy ils sont propres indifferemment,
non point de la iustice ou de l'vtilité qui s'y rencontrent
en ce qui est du bien Moral.

I'AY desia dit que les Metaux estans mis hors de la
Terre, estoient purgez de leur excrement & rendus
plus fermes & mieux rassemblez en leur consistence. En
cet estat ils seruent à diuers vsages. L'on leur donne,telle
forme que l'on veut en les iettant en moule , ou en les
taillant & les pressant. Le plomb sert à couurir des edifices, & à faire des canaux pour les fontaines, qui ont souuent beaucoup de longueur. Pource que ce metal n'est
pas fort rare , & qu'il se fond fort aisément, l'on le prodi-
gue en beaucoup de lieux. L'estain ne sert guére à autre
chose qu'à faire de la vaisselle pour le mesnage. L'argent
y est employé aussi ; Mais pour l'or, à cause de sa rareté &
de son excellence, il sert la pluspart du temps à dorer seulement les vaisseaux , l'apliquant en feüilles , car il n'y a
point de metal que l'on puisse tant aplattir. Pour l'ordinaire,
l'on n'en fabrique guere autre chose que des chaisnes & des
bagues , qui seruent d'ornement, & si l'on en fait quelquefois des Calices & d'autres grands ouurages, c'est pour de-
dier aux choses saintes , ou pour seruir à la magnificence
des Monarques de la Terre. Quant au cuiure & à l'airin,
ils sont employez à faire des vaisseaux , des chandeliers &
d'autres pieces de mesnage. En les ioignant ensemble &
quelques autres metaux , l'on en fait aussi des cloches &
des pieces d'artillerie. Le fer est le metal qui est le plus en
vsage; L'on s'en sert pour atacher les pierres & la charpen-
terie des bastimens ; L'on en fait les gons , les verroux &
les serrures des portes, & tout ce qui sert à ouurir & à fermer les fenestres. Les coffres ne seroient point asseurez
sans cela ; & en outre, il y a vne infinité d'vstensiles dans
le mesnage qui en sont composez. L'on s'en sert pour faire le soc des charruës & les besches. Les haches & les
cousteaux en sont faits, & il n'y a aucun autre metal qui
puisse seruir si vtilement à tout cela , ny que l'on puisse si
bien affiler pour faire des rasoirs & des ganifs. Les
espées , les dards & toutes les armes sont pareillement de
fer. Si l'on y a employé autrefois l'airin, il n'y estoit
pas si propre. Le fer a cela de comnode qu'estant

rougy l'on le bat, & l'on luy donne telle forme que l'on
veut. Il faudroit parler icy de tous les Arts pour dire toutes les vtilitez que le fer apporte, car les Hommes ne font
aucun ouurage où ils s'en puiffent paffer, ayans trouué le
moyen d'en fabriquer toute forte d'inftrumens. Il y a vn
autre vfage des metaux pour le commerce ; L'on en fait
de la monnoye qui a de la valeur felon le poids & la marque que l'on luy donne. L'or, l'argent, le cuiure & le fer
y font employez, foit qu'ils y foient mis à part, ou que quelques-vns foient conjoints ; mais le plomb & l'eftain n'y
font guére propres, à caufe qu'ils font trop mols & trop aifez à fondre. Quelque monnoye eft frappée à coups de
marteau pour la marquer auec le poinçon ; vne autre eft
feulement preffée dedans vn moulin ou vne preffe, & vne
autre eft iettée en moule, apres la fufion du metal, comme font les medailles. Le moule fert de mefme à former
plufieurs vaiffeaux & autres ouurages ; mais outre cela,
l'on les rend plus beaux & plus ornez en les poliffant, &
il y en a d'autres qui font grauez & cizelez auec le burin
ou autres outils.

Pource que ce n'eft pas l'ornement le plus accomply de
ne voir que des figures grauées ou releuées auec la couleur du metal qui leur fert de champ, l'on a cherché l'inuention d'en faire de couleur diuerfe. Plufieurs mineraux
font facilement employez à compofer des peintures qui
feruent à peindre fur la toille, fur le bois & autres matieres ;
Mais dauantage, l'on a trouué le moyen de rendre quelques fubftances metalliques capables de dôner de l'embel-
liffemêt aux metaux par la varieté de leurs couleurs, eftans
appliquées deffus, & cela eft propre à y reprefenter tout
ce que l'on veut entre les chofes qui fe peuuent peindre.
Cela s'appelle de l'Efmail. Il eft fait auec des metaux, de
la cendre de foude & du fable, tellement que c'eft le verre
des metaux, & cela fe rapporte beaucoup à ce que nous
auons defia dit des moyens de contrefaire les Pierres pre-
tieufes auec toutes leurs couleurs : ce qui fe fait auec de femblables matieres ; L'on peut dire auffi que prenant garde

qu'il y auoit des pierres qui auoient diuerses figures colo-
rées, telles que les Agathes & autres que l'on appelle
des Camajeux, l'on a crû que pour les imiter il faloit
vser de couleurs metalliques. L'on s'y est donc seruy de
l'Esmail, & outre cela l'on en a fait des peintures differentes que l'on a appliquées non seulement sur les metaux,
mais sur le verre, sur les pierres dures, comme le marbre,
& sur les vaisseaux de terre ; Or puisque la composition
en est metallique, la consideration en peut bien estre placée en ce lieu.

De l'Vsage, Melioration & Perfection des Plantes.

CHAPITRE VI.

NOVS pouuons maintenant parler des
Plantes, qui sont des Corps Deriuez sta-
bles, attachez à la Terre par leurs racines. Le pouuoir que l'on a sur elles, est
de les tirer d'vn lieu pour les planter en
vn autre, & de les faire fructifier si l'on
veut par le soin & l'artifice que l'on y apporte, ou bien
leur oster toute sorte de vigueur en les arrousant de quelques Eaux qui leur soient nuisibles, ou en perçant & coupant leur tronc en quelques endroits qui seruent à leur
soustien. Cela est assez facile, & ne se practique guére
neantmoins, pource que l'on tasche plustost de retirer de
l'vtilité des plantes que d'en diminuer le nombre. Nous
deuons considerer ce que l'on fait pour rendre les terres
propres à les receuoir & les faire profiter. Il faut premierement faire vn choix de chaque endroit qui est propre à
quelque plante, afin qu'elles y prosperent dauantage, &
l'on y adiouste tout ce qui peut y manquer. Il y a des
plantes qui aiment les lieux marescageux ; d'autres les veulent plus secs ; il y en a qui viennent bien aux païs froids ;

d'autres ne ſçauroient venir qu'aux païs chauds. Si les
vnes & les autres ſont miſes en des lieux conuenables, l'on
leur fera rendre beaucoup de profit, & ſi l'on obſerue le
contraire, l'on monſtrera yne autre ſorte de pouuoir, faiſant empirer leur nature, car celles qui ſeront en des lieux
mal propres, deuiendront languiſſantes, ne fructifieront
guere, & changeront preſque entierement de condition,
perdant leur couleur, leur figure, le nombre de leurs ra-
meaux & leur hauteur, de ſorte qu'il ne ſe faut pas eſtonner ſi la deſcription que l'on a faite autrefois de quelques
plantes ne ſe rapporte pas à ce que nous en voyons auiour-
d'huy, pource qu'elles ont changé de terroir & receu vne
diuerſe culture. L'on les peut rendre meilleures ou pires
par la tranſplantation, par le diuers arrouſement, & par la
contrainte que l'on leur donne auec des artifices particuliers; mais l'vn des principaux moyēs de procurer leur me-

lioration, c'eſt de rendre les Terres fort propres à eſtre la
matrice de celles qui y doiuent germer, leur donnant vn
meſlange ſalutaire d'humidité. Il y a des Terres qui ne
ſont pas fort graſſes de leur nature, & toutes enſemble ſe
deſgraiſſent aſſez à force de donner de l'aliment aux corps
vegetatifs. Il faut reparer cette perte de temps en temps;
En quelques païs l'on y meſle d'autre Terre graſſe que
l'on nomme de la Marne; En d'autres, l'on bruſle les
chaumes ſur leur pied, & les pluyes qui viennent apres, tirent vn ſel de leurs cendres qui redonne de la vigueur à
ces champs. Preſque par tout l'on prend les fumiers des
eſtables pour ameliorer les Terres, & les Laboureurs l'a-
maſſent dans leurs courts iuſques à ce qu'il ſoit temps de
s'en ſeruir; Mais l'on ſe peut plaindre auec raiſon de cette
couſtume, ſouſtenant que les pluyes emmenent ce qu'il y
a de meilleur aux fumiers, & le font boire à la Terre de la
court, de ſorte que quand ils ſont portez aux champs, ils
ſont deſia deſtituez de leur ſuc. Pour remedier à cela, l'on
ſe peut ſeruir d'vn ſecret qui fera qu'vn peu de fumier aura
plus de vertu que dix fois autant, & rendra les Terres de
beaucoup plus fertiles. Il faudroit faire vn grand cloaque

reueftu de pierre ou debrique, où l'on ferreroit tout le fumier, lequel fuft couuert de quelque toict, de peur que la
pluye n'y entraft. Il faudroit aufſi que le bas allaft en penchant, afin que l'on en puft mieux recueillir l'eau qui s'y
trouueroit, qui n'eft que l'vrine des beftes, & portant le fumier dehors, il faudroit le mettre dans des baquets où rien
ne fe perdiſt de ce qu'il y auroit de liquide, en quoy confifte ſa principale bonté. L'on ne ſçauroit nier que cela ne
foit tres-vtile : Toutefois, il y a quelque Autheur qui affeure que les Terres amendées de toute autre forte que
par le fumier, font les meilleures; Que l'on les peut rendre
fertiles par le chaume des Lupins, des poix & des féues, qui
redonnent à la Terre ce qu'ils en ont pris. Cette maniere
d'amendement eft fort à prifer, mais quand l'on n'en peut
pas auoir en aſſez grande quantité, il faut que le fumier y
fupplee. L'on dit que ce n'eft que pourriture, & que tout
ce qui prouient de tels champs n'eft point ſi fauoureux ny
de ſi longue garde qu'ailleurs; mais s'il y a de meilleurs
fruicts en des Terres autrement cultiuées, c'eft que veritablement elles font meilleures, & s'accommodent aifément
à cette forte d'amendement de diuers chaumes, au lieu que
les autres ayans befoin de receuoir plus d'humidité, doiuent eftre meflées auec les fumiers, ſi bien que l'on ne leur
ſçauroit trouuer vne melioration plus propre. L'Alguë
marine mife au pied des arbres les fait encore fructifier dauantage : Il faut croire qu'elle feruiroit bien aufſi à fumer
de certaines terres. Ce qui procede de la Mer ne nuit
point à la fertilité. Ceux-là s'abufent qui croyent que le
fel doiue eftre le fymbole de la fterilité. Que ceux qui ont
fait femer du fel en la place des villes qu'ils auoient razées,
l'ayent fait pour tel caprice qu'ils ayent voulu; il eft certain
que le fel fert à la generation; & ces Princes vouloient
peut-eftre fignifier que dorefnauant l'on laboureroit la
Terre au lieu où il y auoit eu autrefois vne ville, & que ce
fel feruiroit à rendre les champs fertiles, ce qui eft au contraire de ce que l'on penfe, & s'ils ne l'ont pas crû ainfi,
c'eft pourtant ce qu'ils deuoiēt croire. Il eft vray que fi l'on

mettoit trop de ſel ſur vne terre, l'on y cauſeroit de la ſterilité ; Il y faut de la temperature : C'eſt pourquoy des
Terres où il y auroit trop de Marne ſeroient moins fertiles que celles où elle ſeroit mediocrement meſlée. Les
Terres meſme qui ſont trop graſſes, ne ſont point renduës
fecõdes, ſi l'on ne corrige cette abondance, y meſlant vne
ſubſtance ſeche comme les cendres ou quelque ſablon ; Il
faut auſſi aux vnes plus de fumier qu'aux autres pour les
rendre plus humides ; ce qui ſera reglé, non ſeulement
ſelon ce qu'elles ſont, mais ſelon les Plantes que l'on y
veut faire produire. Vne Terre ſans ſel eſt ſans vigueur.
Le ſel eſt ce qui donne la liaiſon & la ferme conſtitution à
tous les Corps. Chaque plante doit auoir ſon ſel qui la
rend propre à diuerſes operations, ce que l'on connoiſt ſi
l'on a fait boüillir les ſemences auant que de les ietter en
Terre, car elles ne germeront pas, pource que leur ſel s'eſt
diſſout en l'Eau : Mais ſi l'on tire le ſel de quelques autres, l'on tient qu'eſtant mis en terre il en produira de ſemblables. Les Plantes eſtans auſſi ſeparées de la Terre, &
n'ayans plus leur faculté vegetatiue, gardent encore leur
ſel. S'il leur eſt oſté, l'on en connoiſt bien le dommage.
Quand le bois flotté eſt bruſlé, ſes cendres ne valent rien
à faire des leſſiues, ce que chacun ſçait par experience, mais
l'on ne ſonge pas à la raiſon, qui eſt que l'Eau de la riuiere
où ce bois a nagé long-temps, en a emporté tout le ſel, de
ſorte qu'il ne vaut plus rien à blanchir le linge, où le ſel eſt
ce qui a le plus de pouuoir. Quand les Plantes ſont en
leur vigueur, il les y faut donc conſeruer par des choſes
qui ayent leur proportion de ce ſel qui leur eſt neceſſaire,
car les choſes ſont facilement nourries par celles qui ont
de l'affinité auec leur compoſition. Auec la maniere de
changer la conſtitution de la Terre par quelque meſlange, il faut conſiderer de quelle ſorte il la faut remuer pour
la rendre propre à faire fructifier ce que l'on y ſeme.

De la meilleure
façon de labourer
la Terre.
Pour ce qui eſt de la façon de labourer la Terre, vn certain
Autheur y trouue de grands defauts. Il dit qu'ouurant la
Terre & la remuant vn an durant auant qu'y ietter la ſemence,

mence, l'on en fait continuellement exhaler les esprits, qui deuroient estre retenus au dedans, pour fortifier les vege- taux, & que d'vne Terre viue l'on en faict vne poudre morte; Que d'ailleurs, la semence y est jettée à l'auantu- re, & la terre si mal renuersée dessus, que de trois grains l'vn est couuert, l'autre ne l'est qu'à demy; & pource que l'injure du Ciel en descouure aussi plusieurs, les oiseaux les mangent, ou bien ils ne viennent pas à profit, & qu'en- fin cette Terre mal cultiuée ne sçauroit multiplier qu'au quadruple, combien qu'elle le doiue faire au centuple par vne bonne agriculture; Qu'il ne faut donc ouurir la Ter- re que pour y ietter la semence, ce qui se doit faire incon- tinent apres, & la recouurir au mesme temps; mais qu'apres cela il la faut remuër vn pen pour exciter sa vigueur; Qu'il faudroit aussi que la Terre fust ouuerte en sillons ou ca- naux fort profonds, & de mesme largeur haut & bas, di- stans par semblables espaces, lesquels on laisseroit vuides alternatiuement, tant pour remuër & briser la Terre sans blesser les tiges, que pour en faire l'année d'apres des ca- naux à leur tour; Que la semence n'ayant point esté se- mée à l'auanture, mais iettée auec ordre dans les canaux, il n'y auroit aucun grain qui ne fructifiast, & que tant plus bas ils auroient esté iettez, tant plus hautement le germe se repousseroit; Qu'il faudroit aussi que la Terre fust ou- uerte lors que le Soleil se raproche, & iamais quand il se recule, & qu'à chaque renouueau de l'année il seroit be- soin de remuer la Terre entre les espaces qui ne seroient point semez. Voylà vn secret pour recueillir vne ample moisson, contre lequel l'on ne peut rien dire, sinon qu'il faudroit bien du temps pour labourer la Terre de cette sor- te, d'autant que ces canaux ne pouuans estre faits par le soc de la charruë, il les faudroit faire à la main, mais la quan- tité des fruicts que l'on en recueilliroit recompenseroit cette peine, & auec le temps l'on pourroit trouuer des in- uentions pour labourer auec moins de trauail; & quant aux diuerses agitations de la Terre, elles ne sont pas plus peni- bles que les façons que l'on luy donne communement:

auparauant les femailles. Cecy pourroit feruir à toute forte de grains, mais fpecialement au bled que nous confiderons comme le principal objet de l'Agriculture.   Pour
faciliter la maniere de cultiuer la Terre, nous pouuons
conjoindre à cecy l'inuention de labourer auec vne
charruë qui ait plufieurs focs, afin de faire dauantage de
befoigne. L'on peut auffi faire des machines faciles à tourner qui tireront des cordes pour faire aller la charruë aux
lieux où l'on n'auroit point de bœufs ny de cheuaux, & où
l'on voudroit foulager la peine des Hommes, qui par ce
moyen ne feroient pas obligez de trauailler du hoyau ou
de la befche. La charruë pourroit bien auoir fon mouuement en elle-mefme par le moyen d'vne maniuelle qu'vn
Homme feroit tourner en la conduifant, mais cela auroit
befoin de plufieurs rouës de fer, qui feroient mal-aizées à
ajufter, & où il y auroit fouuent quelque chofe de rompu
à caufe de leur continuel exercice. La machine qui tireroit
la charruë auec vne corde ou deux, feroit de moindres
fraiz. Il ne la faudroit que de bois, & la faire comme vn
guindal ou vne gruë. S'il n'y en auoit qu'vne, il faudroit
que la corde paffaft à l'autre bout par vne poulie pofée fur
des pieux. L'on la retireroit en tournant vne rouë par vn
mouuement contraire, ou bien il y auroit deux telles machines à chaque bout pour tirer la charruë, tantoft d'vn
cofté & tantoft de l'autre, & comme elles feroient pofées
fur des rouës, l'on les poufferoit aizément d'vn lieu à l'autre, à mefure que les fillons feroient faits; & pour faire plus
d'ouurage en mefme temps, l'on feroit des charruës à quatre focs, afin que s'il y auoit là de la peine, elle fuft recom-
penfée par cette diligence; Et ces focs pourroient mefme
auoir telle forme qu'ils feruiroient à ouurir la Terre par
canaux comme l'on a propofé. Quant au trauail, il ne feroit pas fi fafcheux que l'on croiroit, ayant vne rouë fi
grande pour faciliter le mouuement qu'vn enfant la feroit
tourner; & mefme celuy qui conduiroit la charruë, la pourroit faire tourner auffi luy feul en tirant vne petite corde.
Pour la defpenfe des machines, elle feroit moindre que

l'achapt des cheuaux & que leur nourriture puïsqu'elles feroient aſſez fortes pour durer long-temps. En tout cas, ſi l'on s'y figure quelque incommodité, l'on peut croire que l'on n'en fait la propoſition que pour s'en ſeruir où les beſtes de voiture manquent, ou bien pour declarer ce qui ſe peut faire en toute ſorte d'occaſions, & monſtrer la puiſſance des machines.

Ayant parlé de l'eſtat où la Terre peut eſtre miſe pour eſtre fertile, nous parlerons de la culture generalle des Plantes. De la culture generalle des Plantes. Il y en a qui ne peuuent viure ſur la Terre d'vne année à l'autre, & qui ſont ſemées en leur ſaiſon, comme les bleds, les auoines, & quantité d'herbes & de legumes. Pour les vignes, l'on les taille ſeulement tous les ans, & l'on les lie aux eſchallats, afin qu'elles ſe ſouſtiennent mieux, & que les raiſins puiſſent croiſtre & meurir auec liberté. Quelques arbres viennent eſtans plantez par ſcions, comme les Saules ; Pour les autres, il faut ſemer des pepins ou des noyaux. La pluſpart eſtans mis en lieu propre, ne reçoiuent autre ſecours que celuy de la Nature, ſi ce n'eſt que quand il y a quelque branche morte, l'on la coupe afin qu'elle ne nuiſe point aux autres, & quand ils ſont mangez de chenilles, l'on s'efforce de les oſter ou de les faire mourir : Mais pour l'embelliſſement des iardins, l'on place les arbres en diuers parquets, ou bien l'on les range par allées, & s'ils ſont propres à faire des palliſſades, l'on les taille, afin qu'vn rameau ne paſſe point l'autre, & qu'il n'y ait rien d'inégal. Ce n'eſt point là pourtant vne melioration parfaite, ce n'eſt qu'vne ſimple beauté qui conſiſte en la proportion de pluſieurs parties. Lors que l'on leur fait porter du fruict plus gros ou plus ſauoureux, & en plus grande quantité qu'à l'ordinaire, c'eſt leur donner quelque choſe de meilleur, & c'eſt apporter du ſecours à la Nature par l'artifice.

L'on vſe de diuers moyens pour paruenir à cela. L'on tient qu'ayant trempé les ſemences dans vne eau où il y ait du ſalpeſtre diſſout, elles en ſont plus fertiles ; Que cette eau peut ſeruir auſſi à les arrouſer lors qu'elles ſont Pour rendre les Plantes plus fertiles, & leurs fruits plus gros & plus ſauoureux.

dans Terre, & que si l'on veut qu'elles produisent des fruits plus doux, il faut les auoir laissé tremper en eau de riuiere. Si l'on les laisse aussi quelque temps dans quelque eau de bonne odeur, elles en auront vne semblable; Et cela se fait encore en mettant dans terre auprez d'elles des drogues qui ayent ces bonnes qualitez. L'on leur communique mesme des facultez medicinales en trempant leurs semences dans de certaines liqueurs, & en les entant & les cultiuant d'vne façon particuliere. Pour ce qui est de rendre simplement leur fruict plus gros & de meilleur goust, & y reüssir auec plus de certitude, les diuerses façons d'enter y seruent beaucoup, car la puissance vegetatiue languit quelquefois apres auoir esté employée à donner à l'arbre sa croissance, outre que le terroir ne luy fournit pas tousiours les bonnes qualitez qui luy sont requises, au lieu que lors qu'vn rameau est enté sur vn arbre desia grand, il reçoit incontinent de la vigueur, & se nourrit d'vn suc desja tout digeré. C'est vn des plus beaux secrets de l'Agriculture; & quoy que l'on die qu'il se fait à l'imitation du Guy qui croist sur les chesnes, & d'autres plantes qui naissent sur de gros arbres, pource que les oiseaux y ont laissé tomber quelque graine, si est-ce que l'esprit de l'Homme a trauaillé à inuenter cette transplantation d'vn arbre sur vn autre, qui est encore quelque chose de plus; car la graine qui germe sur vn gros arbre en quelque endroit à moitié pourry, s'en sert comme de terre & de matrice, mais le rameau enté s'incorpore auec l'arbre qui luy sert de soustien, & participe enfin à son aliment comme vn de ses membres. Au reste, si l'on veut faire prosperer entierement ce qui est semé, planté ou enté, il faut obseruer le temps que l'on y trauaille, & garder en tout vne methode particuliere selon la nature de chaque plante. L'on promet encore de faire porter aux arbres des fruicts d'vne prodigieuse grosseur, par des artifices exprez. L'on dit que si l'on fait passer vne branche dans vn vase plein d'eau & bien recouuert de terre, elle y prendra vne telle nourriture qu'elle donnera vne grosseur merueilleuse à son fruit. Pour faire

que tout vn arbre rapporte de gros fruicts, l'on refferre
plufieurs pepins ou noyaux dans vn pot, de forte qu'ils fe
ioignent enfemble, & ne font qu'vn germe & vn feul
arbre dont les fruicts auront la groffeur de plufieurs autres. Or comme l'on fait que les arbres & leurs fruicts profitent, l'on leur peut auffi nuire efgalement. L'on fait des
arbres Nains, en les couurant feulement ou coupant leurs
branches, & la diminution de leur aliment fera amenuifer
leur fruict. Le pouuoir des Hommes s'eftend fur le bien
& fur le mal.

Pour venir aux autres changemens aparens, les couleurs des fleurs & des fruicts peuuent eftre changées en
mettant diuerfes drogues autour de leurs femences, ou les
infinuant dans leurs tiges, & dauantage par vne diuerfe
maniere de les ioindre, auant qu'elles germent, ou par vn
fecret particulier de les enter. Pour monftrer vn plus grand
pouuoir, l'on efpere de faire changer de conftitution à
ce qu'elles produifent. Ie laiffe la forme des fimples
fleurs qui peut bien receuoir du changement fi l'on en apporte aux fruicts; mais à caufe de leur fragilité, il faut que
fi l'on les veut changer, l'on s'adreffe d'abord à leur femence & à leur tige, les ioignant, les refferrant, & les vio-
lentant de plufieurs façons. L'on dit que fi l'on coupe vn
ieune cerifier à vn pied prez de terre, & l'ayant fendu iufqu'à la racine, l'on en vuide la moëlle de part & d'autre, &
l'on le rejoint en le liant & l'eftoupant de mouffe & de
terre graffe; vn an apres qu'il fera repris, fi l'on y met vne
autre ente du mefme arbre, elle portera des cerifes fans
noyau; Que le mefme fe peut faire aux pruniers, aux
pefchers & autres plantes, & que par vne maniere prefque
femblable, l'on fera que la vigne portera des raifins fans
pepins. Mais il eft difficile qu'vne plante viue apres luy
auoir ofté la moüelle, tellement que cela ne reuffira pas
toufiours. L'on dit encore que fi l'on enuelope vne noix
fans coquille dans quelques feüilles de vigne ou de pla-
ne, & l'on la met en terre, le noyer qui en prouiédra portera des noix fans coquille, & que le mefme fe peut faire aux

amendiers. L’on promet auſſi que les peſches ſeront
grauées en quelque ſorte, ſi ayant ouuert leur noyau doucement, apres l’auoir laiſſé tremper dans l’eau, l’on a graué
quelques characteres ſur l’amende, & l’on a refermé le
noyau depuis, l’ayant bien enueloppé dans du parchemin.
L’on dit encore que ce qui aura eſté tracé au premier jet-
ton du figuier, paroiſtra en ſon fruict. Dauantage, l’on
donne aux fruicts pluſieurs figures en les reſſerrant entre
des moules de terre ou de bois, ce qui ne ſe peut faire aux
fleurs. Il faut que ces moules ayent pluſieurs trous pour
donner de l’air aux fruicts crainte de pourriture. Que ſi
l’on enduit l’eſcorce des coings ou des grenades d’vne
couche ſubtile de plaſtre, & lors que cela ſera ſec, l’on graue apres deſſus telles marques que l’on voudra iuſques à
l’eſcorce, les traces y demeureront quand ces fruicts ſeront en leur maturité.

De la varieté des
fruicts ſur vn meſ-
me arbre.

Pour ce qui eſt de la varieté des fruicts ſur vn meſme
arbre, l’on enſeigne à faire qu’vn meſme ſep de vigne porte des raiſins noirs & blancs, & meſme d’autres couleurs.
L’on dit qu’il faut prendre pluſieurs tiges de vigne, & les
ayant bien liées, les enfermer dans vne corne de belier ou
autre tuyau, de ſorte qu’elles paſſent par en haut & par en
bas, & trois ans apres s’eſtans iointes, la corne ſera rompuë ſi elle n’eſt pourrie, & toutes les tiges eſtans retranchées excepté l’vne, l’on tient qu’elle portera des grapes
de pluſieurs couleurs. Cela ſe fait preſque de meſme pour
tous les arbres à qui l’on veut faire porter des fruicts non
ſeulement de differente couleur, mais de differente eſpece:
Toutefois, il faut croire que ſi cela ſe fait, ce ne ſera que
pour des fruicts qui viennent en meſme ſaiſon, & qui ont
quelque affinité, comme s’ils ſont tous à noyau ou à pepin;
& meſme vn arbre portera pluſtoſt de deux ſortes de pommes, que des pommes & des poires enſemble, & pourtant
il ne faut rien deſeſperer de l’artifice. Outre cela, l’on peut
ioindre en vn ſeul fruict les qualitez de deux, comme s’il
a la figure de la pomme & le gouſt de la poire, & ainſi de
pluſieurs manieres. L’on aſſeure dauantage que la peine

que l'on prend à porter ces plantes à cet effet extraordinaire n'est que pour vne fois, d'autant que leur race peut
estre apres multipliée par diuerses entes, ou par la semence de leurs noyaux ou pepins. Ainsi, l'on fera faire à la
Nature beaucoup de choses qu'elle n'eust pas executées
toute seule, & l'on l'imitera dans la production de quelques plantes nouuelles, dont l'on procurera la durée, gardant soigneusement leurs noyaux ou leurs graines, & les
mettant tousiours en Terre conuenable pour en faire la
multiplication. Ainsi, nous auons maintenant des fleurs
& des fruits fort differens en figure, couleur, grosseur &
saueur de ceux d'autrefois, ce qui a esté fait par l'artifice des
Hommes qui ont fait produire de nouuelles plantes dont
l'espece s'est multipliée iusques aujourd'huy auec ce changement.

L'on a cherché encore le moyen de haster la production des plantes. Il faut pour cet effet auoir trempé leur
semence dans quelque liqueur fort chaude comme l'Eau
de vie; D'autres prennent vne liqueur chaude & humide
comme est le sang d'vn animal bien temperé, & apres y a-
uoir trempé la semence, la mettent en de bonne terre bien
fumée & placée dans quelque pot où l'on l'arrousera tous
les iours deux fois d'eau tiede, mais l'on ne la laissera à
l'air que lors que la saueur du iour le permettra, & l'on la
serrera lors qu'il tombera de la pluye ou qu'il fera du vent
outre mesure, & l'on ne l'exposera point à la fraischeur de
la nuict. Cela pourra seruir pour auoir des roses durant
l'hyuer, & quelques autres fleurs, & plusieurs fruicts en
seront aussi hastez pour les voir grossir dés le Printemps.
L'on adjouste d'autres secours selon la nature de chaque
plante. L'on met de la fiente de pigeon au pied du figuier, & l'on le frotte d'huyle. Les cornes de mouton qui
sont enfoncées dans Terre prez des racines des arbres, les
rendent aussi plus fertiles, & leur font pousser leur fruict
plus promptement; Comme les simples herbes sont plus
aisées à produire, l'on promet de les faire naistre dans
vn temps de beaucoup plus court. L'on dit qu'elles croi-

ſtront dans peu de iours, ſi l'on trempe leur ſemence dans
du vinaigre, & les ayant iettées dans vne Terre où il y ait
de la cendre d'eſcorce de féues, qui ſera arrouſée d'Eau ardente & couuerte apres d'vn drap, craignant que la chaleur ne s'en aille. Mais c'eſt bien plus d'aſſeurer de faire
croiſtre en moins de trois ou quatre heures toutes les herbes propres à faire vne ſalade. Il faut pour cet effet auoir
de la Terre parfaitement meſlée à de bon fumier, & y adiouſter encore de la cendre de mouſſe que l'on arrouſera
de ius de fumier par pluſieurs fois, & l'on la feraſecher par
autant de fois au Soleil. Cette terre ayant eſté gardée ſoigneuſement, quand l'on y voudra voir produire cette
merueille, l'on la mettra dans vne large terrine, où l'ayant
fort remuée auec les mains, l'on l'arrouſera peu à peu de
ius de fumier, & la terrine eſtant poſée ſur vn feu dont
l'on reglera les degrez conuenablement, l'on y ſeme-
ra de la graine de pourpier & de laictuë que l'on aura
fait tremper l'eſpace d'vne nuict dans le ius de fumier ou
autre liqueur propre, & quand la terre ſeſechera il la faudra arrouſer d'eau de pluye tiede, & en peu de temps l'on
verra les herbes la percer, & croiſtre preſque à veuë d'œil,
au grand eſtonnement d'vne compagnie, qui attendra
qu'vne ſalade ſoit ſemée & creuë pour la manger. Cela ſe
peut practiquer de la meſme ſorte pour beaucoup de plantes; & ſi elles ne ſortent pas de terre en ſi peu de temps,
ce ſera neantmoins dans vn temps de beaucoup plus court
que celuy qu'elles ont accouſtumé; & dauantage, il y a
en cela vn ſecret pour ſe paſſer de la chaleur du Soleil, &
faire meurir les fruicts hors de leur ſaiſon. Cela ſe peut
eſprouuer ſur des herbes pluſtoſt que ſur des arbres, & ſi
l'on veut voir naiſtre & meurir des fruicts des plus faciles,
il faut eſperer cela des fraiſiers. Que ſi l'on veut prendre
quelques arbriſſeaux, encore le pourra-t'on faire, car pour
les plantes qui ne portent pas de fruict ſi toſt qu'elles ſont
hors de terre, mais trois ou quatre ans apres; l'on n'entend pas les violenter en cela; mais ſeulement leur faire
preceder la ſaiſon couſtumiere, tellement qu'il ſuffit de les

prendre

prendre dans leur croiſſance neceſſaire, & les expoſer à
vne culture extraordinaire & à vn feu artificiel. Il faudra
pour cecy faire des fourneaux où le feu ſoit diuerſement
gradué, & deſſus il y aura de gráds vaiſſeaux de terre cuite,
où vne terre propre à eſtre cultiuée ſera miſe auec ſes plantes. La difficulté de ſçauoir le temperament neceſſaire au
feu & mille autres inconueniens, pourroient faire que l'on
ne reuſſiroit pas touſiours, ou tout au moins que les fleurs
ou les fruiɛts que l'on feroit produire ne ſeroient pas de ſi
belle couleur, de ſi agreable odeur & de ſi bonne ſaueur
que les autres ; mais pour peu que l'on fiſt, il y auroit tousiours dequoy admirer la merueilleuſe puiſſance de l'artifice, & la hardieſſe de l'eſprit humain ; qui entreprend de ſe
paſſer du ſecours des Aſtres, & de violer l'ordre des ſaiſons. Il ne faut rien dire apres ces ſecrets en matiere de
plantes: C'eſt le plus haut que l'on puiſſe aller. Il eſt vray
que l'on peut rendre les plantes tardiues, comme l'on les Pour rendre les
Plantes tardiues.
peut rendre haſtiues ; mais l'on les fait tardiues auec plus de
facilité, n'y ayant qu'à les laiſſer dans des iardins mareſca-
geux & fort ombragez, où elles ne croiſſent qu'à peine, &
ſi l'on y veut ioindre quelque autre artifice, il ne faut que
tenir les fruiɛts conuerts l'Eſté, & la pluſpart de l'Automne
ne les deſcouurant que lors que l'on voudra qu'ils meuriſ-
ſent. Cela ſe fera en quelques-vns, les retardant plus ou
moins ſelon leur nature. Si l'on retranche auſſi les maî-
ſtreſſes branches de quelques arbres lors qu'elles ont deſia
des fruiɛts bien formez, celles qui auront eſté retranchées
pulluleront encore ; & ſi quelque temps apres l'on fait la
meſme choſe à d'autres, il arriuera que cela ſera pareil à ce
que l'on vante de ces iardins merueilleux où l'on voyoit
ſur vn meſme arbre des fruiɛts tous meurs ; d'autres qui
eſtoient verds, & d'autres qui n'eſtoient encore qu'en
fleur. L'on fera ainſi par vn artifice ioint à la nature, ce que
l'on attribüoit au ſeul enchantement. Que ſi l'on veut auoir
des plantes dont tous les fruiɛts ne ſoient en leur groſſeur
& maturité que vers l'arriere-ſaiſon, contre leur nature ordinaire, il faut enter les arbres haſtifs ſur les tardifs, afin

Vol. III.

que prenans nourriture en vn bois eſtranger ils en ſuiuẽt auſſi les proprietez, ou pour faire que la tardiueté ſoit encore plus grande, il faut ſe ſeruir des ſecrets qui ſont enſeignez pour faire fructifier les plantes quand l'on veut. L'on ne ſçaura alors ſi ce ſera haſter les plantes ou les retarder; & voyant des roſes ou des ceriſes en Nouembre & en Decembre, l'on pourra demander ſi c'eſt qu'il y en a deſia, ou ſi c'eſt qu'il y en a encore.

Comment l'on fait viure long-temps les Plantes.

Il nous reſte de parler des moyens de faire viure long-temps les plātes. L'on croira auoir beaucoup trauaillé pour cela, ſi l'on les a ſemées ou plantées en vne terre propre, & en vn lieu fauorable où elles ayent de chaleur ce qui leur en faut, & ſoient à l'abry des mauuais vents. Dauantage, l'on peut auoir trempé leurs ſemences dans des eaux ou des huyles qui empeſcheront que les fourmis ou les vers, ou les chenilles, ne leur puiſſent nuire Que ſi de tels inſectes viennent ſans que l'on y ait preueu, ſoit ſur les herbes, ſoit ſur les arbres, l'on les peut chaſſer & les faire mourir auec terre rouge, ou cendre, ou chaux, fiel de bœuf, vinaigre, ou vieille vrine, & diuers autres ingrediens que vous ietterez ſur les racines ou ſur les troncs, ſelon la qualité des plantes. L'on donne encore du remede à leurs langueurs & à leurs maladies, en les frottant de pareilles choſes, ou les arrouſant de lie d'huyle ou de vin, & taſchant au reſte de leur oſter tout ce qui leur nuit, & de leur donner tout ce qui leur eſt neceſſaire. Pour ce qui eſt des accidens externes, l'on les preſerue meſme de la bruyne iettant des cendres de figuier ſur elles, ou bien faiſant bruſler de la paille & de la fiente de bœuf & de chéure à quelque diſtance, ou bien faiſant vne grande fumée autour de leur enclos auec des cornes de bœuf que l'on bruſle. Voylà les moyens de les faire durer plus long-temps. Ces choſes ne ſont pas practiquées d'ordinaire à cauſe de la grandeur des vergers & de la quantité des arbres qui y ſont. Toutefois, l'on prend garde de plus prez à ceux qui ſont les plus chers & les plus importans.

Le pouuoir que les Hommes ont fur les Plantes e-
ftant affez prouué , il faut penfer à l'vfage qui eft tiré de
ces mefmes Corps. Les herbes feruent à la nourriture des
animaux, comme auffi les fruicts des arbres. Les fleurs
resjoüiffent par leur belle couleur & leur bonne odeur,&
feruent à diuers medicamens,comme font auffi les herbes,
foit que l'on les laiffe en leur eftat naturel ou que l'on en
tire des eaux, des huyles & des fels, ou que l'on faffe des
compofitions de leur maffe.

*De l'Vfage des
herbes, des fleurs
& des fruits.*

Leur meilleur eftat naturel eft conferué affez long-temps
par le fecours de l'Art lors que le tout eft cueilly en bonne faifon. Mais pour y mieux reuffir, l'on y vfe encore
de quelque artifice. Pour conferuer les fleurs, l'on les enferme en des boëtes , & l'on les tient en lieu fec, ou bien
l'on les enferme en des vaiffeaux de terre bien bouchez
auec du liege & de la poix , & l'on les laiffe en des caues
ou celliers ; & pour les fruits,ils font gardez aux glacieres,
mefme les plus tendres, comme les piunes, les meures,les
cerifes, & les fraifes ; de forte que l'on en trouuera de toutes fraifches en Hyuer. Les cerifes font auffi gardées dans
le vinaigre, mais cela leur ofte leur douceur, & plufieurs
autres fruicts que l'on garde de mefme perdent quelque
chofe de leur naturel. L'on yfe d'vn artifice plus exquis
pour les pommes & les poires. L'on les cueille à la main,&
ayát feellé leur queuë auec de la poix liquide, l'on couure
tout le fruict d'eftoupe & d'vne legere couche de cire, &
l'on le met ainfi dans du miel. Cela le conferue long temps
en fa verdeur fans luy ofter fon gouft. L'on l'enueloppe
auffi de feüilles de noyer ou de figuier, & l'on l'enferme
en des pots de terre, ou des barils bien bouchez de cire
ou de poix, & l'on le laiffe dans du miel, ou dans du vin.
Voylà comment l'on conferue les fruicts pour en auoir
en leur naïueté iufques en vn temps où ceux qui n'ont
point efté fecourus par cet artifice, font tout mols & tout
fleftris. Cela fe fait pour les maintenir dans vne fraifcheur
qui donne plus de delectation, & qui eft plus faine auffi à
beaucoup de perfonnes.

*De la maniere de
conferuer les fleurs
& les fruicts.*

*De l'vtilité du
bois des arbres.*

L'vtilité des Plantes est encore en leurs feüilles, dont quelques animaux se repaissent, ou bien elles seruent à fumer la terre, ou à faire du feu ; mais cela est de peu de consideration & de peu d'vsage, au prix du bois, d'autant que la pluspart des feüilles sont dissipées par les vents ; au lieu que les branches & le tronc demeurent. Nous sçauons assez que pour les arbres dont le bois est gros & fort, estans coupez ils seruent à faire du feu pour se chauffer, ou pour aprester les viandes, ou pour faire du charbon, qui sert à mesme vsage, & outre cela, à eschauffer les fourneaux de plusieurs Artisans. Le bois le plus haut & le plus dur n'est pas employé à brusler ; Il est gardé pour bastir des maisons, ou des nauires & des machines ; & s'il est fort dur & bien coloré, c'est pour faire des meubles de menuiserie pour le mesnage, ou des outils pour diuers mestiers. Il y a mesme de petites plantes plus dures & plus seches que les autres, dont la tige sert aussi aux necessitez humaines ; La paille des bleds sert à couurir des cabanes, & le chanure sert à faire de la thoille. Ce sont les vsages les plus remarquables de tout ce qui depend des plantes.

De l'Vsage, Melioration & Perfection des Animaux.

CHAPITRE VII.

*Que les Hommes
ont du pouuoir sur
la production des
insectes & des a-
nimaux qui nais-
sent de corruption.*

LA consideration des Animaux venant icy en ordre, il faut voir comment ils sont soumis au pouuoir des Hommes. En ce qui est de ceux qui naissent de putrefaction, l'on en rend la naissance facile, laissant en quelque lieu la poussiere & les ordures qui y sont propres. En vn certain endroit il naistra des araignées ; en l'autre, des mousches ; en l'autre, des vers, & mesmes des rats & des sourys. La chair cor-

rompuë,& les autres substances humides, peuuent engendrer diuers insectes. L'on tient que des entrailles d'vn
taureau il s'engendre des mousches à miel ; de celles d'vn
cheual, des guespes ; de la chair d'vn canard, des crapaux;
& que de la corruption de tous les autres animaux, il se fait
des productions particulieres ; Il s'en fait aussi de leur
sueur & de tous leurs excremens quand ils viuent, comme
les puces & les vers. Que si nous voulons nous seruir de
ce qui procede des Corps humains, l'on tient que les cheueux d'vne femme qui a ses fleurs, estans serrez sous du
fumier, se changeront en des serpenteaux ; Qu'il s'engendre des lezards, des especes de raines & autres animaux, de la corruption du sang menstrual ; & que de celuy d'vne femme rousse, il s'en pourra engendrer vne
espece de Basilic. Plusieurs autres insectes ont de mesme
leur generation selon ce qu'ils sont, soit qu'ils procedent
des Corps animez, ou de ceux qui sont simplement vegetatifs ; comme du fromage qui est fait de laict de vache ou
de chéure, du miel qui est fait par les mousches , des draps
qui sont faits de laine de beste, & des graines que l'on garde, & du bois des meubles, qui deriuent des plantes. L'on
void produire aux vns ou aux autres de ces Corps, des
mites, des fourmis, des calendres & des vers. Il faut dire
que sçachant en quel estat toutes ces choses se doiuent
trouuer pour de telles generations, l'on les peut accomplir
quãd l'on veut, & que l'on peut faire naistre aussi plusieurs
autres animaux qui viennent de putrefaction, administrant
à la Nature ce qui luy est necessaire pour vne operation
semblable. Si parmy les productions des Meteores l'on
comprend aussi les grenoüilles comme nous auons veu,
elles ne seront donc pas hors de nostre puissance. L'on
peut obseruer quel est le limon qui sert à les produire, & en
quel temps cela se fait, pour y proceder de mesme. L'on
croid encore que des gazons herbus, trempez de rosée
estans suspendus à la superficie d'vne eau dormante, y feront produire de petits poissons ou de petits insectes aquatiques. Il faudroit estre certain de la verité de l'experien-

ce pour s'amufer à en chercher la raifon ; mais quand cela ne fe feroit pas ainfi, l'on peut croire que le limon y fert, ou quelque amas de poiffons morts & corrompus. Tant y a que les femences de toutes les chofes du Monde paroiffent bien eftre efpanduës dans l'Vniuers ; car fi l'on prend de la Terre pure bien faffée & bien arroufée, laquelle on mette apres à l'air dans vn vaiffeau, l'on trouuera au bout de quelque temps qu'il s'y fera formé des Corps de toutes les trois familles des Deriuez & meflez, à fçauoir des mineraux, vegetaux & animaux, car l'on y trouuera de petits cailloux, & poffible de petits Marcafites, l'on y verra poindre des herbes, & l'on y trouuera des vermiffeaux. L'Eau des pluyes qui tombe porte auffi auec elle la femence de plufieurs herbes, & celle de plufieurs infectes ; l'Eau de la Mer & celle des Riuieres ou des Lacs, ont auffi leurs productions. C'eft aux curieux à chercher ce qu'ils peuuent faire en s'accordant aux voyes de la Nature. D'autant que plufieurs animaux naiffent de putrefaction, l'on accorde que les Hommes ont le pouuoir de les faire produire en des lieux où il n'y en euft iamais eu, & auec des matieres qui ne fe fuffent pas portées à la corruption que l'on y a introduite, & qui poffible fe fuffent incontinent changées en terre, ou bien euffent fait des productions moindres que celles que l'on a pû rendre accomplies.

Les animaux qui naiffent les vns des autres, ont des prerogatiues particulieres. Il femble bien que les Hommes n'ont pas vne telle authorité fur leur generation, pource qu'eftans plus parfaits, leur naiffance depend des fouueraines Loix de la Nature. Pour ce qui eft de faciliter la production de leur fruict, c'eft vne chofe toute commune. De mefme comme l'on fait efclorre les vers à foye, en les expofant au Soleil, il y a des animaux plus accomplis dont le fruict ne laiffe pas quelquefois d'auoir befoin du fecours des Hommes pour venir à perfection. Les oifeaux peuuent eftre aidez à couuer leurs petits, en leur prefentant ce qui eft neceffaire à baftir leur nid, & à fomenter leur

chaleur naturelle ; mais fans cela l'on peut mefme faire efclorre leurs œufs dans du fumier ou dans vn four tiede, &
cela fe fait quelquefois pour les œufs de poule & de pigeon. Pour y faire plus de façon, l'on emplit des fachets
de fiente de pigeon ou de poule bien chaude, les ayant
couuerts de plume autour, & l'on met les œufs deffous la
pointe en haut, tenant toufiours autour quelque feu moderé. Quant aux Beftes à quatre pieds, l'on leur donne
auffi de l'aide en leurs produ&ions, foit en les mettant à
leur aife, ou en leur faifant manger ce qui leur eft propre
en l'eftat où elles fe treuuent.

Pour vne remarquable operation, l'on demande fi vn
Homme pourroit de fon feul pouuoir faire produire de
nouueaux animaux, & mefmes d'extraordinaires en ce
qui eft des plus parfaits. Où pourroit-il compofer vne matiere efgale à celle de leur fperme ? Nous en voyons la figure, la couleur & l'efpaiffeur, mais il y a de certains efprits
cachez là dedans qui ne peuuent eftre tirez que d'vne
fubftance pareille à eux. L'artifice ne fçauroit donc faire
des produ&ions extraordinaires, ny mefme faire produire
luy feul les corps cómuns, pource que l'Ame qui viuifie le
corps des beftes, doit venir d'vn corps animé, & nó pas d'vn
corps compofé fimplement. Tout ce que l'on peut.execu-
ter, c'eft que fi l'on accouple des Animaux de diuerfe efpece, l'on leur fera produire diuers Monftres, mais l'on tient
encore qu'vn fperme diuers enfermé dans vne coquille
d'œuf, eftant donné à efchauffer à vne poule, il s'en pourra produire vn animal du tout nouueau ; mais ces chofes
ont vn accompliffement difficile pour la chaleur naturelle
que l'on a peine à conferuer en cette fubftance, de quelque animal qu'elle ait pû fortir. L'on dit encore que fi
l'on trempe des œufs de geline dans vne liqueur où l'on
aura meflé de l'arfenic auec quelque autre poifon, & mefme du venin des ferpens & des viperes ; lors que la poule
les aura couuez, il en viẽdra vne forte d'animal venimeux.
L'on repartira que quand cela fe feroit, ce ne feroit qu'vn
infe&e ou vn animal imparfait, & que pour les plus grands

animaux, l'on ne les sçauroit faire naistre par vn tel moyen ny dás leur forme ordinaire ny auec defectuosité. S'il s'en fait des monstres qui ayent des parties differentes ou superfluës, ou mesme quelque figure de membre toute nouuelle, il faut que la semence ait esté trop abondante ou defectueuse, soit qu'elle vienne d'vn seul animal ou de l'accouplement de plusieurs, & qu'elle ait esté pourtant receuë dans vne matrice à peu prez conuenable : Mais qui plus est, le vice d'vne semence ny le meslange ne produisent pas tousiours quelque chose, ou s'ils le font, c'est d'vne maniere toute autre que celle que l'on attendoit. Toutefois, quand cela arriue par l'industrie des Hommes, cela tesmoigne le pouuoir qu'ils ont sur les productions de la Nature, puisqu'ils peuuent mettre ensemble des animaux de differente espece pour en auoir vne nouuelle race. S'ils ne peuuent rien accomplir sans vne matiere propre, au moins ils apportent diuers changemens à celle qu'ils se proposent. Au reste, s'ils ne paruiennent pas aisément au changement de la forme du corps, ils obtiennent auec plus d'asseurance celuy de la couleur. Il ne faut que mettre quelque drap ou autre corps coloré dans les lieux où les volailles, les pigeons & les autres animaux se meslent ensemble, afin que ce soit vn perpetuel objet à leurs yeux & à leur sens brutal. Cela reussit quelquefois, mais pour la figure, elle n'entre pas si facilement dans leur imagination, à cause qu'ils l'ont trop foible pour distinguer les objets, de sorte que leur fruict n'en est pas marqué, comme pourroit estre celuy de la femme. Pour ce qui est de changer la stature, cela se peut faire encore auec quelque artifice, donnant de la contrainte aux bestes lors qu'elles sont pleines, & vsant d'vne certaine nourriture pour leurs petits dés qu'ils sont nez. L'on dit qu'vn chien nourry de laict où l'on a fait fondre du Nitre, demeure tousiours fort petit, à cause de la froideur de cette nourriture qui l'empesche de profiter. L'on se seruira de semblables inuentions enuers les autres bestes, leur donnant aussi au contraire, si l'on veut tout ce

qui

Les Hommes font changer la couleur & la stature des Animaux.

qui peut feruir à les faire croiftre & groffir, mais cela n'eft pas pourtant fi facile que de les rendre petits.

Apres les fecrets de la generation, fi l'on regarde ceux de la nourriture, l'on trouuera que tous les animaux la reçoiuent bien mieux des Hommes qu'ils ne la fçauroient prendre eux-mefmes. N'ayans autre fecours que leur inftinct pour trouuer les chofes neceffaires, elles leur manqueroient fouuent, fpecialement en ce qui eft des domeftiques, fi les Hommes n'auoient foin d'eux. Par ce moyen leur fanté eft conferuée, & leur vie prolongée. Que s'il arriue qu'ils tombent malades, les Hommes font encore capables de trauailler à leur guerifon. Les beftes farouches qui courent la campagne, font laiffées en leur pouuoir, mais fi l'on les tenoit, encore donneroit-on du remede aux maux qui les affligeroient. Quant à celles que l'on nourrit aux maifons, c'eft vne chofe toute commune de leur apporter toute forte de foulagement. Les moutons, les bœufs, les cheuaux, & autres animaux, font gueris de diuerfes maladies par diuers remedes, que l'on a experimentez de longue main.

Lors que les Hommes fe veulent deliurer de quelques beftes, ils n'en ont pas moins de pouuoir que de les conferuer. Pour celles qui naiffent de putrefaction, fi elles font fort petites, ils les efcrazent facilement, & s'il y en a de plus groffes & de difficiles à attrapper, ils leur tendent quantité de pieges où elles fe prennent, ou bien ils frottent les endroits où elles vont de quelque drogue qui les fait mourir, foit par fon odeur, ou foit qu'elles en mangent. Le grand chaud & le grand froid font infupportables à plufieurs infectes, fi bien que l'eau froide ou l'eau boüillante les tüent. L'odeur du foulphre & des cornes, ou des plumes bruflées, & celle de la couperoze, de l'origan & de l'ache, chaffent quelques petits animaux, & contre les autres il faut ietter de la lie d'huyle & de l'eau d'Aloyne & de ruë, comme contre les moufcherons, les chenilles & autres beftioles qui fe trouuent aux iardins. Si l'on veut faire mourir les rats, il faut mefler de l'hellebore & de la

Les Hommes adminiftrent la nourriture aux beftes, & leur conferuent leur fanté.

Le pouuoir de deftruire les beftes eft auffi accordé aux Hommes.

coloquinte auec de la farine d'orge. L'on cherchera ainſi ce qui peut eſtre vn poiſon à toutes les beſtes ; pour le meſ-ler parmy la nourriture qu'elles aiment le mieux. L'on trouue dans la Nature beaucoup de choſes contraires à chacune pour en depeupler les lieux où elles nuiſent. Pluſieurs Liures enſeignent cela, & l'experience le confirme tous les iours.

De l'vtilité que l'on reçoit des Animaux pendant leur vie & apres leur mort.

Quant aux vtilitez que l'on reçoit des animaux tant qu'ils viuent, les chiens ſeruent à la garde des maiſons,& à la chaſſe des autres beſtes ; les chats font la guerre aux ſouris ; les cheuaux ſeruent à porter les Hommes aux voyages, à la chaſſe & aux combats, & à traiſner les chariots & les fardeaux. Les bœufs, les aſnes & autres animaux peuuent auſſi eſtre propres à porter & à traiſner : L'inuention des Hommes ſe fait connoiſtre à les y dreſſer, ſpecialement ceux qui ſont le plus indociles. Il y en a meſme des plus ſauuages comme ſont les ours, à qui l'on apprend à ſauter, à danſer, à faire de certaines poſtures dans l'inſtant que l'on leur dit vn mot exprez ; La longue accouſtumance leur fait faire cecy : l'on les bat quelquefois iuſques à tant qu'ils faſſent ce que l'on deſire, & il y en a d'autres que l'on gagne en les flattant ou en leur donnant à manger. L'on y adjouſte d'autres inuentions. L'on a veu quelques beſtes danſer au ſon du tambour, comme ont fait quelques Chameaux, parce que l'on les auoit mis ſouuent dans vne eſtuue fort chaude où la chaleur les a-uoit contraints de leuer les pieds l'vn apres l'autre fort habilement, & tandis l'on ſonnoit touſiours du tambour, de ſorte que ſi toſt qu'ils entendoient vn pareil ſon, ils leuoiẽt ainſi les pieds par accouſtumance, ou craignans de ſe bruſ-ler encore. Sur tous les animaux, les chiens & les cheuaux ſont fort diſciplinables. Les baſteleurs leur font faire pluſieurs actions où il ſemble qu'ils ioüiſſent de la raiſon. Ce ſont des induſtries inutiles qui ne ſeruent que d'ébatement; Mais pour l'vtilité, elle eſt manifeſte aux chiens qui ſont inſtruits pour la chaſſe; Il y a des oiſeaux meſme qui y ſont dreſſez contre les autres oiſeaux. C'eſt auſſi vne belle

chiofe de voir comment les cheuaux font dreffez à toute
forte de pas par des Efcuyers experts,& comment l'on les
affeure encore pour la guerre, leur faifant fouuent retentir aux oreilles des coups d'harquebufe & des fons de tambour & de trompette. C'eft par tous ces moyens que
l'on donne de la Melioration & de la Perfection aux
Animaux. Pour ce qui eft des vtilitez que l'on reçoit
de leurs corps, lors qu'ils n'ont plus de vie, la principale eft que la plúfpart feruent à la nourriture des Hommes. Les poiffons font bons à máger, la chair des oifeaux
l'eft pareillement,& celle de plufieurs beftes à quatre pieds
eft vn aliment affez ordinaire. La plume des oifeaux fert
à emplir des licts; Quelques peuples en font des vefte-
mens, & pour le general, le poil de plufieurs beftes y eft
fort propre, eftant tiffu pour faire des eftoffes, & la peau
eftant courroyée fert à diuers vfages. Il n'y a pas iufqu'aux
ongles, aux cornes & aux os, qui ne foient employez à
quelque chofe; & mefme les coftes & areftes des grands
poiffons peuuent auoir leur employ, tant l'induftrie humaine eft prompte à faire profit de tout ce qu'elle trouue.

De la Melioration & de la Perfection des Hommes,
en ce qui eft de leur Corps;

Et de la Medecine.

CHAPITRE VIII.

E plus parfait Animal eft l'Homme; à
la melioration duquel fi l'on trauaille,
c'eft faire auffi quelque chofe de meilleur que ce qui fe fait pour tous les autres animaux. En tout cecy, l'Homme a
le pouuoir de profiter ou de nuire à foy-
mefme, & de procurer fa mort ou fa vie:
mais puifque le bien vaut mieux que le mal,ou que la vie

eſt plus chere que la mort, il doit ſonger à ce qui luy eſt de plus conuenable. Premierement, pour parler de la naiſſance des enfans, les Hommes la peuuent procurer, s'ils font tout ce qui peut ſeruir à les rendre capables de generation; s'ils vſent de viandes moderées, & s'ils ne s'adonnent point par excez aux voluptez charnelles. Comme le ſexe maſculin eſt iugé plus noble que le feminin, l'on peut tendre à le produire ainſi qu'vne melioration. Si de mary & la femme ſe nourriſſent de viandes auſſi chaudes qu'humides, & principalement ſi le mary ſe tient en vn eſtat vigoureux, il pourra auoir des enfans maſles. L'on y obſerue auſſi le ſixieſme ou le ſeptieſme iour d'auparauant que la femme ait ſes purgations. D'autres approuuent ce terme quand les purgations ſont ceſſées; tant y a que d'vne façon ou d'autre, de telles obſeruations y peuuent eſtre fauorables; L'on y ajouſte qu'il faut que la femme ſe couche ſur le coſté droit apres la conception, d'autant que l'on tient que c'eſt en ce coſté de la matrice que les maſles ſont formez. Mais pour ce qui eſt de cette derniere obſeruation, elle ne ſçauroit ſeruir qu'à rendre l'effect meilleur & plus facile, au cas qu'il doiue arriuer, car ſi la ſemence n'y eſtoit pas diſpoſée, cela y ſeruiroit de bien peu. Tout ce que l'on fait en cela eſt ſelon l'intention de la Nature, & l'artifice y a fort peu de part, ne faiſant que s'y conformer. Il ne ſçauroit ſe monſtrer icy plus puiſſant, ny agir par des voyes extraordinaires. Quelques Chymiſtes ont oſé publier qu'ils imiteroient ſi bien la chaleur naturelle dans leurs vaiſſeaux, qu'ils y changeroient le pain & le vin en Chyle, & puis en ſang & en eſprits, de meſme que cela ſe fait au corps de l'Homme, & qu'ayant auſſi elaboré de la ſemence, elle formeroit vn corps organiſé, qui tirant ſa nourriture du ſang qui lui ſeroit diſtribué par meſure, pourroit venir à perfection. Ce ſont des gens qui prennent plaiſir à publier des choſes bigearres & incroyables. Ils ne ſçauroient ſeulement faire ny de vray Chyle ny de vray ſang; & quand ils prendroient meſme vn Embryon tout formé, ils ne ſçauroient auoir ny le vaiſſeau ny la cha-

leur qu'il faut pour le conduire à perfection; & cóme le receptacle des parties neceſſaires ne peut eſtre imité, ils man-
queront touſiours en la matiere & en la cauſe efficiente, de
ce qu'ils veulent faire produire. Ils ne pourroient pas meſme faire produire le corps d'vne beſte brute par cette
voye, d'autant que l'Ame ſenſitiue découle de la puiſſance d'vne autre Ame. Quelle propoſition inſenſée, de penſer produire des Hommes par artifice, puiſque leur Ame
ne deriue pas de la matiere? Cela eſt encore plus abſurde
que l'opinion de ces Anciens, qui croyoient que les Hommes auoient eſté engendrez du limon de la Terre par la
chaleur du Soleil. Nous ſçauons bien qu'ils ont eſté creez
d'vne puiſſance ſuperieure, qui leur a donné la faculté, &
à tous les autres animaux auſſi, d'engendrer leurs ſemblables par les ſeuls moyens qu'elle a eſtablis, ſans que l'on
puiſſe en cela faire aucune imitation de la Nature. Il ne
reſte aux Hommes que de ſe rendre plus propres à cet effet naturel lors qu'ils le peuuent, & taſcher de faire qu'en
conſeruant leur ſanté, ils faſſent auſſi des productions ſaines. Pour ce qui eſt d'auoir de beaux enfans, il faut que
l'Homme & la Femme ſe repreſentent touſiours de beaux
objets dans l'imagination. Pour ce qui eſt de leur ſtature
& de leur bon temperament, l'exercice moderé de la Femme groſſe & vn bon regime de viure, y ſeruent de beaucoup. Si l'accouchement ſe fait à bon terme, & ſi l'enfant
eſt donné à vne bóne nourrice, cela luy profite auſſi grandement. Quelques enfans peuuent eſtre nourris du laict
de quelques animaux, mais rien ne leur eſt ſi naturel que
celuy de la Femme. Il ſeroit à ſouhaiter encore que les
meres fuſſent touſiours leurs nourrices, non ſeulement
pour en auoir plus de ſoin, mais auſſi afin qu'ils fuſſent
nourris de meſme ſang que celuy dont ils l'ont deſia eſté
dans la matrice. Toutefois, ſi la ſanté de la mere, ou quelque autre accident ne le permet pas, l'on peut choiſir vne
nourrice qui ait toute la vigueur que l'on deſireroit à la
mere, & qui ſoit tres-propre à cette fonction, eſtant de bon
temperament & de bonnes mœurs. Pour monſtrer l'im-

portance de cecy, l'on raconte qu'vn agneau qui aura
tetté vne cheure n'aura pas seulement le poil plus rude,
mais aussi sera plus farouche que ne porte son naturel. L'on
repartira que toutes Femmes sont de mesme espece. Toutefois, leur varieté est si grande, qu'il n'y a quelquefois guere moins de difference entr'elles que d'vn animal à l'autre. Pour ce qui est du temps que les enfans doiuent tetter, c'est l'espace de deux ans, quelquefois plus,
quelquefois moins, selon qu'ils sont robustes, & selon les
accidens qui suruiennent.

TOVTES ces choses dependent de la Medecine, qui
ayant esgard à la prolongation de la vie des Hommes,
& à remedier à leurs maladies, les considere dez leur naissance. Nous deuons traiter desormais des autres moyens
dont elle se sert pour paruenir à ses fins, & premierément
nous parlerons de la conseruation de la santé. Puisque
les Corps Animez ne sçauroient viure sans prendre des
alimens, il faut considerer icy quels ils doiuent estre. Quand
les enfans sont encore reduits au laict, il leur en faut donner vn qui s'accorde à leur sexe & à l'estat de leur corps,
& qui ne soit pas en trop petite quantité, si l'on connoist
qu'ils ayent besoin de beaucoup de nourriture. Lors qu'ils
commencent à manger, il ne leur faut donner que des
viandes temperées, & non pas de trop seches ny de trop
froides, ny de trop seches ny de trop humides, car leur
constitution est encore si foible, que tout ce qui est excef-
sif les destruit. En ce qui est des Hommes faits, ils se peuuent bien maintenir en santé ysant du mesme regime; si
ce n'est que lors qu'ils sont trop eschauffez ou trop refroidis par quelque accident, ils doiuent se seruir de choses qui
corrigent petit à petit l'excez qui est en eux, mais pourtant iamais les viandes temperées ne leur sçauroient faire de mal; au contraire, elles seruiront beaucoup à leur
nourriture. Le pain estant mangé tout seul peut bien sub-
stanter le corps de l'Homme, mais pour le faire profiter
dauantage il y faut mesler quelque chose d'humide, com-

me des herbes, des legumes ou des fruicts ; & si l'on y
adjoufte du poiffon & de la chair, il s'en fait vne nourriture plus puiffante, d'autant que cette viande a plus de
rapport à la matiere du Corps. La chair des animaux terreftres y eft encore bien plus propre que le poiffon, & entre ces animaux l'on en remarque auffi dont la chair eft
plus aifée à digerer & plus nourriffante. La façon de les
aprefter doit eftre confiderée, car il ne faut pas qu'ils foiēt
accompagnez de trop de fel ou d'efpice, ny qu'ils foient
trop cruds ou trop cuits. Pour ce qui eft des fruicts, de la
falade, du fromage & autres viandes qui ne nourriffent
pas tant, ceux qui fe portent fort bien en peuuent manger
beaucoup fans que cela leur faffe mal ; les autres en doiuent peu manger ou point du tout, ou bien ils doiuent
prendre garde au temps, & que ce foit pluftoft à difner
qu'à fouper, à caufe que l'exercice que l'on fait le refte du
iour aide à la digeftion. Il faut mefme auoir égard aux heures que l'on mange les meilleures viandes, & telles qu'elles foient, il n'en faut point prendre exceffiuement, fi l'on
veut conferuer fa fanté. Il ne faut pas demeurer auffi trop
long-temps fans prendre des vnes ou des autres, car vn
ieufne trop long affoiblit merueilleufement le corps. Quāt
à la boiffon, ce doit eftre de l'eau pour les enfans ; le vin a
trop de fumées pour eux. Si les Hōmes qui ont le foye bien
chaud ne boiuent auffi que de l'eau la plufpart du temps,
ils ne s'en trouueront que mieux. Les perfonnes bien temperées peuuent boire du vin, mais il y faut mettre de l'eau
craignant qu'il ne leur donne de l'intemperie. Quant à
ceux de froide complexion, il ne leur fera pas mal de le
boire quelquefois tout pur ; mais pour les vns & les autres,
l'excez en eft dangereux. Pour fe conferuer fain, outre le boire & le manger il faut encore confiderer cinq
ou fix chofes tres-neceffaires. Il faut auoir efgard à l'air
dont l'on eft enuironné ; Il ne faut pas qu'il foit ny trop
chaud ny trop froid, ny trop humide ; Pour fe garentir de
la froideur & de l'humidité, l'on a inuenté les habillemens
dont l'on change felon les faifons, & l'on cherche l'om-

brage contre la chaleur, & le couuert contre la pluye, la
nege ou les vents. Les maisons ont esté basties pour remedier à ces iniures de l'air, & l'on met des chassis & des
verrieres aux fenestres pour estre esclairé, sans souffrir les
autres incommoditez. L'on fait des voûtes sousterraines
pour se tenir à la fraischeur pendant l'Esté, & des poësles
pour se tenir chaudement durant l'Hyuer. En toute sorte
d'habitations l'on ferme les ouuertures du costé d'où viennent les mauuais vents, & specialement les vents conta-
gieux. L'on prend aussi des preseruatifs contre le mauuais
air, lesquels empeschent souuét que l'on ne reçoiue du dô-
mage. L'exercice sert encore à maintenir la vigueur corporelle. Ceux qui ont beaucoup d'humeurs, & ne manquent point de force, se doiuent beaucoup agiter. Ceux
qui ont seulement le sang chaud, & n'abondent point en
flegme, doiuent estre plus moderez. Il faut prendre garde
aussi de ne pas trop retenir ses excremens, & de les repousser à propos, & il ne faut pas estre dans vne trop grande
abondance d'humeurs, ny souffrir leur perdition. Il faut
aussi euiter les perturbations de l'Ame, qui ne manquent
guere d'apporter du trouble au Corps, & il se faut concilier le sommeil fuyant les veilles excessiues, sans toutesfois dormir par excez, afin que l'on ne soit ny trop desseché ny trop remply d'humeurs. Si l'on obserue toutes
ces choses, l'on conseruera son Corps en bon estat, & si
la Nature y a mesme laissé quelque defaut, l'on le pourra
enfin corriger. Pour y reussir heureusement, il est besoin
de connoistre nostre temperament & nos inclinations, &
auoir obserué ce qui nous a nuy quelquefois, afin de nous
en abstenir doresnauát, sans nous figurer que tout ce qui est
bon aux autres nous soit bon aussi. Celuy qui sera capable
de cönoistre ces choses, sera vn bon Medecin à soymesme,
ou plustost n'aura que faire des preceptes de Medecine
en ce qui est de la guerison de plusieurs maladies dont il
s'exemptera; mais il est vray que l'vsage des choses communes à la vie est rangé parmy les regles des Medecins,
pource qu'ils ont esgard à la conseruation des Hommes
sains

sains en tant qu'ils veulent suiure leur regime, & qu'il y a
des malades ausquels il faut aussi prescrire de quelle sorte
ils se doiuent seruir de ces mesmes choses.

Si l'on fait le contraire de ce qu'ils ont obserué, dont
nous auons dit la principale partie, les moindres maux que
l'on aura deuiendront grands, & les personnes les plus
saines pourront tomber en des maladies tres-fascheuses.
De l'excez du boire & du manger toutes mauuaises humeurs abonderont au corps, & feront prestes à se deschar-
ger sur les parties les plus foibles. Le foye en sera aussi
rendu plus chaud, & l'estomach moins propre à la digestion. La trop grande chaleur auec la contagion de l'air,
peuuent causer vne fiéure ardente; La froideur & l'humidité donnent les rheumes & les catharres; L'exercice
immoderé debilite extremement, & peut causer aussi la
fiéure; La retention des excremens peut causer de grandes douleurs de teste & des autres parties; La trop grande euacuation d'humeurs & d'esprits, & ce que l'on appelle Inanition, rendent l'Homme sujet à des pasmoisons
& à des contractions de nerfs; Les perturbations de l'A-
me eschauffent le sang, & troublent la digestion; Les
veilles dessechent le cerueau, & le sommeil trop long
l'humecte excessiuement. Ces accidens estans meslez les
vns auec les autres, rendent les maladies plus griéues, outre qu'ils rencontrent souuent vn corps qui naturellement
a quelques parties trop foibles pour y resister, si bien que
sa plus grande vigueur se perd pour quelque temps, &
quelquefois la mort s'ensuit.

Les maladies peuuent estre diuisées selon les bons ou
mauuais vsages dont nous auons parlé; soit des alimens,
de l'air, de l'exercice, de la retention ou trop grande euacuation des excremens ou des humeurs, des vehementes
affections, & de la veille ou du sommeil. L'on diuise encore les maladies selon les parties du corps, comme de
la teste, du cerueau, de la poitrine, du poulmon, du
foye & de la ratte, & selon les parties organiques ou
dissemblables, comme celles que nous venons de nom-

mer, & selon les semblables, comme la chair, le sang & les autres humeurs. Pour les parties organiques, il y a les maladies ou la conformation est changée, soit en la figure, soit au nombre soit en la grandeur, soit en la situation; Il y a aussi la solution de continuité, qui est commune aux parties semblables & dissemblables. Quant aux maladies de toute la substance, elles sont principalement aux parties semblables: c'est comme la rage, ou le venin espandu par tout le corps pour la piqueure d'vn Scorpion. Cela nous fait prendre garde qu'outre les choses necessaires ou ordinaires à la vie, dont le different vsage cause la maladie ou la santé, il y a des choses externes dont il se faut tousiours garder, à sçauoir des corps qui nous enueniment, comme les poisons & les animaux venimeux, ou qui font des playes comme les pointes des cailloux ou du fer, & toute sorte d'armes, ou qui brisent ou disloquent les membres, comme les fardeaux qui tombent sur nous; & auec cela, il se faut aussi garder de tomber contre tous les corps durs & aigus, qui par ce moyen nous feroient les mesmes maux. Nous deuons apprendre dauantage dans la consideration generalle des maladies, qu'elles ont diuers degrez; & quoy que celles qui sont particulieres, semblent n'estre attachées qu'en vn endroit, si est-ce qu'elles excitent quelquefois vn trouble general, & la corruption des humeurs augmente le dommage. Le mal le plus commun que les autres peuuent causer, est la fiéure; mais sans cela la fiéure fait aussi vne dangereuse maladie elle seule. Il y en a qui tiénent qu'elle n'est causée que par trois humeurs de nostre corps, le phlegme, la bile & la melancholie, & que le sang en sa pureté ne peut estre nuisible, mais il faut craindre sa repletion, qui peut donner de grandes emotions. Il y a donc diuerses fiéures selon la diuersité des humeurs; De là vient que leurs accez ont des termes differens de trois & de quatre iours; Il leur faut plus ou moins de temps pour faire leur effet, & receuoir apres de nouuelle matiere attachée à la premiere, qui fait paroistre encore sa violence par de mesmes interualles, ayant tousiours esté assemblée en mesme proportion selon que la nature du mal a la force de la ramasser. C'est la raison que l'on peut donner de l'interualle des fiéures tierces ou quartes. Celles qui sont continuës ont vne abondance de matiere qui ne leur permet point de cesser. Outre ce que nous auons dit, l'on peut diuiser les maladies par le dommage qu'elles apportent aux facultez corporelles, & aux animales & sensitiues, les empeschant en leurs fonctions ordinaires, ce que l'on appelle aussi les Symptomes des maladies. Ce que l'on considere au reste, c'est qu'il y a des maladies plus faciles à guerir les vnes que les autres, & qu'il y en a qui ostent la santé sans oster la vie, & les autres qui terminent la vie incontinent si l'on n'y prend garde. Il est certain que l'on ne peut pas tousiours durer, & que l'on ne peut plus resister au mal quand l'on vient à vn certain âge, mais il faut tousiours pourtant se defendre auec vn bon espoir; car outre que l'on peut maintenir sa vie dans la longueur commune, l'on peut aussi quelquefois luy en faire passer les limites de quelques années.

Quand les plus fascheux accidens arriuent, l'on n'est pas destitué de remedes; Premierement, le mal est senty par celuy qui le reçoit, & qui le peut dire en quelque façon au Medecin; D'ailleurs, le Medecin en iuge par le poux, par les vrines, par la couleur des membres, ou par leur tumeur, par leur chaleur, & par quantité d'autres signes exterieurs, tellement que là dessus il peut ordonner ce qui est necessaire pour la guerison. L'on se peut representer que la Medecine est diuisée en addition & en soustraction; c'est à dire qu'il faut rendre quelquefois au corps ce qu'il a perdu & qui luy est necessaire, & d'autrefois en retrancher les superfluitez. Vne nourriture faicte par bon regime sert à la reparation, & diuers moyens sont employez au retranchement des humeurs surabondantes. La saignée est bonne aux trop grandes chaleurs & aux repletions, & puis apres les medecines purgatiues, car il faut oster premierement ce qui empesche le plus, qui est l'abondance de sang. Si le mal ne cesse point, la saignée se

peut reïterer plusieurs fois, ayant esgard à la saison, au
païs, à l'âge, à la complexion des Hommes & au danger
present. Il ne faut pas pourtant dés la moindre emotion
que l'on sent, se faire saigner comme nous conseillent plusieurs. Bien souuent le repos nous remet en peu d'heure,
ayãt pris quelques breuuages refrigeratifs ; & ie tien qu'vn
des grands secrets pour se raffraischir, ce n'est pas de s'efforcer tout d'vn coup de changer l'estat du Corps, mais
principalement de ne se plus eschauffer, & de s'abstenir
de tout ce qui eschauffe. Quand l'on a aussi quelque flux
de ventre ou quelque dissenterie, le vulgaire croid qu'il
n'y ait rien à faire qu'à prendre des choses qui resserrent;
mais c'est vn abus ; le premier remede est de ne plus manger de choses qui laschent le ventre par leur crudité &
leur indigestion, non par le seul ramollissement. Quelquefois aussi quand le mal continuë, l'on peut bien prendre des choses qui corrigent l'intemperie & qui purgent,
non pas en qualité d'alimens, mais en qualité de medicamens. Que cela soit receu pour exẽple de la reprehension
de quelques erreurs populaires, lesquels on peut corriger
à l'imitation de ceux-là, & que ce soit aussi vn auis aux personnes qui ne sont pas fort instruites des regles de Medecine, de ne se pas fier à leur propre iugement, mesme dans
le commencement des moindres maux. Si les malades se
rapportent au conseil d'vn bon Medecin, il leur ordonne-
ra les lauemens, les saignées, & les medecines dans le
temps & dans le nombre conuenable, & auec cela specialement il reglera la nourriture qui aux maladies dangereuses ne doit point estre de viandes, mais de boüil-
lons, de consommez & de gelées; Que s'il est besoin
d'apozemes, de juleps & de syrops, ils seront aussi administrez. Nous remarquerons encore icy qu'en ce qui
est des medecines purgatiues & de tous les autres remedes, c'est vn abus d'y mettre tant d'ingrediens comme
font quelques-vns : Bien souuent les plus simples sont les
meilleures, & il ne faut pas croire que des drogues soient
plus salutaires pour venir des Indes, & pour estre venduës

fort cherement, ou pour auoir vn nom inconñu. Chaque prouince peut porter d'excellentes herbes ; mais s'il y en a d'estrange païs qui de verité soient meilleures, en ce cas là il ne faut pas faire difficulté de les mesler aux nostres lors que l'on les peut recouurer. Tout ce que l'on peut faire des vnes & des autres, ce sont des breuuages purgatifs & refrigeratifs, ou confortatifs. Les clysteres seruent aussi de beaucoup. L'on fait encore des linimens, des fomentations & des vnguens pour les parties exterieures, afin que si quelque mal y paroist, l'on y applique des emplastres pour le faire resoudre, ou le faire percer, ou pour en appaiser la douleur, ou bien pour en dissiper la corruption, si c'est vn vlcere, ou pour rejoindre la chair diuisée, si c'est vne playe. Auec la composition des drogues, il faut donc considerer l'operation des mains. Ce sont les deux parties des remedes de la Medecine, qui sont exercées par deux professions distinctes soufmises à cette Science, qui ordonne de ce qu'elles doiuent faire. La premiere est employée à composer les medicamens dont nous venons de parler, la pluspart desquels sont bons contre les maux internes. Elle s'appelle la Pharmacie. Quant à la seconde, qui est la Chirurgie ou l'Operation des mains, elle est employée aux saignées, à penser les membres blessez, à faire reprendre ceux qui sont rompus, à fendre & à couper la chair & autres parties où l'on craint que la gangrene ne se mette. Par ces deux ministeres de la Medecine, l'on obtient la guerison de plusieurs maladies, & les corps sont remis en leur premier estat. Que s'il y a des maladies incurables, c'est souuent que l'on les a negligées du commencement, de sorte que si les Hommes prenoient bien garde à eux, ils n'en auroient point d'autres d'ordinaire que celles qu'ils auroient apportées au Monde dés leur naissance ; Encore les pourroient-ils enfin corriger en s'abstenant des choses qui leur sont dommageables, & en se seruant de remedes propres. Que s'ils n'y profitent en rien la pluspart, c'est qu'ils meslent les excez aux remedes,

& qu'ils ne sçauent pas bien choisir la saison où leur mal peut receuoir du soulagement.

Ce n'est pas descouurir tout ce qui est de nostre sujet, si l'on ne declare qu'il y a diuerses sectes de Medecine, qui ont mis plusieurs en peine, laquelle ils deuoient suiure. Il y a celle des Empyriques qui ne reçoiuent que l'experience pour maistresse, & qui tiennent que s'estans seruis heureusement d'vn remede contre quelque mal, ils le peuuent employer en asseurance contre tous les maux qu'ils croiront estre semblables sans songer à leurs differences. Le peuple est fort partisan de ces gens-là; mais à leur conte, il n'y a homme si ignorant qu'il ne fust capable d'exercer la Medecine, ayant vne routine de quelques receptes. Cependant, comme ceux qui n'agissent point par raison se meprennent beaucoup dans la connoissance des maladies, ils peuuent s'y abuser de telle sorte, qu'ils y ordonneront vn remede fort nuisible. Ie ne doute pas qu'ils ne le fassent souuent faute d'en sçauoir d'autre; mais c'est aussi pource que dans leur ignorance, ils s'imaginent qu'il soit fort souierain. Cette Secte sera tousiours fort décriée par les hommes de iugement.

Venons maintenant à celle qui pretend de traiter la Medecine par ordre & par raison, cherchant ses fondemens dans la connoissance du corps humain & de ses maladies pour y ordonner apres les remedes. Il y a eu autrefois des Medecins qui s'en sont separez, ne voulans sçauoir autre chose que ce qui estoit necessaire à la guerison, & se faisans appeller Methodiques; mais l'abondance de doctrine ne sera iamais reprehensible; de sorte que les Medecins Dogmatiques & Rationels ont dés long-temps gagné leur cause contr'eux. Ceux-cy admettent bien l'experience, mais ils luy preferent encore la raison, pource qu'ils tiennent qu'il faut que l'experience ait mesme quelque raison pour la conduire. Leurs premieres considerations sont de l'Anatomie du Corps Humain & de la diuersité de ses temperamens, apres des choses qui seruent à conseruer la santé, & des causes des maladies, de leurs differences, de leurs fymptomes, de leurs crifes, & de tous les fignes que l'on peut trouuer de leur eftat & de leur du-rée, de la maniere d'y remedier, & de la façon de preparer les remedes.

Cet ordre a femblé excellent à plufieurs, & neant-moins il s'eft trouué des Hommes qui ont voulu le con-trarier, en donnant vn autre tout nouueau qu'ils affeurent eftre meilleur : & afin que le changement fuft entier, ils ont auffi propofé d'autres maximes, & vne autre metho-de de guérir. Ce font les Medecins Chymiques, qui ont retranché les longues Obferuations de la Medecine vul-gaire, & les Conferences fur ce fujet. Ils ont tout reduit à des Preceptes plus courts, dont ils promettent neant-moins de plus grands effets. Ils n'attribüent point les maladies à l'abondance ou à la corruption des quatre humeurs; du Sang, du Phlegme, de la Bile & de la Me-lancholie, & fefoucient fort peu d'en faire des diuifions fe-lon les parties qu'elles affligent; Ils difent que les mala-dies arriuent quand lefel fe refout, fe calcine & fe reuerbe-ré, le Mercure fe fublime, fe diftille, ou fe précipite, & le foulphre s'enflamme, fe coagule ou fe refout; Que du Mercure procedent les Catharres, l'Apoplexie, la Para-lyfie, l'Hydropifie; du Soulphre, l'Afthme, la Phtifie & les Fiéures; & du Sel, les Apofthemes, les Phlegmons, la Pefte, la Lepre & autres femblables; Que puifque ces maux viennent du defordre de ces principes, qui fe cor-rompent & s'alterent quelquefois, & fe iettent fur des par-ties où ils ne fe deuroient pas trouuer en fi grande quanti-té, il les faut auffi corriger par de femblables principes, lef-quels foient dans vn eftat parfait; & que pour les trouuer tels, il les faut extraire du corps des Animaux, des Plan-tes & des Mineraux. Les remedes qui font donnez d'au-tre forte leur femblent defagreables & nuifibles, & c'eft ce qu'ils ont à reprocher principalement aux Medecins ordinaires. Ils difent qu'il faut feparer le pur de l'impur, & que de penfer corriger la malignité d'vne drogue en la meflant fimplement à vne autre, c'eft abufer le Monde;

Que c'eſt faire la meſme choſe que ſi au lieu d'oſter les im-
mondices d'vn lieu, le pouuant faire, l'on ſe contentoit d'y
apporter des parfums ; ou bien ſi l'on meſloit de l'antido-
te auec les viperes pluſtoſt que d'en oſter le venin ; Qu'il
faut entierement extirper ce qui eſt dommageable ou inutile aux remedes, & que c'eſt auſſi vne grande erreur de
les adminiſtrer auec leurs cruditez , lors que l'on leur peut
donner vne bonne cuiſſon. Ils font ces propoſitions qu'ils
pretendent executer & rendre valables , en ſe ſeruant des
diuerſes operations de la Chymie pour la compoſition de
leurs drogues, aſſeurant d'ailleurs que puiſqu'elles s'adreſſent aux principes par le moyen des principes , il n'y aura
point de maladies qui leur ſoient incurables.

Pour ce qui eſt d'oſter les diuerſes queſtions de Medecine touchant l'eſtat du Corps Humain,ils n'ont aucune raiſon en cela , car l'on n'en ſçauroit trop ſçauoir pour ſe meſler de cette profeſſion , & qui n'auroit eſgard qu'à leurs
trois principes & à la preparation des remedes , ſuiuant la
voye de la Chymie, ſans eſtre capable de raiſonner pro-
fondement ſur les cauſes des maladies , & ſur les moyens
de les guérir ; ce ſeroit reduire la Medecine à vne ſimple
Pharmacie,qui eſt vne partie ſubalterne à cette belle Science ; & quoy que les ſecrets de la Chymie ſoient fort vtiles,
l'on ne ſçauroit iuſtement la preferer à celle qui luy preſide. Il faut accorder à ceux de ce party , que les maladies
dependent de la corruption de quelques principes, mais ils
en ont changé les noms, & au lieu des quatre humeurs &
du meſlange des temperamens ,ils ne parlent que du ſel,
du ſoulphre & du Mercure, ſurquoy l'on pourra faire quelque accommodation auec eux, ſi cela ſe rencontre ſemblable pour la ſignification des meſmes qualitez & des
meſmes euenemens. Pour ce qui eſt de leurs extractions,
l'on ne les ſçauroit blaſmer, puiſqu'elles ſeruent à ſeparer
exactement les ſubſtances diuerſes ; mais il ne s'en faut
ſeruir qu'aux occaſions neceſſaires , ce qu'ils n'obſeruent
pas , les employant indiſcrettement en toute ſorte de ren-
contres.Quant aux remedes cruds ou ſimplement meſlez,

qu'ils

qu’ils reprochent à la Medecine ordinaire, il ne les faut
point mefprifer, puif-qu’il y a des maux où ils feruent
beaucoup en cette forte. Le ius d’vne herbe pilée peut
quelquefois feruir dauantage que l’Eau qui en feroit extraite par l’alambic. D’ailleurs, veu que les Medecins
Dogmatiques fe feruent d’ordinaire de decoctions pour
leurs remedes, il n’y a pas lieu de les cenfurer pour auoir
employé des remedes tous cruds ; Plufieurs perfonnes
demeurent d’accord que cela vaut bien autant que toutes
les fubtiles extractions & reunions des Chymiques,& que
l’on ne fçauroit approuuer ceux qui fous ombre que leurs
drogues ont efté compofées auec beaucoup de façon,
croyent qu’elles doiuent profiter dauantage : & fi par toute forte de raifons l’on reconnoift que les maladies foient
incurables, il n’y a point d’apparence qu’ils les puiffent
guerir, joint qu’ils ne fe rendent pas mefme capables de
guerir les moins dãgereufes, s’ils ne fe feruent par tout que
de certaines receptes extrauagantes , fans prendre garde à
la difference des maux & de leurs circonftances , par le
moyen des fignes apparens ou des fecrets.

Les Chymiques ne manquent point de repliquer à ces Replique des Chy-
miques.
fortes objections ; Qu’ils ont efgard aux fignes neceffai-
res autant que les autres, mais qu’ils méprifent les difcours
fuperflus , & qu’ils ont cet auantage au deffus des Medecins vulgaires, qu’au lieu qu’ils fe feruent de peu de remedes, comme de quelques medecines de fenné, de rheubarbe ou de caffe, de lauemens de fon, ou de la decoction
de quelques herbes communes, auec la faignée fouuent
reïterée, ils ont quant à eux des remedes plus nobles,plus
agreables & moins nuifibles ; Qu’ils tirent des huyles,
des fels, des efprits & des quinte-effences de toutes chofes,que chaque maladie a fon remede particulier, & qu’ils
guériffent plus feurement & plus promptement ; Qu’outre
cela, les Medecins qui fe font nommer Rationels, n’vfent
pas tant qu’eux de leur raifonnement , pource qu’ils fe
contentent de connoiftre les plantes & tous les autres
Corps par les qualitez de leur temperament, enquoy ils fe

peuuent beaucoup tromper, puifqu'il y a des qualitez occultes & fpecifiques qu'il ne faut point ignorer, & qui ne
font connuës que par l'experience, apres laquelle la Raifon agit; Que l'on auroit beau confiderer l'Agaric, le
Sené & la Rheubarbe, & prendre garde quelles font celles
des quatre premieres qualitez qui y prefident le plus, a-
uant que l'on pûft connoiftre que l'vn doit purger la pitui-
te, l'autre la melancholie, & l'autre la bile; Que ce n'eft
point feulement par la chaleur ou la froideur, l'humidité
ou la fechereffe qu'ils agiffent, comme ce n'eft point par
ces mefmes qualitez que l'aymant attire le fer, & que toutes les fympathies fe font, mais par vne proprieté particuliere, de forte qu'ils ne trouuent que de la vanité dans les
difcours des temperamens, & croyent que fi l'on veut traiter les malades auec plus de feureté, il fe faut feruir de tant
de beaux remedes particuliers que l'on a reconnus propres contre chaque mal.

Les Medecins ordinaires ont fujet de refpondre, qu'il
ne faut pas méprifer entierement la confideration des quatre principales qualitez; Qu'elles font veritables en ce
qu'elles demonftrent, & que s'il y a outre cela des qualitez occultes, ils veulent bien encore les obferuer, & fe
feruir de quelques remedes fpecifiques pour de certaines
maladies où ils font propres, mais que pour la plufpart ils
fe feruent de leurs faignées, de leurs lauemens & de leurs
medecines vulgaires, dont le bon effet a efté reconnu par
vn fi long-temps & par tant de perfonnes, que l'on ne le
peut plus reuoquer en doute; Que s'ils vfent fort peu
d'autres remedes, c'eft qu'en effet toutes les maladies internes peuuent eftre foulagées par ceux-cy, & il ne faut
point dire qu'il eft donc fort aifé d'exercer la Medecine,
car il y a affez de difficulté à iuger en quel temps l'on fe
doit feruir de chacun de ces remedes, & combien de fois
l'on les doit reïterer; Au refte, que l'on ne les fçauroit
blafmer fur les faignées frequentes, lefquelles ils n'ordonnent que fuiuant les forces du malade & la neceffité de la
maladie; Que les remedes que donnent les Chymiques

font bien plus dangereux ; Que leurs pillulles & leurs ele-
ctuaires peuuent auoir l'odeur ou le goust agreable sans
estre fort vtiles ; Que ce font des remedes violens qui enuoyent promptement vn Homme au tombeau, ou qui ne
le gueriffent que par hazard. Les Chymiques doiuent
auoir recours là deffus aux exemples de leurs cures, mais
elles font si peu connuës qu'il ne s'y faut pas arrefter.
D'ailleurs, l'on leur remonftre encore que s'ils ne fe fer-
uoient que des Plantes, les malades fe deuroient fier dauantage à eux, mais qu'ils fe feruent des Mineraux qui font
trop forts ou trop corrofifs pour eftre vtiles à la fanté de
l'Homme. Ils refpondent qu'ils fçauent les preparer &
les corriger de telle forte, qu'ils tefmoignent leur puiffance
fans aucun dommage : Mais quoy qu'ils difent qu'eft-ce
que le corps des Hommes doit auoir de commun auec ce
qui eft dans les entrailles de la Terre ? Cela eft reculé de
leurs yeux, & ne peut eftre mis au iour qu'auec peine, &
il y a encore beaucoup de trauail à le purifier & à le mettre en eftat d'en tirer quelque feruice. Cela fait connoiftre
que les Mineraux n'ont point efté faits, ny pour feruir de
nourriture aux Hommes, ny de remedes à leurs infirmitez. Les plantes qui font expofées en veuë, & que l'on
trouue affez facilement, fe monftrent bien plus propres à
cet effet. Ce qui le fait connoiftre principalement, & qui
n'eft pas feulement vne preuue morale, mais naturelle, c'eft
que comme les plantes font tres-bonnes pour l'aliment
des Hommes, elles le doiuent eftre auffi pour la cure de
leurs maladies ; Si elles n'ont pas vne puiffance fi forte
ny fi prompte que les Mineraux, il ne la faut pas telle
auffi fur le corps de l'Homme, mais celle qui luy eft plus
douce & plus familiere. Que fi l'on trouue encore quelque chofe aux corps des Animaux qui foit propre pour la
guérifon des maladies, l'on s'en peut bien feruir, puifque
plufieurs feruent encore à nourrir le corps de l'Homme ;
En effect, c'eft la meilleure & la plus prompte nourriture,
d'autant que chaque chofe aide à ce qui luy eft femblable,
& par vn tel moyen la guérifon des maux peut auffi eftre

R ij

facilitée. L'on tire des eaux, des graisses & des huyles des membres des Animaux pour seruir à diuerses cures. De mesme qu'entre ce qui est tiré des plantes, le vin est leur suc le plus nutritif, & par consequent l'esprit ou l'extrait en est estimé propre à la restauration des corps affoiblis; L'on a dit aussi que le sang d'vn ieune Homme sain estant soigneusement distillé, l'eau qui en prouiendra sera excellente pour conseruer ou pour restaurer les forces des personnes les plus infirmes. Voylà comme l'on a tasche de pouruoir à la santé par les choses qui ont semblé les plus conuenables; Et mesme pour remedier au mal de chaque partie du corps, l'on a pris les extraits de semblable partie de quelques animaux bien sains & le plus approchans de naturel à l'Homme. L'on auroit pû aussi prendre leur sang, n'estoit que l'on a creu en auoir desia pris vn meilleur, puisqu'à se seruir simplement du sang de l'Homme, qui abonde quelquefois excessiuement, l'on n'a pas iugé qu'il y eust en cela de la cruauté & de l'impieté. Pour ce qui est de prendre partie pour partie dans la cure des maladies, il y peut auoir de la superstition & de l'erreur: tellement qu'il suffit que nous sçachions que dans toutes les parties des Plantes & des Animaux indifferemment il se peut trouuer de bons remedes, soit pource qu'ils se rapportent à nostre nourriture ou à nostre constitution. Si l'on pretend guérir par ressemblance ou affinité de matiere, c'est à eux qu'il se faut adresser, & non pas aux Mineraux. Auec cela il ne faut pas soustenir absolument, que les semblables soient tousiours guéris par les semblables, comme proposent les Medecins Chymiques. Cela ne se fait que quand il est question de rendre de la vigueur à vn corps; mais pour ce qui est des intemperies, elles doiuent estre corrigées par leurs contraires; Que si l'on applique quelquefois vn remede d'vne qualité semblable à l'humeur superfluë & nuisible, il faut que ce soit de ceux qui sont capables d'attirer par vne similitude de substance, & en ce cas-là, ce n'est pas proprement guérir les semblables par les semblables, d'autant que le remede ne ressemble pas à l'estat parfait où doiuent estre les parties du corps, mais à leur condition infirme & vitieuse, ce qui paroist aussi fort estrange & ne reussit que bien difficilement. Pour bien esperer, il faut que si l'on administre vn remede semblable à la partie ou à la qualité dominante, il soit assisté d'vn vehicule contraire au mal. Par ce moyen vn remede sera excellent estant assorty du contraire & du semblable. De cette sorte il ne se pourra faire qu'il ne reussisse : Mais pour estre ainsi, il faut plustost qu'il soit tiré des Animaux ou des Plantes que des Metaux ou Mineraux, qui n'ont point de contrarieté moderée, & qui n'ont point de ressemblance auec le corps humain, estans d'vne matiere trop basse & trop grossiere. Que s'il se faut seruir quelquefois de ce qui est tiré d'eux, il faut reseruer cela pour quelque mal extraordinaire, qui ait besoin aussi d'vn remede non commun.

Pour trouuer de plus forts argumens en faueur de la Medecine mineralle, l'on a recours aux proprietez de l'or, que l'on pretend estre capable de restaurer les parties affoiblies, & de prolonger la vie de l'Homme. Ce sont debelles imaginations que l'on s'est figurées, à cause que l'on le tient pour le premier de tous les metaux, & que l'on l'estime incorruptible, comme si vn corps dur & massif tel que celuy-là, pouuoit communiquer son incorruptibilité à vn corps foible & delicat, tel que celuy de l'Homme. Estant d'vne nature fort differente de mesme que tous les mineraux, il ne sçauroit estre propre à la guérison de ses maladies ; & mesme pour la restauration, il faudroit qu'il eust quelque faculté plus nourrissante que l'ordinaire ; car de restaurer le corps de l'Homme, & le rendre propre à vne longue vie, c'est faire quelque chose qui repare le defaut de ses parties principales, ce qui ne se fait pas par vn vulgaire aliment, lequel leur donne bien le pouuoir de s'entretenir quelque téps en mesme estat, mais qui ne rend guére leur condition meilleure. Posé le cas que l'or ait toutes les bonnes qualitez que l'on luy attribuë, en peut-on esperer quelque chose d'vtile, lors qu'estant en feüille

ou en poudre, l'on le mefle auec quelques autres ingrediens, & l'on l'auale de cette forte, fi l'eftomach ne le
pouuant digerer, le rend de la mefme façon qu'il l'a pris?
Ne feroit-il pas eftrange que la fimple chaleur du corps de
l'Homme euft du pouuoir fur vn metal qui refifte fi long-
temps à la plus viue ardeur des fourneaux? Si l'on la
fait tremper dans quelque eau, ou boüillir auec elle, il y a
raifon de croire qu'il luy aura donné quelque qualité extraordinaire, mais c'eft à fçauoir fi elle en eft plus falutai-
re.

*De l'Or potable,
à fçauoir s'il fe
peut faire.*

LES Chymiftes affeurent eux-mefmes que toutes ces
procedures n'ont pas grand effet, & qu'il faut rendre
l'or fujet à eftre digeré, & premierement le rendre entierement propre à feruir de boiffon, ou bien en extraire l'huyle & l'efprit, que l'on pourra prendre de mefme, & qui en
ce cas-là feruiront à vne generalle reftauration du Corps.
Plufieurs ont cherché diuerfes inuentions pour paruenir
à faire cet or potable. Ils ont tafché de diffoudre l'or de
telle façon que ce fuft vne vraye liqueur, mais ils ont efté
fort differens d'auis à prendre leurs diffoluans, & à leur
maniere d'operer. Les vns ont pris l'efprit du vinaigre, les
autres l'eau de vie, & quelques-vns le falpeftre ou la rofée. Ils fe font feruis apres du fourneau, ou de la chaleur
du fumier pour la digeftion & maturation de l'œuure: mais
s'ils ont fait quelque extraict liquide, l'appellant baulme,
huyle ou quint'effence, cela n'empefchoit pas que cela ne
gardaft quelque chofe de la folidité de l'or, puifque c'eft
la principale qualité de fa conftitution. Cela monftre que
l'ouurage n'eftoit pas accomply. Il faut qu'en vne vraye
diffolution le diffoluant & le corps que l'on veut diffoudre, fe ioignent; mais comment fe ioindront à l'or des
corps humides comme le falpeftre ou la rofée, qui s'ex-
halent, & qui font d'vne autre nature? l'eau de vie & le
vinaigre, & tout ce qui eft tiré des plantes, n'eft-il pas
auffi trop different? Si l'on y vfe des autres metaux, ne font-ils pas au contraire trop femblables à l'or
pour le pouuoir diffoudre? Prenons qu'ils le faffent en

quelque forte, il reuiendra toufiours en fa nature par vne
bonne feparation. L'Eau-forte, qu'on appelle Regale, le
met bien auffi en quelque liquefaction ; Neantmoins, il
n'eft pas veritablement diffout par ce moyen, puifque cette Eau eftant feparée de luy par diftillation il retourne en
fa premiere forme. Il le faudroit faire autre que ce qu'il eft
pour l'empefcher d'eftre folide, & alors n'eftant plus vn
vray metal, il eft à croire qu'il auroit auffi perdu quelques-
vnes de fes qualitez. Les Chymiftes promettent de le reduire en fes principes, & que le Mercure, le Soulphre & le
Sel qui en prouiendront, luy eftans particuliers, auront
autre effect que ceux des autres Corps : mais ils feront
toufiours fujets à reprendre la folidité, autrement ils ne
feroient pas les principes de l'or. L'on pretend par le mefme moyen faire le grand Elixir ou la parfaite Coction qui
purge les metaux de leurs imperfections & les change en
or ; pource que cette medecine eftant la fouueraine, eft la
medecine des metaux auffi bien que du Corps des Hommes ; mais il eft difficile que les maladies des Hommes
foient guéries entierement par cette voye, ainfi que nous
auons trouué mal-aifé que cela remediaft entierement à
toutes les maladies des metaux, & les fift paffer d'vn degré abaiffé au plus eminent. D'ailleurs, quelques-vns ont
dit que quand l'on pourroit faire de l'or par artifice, quoy
qu'il euft la couleur, le poids & la folidité du vray or, il
n'en auroit pas toutes les facultez propres à reftaurer le
corps de l'Homme, eftant d'vne nature diuerfe, & fe trouuant trop corrofif. Toutefois, ceux qui en promettent les
effects, difent au contraire que s'il differoit de l'or qui fe
trouue dans les mines, c'eft qu'il feroit plus excellent, &
que l'or terreftre n'ayant qu'vn degré de bonté, celuy-là
en auroit cent, voire mille, pource que l'or & l'argent que
l'on void d'ordinaire ne peuuent plus vegeter, au lieu que
les metaux fur lefquels ces excellens artiftes ont trauaillé,
font rendus vifs & vegetables, de forte que fi l'on en iette
quelques grains fur vne plus grande partie de metal im-
parfaict, ils le transforment en vne fubftance parfaicte ;

Qu'ainſi, l'or fait de leur main poſſede vne puiſſance particuliere, & ſurmonte auſſi tout autre en ce qui eſt de la
guériſon des maladies; Que ſi l'or commun en guérit
quelques-vnes, celuy-là les guérit toutes, chaſſant tous
venins & toutes infirmitez. Ce ſont-là de hautes propoſitions, mais l'on doute de leur accompliſſement. L'on diſ-
pute au reſte ſi en quelque façon que ce ſoit l'or a quelque qualité propre à conſeruer la ſanté de l'Homme. Pluſieurs croyent que cela ſoit à cauſe de ſa perfection, & diſent meſme qu'encore qu'il ne ſoit point veritablement diſſout, toutefois il doit ſeruir de quelque confortatif ſans
eſtre digeré, comme il pourroit eſtre ſi l'on l'auoit reduit
en vne vraye liqueur, car il y a beaucoup de remedes qui
operent par le ſeul lauement ou attouchement ſans qu'ils
paſſent en nourriture, & ſoient tranſmuez en la ſubſtance
du corps. Les extraits de l'or, & meſme les eaux où l'on
a fait tremper ou boüillir ce metal, peuuent donc ſeruir à
quelque choſe: & l'argent ſe rend vtile de meſme ſelon
les maladies où l'on en a beſoin. Nous y voulons bien
conſentir, pourueu que l'on ne tire point de là des conſequences trop incroyables.

D'vn ſeul Reme-
de à tous maux.

POVR ce qui eſt d'auoir vn ſeul remede pour toutes
ſortes de maladies, ie n'y adjouſte guére de foy, quoy
que les Chymiſtes en puiſſent promettre. Ie penſe bien
qu'vne drogue fort temperée en toutes ſortes de qualitez,
ne pourra cauſer de dommage en quelque occaſion que
ce puiſſe eſtre, & qu'au contraire, elle apportera quelque
adouciſſement ou quelque autre vtilité, mais cela ne ſera
pas ſi propre à la guériſon que les remedes qui ſeront compoſez diuerſement ſelon la diuerſité du mal; Car ſi l'on
veut qu'vn remede vnique ne puiſſe nuire à quelque mal
que ce ſoit, il faut de neceſſité qu'il ſoit dans vn parfaict
temperament: & ſi cela eſt, il ne ſera donc pas ſi propre à
vne cure qui doit eſtre faite par vn remede fort chaud ou
fort froid. Cecy eſt dit d'vn certain remede que l'on prend
par la bouche pour toutes fiéures, langueurs, hydropiſies

& au-

& autres infirmitez. L'on promet encore vn certain baulme ou vnguent pour toutes playes, vlceres, gouttes &
tous maux que l'on pense par le dehors : mais il est bien
plus à propos de croire que chaque mal doit auoir son particulier remede. I'approuuerois dauantage ce qui a esté publié de quatre seuls remedes propres à la guérison de toute
sorte de maladies, à cause de l'intemperance des quatre
humeurs. Les Chymistes les reduiront encore à trois, s'ils
veulent, à cause de leurs principes. Il n'importe ; puisque
l'on establit de la difference en ces remedes, ils ne sont
pas tant hors de raison qu'vn remede vniuersel. Neantmoins, il semble que c'est encore trop peu pour la guérison
de toutes les maladies qui ont tant de diuersitez. Posons
le cas que ces trois ou quatre remedes suffisent à tout, &
que mesme vn seul remede general y soit propre par vn
souuerain effet de la Nature iointe à l'artifice ; Toutefois,
ce n'est point vne chose qui soit peu à estimer, de voir que
l'on peut trouuer des remedes aussi diuers que les maladies. Comme ces Hommes-là sont rares mesme, qui ont
connoissance du supreme remede, au cas qu'il se trouue, il
ne se faut pas fier à tous ceux qui donnent des remedes
vniuersels, lesquels font quelquefois plus de mal que de
bien ; & quand ils ne seroient ny bons ny mauuais, font
au moins perdre le temps de la guérison. Ceux qui les
distribuent sont assez souuent des ignorans qui ne sçauent
que cela, & le veulent faire valoir. Nous deuons plustost
auoir du refuge à chaque remede particulier ; & si l'on
nous demande enfin s'il les faut tous receuoir de la Medecine vulgaire ou de la Chymie, nous respondrons qu'il ne
faut point accepter l vne sans auoir esgard à l'autre ; Que
les iugemens de la Medecine Rationelle sont tres-vtiles
pour la cônoissance des maladies, & que la Chymie estant
si puissante à faire des solutions de corps & des coagula-
tions, ses belles operations peuuent estre vtiles à quantité
de medicamens pour rendre la santé aux Hommes.

QVANT à la prolongation de la vie, il ne la faut pas De la prolongation
tenir impossible. Il est certain que la bonne nourri- de la vie.

*Contre ceux qui
croyent qu'il soit
inutile de songer à
sa conseruation.*

ture & les remedes soigneusement administrez contre
toutes nos maladies nous peuuent faire subsister plus long
temps sur la Terre. Nous doit-on objecter, Que c'est vne
chose vaine de songer continuellement à sa conseruation ;
Que nos iours sont comptez, & qu'il faut partir lors que
l'heure en est venuë ? Il ne faut pas entendre cela super-
stitieusement, & croire que ce soit vne follie de trauailler
à se maintenir en santé puisqu'il faut tousiours mourir à vn
certain moment ordonné de plus haut. Il faudroit donc
qu'vn Homme creust que s'il deuoit viure encore vn mois,
& que cela fust ordonné du Ciel, il viuroit bien sans boire
& sans manger, de mesme que s'il deuoit reschaper d'vn
mal il en guériroit bien sans vser de remedes. Il arriueroit donc aussi qu'encore que l'on s'adonnast à toute sorte d'excez, & que l'on receust mesme plusieurs coups
d'espée au trauers du corps, l'on ne pourroit mourir que
cet instant de la mort ne fust venu. Ceux qui s'imaginent
cela, prennent la destinée à rebours. La Sagesse Diuine
a preueu de tout temps qu'vn Homme deuoit mourir à
vne telle heure, mais elle auoit preueu auec cela que la
cause de sa mort seroit qu'estant d'vn temperament ou de
l'autre, il ne faudroit qu'vn tel mauuais vsage de certaines
choses pour le conduire à la mort, car le terme de la vie est
assigné à chacun selon la force naturelle de sa constitution, & selon qu'il mesnagera cette force. Les Hommes
ont leur libre arbitre pour se porter au bien ou au mal.
Dieu préuoit de tout temps à quoy se tournera chacun, &
pourtant il ne contraint personne à suiure aucun party.
L'on peut dire à la verité qu'encore que l'on apporte vn
grand soin à se garder de toutes les incommoditez qui affligent nostre corps, il peut arriuer qu'vn mauuais temps
qui nous surprendra en quelque lieu nous rendra malades, & enfin nous causera la mort : Mais cela n'arriuera
pas si tost à ceux qui se gardent beaucoup qu'à ceux qui ne
se gardent guére, & cela ne preuue point qu'il se faille
entierement negliger. Il est certain qu'il y a vne heure que
Dieu sçait, à laquelle nous deuons mourir, mais elle n'arriue quelquefois qu'en vne grande vieillesse, pourueu que

l'on se soit bien conserué. Quant aux accidens que nous
ne pouuons preuoir, comme d'estre frapé du foudre,
d'estre escrazé sous vn toiét, d'estre assassiné par des trai-
stres & autres semblables, il n'y a que Dieu qui les sçache
& en puisse preseruer; mais aussi tous les Hommes ne finissent pas de cette sorte : & comme nous mettons nostre
esperance en celuy qui a tout pouuoir sur nous, nous ne
deuons pas laisser de songer à la conseruation de nostre
santé dont nous auons tousiours affaire, n'estans pas tous
destinez à perir de mort violente. Il ne faut point mesme
desesperer de la longueur de sa vie pour se voir de foible
complexion : Il arriuera que des Hommes maleficiez vi-
uront dauantage que des robustes, pource que ceux-là a-
busent de leurs forces, au lieu que les foibles s'épargnent,
& entretiennent le peu qu'ils en ont. Ne void-on pas
mesme qu'aux personnes qui s'en vont mourir l'on fait durer la vie quelque peu d'heure dauantage qu'elle ne feroit
par quelques essences que l'on leur met dans la bouche;
Cela monstre que d'autres personnes plus saines qui ont
encore de mediocres espaces de leur vie à passer, ont quelque pouuoir d'assister la Nature par leur soin & leur artifice, luy faisant faire pour eux plus qu'elle n'eust fait toute
seule.

Nous connoissons donc que nostre conseruation depend ordinairement de nostre volonté, mais il y a encore icy vn fort argument contre la prolongation de la vie.
L'on auouë bien qu'vn homme peut viure plus longtemps
en suiuant vn bon regime, qu'en se laissant aller au desordre. Si la vie peut estre accourcie d'vne façon, elle peut
bien estre allongée de l'autre. La Science des contraires
est toute semblable. Si l'on arriue au bien par le bien, l'on
arriue au mal par le mal; Mais ce n'est pas le principal
poinét si nous ne parlons que d'vne durée mediocre, &
telle que la Nature la promettoit vray-semblablement
selon nostre premiere constitution, de laquelle l'on accorde que nous pouuons nous approcher ou nous reculer
selon nostre façon de viure : L'on veut sçauoir dauanta-

A sçauoir si l'on
peut donner à la
vie vne longueur
extraordinaire.

ge, si quoy que le temperament que nous auons receu à noſtre naiſſance & toute la conſtitution de noſtre corps ne nous puiſſent promettre qu'vn certain limite de vie moderé, nous le pouuons prolonger extraordinairement par quelque Art. Quelques-vns le nient, diſans que l'on ne peut rien operer contre la Nature : Mais nous reſpondons que nous ne faiſons rien contre la Nature en luy preſtant du ſecours, & que ſi vn homme eſt d'vn temperament trop ſec, en luy donnant ſans ceſſe vne nourriture chaude & humide, il ſe pourra humecter dauantage. Celuy qui eſt trop humide pourra auſſi eſtre deſſeché conuenablement. Celuy qui a trop de chaleur ſera raffraiſchy, & celuy qui a trop de froideur ſera eſchauffé. Ainſi, la condition ſera renduë meilleure par l'Art qu'elle n'eſtoit par la Nature. Mais l'on tient que pour cet effet il faut que nous nous ſeruions vn peu de la Chymie, que pluſieurs ont iniuſtement negligée. Nous aurons par ſon moyen des cuiſſons plus excellentes que les communes, & des digeſtions qui deliurcront noſtre eſtomach de la peine de les faire ſoy meſme, & d'vſer ſes forces en les faiſant. Puiſque les alimens vulgaires ſont impurs, n'ayans auec eux qu'vne fort petite quantité de ſubſtance viuifiante embaraſſée d'excremens, qui n'eſt attirée qu'auec peine par la faculté interieure de noſtre corps; s'il la reçoit ſouuent toute apreſtée, cela conſeruera merueilleuſement ſes forces; Et ſi l'on obſerue la meſme choſe en ce qui eſt des remedes, l'on les rendra tres-propres à la guériſon des plus dangereuſes maladies. Quoy que la Medecine ordinaire ne s'occupe la pluſpart du temps qu'à purger les mauuaiſes humeurs, celle qui empruntera quelque choſe de la plus parfaite Chymie aura encore du pouuoir pour la reſtauration d'vne vigueur entiere. C'eſt vn excellent ſecret de ſeparer la portion confortatiue d'auec la deſtruiſante, la pure de l'impure, l'eſprit d'auec le corps; La vie dépend de la conſeruation de l'humidité radicale & de la chaleur naturelle. Il faut empeſcher que l'vne & l'autre ne ſoient diſſipées ou ſuffoquées, leur adminiſtrant auec temperature ce qui leur eſt

neceſſaire, & deſtournant ce qui leur peut eſtre dommageable. L'vne ſera conſommée moins habilement ſi l'on
l'accompagne de choſes qui occupent ce qui la deſtruit, &
l'autre ſera entretenuë dans ſa vigueur ſi l'on s'abſtient de
la porter à des excez violens. Ce ſont les ſecrets qu'il faut
chercher, leſquels pourront beaucoup retarder la mort.
Il eſt certain qu'il y a vn terme prefix à la durée de la vie
des Animaux, lequel ils ne peuuent paſſer. L'on ne peut
ſi bien faire que la ſubſtance vitale ne ſoit enfin diſſipée.
Le corps des Hommes ſouffre ce dommage comme tous
les autres corps viuans. Mais il faut reconnoiſtre que pluſieurs ne ſe conſeruent pas comme ils deuroient, ce qui eſt
cauſe que la vie humaine ne paruient pas ſi ſouuent où elle
pourroit aller. Quelques vns ayans veſcu iuſques à ſix ou
ſept vingts ans, & meſme iuſques à deux ou trois cens &
dauantage, cela monſtre que les limites de noſtre vie ne
ſont pas ſi courtes que nous penſons, lors que nous
voyons que tant d'hommes meurent ſi ieunes, & les autres ne paſſent guére ſoixante-dix ou quatre vingts années. Il n'y a que l'eſtat corrompu où nous ſommes qui
nous retire ſi loin d'vn plus haut terme. Nous ne deuons
point perdre l'eſperance d'y pouuoir reparer quelque
choſe, & de paruenir à la moitié, au tiers ou au quart du
chemin que d'autres ont fait, de ſorte que nous deuons
meſnager nos forces autant que nous pourrons afin que
noſtre vie en ſoit plus longue, & que ceux qui viendront
apres nous participent à cette felicité temporelle, meſme
auec augmentation. Si cela ſemble fort merueilleux, cela
eſt pourtant fort croyable; Car ſi l'on obſerue premierement en particulier les Preceptes generaux qui ſont icy
ſur ce ſujeçt, bien que les corps ne puiſſent pas touſiours
eſtre dans leur ſupréme perfeçtion; toutefois, pluſieurs en
aprocheront; Et ſi des hommes ſains ſe marient à des femmes ſaines, leurs enfans ſeront ſains auſſi, & meſme beaucoup dauätage ſi leurs peres ont obſerué dás la generation
de ne s'y adonner que dans leur plus grande vigueur & en
leur meilleur eſtat; De ſurplus, ces enfans corrigeans en-

core ce qu'ils auront de manque, & ameliorant toute leur
conſtitution par les regles qui en auront eſté eſtablies, la
rendront d'autant plus excellente, & la communiquant
apres à d'autres enfans, cela s'augmentera ainſi des vns
aux autres de telle maniere, qu'au lieu que le terme de la
vie va en diminuāt lors que l'on ſe gouuerne par les voyes
contraires il ira touſiours en augmentant, & il y aura des
Hommes qui pourront paruenir à cette longueur de vie
que l'on attribuë à ceux des premiers ſiecles où ils eſtoient
encore en leur eſtat parfait. Leur Nature peut eſtre corrigée de meſme comme elle a eſté corrompuë; Ainſi, pluſieurs ſe peuuent procurer la prolongation de leur vie;
Nous n'y trouuons point de contradiction. Que ſi tous
les Hommes enſemble y conſpiroient, & ſi leurs enfans
auoient encore la meſme penſée, & les enfans de leurs
enfans, ils feroient beaucoup pour eux-meſmes, & beaucoup pour toute la poſterité du genre humain. Chacun a
quelque pouuoir en cecy à l'eſgard de ſon particulier, mais
il eſt plus grand ſans comparaiſon, lors que l'on a de l'aide
de ſes predeceſſeurs. Il faut auoüer que pour y paruenir plus
aiſément, l'on doit obſeruer les Loix Morales autant que
celles de la Medecine; Le diſcours en eſt reſerué pour les
Traitez de la Perfection generalle des Hommes. Il ne
s'agit maintenant que de la Perfection de leur Corps.

NOVS pouuons faire ſuiure icy la queſtion de la Reſtauration des Hommes. Quelques-vns ont tenu
que non ſeulement l'on pouuoit reparer les forces de leur
corps & les rajeunir, mais encore les faire reuiure apres
leur mort. Pour ce qui eſt de les rajeunir, qui eſt proprement vne Reſtauration, pluſieurs Chymiſtes le promettent de leur ſouueraine Medecine, ſoit que ce ſoit leur Elixir ou leur Or Potable; de ſorte qu'à leur compte, ceux
qui en auront vſé dés leur ieuneſſe ne vieilliront point, &
ceux que la vieilleſſe aura ſurpris rajeuniront s'ils commencent d'en vſer. L'on raconte qu'il y a eu des Hommes & des Femmes qui lors que leur viſage eſtoit tout

plein de rides & leur poil tout blanc, leur âge estant fort
auancé, leur teint est deuenu clair & poly, & leurs cheueux
blancs estans tombez, il leur en est venu de noirs ; comme en vne vraye ieunesse ; mais l'histoire n'attribuë cela
qu'à la force de leur nature, non point à la vertu de quelque drogue particuliere. Neantmoins, puisque la Nature
peut estre secouruë par l'Artifice, qui se sert des facultez
qu'elle a, lesquelles il employe conuenablement, il peut
donner à des corps ce que l'on accorde qu'ils ont quelquefois d'eux-mesmes ; Mais ie croirois que l'on empescheroit plustost la vieillesse de venir, ou que l'on la retar-
deroit, que de la chasser quand elle seroit venuë ; car il est
plus mal-aisé de rendre les premieres forces à des organes
vsez que de les conseruer. L'on peut donner ce qui est
necessaire à la conseruation de ce qui demeure encore en
estat, mais comment peut-on restablir ce qui n'est plus ?
Nous croyons que la vieillesse peut estre retardée, puisque
nous nous sommes accordez sur la prolongation de la
vie. Cela se peut faire par le bon régime, par la nourriture
exquise, & les medicamens choisis ; Toutefois, le corps
de l'Homme estant composé d'vne matiere fragile, ne peut
pas tousiours demeurer en mesme estat, de sotte que sa
conseruation ne sera que pour vn temps, au bout duquel
il faudra que cette belle harmonie soit rompuë, & que
l'Ame s'en separe, d'autant qu'il se perd tousiours quelque chose de ce qui entretient l'vnion, dont la matiere
estrangere ne sçauroit faire vne reparation assez puissante.
Cela estant arriué, que peut-on faire pour renouueller
les Hommes ? Les ferons-nous ressusciter ? Si nous n'a-
uons pû conseruer leur Ame dans leur corps, par quel
moyen l'y ferons-nous reuenir ? Il faut confesser que cela est hors de nostre puissance, & que le corps mort n'est
plus qu'vne matiere propre à engendrer des vers ou des
serpens & diuerses sortes d'insectes, comme il est arriué
en quelques-vns, ou à se conuertir en vraye terre. Les
plus suffisans Chymistes se leuent encore icy, & nous disent que de verité si nous laissons mourir le corps entiere-

ment, l'abandonnant à la corruption de l'Air ou à celle de la Terre & de l'Eau, il n'en faut plus rien esperer qui soit digne de ce qu'il a esté autrefois ; mais que si nous en sçauions retenir les esprits fuitifs, nous en pourrons faire des productions merueilleuses. Ils alleguent pour leurs raisons, qu'outre l'Ame raisonnable qui est toute spirituelle, il demeure au corps vne certaine puissance subtile, qui est semblable à celle qui a donné de la vegetation à la semence auparauant que cette Ame y fust infuse dans la matrice de la Femme, & qui est capable de donner la figure à des corps complets auec la faculté de se nourrir & de croistre ; Que pour les bestes brutes, elle leur donne aussi tout ce qui les rend sensibles ; mais que pour les Hommes, elle laisse interuenir vne substance plus haute qui leur donne le sentiment & la raison ; Que cette puissance qui agit dans le corps des bestes se trouue pareillement dans le corps des Plantes, à qui elle donne la vegetation seulement ; Que l'on la peut tenir pour vne substance qui est autre chose que le corps, & que ce n'en est pas vn accident simple ; Que cela se peut appeller la Forme du Corps, laquelle on peut conseruer si l'on y employe quelque soin, & qu'elle est capable de fournir à la production d'autres corps semblables, tant vegetatifs que sensitifs ; Que toutes ces Formes estans cachées dans le sel des Corps, si l'on tire le sel des cendres d'vne plante bruslée, ce sel ietté en terre produira de semblables plantes, de mesme que leur semence ; Que si l'eau où sera ce sel deuient glacée par le froid, l'on y verra aussi la figure des plantes dont il deriue ; Qu'estant enfermé dans vn vaisseau de verre, l'on y pourra susciter les mesmes figures par le feu ; & qu'il est arriué encore que le sel de quelques animaux ayant esté tiré, l'eau où il estoit meslé s'est conglutinée auec la figure à peu prés semblable à leur corps. L'on rapporte là dessus pour exemple qu'vne eau où estoit du sel d'ortie, s'estant glacée, il s'y est representé des figures d'orties ; Que la figure des roses & de quelques autres fleurs, & mesmes de plusieurs plantes entieres, s'est monstrée dans des

fiolles

fiolles bien bouchées, où l'on ne conseruoit qu'vn peu
de cendre, qui estant eschauffée se resueilloit incontinent
& faisoit sousleuer la representation des plantes dont l'on
l'auoit tirée auparauant ; specialement qu'en distillant de
la therebentine, & en faisant l'extraict de plusieurs bois
resineux, la figure de leurs arbres s'est leuée contre le
verre des alambics ; Qu'il est arriué dauantage à quelqu'vn qu'ayant tiré le sel des escreuisses, l'eau où il estoit
meslé, a pris la figure de plusieurs escreuisses entassées les
vnes sur les autres. Il y a des Autheurs qui certifient ces
choses, & quelques hommes viuans asseurent d'en auoir
veu la pluspart, surquoy les incredules ne sçauroient rien
dire, sinon que l'on se peut tromper quelquefois à iuger
des figures qui paroissent au trauers d'vn verre, & que si
en faisant distiller quelques parties d'vne plante resineuse,
comme celle du Therebynte, l'on a veu s'esleuer des especes de branchages dans l'alambic, l'on peut croire que
ce n'estoit pas pourtant la vraye figure de l'arbre, mais
que sa matiere a la proprieté de s'esleuer ainsi par filets
qui se diuisent. L'on dira que de mesme l'on se peut mé-
prendre à l'apparence du corps des Animaux. La replique
doit estre, que ceux qui ont veu ces merueilles ne sont
point gens à s'y laisser abuser. Mais l'on objectera là dessus que si elles sont veritables, ceux qui les ont faites vne
fois ne les ont pas pû faire derechef quand ils l'ont voulu, & que le hazard les y a conduits plustost que leur
science ; Que d'ailleurs, cela ne s'est pas fait encore auec
toute sorte d'animaux ny de plantes. L'on peut repartir
qu'il n'importe point pour la verité de la chose, si elle a
esté souuent reïterée ; Qu'il suffit que nous trouuions
qu'elle est faisable ; Que si cela n'est pas arriué de tous
les animaux & de toutes les plantes, cela n'empesche pas
que l'on ne croye, que si cela se peut faire des vns, cela
se peut faire des autres. Cherchons-en maintenant les
consequences. Peut-on inferer de là autre chose, sinon
que le sel qui coagule les Corps complets possede vn
certain esprit qui sert à leur donner leur figure ordinaire ?

Vol. III.   T

& par cet Efprit nous entendons, felon noftre vfage, vne fubftance fort deſliée, mais corporelle toutefois. C'eft de verité vn beau fecret de pouuoir faire pareftre cela ; mais ce ne font point de vrayes plantes & de vrays animaux ; ce ne font que leurs fantofmes & leurs legeres reprefentations. Neantmoins, l'on adjoufte que l'on pourroit paſſer outre, rendant la matiere plus propre qu'elle n'eftoit à vne produ&tion veritable, & que l'on doit bien penfer que du mefme principe dont la figure des Corps depend, toute la forme fubftancielle en depend auffi. Or l'on peut bien croire que ce principe eft le Sel, puifqu'en effet ayant femé en terre le fel de quelques plantes, l'on en a veu produire de femblables, pourueu que les remettant auec quelque meſlange des autres principes, l'on ait rendu l'operation accomplie; Et ce n'eft point feulement du fel des graines que l'on pretend faire de nouuelles generations, mais du fel des branches, des feüilles, des fleurs & de toutes les autres parties. Il ne faudroit donc, à l'exemple de cela, que couper le corps des animaux en pieces, & en prendre tel membre que l'on voudroit pour le calciner,& en tirer la fubftance neceffaire. Plufieurs tiennent auffi que la puiffance de tout le corps eft toute en chaque partie : Mais quoy qu'il en foit, nous dirons que fi cela fe manifefte aux plantes, cela eft plus facile qu'aux animaux, d'autant que le fel des plantes eftant ietté en terre eft dans la mefme matrice où l'on ietteroit fa femence, & où l'on planteroit les rejettons d'vn arbre, & qu'il y en a plufieurs qui pullulent par leurs fcions tranfplantez; Au lieu que les extrai&ts que l'on feroit du Corps des Animaux, ne pourroient eftre mis que dans quelque vaiffeau Chymique fur vn feu artificiel, où mefme leur meilleure femence n'accompliroit point fa produ&tion ordinaire, ce qui eft bien loin de le faire par le fel que l'on auroit tiré de quelqu'vn de leurs membres feulement : Quand l'on l'auroit tiré de tous, l'on ne croiroit point que cela fuft plus faifable, & quand cela fe pourroit accomplir pour les beftes, il n'y a point d'apparence que cela fe fift de mefme pour les

Hommes, d'autant que ce ne seroit point des Hommes que l'on en feroit sortir; Ils n'auroient pas l'Ame raison-nable, laquelle ne procede point de la matiere corporelle, & ne sera point infuse dans vn corps môstrueux & produit contre Nature. Toutefois, l'on rapporte qu'vn vieux Chy-miste voulant donner à son corps vne Renouation parfai-te, enchargea à son valet de le tuer, & ayant haché ses membres en pieces fort menuës, les enfermer prom/pte-ment dans vn grand vaisseau de verre, qu'il laisseroit l'es-pace de neuf mois sous vn fumier, esperant qu'il renaistroit là dedans, & qu'au bout du terme il seroit propre à iouir de la clarté du iour. L'on dit que cela fut fait, & que la Iu-stice en ayant connoissance, fit prendre le vaisseau où e-stoit son corps pour le ietter au feu, & que l'on y voyoit desia la figure d'vn petit enfant. Il se peut faire qu'vn hom-me qui estoit las de viure en l'estat où il se trouuoit à cause de ses infirmitez & de son chagrin, ait esté assez aueuglé pour se faire tuer dans l'esperance de ressusciter; mais que l'on vist desia vn enfant formé de sa charogne, c'est ce que l'on reuoque en doute; Et d'ailleurs, il y a en ce-la vne belle remarque à faire, qui tesmoigne que quand l'on pourroit faire naistre vn Corps par ce moyen, cela ne feroit pas ressusciter les Hommes, car ce seroit là vn autre homme que celuy qui auroit esté mis en pieces. Il y au-roit-là vn corps qui procederoit de la corruption de l'au-tre, qui tiendroit lieu de semence, & il faudroit aussi que ce Corps fust animé d'vne autre Ame dont la faculté memo-ratiue n'auroit aucune impression des choses passées, de sorte que ce seroit faire de nouueaux hommes, non pas re-parer les mesmes. Pour les reparer veritablement, il fau-droit que le corps ancien demeurast en son entier depuis sa mort, & fust ressuscité apres, reprenant son ame propre. Mais la ressurrection est impossible à la puissance humai-ne; & quant à la Renouation dont l'on parle, ce n'est qu'vne nouuelle generation, qui ne feroit pas reuenir au Monde ceux qui y ont esté auparauant, outre qu'auec cela l'on ne tient point qu'vn corps produit par vn tel

moyen pûst estre doüé d'vne Ame raisonnable. Quelqu'vn a dit qu'il n'importe point dans quel vaisseau vn
corps ait esté formé, soit naturel soit artificiel, & que s'il
paruient à estre fourny d'organes & d'esprits tels que les
autres, rien ne repugne qu'vne Ame telle qu'il luy conuient ne luy soit donnée. Mais est-il besoin de se mettre
en peine sur cette question, n'ayant pas trouué que ce qui
la fait agiter puisse estre accomply ? Toutefois, si en parlant de la naissance des Hommes, nous auons condamné
l'opinion de ceux qui proposent que dans leurs vaisseaux
chymiques ils changeront la matiere nutritiue, en chyle,
en sang & en semence, & apres en formeront vn corps
humain ; ceux dont nous parlons maintenant, croyent
auoir de meilleures raisons, pource qu'ils veulent prendre
la chair, le sang & les esprits de l'Homme en leur naturel
pour leur faire accomplir vne nouuelle production : Mais
ces Esprits qui demeurent auec la chaleur d'vn corps depuis peu tüé, ne font que des vapeurs du sang dont l'Ame
raisonnable ne depend point ; & quand l'on accorderoit
cela pour l'ame des bestes, il faut bien attribuër vne autre
dignité à celle des Hommes. D'ailleurs, il y auroit de la
cruauté & de l'impieté dans le dessein de ceux qui voudroient tuër les Hommes pour les faire reuiure. Il ne s'en
trouuera guére qui y consentent, & qui leur pardonnent
leur mort sur l'asseurance de leurs promesses. Ils dirent
peut-estre qu'ils ne voudroient prendre que les corps de
ceux qui seroient morts naturellement, ou qui auroient
esté tüez par leurs ennemis, & qu'il suffiroit mesme de
quelqu'vne de leurs parties, pouruen qu'elle fust enfermée
toute chaude dans leurs vaisseaux. Si de chaque partie
des plantes l'on peut tirer vne substance qui prend la figure du total, & qui peut faire naistre vn arbre semblable;
Ils asseurent que cela se peut faire encore plus facilement
des animaux qui abondent plus en esprits que les plantes.
En ce qui est des Hommes, quelques-vns ont asseuré mesme que leurs figures ont esté souuent suscitées de leurs
corps morts enterrez dans les cimetieres; Que les vapeurs

qui font forties de leur foffe , fe font efleuées auec vne
femblance d'homme , & que ce font les phantofmes que
l'on y a veus quelquefois; Que cela procedoit de la puiffance naturelle enfermée dans les principes des corps , laquelle fe feroit pareftre auec plus d'efficace, fi elle eftoit
aidée par l'Artifice, & renfermée dans vn vaiffeau exprez.
N'eft-ce point vne chofe controuuée que ces phantofmes
des corps morts? Quand il s'en efleueroit des vapeurs
vifibles, elles feroient fans aucune figure reglée; Et fi
l'on pretend de faire dauantage dans les vaiffeaux chymiques y faifant voir quelque figure d'animal, ce n'eft pas
à dire que l'on en puiffe produire vn entierement, & l'a-
mener à perfection. Pofé le cas que l'on imite la chaleur
de la matrice dans vn vaiffeau artificiel, & que l'Embryon
y ait dequoy tirer de l'aliment, l'on ne fçauroit pourtant
imiter les efprits naturels que la femelle communique à
fon fruict, tellement que nous pouuons conclurre de mefme qu'au premier difcours de la production des Animaux,
que l'on ne fçauroit pas feulement faire produire vne befte brute par artifice, ce qui eft bien loin de faire produire des Hommes, foit que l'on les vueille faire d'vne matiere empruntée, ou que l'on les vueille renouueller par
leurs corps morts. Les plus opiniaftres diront qu'ils ont
encore des moyens pour fupleer aux efprits naturels , &
quelque difficulté que l'on leur objecte, il leur femblera
que fi l'on a de la peine à l'accompliffement, cela n'en
ofte point la poffibilité. Au moins, ils nous apprennent
quelles imitations l'on peut faire touchant les productions
des animaux, & quelles font les plus curieufes imaginations que l'on puiffe auoir fur ce fujet. Quant à eux, ils y
comprennent auffi la Melioration & la Perfection, car
outre la Renouation des Corps, qui les rend femblables
à ce qu'ils eftoient en ieuneffe, ils pretendent que par quelques fecrets adjouftez au mefme Art, ils rendront les
Hommes plus grands, plus forts, & moins fujets aux maladies qu'ils n'eftoient auparauant; Que les Geans, les
Heros & les Demy-Dieux, les Nymphes, les Faunes &

T iij

tous les Dieux châpeſtres ont eſté produits par ce moyen. Que l'on peut regler la quantité de la ſubſtance qui eſt neceſſaire pour vne ſtature extraordinaire, & que non ſeulement la conſtitution en peut eſtre renduë durable, mais diuerſe par des meſlanges diuers, tirez de pluſieurs corps vegetables & ſenſitifs, pour faire des corps terreſtres, aquatiques, aëriens ou ignées, tels que ceux que l'on attribuë aux diuerſes claſſes des Demons : Mais c'eſt s'imaginer que l'Homme puiſſe faire ce qui le ſurpaſſe, & meſme ce qu'il ne connoiſt pas. Il ſe faut contenter d'vn moindre pouuoir, & croire que c'eſt aſſez ſi nous pouuons faire voir les apparences des choſes ſans ſouhaiter de produire les choſes meſmes, par des voyes fort eſloignées de la Nature. Nous n'entendons parler icy que d'vne perfection naturelle des Corps, & en ce ſens nous auons cherché le bien du Corps des Hommes en general. Nous le chercherons deformais en particulier.

SI nous parlons apres cecy de mettre les Sens corporels au meilleur eſtat où ils puiſſent eſtre, nous entendons encore ſimplémét de traiter de ce qui concerne leurs organes, ſans confondre auec eux le Sens commun de l'Homme, qui eſt d'vne plus haute conſideration. Pour trouuer vne Melioration qui leur ſoit vtile en general, il faut procurer la ſanté du Corps en la maniere que nous auons dite, car s'il ſe porte bien il ne s'engendrera point de mauuaiſes humeurs qui ſe reſpandent en toutes ſes parties. Entre les maladies les plus faſcheuſes, la paralyſie oſte tout à fait le ſentiment, & dans les autres il languit encore beaucoup. Outre cela, chaque Sens eſt affligé par des maladies particulieres ; Il en faut euiter la cauſe, ou taſcher de les guerir quand elles ſont ſuruenuës. L'Attouchement eſt conſerué par des remedes qui donnent de la vigueur aux membres. Le Gouſt eſtant preſque perdu & depraué, l'on le reſtablit en chaſſant par des purgations les mauuaiſes humeurs qui le corrompeut. L'Odorat, l'Oüye & la Veuë, ſont auſſi conſeruez par des ſaignées, des medecines & des fomentations, contre les fluxions qui les gaſtent.

Quand les facultez des Sens sont entierement aneanties par la ruïne des Organes, en ce cas-là l'on ne les peut plus reparer, mais si les Sens sont seulement opprimez par vne cause qui peut cesser, cela est remediable. Il y en a des exemples aux mains, à la langue ou au pâlais, au nez, aux oreilles & aux yeux, à qui l'on oste les empeschemens qui leur nuisoient. Quand mesme les yeux qui sont si delicats sont couuers d'vne taye, l'on treuue quelquefois des Operateurs assez experts pour la leuer. Il est vray qu'à plusieurs elle reuient vn an ou deux apres, de sorte qu'ils sont encore en parcille peine, d'autant que ce qui engendre cette pellicule n'a pû estre osté. Cela se peut faire auec meilleur succez aux personnes ieunes, & qui se portent bien en tout le reste du corps, n'y ayant rien à oster en eux que le mal qui est presentement en vne partie, sans craindre qu'il se renouuelle d'autre part. Ce sont-là les moyens d'ameliorer les Sens. Pour les rendre parfaits dans leur vsage, il faut les appliquer specialement aux objets qui les recreent, & les accoustumer neantmoins à la diuersité. L'Attouchement se plaist à sentir les corps doux & mediocrement chauds; le Goust aime les viandes sauoureuses; l'Odorat se delecte des bonnes odeurs; l'Oüye possede son plus grand bien d'oüyr vne parole agreable ou bien vn chant harmonieux & vne bóne musique d'instrumens, & la Veuë est satisfaite de la contemplation du Ciel & des Astres, de la varieté de la Terre & du corps de tant d'Animaux, & de la Beauté humaine. Il faut quelquefois aussi esprouuer les objets contraires, afin de mieux connoistre les vns par la difference des autres.

Afin que l'vsage des Sens corporels se fasse auec plus de perfection, il y en a qui empruntent quelque chose de l'artifice, & operent plus vtilement par de certains aides que l'on y employe. Quant à l'Attouchement, pour estre plus certain, il doit estre fait immediatement par quelque partie du corps. En tenant vn baston, l'on sent bien si quelque autre corps est mol ou dur, stable ou mouuant, mais l'on le sentiroit mieux auec la main. Il n'y a point de

Du secours des Sens; de ceux de l'Attouchement, du Goust, & de l'Odorat.

secours artificiel qui foit bien propre à cela, fi ce n'eft côtre les corps que l'on n'oferoit toucher que par l'interpofition de quelque autre, à caufe de leur extreme chaleur. Encore moins fe feruira-t'on d'aide pour le Gouft : Il faut que la langue touche les chofes mefmes que l'on veut goufter pour fentir la faueur ; Si l'on dit qu'il y a des chofes que la langue ne peut goufter, fans qu'elles foient meflées à d'autres qui les rendent propres à eftre mifes dans la bouche, & que cela luy aide beaucoup ; C'eft pluftoft vn empefchement qu'vn fecours, pource que les chofes qui font meflées confondent leur gouft, & le rendent mal propre à eftre connu & diftingué. L'on peut mieux dire de l'Odorat, que fa puiffance fera aidée, fi l'on fe fert de quelque moyen pour chaffer les vapeurs deuers l'organe qui les doit fentir, lors que leur eloignement les empefche de venir iufqu'à nous. Ce n'eft point pourtant fortifier l'odorat ; C'eft luy aider feulement.

Du fecours de l'Oüye.

L'Oüye eft fecouruë par vn moyen plus proche ; L'on applique des Cornets aux oreilles, où le fon venant à fe rendre, eft infinüé plus facilement. Cecy eft bon pour ceux qui ont vn peu de furdité. Au refte, pour faire oüyr vne voix efloignée à ceux qui oyent le mieux, & qui pourtant ne la pourroient oüyr à caufe de la diftance, l'on fe fert de canaux cachez dans les murailles & de longues farbatanes. Il y a auffi vne forme de voûte qui fait que ce que l'on dit tout bas au coin d'vn cabinet, eft entendu de ceux qui font contre la muraille de l'autre cofté, bien que ceux qui font au milieu de la place n'en puiffent rien oüyr. Les retentiffemens & les repetitions de la voix par les Echos, font encore du fujet de cette côfideration de l'oüye.

Du fecours de la veuë par les Lunettes.

Pour la Veuë, elle a le fecours des Lunettes qui groffiffant les objets, les rendent plus aifez à remarquer. Elles font faites auec vn verre qui va toufiours en s'épaiffiffant vers le milieu, de forte que les efpeces des chofes s'élargiffent en leur reception. Par ce moyen, quand l'on veut lire, l'on voit les lettres plus groffes & tous les objets qui paroiftroient confus aux vieillards, & à ceux qui ont

la veuë

la veuë baſſe, ſont aizément diſtinguez. Les Lunettes dont l'on ſe ſert le plus, ne font pareſtre qu'vne mediocre groſſeur, pource qu'il ſuffit ordinairement que l'on voye les choſes ordinaires: Mais l'on en faiſt d'autres pour plaiſir qui groſſiſſent dauantage, afin de diſtinguer les parties des plus petits corps. L'on les applique à des boëtes, dans leſquelles ayant enfermé des puces & autres inſectes, l'on les fait pareſtre ſi gros que l'on leur void vn grand nombre de pieds, des cornes, des aiguillons, des queuës & autres membres dont l'on penſoit qu'ils fuſſent priuez. L'on faiſt encore de grandes Lunettes d'vn verre plus boſſu, qui groſſiſſent tellement, que par leur moyen vn petit doigt paroiſtra de meſme groſſeur qu'vn bras; Ce ſont celles qui ſeruent auſſi d'ordinaire de miroirs ardens. L'on fait au contraire de cela des verres concaues, où les objets ſont rapetiſſez, & ceux-là ſeruent à des Hommes dont les rayons viſuels ſont tellement ſeparez, qu'ils ne voyent pas les choſes diſtinctement. Les Images des choſes ſe raſſemblent dans ces ſortes de Lunettes. L'on fait encore d'autres Lunettes à facettes, leſquelles multiplient les objets, mais elles ne font pas mieux reconnoiſtre leur figure, & cela n'eſt que pour plaiſir.

Pour encherir ſur toutes les autres inuentions, l'on a inuenté les Lunettes à long tuyau, à chaque bout deſquelles l'on a enchaſſé vne differente ſorte de verre. Celuy que l'on met contre l'œil eſt concaue, & l'autre eſt vn peu boſſu ou conuexe. Par ce moyen l'on a accouplé les deux ſortes de Lunettes pour vn effect admirable. Celle qui eſt conuexe eſtant eſloignée de l'œil par vne certaine diſtance, groſſit fort les Images des choſes, & les fait mieux repreſenter; mais noſtre veuë n'eſtant pas proportionnée à les receuoir, l'on a ajouſté entre deux vn long tuyau qui reçoit les repreſentations auec diſtinction, & les fait voir à l'œil qui eſt tenu contre. L'on appelle cecy des Lunettes d'approche ou à longue veuë. Toutes les apparences des objets qui ſont au plus loin deſſus l'horiſon en ſont tellement groſſies, bien que naturellement el-

V

les doiuent eftre petices dans leur efloignement , qu'il semble que l'on les faffe approcher, puifque l'on y remarque des parties qu'auparauant on ne voyoit point. L'on void auec cela affez diftinctement ce qui ne paroift que confus à fept ou huict lieuës loin , & l'on remarque parfaitement bien ce qui n'eft qu'à deux ou trois lieuës. L'on verra des animaux, des cailloux ou des buiffons que l'on ne pouuoit reconnoiftre , & fi l'on regarde le Ciel l'on en remarquera mieux la couleur & la figure des Aftres, & toutes les taches de la Lune feront diftinguées. Si l'on pouuoit fouffrir l'efclat du Soleil, l'on obferueroit auffi quel eft l'eftat de ce Corps merueilleux. Pour faire que ces Lunettes portent plus loin, il faut garder vne certaine mefure dans la figure des deux verres .& dans la longueur du Tuyau où ils font appliquez. Plus l'on y eft exact & plus l'on y reuffit. L'on tient encore que fi l'on taille le verre des Lunettes auec vne figure Hyperbolyque, l'on les fera porter de beaucoup plus loin qu'à l'ordinaire; Que fi l'on fe veut feruir des vnes ou des autres à regarder le Soleil, il y faut adjoufter des verres rouges, bleus ou verds, qui empefcheront que la viuacité de la lumiere n'offenfe les yeux, mais cela rendra auffi la Lunette plus obfcure. Pour euiter l'vn & l'autre inconuenient, & voir au moins l'Image du Soleil, fi l'on ne void le Soleil mefme, il faut fe tenir dans vne chambre bien fermée où il n'entre aucun iour que par le trou de la Lunette qui fera attachée en dehors, & la reprefentation du Soleil y entrant, l'on pourra obferuer la figure de fon corps & celle de fes macules que l'on prend pour de petits Aftres qui font leur cours autour de luy.

Nous pouuons adioufter les Miroirs au nombre de ce qui a efté inuenté, non feulement pour le fecours de la veuë, mais pour fa recreation. C'eft bien vn eftrange & miraculeux fecours, en ce que les yeux ne pouuans pas voir le lieu où ils font attachez, & encore moins fe voir eux-mefmes, ils voyent tout cela dans vn miroir, & comme ils font laffez de voir les propres objets qui leur font preſens, ils les peuuent voir là auſſi par repreſentation. Les Miroirs qui ſont faits d'vn metal poly, repreſentent l'Image des Choſes, pource que l'Air illuminé qui eſt peint de toutes les couleurs eſt aizément receu & refleſchy dans leur poliſſeure, au lieu qu'il pérd ſa naïueté ſur les corps groſſiers. Quant aux Miroirs de verre ayans vne feüille d'eſtain au dos, ils rendent auſſi les meſmes repreſentations : Car comme le verre eſt tranſparent, il faut qu'il reçoiue toutes les repreſentations des Choſes que la lumiere luy enuoye, qui ne ſont que les couleurs de leur ſurface, & la feüille qui eſt au deſſous les y arreſte, au lieu que ſi elles n'y eſtoient point arreſtées elles paſſeroient outre de meſme qu'au milieu de l'Air. C'eſt la raiſon de l'effet des Miroirs. L'on en peut tirer encore vn ſecours plus particulier, en ce que les choſes qui ſeront cachées au de-là d'vne muraille, ou dans vne chambre plus haute ou plus baſſe que nous, nous peuuent eſtre monſtrées par des Mi-roirs qui ſoient poſez d'vne telle façon qu'ils ſe puiſſent refleſchir l'vn dans l'autre. L'on perfectionnera auſſi le ſecret de cette chambre fermée, où vn petit verre fait re-marquer contre vn papier blanc les ſimulachres de tout ce qui eſt au dehors, car ſi l'on poſe vn Miroir en haut, les choſes qui ſont veuës renuerſées ſur le papier, ſeront droites dans le Miroir. Pour ce qui eſt des effets ordinai-res des Lunettes, ils ſont imitez par les Miroirs, mais il faut pourtant tailler les Miroirs d'autre ſorte. Les Miroirs concaues groſſiſſent les repreſentations, au lieu que les Lunettes concaues les rapetiſſent ; C'eſt que les Images ſont diuiſées aux Miroirs concaues, & ne ſe reuniſſent point pour paſſer outre comme aux Lunettes. Les Miroirs boſſus rapetiſſent auſſi les choſes, pource qu'ils en reçoi-uent l'Image en vn ſeul poinct, au lieu que dans les Lu-nettes les rayons iroient touſiours en s'eſlargiſſant.

Or que l'on conſidere les Lunettes ou les Miroirs dans leur concauité ou leur conuexité, quoy qu'ils donnent du ſecours à la Veuë, ſi eſt-ce qu'il ſemble qu'ils la trompent, puiſqu'ils luy monſtrent les choſes autrement qu'elles ne

V ij

luy doiuent paroiftre, dans fon meilleur eftat; Mais fi les Aftres paroiffent plus gros en les regardant auec les Lunettes qu'ils ne paroiftroient aux meilleurs yeux des Hómes, cela les fait pourtant bien moindres qu'ils ne font en effet, de forte que les Lunettes ne nous abufent point en ce qui eft de ces corps. S'il y en a d'autres plus proches de nous qu'elles font pareftre plus grands ; c'eft en ceuxlà que l'on peut dire qu'elles nous abufent : Toutefois, cela fe fait auec vtilité, puifque nous les diftinguons mieux dans cet eflargiffement. Il y a d'autres tromperies qui ne font feulement que pour recreation. Il y a des Miroirs qui font voir plufieurs Images d'vne feule chofe. Si l'on en pofe quatre ou cinq l'vn deuant l'autre, ils font plufieurs reflexions, & multiplient ainfi les Images. L'on les peut auffi multiplier par le moyen d'vn feul Miroir, ayant laiffé quelques angles ou quelques boffes au verre où l'effet du Miroir fera diuifé, tellement qu'en chaque partie il fe fera vne reprefentation. Si l'on prefente vne chofe à vn Miroir concaue bien arrondy, & qu'elle foit oppofée iuftement à fon centre, l'on la verra fortir en dehors, de forte qu'vn doigt & vne main pareftront efleuez ; & fi l'on tient vne efpée, à mefure que l'on s'approchera il femblera qu'il en forte vne du Miroir toute prefte à nous enferrer. Par le moyen de femblables Miroirs l'on peut faire auffi qu'vne perfonne femble eftre penduë en l'air ou renuerfée la tefte en bas, fi elle fe met hors du centre, & fi elle fe regarde d'vn lieu proportionné. Ayant auffi caché de certaines figures deuant les Miroirs ou derriere, & felon les formes particulieres du verre, les objets feront changez ou multipliez diuerfement ; & l'on en verra mefme que l'on ne fçaura d'où ils pourront venir, comme ceux des vifages bien formez qui paroiffent aux Miroirs Cylindres, lors que l'on a placé deuant eux, certain amas de couleurs qui femblent eftre confufes, & qui font pourtant arrangées felon les regles de l'Optique. Il y a beaucoup de telles inuentions de Miroirs que les Hommes font pour tromper la veuë au premier abord & pour la refiouïr par leur

diuerſité, tellement que comme ils ſont faits pour elle
ſeule, l'on en peut parler auec ce qui luy eſt de plus vtile.

C'eſt la façon de parler ordinaire que les Sens ſont
trompez, & neantmoins pluſieurs Philoſophes des plus
habiles condamnent cette opinion. Ils diſent que les Sens
ne peuuent errer; Que le Sens commun qui eſt fort eſleué au deſſus des Cinq Sens externes, en ce qui eſt des
Hommes, peut bien connoiſtre la verité de toutes les
choſes qui ſe preſentent, & que s'il y manque, la faute eſt
de ſon coſté, & la tromperie ſe fait pluſtoſt enuers luy
qu'enuers les Cinq Sens. En effet, pour prendre exemple
de ce qui ſe fait pour la veuë, l'on peut dire que les apparences que les yeux voyent aux Miroirs ſont celles-là
meſmes qui s'y trouuent. Si l'on void vne teſte prodi-
gieuſe dans vn Miroir qui groſſit; cette Image y eſt telle
effectiuement. Nos yeux ne ſont point abuſez; mais noſtre Sens commun le ſeroit, s'il penſoit que la vraye teſte
dont il ne void que la repreſentation, fuſt de cette groſſeur. Vous m'objecterez à cette heure-cy que la tromperie eſt manifeſte lors que vous regardez la vraye teſte auec des Lunettes, & qu'elle paroiſt plus groſſe;
Toutefois, prenez garde que les yeux voyent encore l'eſpece de la teſte qui eſt eſlargie en dehors par la conuexité du verre. Peut-on rapporter entre les tromperies de la
veuë l'eſloignement des choſes qui les fait pareſtre petites, & leur diuerſe diſpoſition & ſitüation qui leur donne
des repreſentations qu'elles n'ont pas en effet? Les yeux
reçoiuent ces eſpeces telles quelles ſont en l'air, & qu'elles peuuent eſtre receuës d'eux ſelon leur diſpoſition. La
peinture ne trompe point auſſi la veuë lors que dans vn
bon tableau il ſemble que les noirceurs placées prez d'v-
ne couleur plus claire, ſoient les plys d'vn veſtement, &
que les traits rapetiſſez de la repreſentation d'vne galerie,
ſoient vn baſtiment enfoncé. Les yeux reçoiuent des couleurs telles qu'elles ſont, & s'il y a de la tromperie elle eſt
exercée ſur le Sens commun de l'Homme qui ne ſçait pas

diftinguer la reprefentation d'auec la verité , & ne s'en auife que lors qu'il a connoiffance des artifices de la Perfpectiue, & mefme lors que la penfée luy en fournit le fouuenir. Ainfi, l'Oüye trouue vn fon trop aigu, le Pâlais vn gouft trop fade, l'Odorat vne odeur trop forte, l'Attouchement vn corps trop dur, pource qu'en effet ces objets font tels à leur efgard. Ces Sens ne fe trompent point, mais le Sens commun fe tromperoit s'il ne connoiffoit que ces chofes ne paroiffent point telles à tous les autres Hommes; & comme elles ne le doiuent point eftre auffi pour les raifons & les experiences qu'il en fçait, il les doit eftimer ce qu'elles font. Voylà comment l'on peut prouuer que les Sens externes des Hommes n'errent point , & quand l'on dit qu'ils errent, l'on comprend le Sens commun auec eux : pource qu'en effet la reception du menfonge auffi bien que de la verité, fe doit faire par l'vne des facultez de l'Ame raifonnable, & ne s'eftend point iufqu'aux Organes corporels. Selon les mefmes regles, l'on pourroit dire que les fens des beftes ne font point trompez, comme en effet ils ne le font pas pour l'apparence des chofes, mais leur fens commun l'eft toufiours pour l'eftre reel, à caufe qu'il ne fuit que cette apparence , n'eftant pourueu d'aucune raifon.

LA Voix des Hommes n'eft pas confiderée apres les Sens dans le Traité de l'Eftre des Chofes, pource qu'vne fuite de difcours l'a placée autre-part. Toutefois, elle vient fort bien icy en rang pour ce qui eft de fon vfage, à caufe qu'elle fert de truchement à l'Ame, & que par ce moyen elle eft au nombre des Chofes les plus excellentes qui dependent du corps. Nous auons veu que l'on la pouuoit tranfporter par des canaux faits exprez, & la faire reflefchir par des voûtes. Nous adjoufterons que les Cors de chaffe, & les Trompettes, feruent à la faire efclatter plus haut, mais cela n'eft fait que pour vn fon qui n'a point de diuerfité plus grande que celle des mefures longues, ou breues des reprifes. Le vray vfage de la Voix eſt en la parole ſimple que l'on varie ſelon que l'on la pouſſe hors du goſier, & ſelon que les léures s'ouurent & ſe ferment & que la langue s'approche ou ſe recule des dents & du pâlais. Cela ſert à repreſenter les affections & les deſſeins des Hommes, lors qu'ils font vn accouple-ment de differentes prononciations, dont ils forment des mots, & de ces mots des diſcours continus. Les mots ſont differents ſelon les nations & ſelon la couſtume, ſans qu'il ſemble que l'on y puiſſe donner naturellement aucune re-gle certaine. Au reſte, en quelque langage que ce ſoit, la parole peut eſtre renduë plus rude ou plus douce, & plus triſte ou plus gaye, ſelon que l'on la profere. Pour eſten-dre encore l'vſage de la Voix, l'on s'en ſert au chant, qui conſiſte à la hauſſer ou baiſſer par diuers tons & diuerſes meſures. Les regles de la Muſique ont eſté inuentées pour en conduire l'Harmonie. Pour vne imitation de la Voix humaine, l'on a inuenté les Orgues, & meſme les Violes, les Violons & quelques autres inſtrumens. Ie nommerois auſſi les fluſtes & les haut-bois, mais c'eſt la Voix meſme qui les fait joüer, de ſorte qu'ils ne l'imitent pas d'eux-meſme; Cela eſt pluſtoſt propre aux muſettes, qui ne joüent que pa le moyen des ſoufflets.

IL nous reſte de conſiderer en gros les principaux arti-fices que les Hommes ont inuentez, tant pour leur vti-lité & leur neceſſité, que pour leur diuertiſſement, & pour monſtrer leur induſtrie. Les Hommes eſtans portez na-turellement à leur conſeruation, comme auſſi à la melio-ration de leur Eſtre, ont cherché tout ce qui pouuoit ſer-uir à cet effet. Les plus neceſſaires inuentions ſont celles

qui concernent le boire & le manger, leſquelles par conſe-quent doiuent eſtre conſiderées les premieres. Les Hómes labourent la terre, ſement vn peu de bled pour en recueil-lir beaucoup dauantage, & en faire du pain; Ils taillent la vigne qui porte les raiſins dont ils tirent le vin; Ils culti-uent quantité d'arbres pour en manger les fruicts, & le jus qui ſort de quelques-vns ſert encore à leur boiſſon; Ils se nourrissent aussi de plusieurs herbes, & afin que tout ce qui est viuant ou qui l'a esté serue à l'entretien de leur vie, ils mangent la chair de plusieurs animaux qui leur ont fourny pareillement de nourriture pendant leur vie, comme les Poules dont ils ont mangé les œufs, & les Vaches & autres bestes dont ils ont mangé le laict. Ils font boüillir la chair de toutes ces sortes d'animaux, ou ils la rotissent, ou la fricassent. Quelques herbes y sont entremeslées dans les potages, & dans les fricassées les espiceries, qui ne sont que des fleurs ou des graines de quelques plantes chaudes, lesquelles seruent à tous les saupiquets. Puisque nous faisons estat de rapporter icy ce que l'on trouue de plus merueilleux, nous dirons qu'il y a eu des gens qui ont asseuré que les Hommes se pouuoient nourrir auec la Terre seule dont ils sçauoient l'art de faire du pain, la broyant & la meslant plusieurs fois auec de l'eau : Toute Terre n'y est pourtant pas propre, & d'ailleurs cette nourriture ne sçauroit estre fort bonne ; mais l'on s'en pourroit seruir dans vne grande sterilité d'année, ou dans vn siege de ville. L'on a parlé aussi de quelqu'vn qui a retardé sa mort en se nourrissant de l'odeur seule de quelque viande chaude lors qu'il ne pouuoit manger, mais cela ne se pouuoit faire que pour vn petit nombre de iours, & encore cela n'arriueroit pas à toute sorte de personnes, de sorte qu'il n'en faut establir aucune regle certaine.

En suite de la nourriture, l'on peut parler des exercices du Corps qui seruent à entretenir la santé & la vigueur. Il y a des exercices lesquels outre qu'ils maintiennent la force de l'Homme sont vtiles en d'autres occasions, comme de sçauoir bien manier vn cheual ; Cela est propre pour faire mieux des voyages, & pour aller à la chasse ou à la guerre, & cela est aussi de la bien-seance. La danse est encore pour le plaisir & la bonne grace. Les ieux de paulme, de mail, & autres, sont auec cela pour le diuertissement, & tous ces Exercices sont vtiles à corrompre les mauuaises humeurs, & conseruer le bon estat du corps, pourueu qu'ils soient pris moderement ; & mesme par des

Hommes entierement sains, car si l'on a quelque mal que ce soit, il faut auoir recours à d'autres remedes.

La Cure de toutes les maladies qui peuuent arriuer peut encore estre icy consideree. L'on a tiré des remedes de tous les Corps du Monde, appliquant leurs parties toutes simples & en leur premier estat, ou les meslant & les changeant de forme, ou bien en ayant fait quelque extrait par distillation ou autrement.

L'on y a joint des secrets pour corriger les difformitez, comme les eaux qui blanchissent ou qui ostent les taches du visage, & tous les fards. Il y a aussi des moyens de reparer les defauts de plusieurs autres parties, côme de porter vne fausse perruque, des yeux d'esmail, des dents d'yuoire, des jambes de bois. Quelques-vnes de ces inuentions ne seruent que pour empescher que le visage ne soit défiguré, comme font les yeux faux ; Les autres sont plus vtiles, comme les dents d'yuoire auec lesquelles on peut manger ; les autres ne reparent guere le corps & sont vtiles pourtant, comme les jambes de bois sur lesquelles on se soustient au defaut des jambes naturelles.

De là l'on peut parler des Vestemens, non seulement necessaires à l'honnesteté, mais à la conseruation de la santé, à cause du froid & des iniures de l'Air. Quelques Hommes Sauuages & mal-polis se couurent encore de fetüilles d'arbre, les autres de peaux de bestes, & les autres de plumes d'oiseaux. Les nations les mieux instruites se seruent de chanure pour faire du linge, de la laine pour faire des draps, & de la soye que filent les vers pour faire d'autres estoffes plus delicates. Les habits que l'on en fait sont de differentes façons, selon la fantaisie de chaque peuple, & il y en a qui tous les iours y apportent du changement. Chacun croid auoir les plus commodes & les mieux seans, & peut-estre ont-ils autant de raison les vns que les autres, & ce seroit vne chose fort inutile de s'amuser à en disputer.

Apres les Vestemens il faut encore chercher le couuert dans quelque logement. De mesme, que l'habit sert à se

De la Cure des maladies.

De ce qui corrige les difformitez, & repare les defauts du Corps.

Des Vestemens.

Du Logement.

couurir en allant d'vn lieu à l'autre, dauátage lors que l'on préd son repas ou que l'on trauaille à quelque profession, ou que l'on se repose, il faut s'exempter si l'on peut de la pluye, de la neige, des vents, de l'air trop froid, ou de la trop grande ardeur du Soleil. Les premiers logemens des Hommes ont esté dans des grottes, ou bien sur des arbres, & apres l'on a coupé des branches pour les faire plus commodes, & l'on s'est seruy encore de la terre & des pierres pour les edifier. Mais ayant inuenté plusieurs instrumens propres à la massonnerie, enfin quelques pierres ont esté tirées des Carrieres, & taillées iustement pour estre arrangées les vnes sur les autres, & en bastir des maisons. Les Regles de l'Architecture ont esté alors trouuées, lesquelles estans diuerses selon le caprice des nations, ont donné diuerses mesures à toutes les parties des edifices, & à tous leurs ornemens. Il y a pourtant eu par tout des entablemens, des mouleures, des colomnes, des corniches & des architraues; & la Sculpture estant inuentée au mesme temps, l'on y a aiousté des figures au naturel de tout ce qui se void dans le Monde. Les Statuës des Grands Hommes y ont esté placées dans des niches pour se souuenir de les imiter, & d'autant que les gens de guerre attachoient leurs armes & leurs enseignes au deuant de leurs maisons, & les Chasseurs leurs arcs, leurs espieux & les testes des animaux qu'ils auoient pris, auec plusieurs branchages & festons chargez de fleurs & de fruicts, cela a donné sujet de representer les mesmes choses sur la pierre. Le bois a esté aussi employé à edifier les maisons, & specialement il a seruy aux planchers, aux lambrys, aux fenestres & aux portes, & le fer a seruy à ioindre les parties les plus necessaires, soit pour la pierre ou pour le bois, & à faire les gós & les serrures des portes.

Il faut adjouster icy quantité d'inuentions de lits; de tables, de sieges, de buffets, de pots, d'escuelles & d'autres vaisseaux, & tous les meubles & vstenciles qui seruent en vne maison. L'on peut parler encore des outils de diuers mestiers, & de tous ces mestiers mesmes qui ser-

uent aux commoditez de la vie humaine, où l'Homme a
tefmoigné des artifices tels qu'il conuenoit au fujet, fans
qu'il s'y puiffe rien adioufter ny diminüer; & cela concerne plufieurs vfages des metaux & des plantes, ou du bois
des arbres & d'autres chofes dont nous auons defia parlé.

Or les edifices n'ont pas feulement efté conftruits pour
ne pas fentir les incōmoditez du temps, mais pour n'eftre
point auffi expofé aux beftes farouches qui pourroient
nuire à des perfonnes lefquelles s'endormiroient en vn
lieu qui ne feroit point clos; Et pour empefcher encore que
l'on n'en reçoiue des attaques en cheminant par les chāps,
ou qu'elles ne faffent du mal à quelques animaux plus do-
ciles dont l'on a foin à caufe du profit que l'on en reçoit,
c'eft ce qui a efté la premiere caufe de l'inuention des armes : L'on a inuenté les maffuës, les efpieux, les dards; &
pour atteindre encore plus loin, l'on a fait des arcs & des
flefches, & depuis l'on a inuenté les baftons à feu dont
l'effet eft plus prompt & plus dangereux. Cela n'a pas
feruy feulement contre les beftes les plus dommageables
& les plus affreufes, mais encore contre plufieurs de celles
qui font fort foibles & fort petites, lefquelles tafchent à fe
defendre par la fuïte. Que fi l'on defire d'en tüer quelques-vnes, craignant d'en receuoir du mal durant leur
vie, l'on efpere de tirer de l'vtilité des autres apres leur
mort. La chair des vnes eftant bonne à manger, fe faiſt
fouhaiter, & les autres ont du poil & de la peau qui feruent
à faire des habits ou à quelque autre profit de mefnage.
L'on à joint les ruzes à la force pour les mieux furpren-
dre, & outre les armes dont l'on les peut bleffer, l'on a fait
des pieges & des filets pour les attraper. Quelques animaux ont auffi efté dreffez contre les autres pour les aller
chercher, & les faire mettre en veuë, & quelquefois les arrefter. Si les Chiens feruent à cela contre les beftes terreftres, ils y feruent encore contre quelques oifeaux qui
volent par bas, & les oifeaux de proye font employez à en
prendre d'autres qui volent plus haut. Si diuerfes fortes

*Les armes ont fer-
uy auſſi aux Hom-
mes contre les au-
tres Hommes ; &
de là on a inuenté
encore les forteref-
ſes.*

d'armes ont eſté inuentées contre les beſtes, elles ont encore ſeruy aux Hommes contre les autres Hommes, pour
contenter leurs paſſions & vuider leurs querelles ; Ils y
ont adjouſté les eſpées, les poignards, les lances, les pi-
ques, & pluſieurs pieces d'artillerie ; car outre celles que
l'on tire à la main, qui ſeruent contre les Hommes &
contre les beſtes, ils ont encore les canons qui foudroyent
les armées & abattent les murailles des villes. Icy nous
voyons que la cloſture du logement des Hommes n'a pas
ſeulement eſté inuentée contre les beſtes farouches, mais
encore pour ſe donner garde de ſes ennemis, & il ne faut
pas ſeulement mettre en ce nombre ceux qui ſe declarent
tels, ou bien la pluſpart des eſtrangers, mais des ennemis
couuerts, entre leſquels il faut conſiderer ceux qui ne viuent que de larcins, leſquels obligent les Hommes à ſe
tenir bien fermez pour conſeruer leurs biens & leurs vies.
Les maiſons & toutes leurs cloſtures ſont dreſſées pour cet
effet ; & dauantage, pluſieurs maiſons iointes enſemble,
ont eſté ferinées de ramparts, de murailles & de foſſez,
pour en compoſer des Villes, & l'on taſche tous les iours
d'augmenter quelque choſe à leur fortification. L'on fait
encore des citadelles tres-mal aiſées à prendre ; mais outre
leur forme commune, qui eſt d'auoir pluſieurs baſtions
bien reueſtus, l'on propoſe d'en faire vne dont les foſſez
& les murailles iront en ſerpentant, en maniere d'vn li-
maſſon, ou bien par diuers angles, & tous les logemens y
ſeront enfermez, de ſorte que l'on s'y pourra retrancher
auec plus de facilité, & s'y tenir touſiours couuert ; Meſmes, s'il y a autant de logemens dans terre que deſſus,
l'on en craindra moins les coups de canon & les bombes.
Le defaut de ſoldats & de munitions ſert encore à la priſe
des places, mais ſi l'on les veut long-temps conſeruer, l'on
peut pouruoir à tout ce qui s'y trouue neceſſaire. Il y a
auſſi des inuentions contraires à tout ce que nous auons
dit. L'on peut faire des machines couuertes pour s'approcher des fortereſſes ſans craindre beaucoup leur artillerie,
& pour prendre celles que l'on eſtime imprenables. Il y a

encore des secrets pour perdre les armées qui tiennent la
campagne, soit par d'autres machines propres à cela, soit
par des stratagemes diuers ; & mesmes l'on les peut arrester soudain par des branchages de fer qui se ployent en
croix, dont chaque pionnier portera le sien pour les enfoncer dans terre, & les enchaisner à la premiere occasion,
ce qui seruira d'vn rempart inuincible.

Les Hommes tesmoignent leur indústrie en toutes ces
choses pour la conseruation de leur corps, dõt nous auons
consideré la nourriture, les exercices, les maladies & leurs
remedes, les vestemens, le logement & les armes, ce qui
est necessaire à tout Hõme quand il ne bougeroit de chez
luy ; mais l'on y peut ajouster des agilitez extraordinaires, qui peuuent seruir en quelques rencontres pour se tirer
de peril, & quand elles ne seruiroient point, c'est tousiours
pour tesmoigner quel est le pouuoir du corps humain.
Nous sçauons qu'il y a des gens qui sautent de fort haut
sans se blesser, ce qui peut estre vtile quelquefois ; les autres font des culbutes & des sauts perilleux ; dansent sur la
corde, mesme sans contrepoids, & ayant des poignards,
des paniers, ou des boules & autre chose ataché aux pieds ;
Ils voltigent aussi autour d'vne petite corde attachée au
faiste d'vne maison, & s'y tiennent par la jointure du ge-
noüil, le reste du corps estant renuersé. Ce sont des sou-
plesses ausquelles les basteleurs s'accoustument, dont l'on
pourroit bien parler au rang des Exercices du Corps ; Toutefois ce ne sont pas de ceux qui entretiennent la santé,
mais qui la destruisent, si bien qu'il n'est pas necessaire que
toute sorte de gens y soient instruits. Il est honeste seulement d'auoir la dexterité de bien sauter, & celuy qui peut
marcher asseurement sur vne corde ou sur vne muraille
estroite, s'en seruira en beaucoup d'occasions de guerre.
Au defaut de cela, il y a des inuentions pour sauter des
fossez auec de grands bastons, en s'eslançant au delà ; l'on
a aussi d'autres bastons pour se soustenir sur les murailles,
& l'on a des eschelles pour se guinder en haut, soit de fer,
de bois ou de corde, & l'on s'esleue aussi soy-mesme sur

*Comment les
Hommes se seruent
de l'agilité des
animaux pour se
faire porter &
traisner; Et des
Machines qu'ils
peuuent faire
pour se passer
d'eux.*

vn leuier, auec vne corde que l'on tire, laquelle passe par plusieurs poulies pour augmenter son pouuoir.

Les Hommes ayans accompagné leur force naturelle d'armes & d'instruments propres pour executer quantité de choses qui sans cela leur auroient esté difficiles, & ayans encore vne agilité naturelle à laquelle ils donnent du secours, il leur est besoin d'auoir vne agilité entierement empruntée en d'autres occasions. Il y a des Hommes qui courent aussi viste que les bestes les plus legeres; mais ils se lassent bien plustost, & afin que ceux mesme qui n'ont guére d'agilité en trouuent vne à l'exterieur qui leur serue autant que si elle estoit à eux, ils se peuuent tous seruir de celle des bestes, montant sur leur dos, pour estre transportez en plusieurs lieux auec moins de temps & de peine. Specialement, ils ont donc monté sur le dos du cheual qui les porte où ils veulent, & se sont aussi deschargez sur luy de beaucoup de fardeaux. Quelques autres animaux, comme le Chameau & l'Elephant, ont esté trouuez propres à supporter vn grand poids, mais ils ne les ont pas pû manier si dextrement. Ils se sont fait aussi mener dans des chariots traisnez par plusieurs bestes, comme par des Pâtheres, des Ours, des Cerfs, des Bœufs ou des Cheuaux, mais les Cheuaux y sont les plus propres. Pour cheminer encore sur la Terre sans peine, & mesme sans le secours des animaux, ils ont pû faire aller des chariots par le moyen du vent, les ayant rendu fort legers, & ayant esleué au milieu vn grand mast auec la voile. L'on les peut aussi faire marcher par le moyen de diuers ressorts dont les forces seront assez puissantes pour faire tourner les rouës qui les soustiendront. Vn goutteux se peut aussi promener pareillement sur vne chaise dont les piliers seront posez sur quatre petites rouës que d'autres feront tourner, ne faisant cependant que donner vn coup de doigt à vne petite barre, qui sera le principe du mouuement; Et si l'on veut mesme, il y a moyen de faire que les chaises & les chariots cheminent, non seulement par des

contre-poids, mais par vn reſſort ſecret, ſans que l'on y
touche inceſſamment.

Pour ce qui eſt de ſe faire porter ſur l'Eau, les Hommes
le font encore mieux que tous les autres animaux. Les
beſtes ont vn inſtinct qui leur apprend à remüer les pieds,
afin de s'y faire ſuporter, & de ſe ſauuer en cas de neceſſité. Mais ſi les Hommes ne ſçauent pas nager naturellement, ils l'apprennent auec vn peu d'artifice. Auec cela,
ils vont auſſi bien deſſous les eaux que deſſus, ce que ne
font pas les beſtes. Ils nagent ſur le ventre & ſur le dos en
diuerſes manieres. Il y en a qui s'aident pour cela de veſ-
cies ou de calebaſſes ; & meſme afin de ne ſe point laſſer,
l'on a inuenté des bourlets de cuir pleins de vent, ſur leſquels l'on ſe tient aſſis, & l'on les fait aller en remuant les
mains, ou bien tenant de petites palettes. L'on peut aller
fort loin de cette ſorte, & auec peu de peine, ſi l'on veut ſe
laiſſer emporter au courant de l'Eau ; Que ſi le bourlet
paſſe entre les jambes & autour des cuiſſes pour mieux
ſouſtenir vn Homme, quand il aura le corps couuert d'eſ-
cailles & vne queuë de poiſſon qui en reſſortira en forme
de Monſtre marin, il pourra contrefaire les Tritons & les
Sireines, dans des magnificences naualles. L'on peut
auſſi marcher ſur les eaux ayant de ſemblables bourlets
ſous les pieds : Mais pour y aller plus ſeurement & plus
commodement, l'on ſe ſert de batteaux, de nauires & de
galeres. Voyant que le bois va ſur l'eau, & que l'on peut
eſtre porté deſſus, il n'a eſté queſtion que de trouuer les
diuerſes formes de vaiſſeaux propres pour chaque mer, ou
pour chaque riuiere. Les vaiſſeaux creux & larges ſont
pour les hautes eaux ; les plats & longs, pour les baſſes.
L'on tend des voiles où le vent eſt bon, & l'on ſe ſert de
rames aux autres endroits ; mais tout cela n'exempte
point du naufrage dans les grandes tempeſtes qui renuer-
ſent les vaiſſeaux ou qui les fracaſſent. L'on a crû pourtant auoir trouué l'inuention d'vn vaiſſeau qui ne periroit
iamais, l'ayant entouré de longues poutres iointes enſemble, auſquelles il ſeroit attaché par des chaiſnes ou des ca-

Cöment les Hom-
mes ſont portez ſur
l'Eau en nageant,
ou ſur des bourlets
& ſur diuers vaiſ-
ſeaux.

Comment l'on peut
euiter le naufrage.

bles, ou bien qui tenans à luy, feroient partie de fon corps. Il feroit là affez bien fouftenu pour n'eftre point renuer-fé ; Cela l'empefcheroit auffi de choquer contre les rochers ; & quand mefme il fe briferoit, l'on fe pourroit fauuer fur la machine flottante. L'on refpondra que cela fe feroit à grands fraiz, & que cela ne feroit pas affez leger pour faire beaucoup de chemin en peu d'heure ; Neant-moins, il y a quelque vtilité en cela, & il eft certain que l'on peut trouuer les moyens d'aller plus feurement fur la mer y adiouftant auffi les fecrets de la Charte Marine, pour ne fe point engager en des lieux dangereux. L'ay-guille aimantée nous fait affez bien connoiftre la diftance du Pole, à caufe qu'il eft inuariable ; mais pour la longitu-de ou la diftance du Meridien, elle eft difficile à trouuer.

Comment l'on peut tourner les Longitudes.

Toutefois, l'on efpere d'y paruenir par l'obferuation des Eclypfes de Lune ou de Soleil ; mais cela ne fe peut pas obferuer fouuent, & n'eft guere vtile pour fe conduire fur Mer. Cela fe doit faire auec plus de fuccez par l'obferua-tion que l'on a propofée de la diftance de la Lune auec deux eftoilles que l'on choifit, ou par la variation de l'ay-mant en quelques endroits du Monde, ou par des Mon-tres & des Horloges de fable & d'eau qui mefurent iufte-ment l'heure qu'il eft au lieu que l'on a quitté, tandis que l'on obferue auec l'Aftrolabe l'heure qu'il eft au lieu où l'on fe trouue, afin que de cette varieté l'on iuge en quel quartier du Monde l'on peut eftre. La difficulté de ces inuentions confifte à dreffer des Tables certaines des ob-feruations que l'on aura faites, & à rendre fes inftrumens fort iuftes ; mais la patience & le trauail des Hommes peuuent accomplir beaucoup de chofes. Au refte, nous remarquerons que pour monftrer des effets de l'induftrie

Des vaiffeaux qui cheminent par refforts.

au lieu de faire aller des vaiffeaux à force de bras fur les Mers paifibles, fur les Lacs & fur les Fleuues, cela fe pour-ra faire par des refforts n'y faifant que toucher fort peu, ou les laiffant iouer tous feuls felon la force qui les pouffe-ra. L'on peut mefme accommoder vn batteau de telle for-te, qu'il ira tout feul contre le courant d'vne riuiere. Ceux

qui

qui le reuoqueront en doute, penseront objecter que si
l'on veut donner le mouuement à toutes les roües par le
moyen d'vne roüe à aifles qui sera expofée à l'eau, le courant emportera pluftoft le batteau qu'il ne fera tourner
cette roüe : Mais l'on promet que la faifant fort petite &
fort mobile, elle aura vne prompte action fur les roües du
dedans qui doiuent faire ioüer les rames ; D'ailleurs, pour
obuier à tout inconuenient, l'on peut faire que la force
mouuante ne depende point de l'Eau, mais d'vne grande
lame d'acier tortillée, enfermée dans vn baril qu'elle pouffera en s'eftendant, pour communiquer le mouuement à
tout le refte de la machine. L'on pourroit auffi faire que ce
mefme batteau trauerferoit la riuiere, le tournant comme il faudroit, & si l'on vouloit en faire aller & reuenir vn
autre inceffamment, comme vne maniere de bac, cela s'e-
xecuteroit par le moyen de deux machines que l'on ca-
cheroit dans des caues fur le riuage, lefquelles auroient
des refforts ou des contrepoids pour faire marcher le batteau par le moyen de trois cordes où il feroit attaché, dont
l'vne feruiroit à le guider, & les deux autres à le tirer de
chaque cofté, par deux mouuemens fucceffifs également
mefurez. Outre cela, si l'on veut aller fecrettement fous
les eaux, il faut auoir vn vaiffeau couuert chargé de quelque poids, qui le faffe enfoncer, & qui en mefme temps
faffe ioüer des refforts pour le traifner fur le fable, fur des
roües qui feront au deffous; & pource que l'air eft neceffaire à la refpiration des Hommes, vn long tuyau qui montera iufqu'au deffus de l'Eau, en pourra donner, & dauantage introduira quelque clarté dans la cabanne. Toutes
ces inuentions font affez voir comment l'Homme donne
de l'aide à fes forces. Cela depend de la premiere inuention des machines, par lefquelles l'on peut faire mouuoir
& tranfporter diuerfes chofes, ce qui eft executé par les
contre-poids, les bandages & les roües. Pour connoiftre
l'entiere puiffance de ces inftrumens, nous auons fceu que
par eux l'on peut faire diuerfes chofes vtiles, comme les
horloges & les moulins ; & en ce qui eft du tranfport, nous

voyons combien les gruës ſeruent aux baſtimens, & nous deuons apprendre qu'il y a meſme d'autres machines encore plus ſubtiles pour tranſporter des ſtatuës & des pymandes, & les poſer adroitement où l'on veut ſans y rien gaſter.

A ſçauoir ſi les Hommes peuuent voler comme les oiſeaux.

Il ne nous reſte que de ſçauoir ſi les Hommes qui ont le pouuoir de faire tranſporter tant de gros fardeaux, & de ſe faire auſſi tranſporter eux-meſmes ſur la Terre & ſur l'Eau, ont le meſme priuilege dans l'Air. Ils s'y eſleuent bien auec quelque ſouſtien ou quelque attache, & s'y tiennent quelque peu de temps en ſautant; mais pour y demeurer dauantage, c'eſt ce que l'on met en doute, s'ils n'ont vn ſecours du tout miraculeux. Toutefois, il y a eu des Hommes aſſez hardis pour promettre de voler comme les oiſeaux, & l'on ne tient point cela impoſſible, pourueu que l'on euſt de fort grandes aiſles attachées au bras, ſoit de plume ou de toile, dreſſées ſur des verges menuës, & que l'on les remuaſt en temps conuenable; car ſi de gros oiſeaux ſont ſupportez en l'Air, le corps des Hommes le pourroit bien eſtre auec des aiſles proportionnées. L'on adjouſtera qu'il faudroit qu'vn Homme ſe lançaſt du haut d'vne tour ou d'vne montagne, afin d'auoir aſſez d'air pour le ſupporter; De verité, c'eſt ce qui rend l'experience perilleuſe, & d'ailleurs les bras ſe pourroient laſſer à remuer les aiſles comme il faudroit; En voylà les inconueniens. L'on a trouué plus vray-ſemblable d'eſtre eſleué dans vne grande machine d'oiſeau, dont les aiſles ſeroient iuſtement remuées par des reſſorts exprés, & dans laquelle l'on ſeroit couché ſi doucement que la cheute ne feroit pas beaucoup de mal.

Des auantages des Hommes au deſſus des beſtes.

Toutes ces choſes acheuent de monſtrer combien les Hommes ſurpaſſent les beſtes en pluſieurs choſes, ou tout au moins les égalent en d'autres pour ce qui eſt des facultez corporelles, ainſi que l'on a deſia trouué ailleurs. En ce qui eſt du Spirituel, l'auantage y eſt tout manifeſte; il n'en faut point parler. Quant aux auantages du corps, les tours de ſoupleſſe que font quelques Hommes ſurpaſſent

ceux de tous les animaux. Leurs baſtimens ſont auſſi bien
plus induſtrieux que les nids des oiſeaux, & leurs compoſitions chymiques auſſi admirables que le Miel des abeil-
les; Que ſi quelques beſtes ont des ongles & des dents
qui ont beaucoup de force, les Hommes n'en manquent
point en leurs mains; Dauantage, ils les garniſſent de
pluſieurs armes tranchantes, & ſi les beſtes iettent du venin au dehors, les boulets d'harquebuſe ſont bien plus re-
doutables. Quand il ſeroit auſſi entierement impoſſible
à l'Homme d'aller par l'air, il luy doit ſuffire d'auoir le
moyen d'aller à cheual, & de ſe faire traiſner dans des
chariots, & ſur tout d'auoir inuenté la nauigation, plus vtile meſme que le vol n'eſt aux oiſeaux; car ils ne ſçauroient
trauerſer les grandes mers faute de trouuer où ſe repoſer
& dequoy ſe nourrir, au lieu que l'Homme les trauerſe
dans des vaiſſeaux où il ſe repoſe, & où il vit aſſez commodement. Il y a encore quantité de choſes à obſeruer
pour les auantages de l'Homme : Mais ce que nous auons
dit eſt ſuffiſant pour faire connoiſtre que l'on ne doit pas
ſe plaindre de la Nature, qui n'a donné par inſtinct que
fort peu de choſe aux animaux irraiſonnables, mais qui a
donné à l'Homme le pouuoir d'accomplir tant de belles
œuures par ſon induſtrie. Dira-t'on que ce que les beſtes
ont, elles l'ont de leur nature qui eſt plus excellente que
l'Art; Mais ſi l'Homme a l'artifice outre la nature commune, n'eſt-ce pas encore vn effet de ſa nature de ſe pouuoir ſeruir de cet Artifice ? Pour monſtrer meſme combien
il eſt eſleué au deſſus des brutes, il poſſede luy ſeul toutes
les qualitez qu'elles ont chacune à part, car toutes les puiſſances qu'elles ont ne leur ſont propres que ſelon leurs eſpeces, & il en eſt de meſme de toutes leurs operations, au
lieu que l'Homme s'applique generallement à toutes ces
choſes.

    L'Homme peut auſſi repreſenter tout ce qui appartient
à toute ſorte d'animaux. Il peut imiter la diuerſité de leurs
cris, ſoit en déguiſant ſa voix toute ſeule, ou bien en vzant
de diuers chifflets & autres inſtrumens, ce qui ſert à les

*Comment l'Hom-
me imite le cry, la
figure & les mou-
uemens des beſtes.*

tromper à la chasse, & mesme à tromper aussi quelquefois
les autres Hommes. L'Homme contrefait encore luy-
mesme tous les mouuemens, & toutes les actions des bestes, en quoy il prend de l'aide quand il est besoin, se couurant de leurs peaux ou de quelque chose qui leur ressemble. Il les contrefait aussi en diuerses matieres, comme en
pierre, en bois, en metal & en cire; Dauantage, il donne
du mouuement à leurs Statuës auec des ressorts ou des
rouës, les faisant marcher comme des corps viuans. Pour
ce qui est de faire voler des oiseaux contrefaits, leur matiere estant fort legere, l'on peut auoir mis dans leur ventre
de petits ressorts qui feront mouuoir leurs aisles quand
l'on les aura iettez en l'air. Mais s'ils sont de grande stature & d'vne estoffe vn peu lourde, il faut quelque corde
pour les soustenir, car encore que leurs rouës fassent mouuoir leurs aisles, le poids de leur corps les entraisnera en
bas; Ce sera vne assez grande subtilité de faire que leurs
aisles se remüent, & que l'on les voye aller vers vn certain
endroit comme s'ils voloient, & puis cela se peut faire en
quelque lieu où ce qui les soustiendra sera subtilement
caché.

*Comment l'Hom-
me se contrefaict
aussi luy-mesme
à toutes autres
choses.*

De mesme que l'Homme contrefait les bestes, il se contrefait aussi luy-mesme. Il fait diuerses statuës qui ressemblent au naturel, soit qu'elles soient taillées au cizeau ou
iettées en moule; & par vne industrie nompareille il fait
mesme des portraits qui ne sont que de platte peinture, lesquels representent neantmoins les corps de la mesme sorte
que s'ils estoient releuez ou enfoncez. Cela se fait par les
*Difference de la
Peinture, de l'Es-
mail, de la Gra-
ueure & de la
Sculpture.*
regles de la Perspectiue, où les viues couleurs & les ombres sont mesnagez adroitement; & cela ne represente pas
seulement les animaux, les plantes & toute la face de la
Terre, mais aussi la face du Ciel, la clarté du Soleil & de
la Lune, & l'esclat du feu. Non seulement cela contrefait
aussi les corps insensibles, mais les sensibles; & la naïueté
en est si grande, que de loin l'on les prend pour estre mas-
sifs, & mesmes pour estre mobiles. L'Esmail est vne des
dependances de la Peinture. L'on s'y sert des mesmes

traits; Il n'y a que la matiere des couleurs qui eſt differente, car les couleurs de la Peinture ordinaire ſont moins ſolides que celles de l'Eſmail, qui eſtant appliqué ſur les Metaux doit auſſi auoir des couleurs metalliques. L'on peut
dire que l'Eſmail ne ſert qu'à de petites repreſentations ; il
en eſt de meſme de la Graueure & des Tailles-douces, qui
ne repreſentent d'ordinaire les choſes qu'en petit, & ſans
aucune varieté de couleurs. L'Art de Peinture obſeruant
toutes ſes regles, repreſente mieux les choſes les imitant
en leurs couleurs & en leur grandeur ; mais s'il trompe
beaucoup par l'éloignement, la Sculpture peut tromper
encore dans la proximité, pource que dauantage elle repreſente les choſes auec leurs figures : Toutefois, la Peinture a cela au deſſus, que la Sculpture ne peut repreſenter
comme elle, le Ciel, les Aſtres, le Feu & la lumiere ; &
que meſme ſans le ſecours de ſes couleurs, les figures
qu'elle fait ne ſçauroient eſtre vne parfaite imitation des
Corps, ſoit des animaux, des arbres ou de la face de la
Terre. Mais l'Homme ayant donné aux repreſentations
la figure & la couleur, y adjouſte le mouuement, ce qui
rend la Sculpture aſſez honorée, pource que cela ne ſe fait
qu'aux figures de relief, ſoit qu'elles ſoient de bois au d'autre matiere.

Nous auons deſia declaré ailleurs de quelle ſorte le
mouuement eſt donné aux Statuës, ſoit des Hommes ou
des Animaux. L'on en peut faire de legeres que des reſſorts feront marcher, leur faiſant auſſi remüer la teſte &
le reſte du corps. Ainſi, l'on pourra faire tenir diuerſes
poſtures aux figures des beſtes, & pour celles des Hommes, l'on les fera ſonner de la trompette, toucher le luth,
l'eſpinette & les orgues, & trauailler à diuers meſtiers. Si
cela ſe fait en de petites Statuës, pour vne plus parfaite imitation l'on le peut faire en quelques-vnes de la hauteur
des corps naturels, leur donnant des reſſorts plus puiſſans.
Il y a bien plus ; l'on peut faire que les figures des animaux rendent vn ſon pareil à leurs crys ordinaires. Puiſque cela ſe peut imiter par diuers chifflets & tuyaux, il ne

Y iij

*Comment l'on
peut faire parler
les Statuës des
Hommes.*

faut qu'auoir de l'Eau difpofée pour y chaffer du vent, ou
dreffer quelque mouuement qui faffe joüer des foufflets.
Paffons outre, & difons que non feulement l'on peut faire
que les Statuës des Hommes, ayent vn fon de voix ou vn
chant pareil au leur, mais auffi la parole. Nous faifons
defia des orgues où l'on contrefait vne voix humaine qui
chante, fans qu'aucune parole y foit articulée; Il y faut
adjoufter la diuerfe terminaifon des mots, par vn artifice
exquis. L'on peut bien paruenir iufques-là, ayant vne
entiere connoiffance de ce qui forme cette diuerfité, &
par vne exacte imitation. Il faut remarquer que l'on
ouure la bouche diuerfement pour prononcer les voyelles, & leurs differentes conjonctions auee les confones;
Qu'il faut pour quelques-vnes que les léures fe refferrent,
que pour les autres elles s'ouurent quelque peu, & que la
langue fe remuë auffi diuerfement pour cet effet; Il feroit
donc befoin que les tuyaux s'ouuriffent ainfi pour rendre
le fon; Qu'ils euffent auffi vne languette mobile, & qu'il
y en euft autant de fuite comme l'on voudroit faire prononcer de fyllabes, ce qui feroit conduit par vne machine
exprez. D'ailleurs, il faudroit que les tuyaux euffent diuerfes groffeurs felon que la prononciation des voyelles
eft douce ou rude, & foible ou forte; & fi l'on pouuoit, il
faudroit encore qu'ils s'eflargiffent ou fe preffaffent diuer-
femenr, pour imiter l'eflargiffement & la compreffion du
gofier, ce que l'on feroit par des tuyaux de cuir au lieu
d'eftre de plomb; & à faute de cela, fi l'on les vouloit faire folides, l'on les mettroit au meilleur eftat où ils deuroiét
eftre; mais de quelque façon que ce foit, tout au moins la
bouche & la languette des tuyaux deuroient eftre d'vne
matiere molle & flexible. A dire la verité, il faut des obferuations fi difficiles pour faire réuffir cela, que plufieurs
l'entreprendroient fans en venir à bout, mais nous connoiffons bien neantmoins que cela eft poffible, & que fi
vne telle machine eftoit appropriée dans le corps d'vne
Statuë, il fembleroit qu'elle parlaft, lors qu'en mefme téps
vn reffort particulier luy feroit ouurir la bouche de temps

en temps; Or pource que difficilement tant de tuyaux
& de roües neceffaires au mouuement, pourroient eftre
rangez en fi petit efpace, il fuffiroit auffi qu'ils fuffent placez derriere fon dos en quelque armoire, & ce feroit vne
chofe affez merueilleufe de ce que l'on feroit prononcer
quelques mots par vne telle inuention. Ce font des fecrets
dont l'on a defia parlé, mais la maniere de les accomplir
auoit efté inoüye iufques à prefent. Pour acheuer de vous
eftonner, nous difons dauantage que l'on ne peut pas feulement faire proferer quelques mots choifis à vne telle
machine, mais tous ceux que l'on fe pourra imaginer, &
que l'on la fera parler en telle langue que l'on voudra.
Cette propofition femble encore plus eftrange; Mais que
l'on efcoute comment l'on pretendroit l'executer. Pour
faire prononcer de certains mots qui feront toufiours les
mefmes & en certaine quantité, cela fe fera par le moyen
d'vn gros tambour qui aura diuerfes pointes, lefquelles
frapperont en tournant fur les touches comme fi c'eftoit
les doigts d'vn homme, de forte que leur nombre fera li-
mité felon les paroles que l'on voudra faire oüyr, ce qui
pourra eftre accommodé de mefme qu'en des orgues qui
ioüent toutes feules de certaines chanfons. Mais fi l'on
veut faire parler diuerfement ces fortes de machines comme fi elles eftoient raifonnables, il faut outre cela faire des
tuyaux pour toutes les voyelles & leurs diuers accouple-
mens auec les confonnes pour former les fyllabes, qui ne
montent guere à plus de cinquante pour nos Alphabets
vulgaires. Cela feruira pour prononcer tous les mots que
l'on fe pourra imaginer, & l'on en compofera vn difcours
fi long que l'on voudra. Il eft vray que fi l'on veut que
cela s'execute tout fur le champ, & que le langage foit
varié en mille & mille façons, il faudra qu'vn homme ex-
pert mette luy-mefme les doigts fur les touches, felon les
paroles qu'il defirera faire entendre, touchant les tuyaux
des fyllabes l'vn apres l'autre pour compofer toute forte
de mots; & cela fe fera auffi vifte comme il en fera capable par la difpofition de fes doigts. Pource que la diuerfi-

té des mots va iufqu'à l'infiny, la preparation des machines qui eft bornée, ne peut operer cela toute feule. Il eft
befoin que l'Homme doüé de raifon & de volonté y trauaille ; mais cela ne laiffe pas d'eftre bien mcrueilleux s'il
imite la varieté de fa parole auec des tuyaux & autres inftrumens faits d'vne matiere infenfible. D'ailleurs, nous
deuons comprendre que pourueu que l'on ayt de la patience, toute forte de difcours peuuent eftre mefme profe-
rez par ces machines fans qu'aucun Homme mette les
mains fur les touches, fi l'on veut arranger l'vne apres
l'autre fur la rouë muficale, les pointes qui feruient à toucher le clauier. Il faut que l'induftrie & le foin operent
pour accomplir ces rares ouurages qui font des chefs-
d'œuures de l'Artifice. Nous auons affez veu comment
l'Homme peut trauailler à la Melioration & à la Perfection
de ce qui eft corporel, mais voicy mefme vne Imitation
de fa voix, qui eft inuifible, & femble n'auoir point de
corps, & qui eft vn des inftrumens de l'Ame. Si cela n'eft
vtile manifeftement au bien de fa vie, cela monftre au
moins l'excellence de fon inuention, qui s'exerce en de-
pareils fujets pour fe rendre capable de ce que l'on doit
le plus eftimer.

De l'Vfage des Proprietez cachées, Et des Sympathies,
& des Influences ;

Ou de la Magie Naturelle.

CHAPITRE IX.

Ovtes les operations que les Hommes
font fur les corps & auec les corps, par le
moyen des qualitez les plus fenfibles, font
affez admirables pour la plufpart, mais celles
qui fe font par des qualitez entierement fecrettes, & que l'on ne connoift que par leurs effets, leur
difpu-

difputent le prix. Ce fontcelles qui doiuent eftre apuyées
fur les Emanations fubtiles, fur la Sympathie ou Antipathie, & fur les Influences. L'on affeure que fi l'on en a
connoiffance, & fi l'on s'en fert à propos l'on execute des
chofes qui tiennent du miracle; & c'eft proprement ce que
l'on nomme la Magie naturelle. A dire la verité, tous les
vfages extraordinaires desCorps naturels que nous auons
propofé iufqu'à cette heure, peuuent eftre rangez fous
cette Science, mais nous en fçauons dont la puiffance e-
ftant plus cachée ont bien plus d'apparence d'eftre Magi-
ques. L'on dira que l'efprit de l'Homme n y trauaille pas
tant qu'à des ouurages ingenieux qu'il fait agir par fon induftrie; mais s'il n'a point fait quelque effort pour trouuer
tant de facultez fecrettes, que l'on rencontre quelquefois
par hazard & fans y penfer, au moins il en a pû faire pour
les appliquer diuerfement. Or ayant defia appris qu'il fort
de tous les corps de certaines effufions, que l'on peut eftimer corporelles, quoy que fort fubtiles, il vient icy en ordre de confiderer leur vfage, & quel pouuoir nous auons
de leur donner de la melioration, & de les tourner au bien
ou au mal. Au cas que l'on mette en ce nombre les plus
fimples, qui font auffi les plus connuës, lefquelles portent
les corps à fe ioindre enfemble d'vne affection naturelle,
comme font les corps femblables, ou ceux qui ont quelque
affinité auec d'autres, nous dirons que l'on peut aider ou
nuire à de telles Effufions rendant les corps affez voifins,
& que l'on peut augmenter ou diminuer leurs facultez en
changeant la conftitution de ces mefmes corps; Comme fi
l'eau fe joint à l'autre eau gardant fa fluidité; au contraire, lors que l'on l'efchauffera, l'on la fera monter en vapeur
pour s'en efloigner. L'on caufera ainfi plufieurs changemens par le chaud ou le froid, & en ce qui eft de tourner toutes ces puiffances à noftre vtilité, cela fe fait diuerfement. Si les proprietez des Corps principaux tombent
fous noftre pouuoir, celles des particuliers ou Deriuez, n'y
refiftent pas dauantage. En ce qui eft des Meteores,
pource que ce font des Corps fimplement meflez, ils fui-

uent d'ordinaire la loy des principaux, n'eſtans qu'eau
eſtenduë ou exhalaiſon enflammée. Si nous venons à ce
qui leur eſt inferieur, les Eaux des fontaines ont diuerſes
proprietez que nous employons à leur effet propre; Nous
en faiſons de meſme des Terres, mettant enſemble celles
qui ſont capables de rendre les Plantes fertiles, comme la
terre chaude & humide auec la froide & la ſeche. Celles
qui ont quelque effet de Medecine ſont employées dans
les occaſions, comme la Lemnienne & le Bol Armenien,
qui arreſtent le flux de ſang. Les Pierres ont auſſi leurs
proprietez particulieres. L'on ſe ſert de la pierre d'Aimant pour les quadrans & les bouſſoles; L'on en attire
auſſi vn morceau de fer, qui pourra apres attirer vn autre
fer, & cettui-là vn autre, pour en faire comme vne chaiſne;
Tenant cette pierre cachée ſous vn plat, l'on y fera cheminer des aiguilles auec ſujet d'admiration. Elle pourra
encore ſeruir au mouuement de quelques rouës & de diuerſes figures où il y aura de l'acier, & l'on rapporte qu'en
la hauſſant & baiſſant ſous vn baſſin plein d'eau, dans lequel l'on aura mis vne petite naſſelle auec vne figure
d'homme tenant des auirons, ſi cette figure a du fer ſur le
dos, elle ſe renuerſera coup ſur coup, comme pour ramer.
A l'imitation de cela, l'on peut inuenter d'autres gentilleſſes qui ſont des vſages de plaiſir, s'ils ne le ſont d'vtilité. Toutes les pierres precieuſes ont de meſme leur employ. Celles qui ont des qualitez propres à reſioüir l'Homme y operent lors que l'on les porte ſur ſoy, & ſpecialement quand l'on les regarde: C'eſt ce que l'on doit eſperer de leur eſclat & de leur couleur; Mais outre cela, ſi
l'on aſſeure que leurs tranſmiſſions peuuent cauſer vne
allegreſſe d'eſprit par le ſeul attouchement, cela eſt difficile à croire, & l'on ne void point que ceux qui les portent
ſoient plus ioyeux ou plus triſtes, que ſelon leur naturel,
ou ſelon le ſujet qu'ils ont de changer d'humeur. Leur
ſanté n'en eſt point auſſi mieux conſeruée, ny pluſtoſt re-
couuerte quand elle eſt perduë. Au moins, l'on dit que
la pluſpart des pierres precieuſes donnent des marques
de l'eſtat de ceux qui les portent, faiſant connoiſtre s'ils

sont fort malades, & l'on asseure cela principalement de la Turquoise & de l'Esmeraude. Quelques vns asseurent encore que la Turquoise se rompt si elle est au doigt de ceux qui commettent adultere; D'autres disent qu'elle s'obscurcit seulement, & qu'elle fait connoistre en general l'intemperance des Hommes. Il y a plus d'apparence en cette derniere opinion, pource qu'il peut sortir de mauuaises vapeurs du corps des intemperans, lesquelles ternissent l'esclat de ces pierres; Mais cela n'arriuera pas à toutes personnes, puisqu'il y a des Hommes vicieux, qui estans de forte complexion, ne sentent pas si tost le dommage que font les excez, au lieu qu'il y en a de vertueux qui sont tousiours malades. Toutefois, s'il est ainsi qu'en quelque façon que ce soit les Pierres precieuses fassent voir quelquefois quel est l'estat de la santé de ceux qui les portent, c'est leur attribuer des marques des vices du corps, & non pas de ceux de l'Ame, ce qui est le plus vray-semblable: Mais il faut se figurer encore que bien que la pierre soit au doigt d'vn malade, les vapeurs malignes qui sortiront de son corps, n'offusqueront pas tousiours leur esclat, estans arrestées de quelque obstacle, ou esleuées ailleurs; & dauantage, il faut reconnoistre que cecy n'est point de l'effet des transmissions des Pierres, puisqu'elles monstrent icy leurs souffrances & non point leurs actions.

Quant à l'vsage de plusieurs autres proprietez extraordinaires & incroyables, il n'est pas besoin de le regler, puisque l'on n'en sçait point d'exemple. C'est vne chose controuuée de dire que l'on chasse toute crainte hors de soy, & que l'on se fait redouter par ses ennemis en portant à son costé gauche la pierre Alectorine tirée de la teste d'vn vieil Coq; Que l'on se fait aimer de chacun en portant la pierre Chelidoine prise au ventre des hirondelles; Que l'on interprete toute sorte de songes en tenant la pierre Asmadus; Que l'on deuine les choses futures en mettant sous sa langue la pierre Colunite trouuée en la teste d'vne tortuë; & que l'on se rendra inuisible en portant sur soy vne pierre appellée Ophtalmus enuelopée de

De l'Vsage des proprietez incroyables des Pierres.

Z ij.

feüilles de Laurier. Voylà la façon d'vſer de ces Pierres, qui eſt aſſez facile, mais la pluſpart ſont inconnuës, ou tres-difficiles à trouuer. L'on ne ſçauroit eſtre aſſeuré de leur vertu par l'experience, mais il ſuffit de conſiderer qu'il n'y a aucune raiſon qui puiſſe faire croiré que l'on en doiue eſperer de ſi eſtranges effects. L'on en attribuë à peu prez de ſemblables à des pierres aſſez connuës dont l'on void aizément le menſonge, comme l'on dit que la Caſſidoine chaſſe la freneſie & la fauſſe imagination de l'eſprit des melancholiques; Que la Topaze arreſte incontinent le ſang qui coule d'vne playe; Que le Saphir rend aimable, & beaucoup de miracles que l'on raconte d'autres pierres. Il les faut nier abſolument, nous aſſeurant que les Autheurs les ont inuentez par leur ſeul plaiſir, ou tout au plus que ce qu'ils en diſent, a quelque ſignification myſterieuſe; Car par exemple, ſi l'on a dit que celuy qui porteroit la pierre Alectorine tirée de la teſte d'vn Coq, ſe rendroit redoutable à ſes ennemis, l'on a vouly ſignifier que pour cet effet il faloit auoir le courage du Coq. L'on expliquera les autres chacun à ſa phantaiſie. Il eſt vray qu'il y a auſſi quelques Pierres de qui l'on publie d'autres choſes qui ſemblent d'abord fort miraculeuſes & impoſſibles, mais qui ſe font neantmoins veritablement d'vne certaine maniere; & c'eſt que le diſcours de ceux qui en ont parlé les premiers a eſté ambigu & caché pour cauſer plus d'admiration. Ils ont eſcrit que la pierre Heliotrope eſtant miſe dans vn baſſin plein d'eau, fait rougir le Soleil, & le fait preſque eclypſer. Il ſemble à les oüyr que cette pierre ait du pouuoir ſur cet Aſtre comme ſi elle ſeruoit à quelque puiſſant charme; mais il ne faut entendre cela que de la repreſentation du Soleil qui ſe fait dans le baſſin à l'endroit où la pierre eſt miſe. De meſme, quand l'on dit que la pierre d'Iris fait pareſtre l'Arc-en-Ciel eſtant expoſée au Soleil, ce n'eſt pas dans les hautes parties de l'Air qu'elle fait voir cet Arc, mais contre la Terre & autres corps ſolides oppoſez, auſquels elle communique la varieté de ſes couleurs, de meſme qu'vn criſtal triangulaire. Nous auons aussi parlé ailleurs d'vne maniere de faire voir quand l'on veut l'Arc-en-Ciel opposé au Soleil dans vn lieu exprez, où la representation du Soleil & du Ciel est telle qu'ils sont alors, & où celle de l'Arc dépend de l'artifice d'vn cristal. Ainsi, les operations des Pierres qui semblent si miraculeuses à en entendre discourir quelques Naturalistes, n'ont souuent que des effets assez communs; comme si l'on publie que la pierre Pantaura, possede les qualitez de toutes les autres Pierres, l'on veut dire seulement que lors qu'elles sont mises prez d'elle, elle represente soudain leur esclat, pource qu'elle est si claire qu'elle reçoit leurs images comme feroit vn miroir, & en ce cas-là, elle ne s'attribuë que des qualitez sujettes à la veuë, telles que sont les couleurs.

Plusieurs se sont encore trompez d'vne autre sorte à ce qu'ils ont veu escrit touchant la vertu des Pierres, car ils ont creu que celles qui seruent de remede à quelque mal, le pouuoient faire, estant penduës au col ou au bras, ou portées en anneau; & neantmoins elles ne sont vtiles qu'estans dissoutes dans quelques liqueurs, ou mises en poudre pour estre prises en forme de medicament, ou bien lors que l'on en a tiré quelque extrait par voye chimique, pour le mesme dessein. Ainsi, l'on trouue que le sel & le magistere du Corail sont vtiles aux maladies du foye & à l'intemperie du sang, restreignant le sang lors qu'il s'eschauffe & se déborde; Mais l'on auroit beau porter du Corail sur soy, auant qu'il produisist vn mesme effet, quoy que l'on ait escrit qu'il ne faut qu'en porter des colliers ou des bracelets.

Cecy nous fera entrer dans la consideration des Plantes, dont l'on rapporte encore de semblables merueilles. L'on dit que le Iusquiame verd estant mis sous le cheuet d'vn homme qui ne peut dormir, il luy excite le sommeil. L'on nomme encore plusieurs Plantes à qui l'on attribuë le mesme effet, mais l'on se trompe dans l'vsage; car ce n'est pas seulement sous le cheuet du lict qu'il les faut placer; il les faut plustost estendre sous vn bandeau que l'on

applique fur le front, ou bien il en faut auoir tiré des eaux
ou des huiles dont l'on frotte le front & les temples. Si
l'on les veut mettre fimplement fous le cheuet, il faut donc
qu'il y ait vn gros faifceau de leurs branches, afin que la
tranfmiffion en foit plus forte, & ne fe pas contenter d'vn
petit rameau comme l'on fait quelquefois. L'on dit auffi
qu'en portant fur foy de l'armoife, l'on ne fe laffe point
en cheminant, C'eft pluftoft qu'elle delaffe fi l'on s'en
frotte les pieds. Ainfi les tranfmiffions de la plufpart des
Plantes ne monftrent leurs forces que par vne application
prochaine. A n'en point mentir, quelques-vns fe font
purgez par la feule veuë & par l'odorat du Sené, non feulement pource que fa tranfmiffion eft fort puiffante, mais
pource qu'ils en eftoient fort fufceptibles. Plufieurs autres
Plantes n'agiffent que dans l'interieur du corps, foit que
l'on prenne leurs parties entieres, ou leur fuc & leur tein-
ture. L'vfage des vnes & des autres eft reglé felon les experiences que l'on en fait; Mais pour ce qui eft des Plantes à qui l'on attribuë des effects miraculeux & au deffus
de la Nature, de mefme qu'aux Pierres il eft inutile de s'y
arrefter. Nous ne croyons pas que l'on puiffe eftre tousiours heureux au ieu, ou aimé des Dames, en portant fur
foy du Treffle à quatre feüilles, felon l'erreur de quelques
efprits foibles. Il femble mefme que l'on fe mocque de
nommer cette Plante, comme eftant impoffible de la trouuer, d'autant que la Nature du Treffle eft de n'auoir que
trois feüilles, ainfi que fon nom le tefmoigne; mais il faut
croire qu'il y a de certain treffle qui montant, & pouffant
encore quelques feüilles au deffus des trois, donne fujet
aux Arboriftes de l'appeller du Treffle à quatre, foit qu'il
n'y ait que quatre feüilles, ou qu'ils rognent les furabon-
dantes pour tromper les idiots à qui ils les vendent. Neantmoins, de quelque façon que cette herbe foit, elle ne doit
auoir aucune puiffance fur le hafard du ieu, ny fur vne
chofe volontaire comme l'amour. Il faut penfer le mefme
de la Verueyne dont l'on dit qu'il fe faut frotter les mains
pour fe faire aimer, & en aller frotter celles de la perfonne

dont l'on veut eſtre aimé. L'on rapporte encore d'autres
choſes qui ne ſont pas plus croyables ; L'on dit qu'il y a
vne herbe qui rend inuiſible, vne autre qui ſert à faire ouurir toutes les portes ; & penſez que l'on a voulu parler de
la meſme qui desferre les cheuaux, d'autant que l'on a crû
qu'elle tireroit auſſi bien les ſerrures de leur place ; mais
nous auons deſia repliqué, que ſi elle desferroit les cheuaux c'eſtoit en rendant leur corne plus molle, de ſorte
que cela n'eſt pas receuable pour autre choſe. Les herbes
que l'on dit qui rendent Prophete ou bien-heureux, en
les maſchant ou les portant, ſont auſſi au nombre des choſes fabuleuſes. Elles ne ſeroient pas plus connuës quand
l'on rapporteroit leurs noms, pource que la pluſpart ſont
barbares & inconnus, & l'on ne doit point meſme chercher l'vſage d'vne choſe qui ne ſe trouue point.

L'on attribuë encore des puiſſances merueilleuſes aux
corps des animaux entiers, & à leurs parties, pour de ſemblables effects que ceux que nous auons nommez, & pour
les maladies les plus faſcheuſes. Quant aux effects miraculeux, ils n'y ont aucun pouuoir ; mais pour ce qui eſt de
remedier à quelques maladies, il eſt certain qu'ils le font
en diuerſe maniere. L'on ſe peut ſeruir vtilement de ce qui
eſt tiré d'eux, ſoit que l'on en ait fait des eaux, des huiles,
ou des vnguens, & cela opere par vne application prochaine. Quelque-fois leurs parties toutes ſimples ſeruent au corps humain, comme le cœur, le foye & la ratte, qui ſont pris tous chauds pour fomenter de ſemblables parties affligées, & l'on les applique auſſi en de differens endroits contre les fiéures, comme aux poignets, aux
temples & ſur l'eſpine du dos, encore que le principe du
mal ne ſoit pas en tous ces lieux-là, d'autant que l'on croid
que les tranſmiſſions de ces parties ſe communiquent par
là iuſqu'à ſa ſource. Puiſque l'on les prend lors qu'elles
gardent encore leur chaleur, l'on peut eſperer que cette
qualité eſt aſſez penetrante pour tranſmettre auec elle
d'autres facultez ; Mais outre cela, l'on aſſeûre que les
meſmes parties toutes ſeches & long-temps gardées, ne

font pas deſtituées de pouuoir. Pluſieurs s'en ſeruent contre quelques maladies,& l'on nepeut nier que cela n'ait eu
quelquefois du ſuccez. Pour les parties qui ſont naturellement ſeches, comme les ongles, les cornes, les dents &
les os de pluſieurs beſtes, l'on s'en peut ſeruir en tout
temps ſans difficulté, & leurs racleures trempées dans de
l'eau, ou bien leurs poudres priſes diuerſement, ont de differentes prerogatiues. Il y en a que l'on porte auſſi en
leur entier pour ſeruir de remede à quelque mal, comme
la dent de cheual marin & celle de loup, & autres, contre
la goutte, la migraine ou la cholique; le pied d'Elan, contre l'Epilepſie; & le pied de liéure, contre la Nephritique.
Pour ce qui eſt de leur chair, de leur ſang, & de leurs os
broyez, ils peuuent eſtre vtiles à compoſer pluſieurs drogues dont l'vſage n'eſt pas ſi eſtrange, pource qu'elles
agiſſent auec plus de proximité dàs leur aplication qu'vne
partie ſeche qui eſt ſimplement portée au col, au bras, ou ſur
les flancs. Toutefois, il eſt permis de s'enquerir ſi le pouuoir
des parties ſeches eſt iuſtifié par l'experience, ce qui ſera
fort mal-aizé à trouuer. Quoy qu'il en ſoit, il en a falu donner quelque exemple en ce lieu-cy. L'on promet bien de
guerir les maladies par des remedes plus bigearres: L'on
dit que ſi ayant rogné ſes ongles des mains & des pieds,
l'on les pend au col d'vne anguille dans vn petit ſachet,
& l'on la remet apres dans l'eau, cela fera perdre les fiéures; Que l'on guerira auſſi de la fiéure quarte ſi l'on porte vne araignée penduë au col dans vne coquille de noix,
ou des fourmis ou des punaiſes entortillées dans vne toille d'araignée blanche. Ce ſont toutes abſurditez & ſu-
perſtitions.

Ceux qui ſubtiliſent dauantage, pretendent que les
vrays effects de la Magie naturelle ſe monſtrent lors que
l'on ſçait appliquer les choſes à leurs ſemblables, ou à d'autres choſes qui n'en different guere, & qui leur peuuent
enfin reſſembler en quelque ſorte. Ils penſent que tout ce
qui vient des paſſereaux peut ſeruir à rendre les Hommes
laſcifs comme eux, ſoit que l'on mange leur chair ou que

l'on

l'on porte fur foy quelques-vnes de leurs parties. Ils affeurent auffi que fi vne femme boit deux ou trois fois à jeun
vn demy verre d'vrine de mule, elle deuiendra fterile. Ils
attribüent le mefme effe&t à la racleure de la corne de mule portée fur foy, mais pluftoft auallée parmy quelque
breuuage ou quelque viande. Si les chofes qu'ils difent ont
aparence de verité, c'eft côme lors qu'il eft befoin de porter
les Hommes à l'amour ou à la colere, il eft certain que les
alimens qu'ils prendront eftans mediocrement ou exceffiuement chauds, changeront le temperament pour le rendre propre à exciter diuerfes paffions. Les chofes froides
ou aftringentes auront de mefme leur puiffance particuliere ; mais il ne fe fait prefque rien au delà. En ce qui eft
des Corps ou de leurs parties que l'on applique à d'autres
femblables, il eft certain que fi leur eftat fe trouue bon, il
fe peut communiquer. Quelques-vns prennent garde que
de tels animaux n'ayent point efté fujets au mal que l'on
veut guerir, ou qu'ils foient de ceux qui s'en gueriffent facilement ; Les Magiciens naturels difent dauantage, qu'il
faut obferuer que fi l'on tire quelque partie d'vn animal,
cela fe faffe tandis qu'il demeure encore vif, & que l'efficace en eft plus grande. Il eft croyable que les efprits
y demeurent en plus grande abondance ; que fi cette partie en eftoit tirée lors qu'il feroit mort entierement, & que
cela fert d'vne meilleure fomentation. Nous ne ferons
point en difcord auec eux fur de telles regles.

L'on nous raconte quelques fecrets qui font tirez des
parties des Plantes & des Animaux, & d'autres chofes
pour faire plufieurs merueilles qui femblent eftre vn ieu
de baftelenrs ou d'enchanteurs : mais il n'eft pas poffible
qu'elles ayent le pouuoir de tromper les Sens, ainfi que
l'on pretend. Il ne faut pas croire que naturellement l'on
puiffe fafciner les yeux comme plufieurs ont dit, & que
pour auoir tiré de l'huile de la tefte d'vn afne ou d'vn autre animal, l'ayant fait boüillir par trois iours dans vn pot
neuf, les lampes qui en feront allumées dans vne chambre obfcure, faffent voir tous les affiftans auec vne tefte

d'afne ou de cheual, ny que la femence des mefmes animaux ou les ordures de leurs oreilles, ou mefme leurs fien-
tes meflées dans quelque huyle, ayent le mefme effet, &
que l'on puiffe faire des chandelles auec leur moüelle
meflée à de la cire vierge pour vn femblable deffein. Il n'y
a aucune raifon qui puiffe faire imaginer que cela foit veritable; Les chandelles qui font faictes de fuif de mouton
deuroient donc faire paroiftre les affiftans auec des teftes
de mouton. L'on dira que l'on n'y obferue pas les ceremonies, de faire boüillir les membres des animaux dans
des pots neufs pour auoir la graiffe, & de l'allumer dans
vne lampe neufue, ou bien de la mefler à de la cire vierge;
mais ces obferuations n'y peuuent point eftre plus vtiles;
Ce ne font que des fuperftitions: & quoy que l'on rapporte cela dans des Liures de Magie naturelle, cela n'a rien
de naturel, & ne fe peut faire que par vne Magie diaboli-
que. L'on peut bien faire paroiftre des vifages paffes, par
des fumées de fouphre & autres femblables, & leur donner quelque couleur qu'ils n'ont pas; L'on les peut auffi
faire voir plus longs ou plus larges par des fumées qui
eftendent l'image des objects; mais de changer entierement leur figure par ce moyen, l'on le doit tenir pour impoffible. Il eft vray que l'on peut bien trouuer l'inuention
de certains verres ou de papiers peints qui feront paroiftre
diuerfes figures par leurs couleurs, mais quand elles viendroient fraper fur les vifages, la clarté qui s'épandroit au
refte du lieu, ne laifferoit pas de les faire voir en leur propre forme. L'on peut argumenter par là tres-fubtilement,
que quand l'huyle tirée de la tefte des animaux eftant allumée dans vne lampe, auroit mefme vne partie du pouuoir que l'on luy attribuë, ce feroit feulement de former
des efpeces de leur tefte qu'elles enuoyeroient au dehors,
lefquelles paroiftroient auffi-toft contre vne muraille que
contre le corps d'vn Homme, felon l'endroit où elles s'a-
drefferoient: Et pofez le cas qu'il en vinft vne iuftement
fur la tefte d'vn Homme; elle ne paroiftroit que comme
vn ombrage, & la forme du vifage humain fe verroit tous-

iours en son naturel dans vne clarté diminuée.   Cette
tromperie des Sens ne se fait donc point, puisque de telles
especes ne se forment point du tout, & que quand elles se
formeroient, il n'en arriueroit pas ce que l'on pretend.
En ce qui est de faire paroistre les Hommes sans teste auec
vne chandelle faite de cire neufue où l'on ait meslé de la
poix Greque, de l'orpiment & de la poudre faicte de la
peau d'vn serpent; c'est vne chose tres-absurde; car que
peut-on penser de quelque lumiere si estrange que ce
soit, sinon qu'elle iettera des fumées qui obscurciront toutes choses; & en ce cas-là si l'on ne void point la teste,
tout le reste du Corps ne sera-t'il pas caché aussi ? L'on a
escrit en outre que si l'on auoit enfermé de l'huile dans vne
bouteille attachée à vne grape de raisin qui tinst encore
au sep, & qui eust pris sa croissance là dedans, si l'on auoit
apres espraint le raisin dans l'huyle, lors qu'elle seroit allumée elle feroit paroistre vne chambre toute pleine de
raisins.   Voyez comment il faut raisonner diuersement. Il
est certain que si cette huyle pouuoit representer les especes des raisins, elle les feroit paroistre assez facilement
contre les murailles de la chambre selon cette proposition, pource qu'il n'importeroit de quel costé allassent les
representations, & cela feroit encore aisé à imiter par les
verres & les papiers peints accommodez en guise de lan-
terne : Mais l'on ne pourroit pas faire paroistre de mesme
les Hommes auec des testes d'animaux, puisque quand
ces Fantosmes se formeroient, ils ne se trouueroient que
par hasard sur leur visage, & il faudroit plustost dire qu'au
cas que cela se fist, toutes les murailles de la chambre se
verroient peintes de semblables testes.   Au reste, nous
nous pouuons figurer que ceux qui ont proposé cela, ont
touché grossierement à quelques veritez dont ils auoient
oüy parler, touchant les formes des Corps sensitifs & vegetaux que l'on faict paroistre dans des fiolles, ainsi que
nous l'auons asseuré tantost; mais cela se fait par vne maniere plus subtile que celle qu'ils alleguent, de faire boüillir simplement des testes & des excremens, & il ne faut pas

Des secrets pour causer d'estranges visions à ceux qui dorment, & pour leur faire declarer leurs secrets.

que les esprits se perdent comme ils feroient en vne cha n delle ou vne lampe.

L'on adjouste à ces illusions, les moyens que l'on peut trouuer d'auoir des visions extraordinaires en dormant. L'on dit que si en s'allant coucher l'on se frotte les temples de sang de Huppe, l'on verra en songe tout ce que l'on se peut imaginer d'estrange & de miraculeux ; & que si l'on a fait aussi vne suffumigation de Pouliot, de pierre d'azur, de graisse de Dauphin, de Loup, de Cheual & d'Elephant, & de sang d'asne & de chauue-souris, l'on verra parestre en dormant vne personne qui annoncera les choses cachées & les futures. L'on a accouplé toutes ces drogues, pource qu'il est difficile de les trouuer ensemble, & que l'on n'en descouurira pas si tost le mensonge. Mais sans les esprouuer, nous iugeons qu'elles ne sçauroient auoir vne puissance surnaturelle, & que mesmes quand elles pourroient remplir la fantaisie de diuerses images, elles n'y en feroient pas naistre specialement quelques-vnes puisqu'elles doiuent suiure le temperament des personnes. L'on dit encore qu'vn œil d'hirondelle mis dans vn lict empesche de dormir, celuy qui y est couché, luy causant mille inquietudes ; Que la langue & le cœur d'vne grenoüille de marests, estans mis sous le cheuet feront parler vn Homme en dormant ; Que s'ils sont mis sur sa poitrine à l'endroit du cœur, il respondra à toutes les choses sur lesquelles on l'interrogera, & que principalement cela arriuera à vne Femme, pource que les Femmes sont enclines à babiller, & que cela leur pourra faire descouurir leurs secrets, & mesme tout le mal qu'elles auront fait en leur vie.

De quelques merueilles de curiosité & de plaisir.

Pour ioindre icy d'autres merueilles de curiosité & de plaisir, l'on rapporte qu'ayant fait cuire sous les cendres, vn morceau de paste de farine de froment, meslée à la poudre de la pierre Ætites, cela seruira à faire descouurir vn larron, pource qu'en ayant faict manger à tous ceux que l'on soupçonne, celuy qui sera coupable du faict, ne pourra aualler son morceau apres l'auoir masché. L'on dit auſſi qu'ayant mis ſous des plats l'herbe de Baſilic auec ſa racine, ſans qu'vne Femme le ſçache, elle ne voudra taſter d'aucune viande pendant le repas ; Que ſi l'on fiche ſe-crettement ſous la table, vne ayguille dont l'on ayt plu-ſieurs fois couſu les draps des morts, toutes les perſonnes d'vn banquet demeureront triſtes, & n'auront aucun ape-tit de manger. Ce ſont-là des miracles auſquels nous n'adjouſtons aucune foy. Il eſt vray qu'il ſe fait des cho-ſes prodigieuſes dans la Nature, mais il n'y en a point qui le ſoient tant que celles-là ; Qui plus eſt, l'on trouue quel-que-fois des raiſons de ce que l'on en eſpere, au lieu que l'on n'en rencontre point en cecy ; car de dire que la gre-noüille fait caqueter les Femmes, pource qu'elle ne ceſſe de coaſſer, & que l'ayguille des morts attriſte pource qu'elle eſt vn ſujet de triſteſſe, ce ſont des imaginations appropriées au ſujet, leſquelles ne ſont point confirmées par d'autres exemples. Il faudroit donc que le piſtolet & l'eſpée qui ſont ſerrez dans vne chambre, fiſſent naiſtre des querelles entre ceux qui s'y trouueroient, & qu'vn archet de violon, ou le violon meſme, caché en quelque lieu, excitaſt incontinent chacun à la joye & à la danſe. Si l'on raconte de ſemblables choſes, elles ne peuuent eſtre fondées que ſur le pouuoir que les objets ont d'eſmouuoir les paſſions diuerſes ; & cela eſtant, il les faut manifeſter, non pas les mettre en lieu caché. S'ils nous touchent, alors il n'y aura point de merueille extraordinaire ; mais ſi c'e-ſtoit ſans eſtre veus, il faudroit qu'ils euſſent des euapora-tions & des influences, que l'on ne reçoit pas pour tous les corps ſelon la fantaiſie de ceux qui les ont imaginées. Enfin, tant de proprietez particulieres que l'on raconte, ne ſont pas aſſez veritables, pour eſtre miſes au nombre de celles qui dependent de la Magie naturelle.

Si les Hommes ont de la peine à operer ſur eux-meſ-mes ou ſur les autres par le ſecours des choſes exterieures, il faut voir ce qu'ils peuuent faire de leurs propres forces. Cherchons s'ils ont le pouuoir de cauſer du mal ou du bien, & de ſe faire haïr ou aimer. Pour le premier, l'on

dit que tous les Corps du Monde ayans des qualitez propres au bien ou au mal, il n'eſt pas croyable que l'Homme
qui eſt le plus parfait de tous les Animaux, en ſoit deſtitué.
Pour donner apres des exemples des Animaux par qui
les maux ſe communiquent, l'on rapporte que le Baſilic
tuë de ſon regard, & que le Loup oſte la voix à ceux qu'il
apperçoit les premiers. Il eſt vray qu'il y a des beſtes qui
iettent des vapeurs fort venimeuſes de leurs yeux, ou pluſtoſt de toutes leurs autres parties ; mais quant au Loup,
l'on n'a point trouvé qu'il puiſſe oſter la voix ſi ce n'eſt
d'apprehenſion. L'on adiouſte que la Tortuë couue ſes
œufs, & fait eſclorre ſes petits de ſon ſeul regard, mais cela
eſt dit par figure, pour exprimer le ſoin qu'elle en a, craignant qu'il ne leur arriue quelque dommage, car au reſte
il ſuffit de la chaleur de la Terre & de celle de l'air pour
les faire eſclorre, comme il arriue aux Lezards & à pluſieurs inſectes. Quant aux Hommes que l'on dit qui ſe
gueriſſent de la jauniſſe s'ils ont regardé les premiers vn
oiſeau appellé Loryot, & qu'il meurt pour ne s'en eſtre
pas donné garde, c'eſt vn conte fabuleux dont ie ne ſçay
où l'on a eſté chercher la raiſon ny l'exemple. Il eſt bien
vray que les Hommes ſe communiquent le mal des yeux
l'vn à l'autre par les vapeurs malignes que iettent ceux qui
en ſont malades. C'eſt vn ſemblable pouuoir que celuy
de quelques odeurs qui font eſternuer; Les aulx & les
oignons font bien pleurer auſſi eſtans pelez aſſez loin; Cela monſtre qu'il y a de certaines choſes qui ſont nuiſibles
à la veuë ; Les vapeurs que iettent les yeux malades ne
ſont point ſi aſpres, mais pourtant elles affligent d'vn ſemblable mal les autres yeux qu'elles touchent. Cela ne paroiſt pas eſtrange, pource qu'il y a vne reſſemblance de
nature d'vn membre à l'autre. Mais de croire que l'on
puiſſe auſſi communiquer quelque autre mal par les rayõs
des yeux, c'eſt ce qui n'eſt pas croyable. Il n'eſt pas poſſible qu'vn Homme puiſſe donner la fiéure à vn autre en
le regardant ſeulement, ou qu'il le rende infortuné, comme quelques-vns pretendent. Quoy que l'Homme ſoit

superieur aux beſtes par le raiſonnement & par la dignité de ſon Ame, ſon corps n'a point cette eminence de pouuoir, qu'il ſoit capable non plus de les infecter à ſa volonté par quelques vapeurs de ſes yeux, comme l'on dit de ceux qui font emmaigrir vn troupeau pour l'auoir ſeulement regardé. L'on dit bien que la ſaliue de l'Homme eſt mortifere à quelques beſtes venimeuſes ; Mais ayons eſgard à ne point croire de leger tout ce qui eſt dans pluſieurs Liures. Si vn Homme eſt bien compoſé, ſes excremens ne ſeront pas touſiours nuiſibles. Quelqu'vn a eſcrit meſme qu'vn enuieux a du pouuoir ſur les autres Hommes par ſon ſeul regard, ou par les tranſmiſſions qui ſortent de ſa perſonne entiere au plus fort de ſa paſſion, ſpecialement ſi celuy qui eſt enuié eſt alors dans la ioye & la ſatisfaction de ſon bon-heur, d'autant que ſes pores s'ouurent & le rendent plus ſuſceptible du mal que l'on luy ſouhaite. De verité, la ioye exceſſiue met tout le corps en émotion, & peut troubler la ſanté ; mais il ne ſe faut pas perſuader que la mauuaiſe volonté d'vn autre Homme ſoit ſuffiſante pour cauſer cet accident, ou pour l'empirer. La puiſſance des eſprits & des exſpiratiõs des corps ſur les autres corps voiſins, n'opere pas en toute ſorte d'occaſions comme l'on s'imagine, & ſi elle le fait, c'eſt ſi ſecrettement que l'on ne le peut preſque remarquer. Il y a ſeulement de certaines maladies qui en dependent quelque-fois aſſez manifeſtement. L'haleine de ceux qui ont le poulmon gaſté peut affliger de meſme ceux dont ils approchent, & ce mal ſe gagne de mary à femme. Il y a d'autres maladies qui ſe communiquent dans vn aſſez grand éloignement, comme la peſte & toutes les fréures contagieuſes, d'autant que tout le corps en eſt infecté, & a de certaines euaporations qui ſe portent iuſqu'aux autres corps viuans. Le linge & les habits gardent auſſi ce venin, ſpecialement pour la peſte, & en offenſent ceux qui s'en ſeruent ou qui les touchent. Il y a d'autres maladies ſalles, comme la rogne, la lepre & la verolle, qui ſe gagnent en ſe touchant ou en beuuant & mangeant en de meſmes vaiſſeaux, & ſur

tout en coûchant enſemble. Elles ne ſe gagnent point par
la communication de l'air ſeulement, pource qu'elles ne
ſont pas ſi ſubtiles que celles qui ſont atachées aux eſprits,
ayant leur ſiége dans leurs humeurs. Quelques maladies
ſe communiquent ſeulement par vne ouuerture de playe,
comme la rage dont les chiens ſont tourmentez ; S'ils
mordent vne autre beſte ou vn Homme, & entament la
chair, le venin s'eſpand par tout le corps. Ce venin conſiſte en vne eſcume faite d'vn ſuc melancholique & groſ-
ſier, qui ne pouuant ſe communiquer par vn ſimple attouchement exterieur, le fait par la morſure, qui le fait paſſer
au ſang du corps qui a eſté entamé. Le moyen de ne point
encourir ces maux, c'eſt de ſe garder de ceux qui les peuuent donner & de les fuïr. Il ſemble que les maux qui
ſe communiquent par le moyen de l'air, ſont les plus dangereux & les plus difficiles à euiter : Toutefois, il y a des
Hommes dont la conſtitution n'y eſt pas ſujette ; Les autres à force de demeurer parmy les malades ont fait que le
mal ne leur a plus eſté contraire.

Si le mal peut eſtre communiqué, le bien le peut eſtre
auſſi, mais non pas ſi facilement, pource que les corps viuans eſtans d'vne nature ſujette à diſſolution, ſont plus aizément corrompus que conſeruez. Toutefois, il faut croire que comme cela profite de demeurer en vn lieu ſain, il
ſert auſſi de loger auec des perſonnes ſaines. S'il ſort des
exſpirations de leur corps, elles ne peuuent eſtre que ſalu-
taires ; Les vieillards meſme ſe portent mieux de conuer-
ſer auec les ieunes gens. L'on tient auſſi qu'il y a des
perſonnes dont tout le corps donne vne ſanté extraordinaire, ou bien l'attouchement de quelqu'vne de leurs
parties. Durant la vie d'vn certain Roy de l'antiquité, l'on
a creu que la plante de ſon pied droit gueriſſoit du mal de
ratte, tellement que tous ceux qui eſtoient atteints de ce
mal, alloient à luy pour ſe faire toucher ; & apres ſa mort,
le gros orteil de ſon meſme pied, n'ayant pû eſtre conſommé au buſcher, l'on s'en ſeruit depuis encore à toucher
ceux qui auoient la meſme maladie, ou qui auoient le mal
caduc.

caduc. Il faloit que cette partie euſt vn pouuoir tout par-ticulier ; Mais pluſieurs diront que la conſtitution de l'Homme ne ſçauroit eſtre capable de cela , & que l'on s'eſt trompé dans cette croyance ſur ce qu'il y a eu quel-qu'vn qui par hazard a eſté guery apres auoir eſté touché de cet orteil, ce qui eſt aſſez vray-ſemblable.

Si nous cherchons apres cecy le pouuoir que les Hom-mes ont de ſe faire haïr ou aimer, nous conſidererons d'a-bord que nous auons defia reſolu au Traité des Inflüen-ces, que de certaines emanations pouuoient operer cela tirant leur origine de chaque corps, & qu'en outre, la reſ-ſemblance ou la diſſemblance des Ames y agiſſoit ; Mais les tranſmiſſions corporelles demeurent le plus ſouuent en l'eſtat où ſe trouue le corps dont la conſtitution n'eſt pas ſi facilement changée, & celle de l'Ame l'eſt encore moins. Toutefois, les nouuelles habitudes y peuuent en-fin apporter de la variation, de ſorte qu'en ce cas-là l'on peut ſouſtenir qu'il eſt en noſtre pouuoir de nous faire haïr ou de nous faire aimer, quand meſme la Nature n'y auroit pas beaucoup contribué, & cela arriuera ſelon les diuers degrez de capacité que nous en pourrons auoir. Pour ce qui eſt de ſe faire aimer par le ſeul eſlancement des regards, il eſt vray que ſi vne perſonne connoiſt par là qu'vne autre l'aime, cela la peut exciter à l'aimer auſſi ; mais c'eſt vn effet de iugement & de ratiocination qui luy perſuade qu'vne perſonne qui aime ſi fort eſt digne de pitié, & apres cela eſt digne d'amour ; Ce n'eſt pas que les rayons des yeux d'vn Amant ayent vn charme natu-rel & infaillible pour le faire aimer. Pluſieurs n'acquierent par là que du mépris & de la moquerie, & s'ils ne ſont ai-mables d'eux-meſmes, ou bien s'ils ne donnent de la com-miſeration, leur affection demeure ſans recompenſe. L'on ne doit point douter pourtant qu'il ne ſorte de viues tranſ-miſſions des yeux d'vn Amoureux qui regarde l'objet ai-mé auec vne affection exceſſiue ; mais pour les faire reuſ-ſir à ſon profit, il faut que les autres conditions y coope-rent. Or ſi l'on peut bleſſer les autres, l'on ſe peut auſſi

Du pouuoir que les Hommes ont de ſe faire haïr en aimer.

blesser soy-mesme par reflexion en se regardant dans vn
miroir, ou au moins l'on se rendra plus malade de corps &
d'esprit que l'on n'estoit auparauant, si l'imagination y est
associée, d'autāt que l'on s'ensorcellera quelquefois d'vne
trop bonne opinion de soy mesme, ou bien se voyant fort
passe & fort défait par les cōtinuelles inquietudes que donnera l'amour d'vne autre personne, l'on augmentera sa
langueur & sa frenaisie. Si les transmissions qui sortent des
yeux & du visage d'vne personne se peuuent reflechir sur
elle-mesme, que ne feront-elles pas sur vne autre qu'elles
touchent droitement? Or s'il y a des puissances naturelles au Corps des Hommes pour les faire haïr ou aimer, il
y en a encore pour les faire respecter & craindre, & ceux
qui ne les possedent pas ne sont ny craints ny respectez.
Il est vray que l'artifice adiouste beaucoup à tout cecy,
mais il demeure encore quelque gloire pour la Nature,
sans laquelle l'artifice ne feroit rien; & par la Nature l'on
n'entend pas seulement vne beauté visible pour exciter à
l'Amour & vne Majesté apparente pour donner du respect, mais des charmes secrets qui sortent insensiblement
de toute la personne. Toutefois, il faut auoüer que ce
pouuoir deriue autant de l'Esprit que du Corps.

EN apprenant l'Vsage des Proprietez singulieres du
Corps, l'on apprend encore celuy des Sympathies
ou Antipathies, car les vnes sont souuent meslées auec les
autres, puisque la pluspart des transmissions corporelles
tendent à l'amitié ou à la haine, à l'vnion ou au discord:
Mais nous auons entrepris d'en parler encore icy plus particulierement. Les Corps Principaux ou Elementaires, &
les Deriuez, participent à ce pouuoir, duquel l'on se sert
diuersement. La Proprieté de l'Aimant estant vne vraye
Sympathie auec le Fer, l'on en connoist l'Vsage; Toutes
les pierres, les herbes & les parties des animaux que l'on
tient propres à faire aimer ou haïr, sont mises au rang des
Corps Sympathiques ou Antipathiques; mais nous ne
receuons pas tout ce que l'on en rapporte, pource que

nous n'attribuons à ces Corps aucune puiſſance ſur l'eſprit
de l'Homme. Toutefois, l'on tient que quelques-vns en
ont ſur les humeurs qu'ils peuuent changer facilement, &
de là vient qu'à cauſe de la liaiſon de l'Ame auec le Corps,
l'on leur attribuë du pouuoir ſur cette haute partie qu'ils
touchent par reflexion. Mais cela s'execute difficilement
aux perſonnes qui ioüiſſent pleinement de leur volonté;
& s'il y a quelque contrainte ou quelque perſuaſion à y
donner, il y faut employer d'autres efforts que ceux que
les anciens Naturaliſtes ont alleguez. Si quelque effet eſt
accomply plus certainement, c'eſt dans l'operation des
corps ſur les autres corps, principalement pour la gueriſon
de quelques maladies. L'on dit qu'il n'y a rien de meilleur
pour chaſſer les vers du corps, que de prendre de ces meſmes vers, & les ayant fait ſecher ſur vne thuille chaude, en
faire aualler la cendre à ceux qui en ſont perſecutez. L'on
dict que la poudre du Scorpion profite beaucoup à celuy
qui en a eſté piqué, & que le poil d'vn chien enragé qui a
mordu vn Homme, eſtant appliqué ſur la morſure, eſt capable de la guerir. La pierre crapaudine qui ſe trouue en
la teſte des crapaux, guerit auſſi toutes les morſures ou
piqueures des beſtes venimeuſes, ce qui ſe doit faire pource que chaque choſe attire ce qui luy eſt ſemblable; car vn
corps vehimeux attire le venin d'vn autre corps où il eſt
appoſé, & le lieu eſt rendu ſain apres. Vne experience
pareille à cela ſe void en de moindres choſes; Les taches
de graiſſe & d'huyle ne ſont oſtées de deſſus les eſtoffes,
que par de certaines terres argilleuſes, ou par le ſauon, à
cauſe que ce ſont auſſi des corps huileux. L'on a cherché
ainſi les Sympathies des choſes pour trauailler à pluſieurs
Arts; ſpecialement l'on a eu ſoin de tout ce qui concerne
le bien du Corps ou de l'Eſprit; Celuy du Corps ſe void
en vne infinité de ſecrets de Medecine, où pluſieurs choſes ſont employées ſelon leur nature; En ce qui eſt du
bien de l'Eſprit, l'on l'obtient en appaiſant les paſſions qui
s'y eſleuent. L'on ſçait bien que les remonſtrances y ont

Du pouuoir de la Mufique fur les paffions, & pour guerir quelques maladies.

du pouuoir, mais ce font chofes fpirituelles. Pour y ope-rer mefme par les chofes corporelles, l'on s'y fert de mufi-que de voix, ou d'inftrumens. De verité, la Mufique a quelque puiffance fur de certains efprits, mais il y en a qui ne s'y laiffent aucunement toucher, à caufe de la difpro-portion qu'ils ont auec vne bonne harmonie. La Mufi-que peut auffi au contraire exciter les paffions comme la trifteffe ou la fureur; mais il faut que ce foit en des efprits qui y ayent vne grande inclination, autrement ils demeu-reront toufiours dans leur humeur; & il ne faut pas croire que pour ioüer vn air brufque fur vn luth ou vne violle, l'on faffe mettre en cholere vn pacifique. Ces inftrumens mefme font trop doux pour cet effet; les tambours & les trompettes y feroient plus propres. Tout ce que les Au-theurs ont efcrit du pouuoir de l'ancienne Mufique n'eft pas receuable. S'il y a eu des Capitaines qui ont tiré l'ef-pée, au fon d'vn air martial ioüé fur la lyre, & qui l'ont fou-dain remife au fourreau, lors que l'on a changé de notte, c'eft qu'ils ont pris plaifir à tenir ces poftures, non pas que leur volonté y fuft forcée. Tout ce que la Mufique peut faire, c'eft de nous entretenir en l'humeur où elle nous treuue, & de nous porter à celle qui nous eft la plus ordi-naire; Elle peut bien auffi inciter à quelque gefte ou con-tenance de ioye, de tranfport ou de langueur, comme de faire ouurir ou fermer les yeux, laiffer pancher la tefte & les bras negligemment; mais pour côtraindre à des actions trop violentes & contre la bien-feance, elle ne le fera pas, lors qu'vne perfonne aura l'efprit bien reglé. L'on luy attribuë encore le pouuoir de guerir de certaines maladies qui affligent le corps & l'efprit, & qui viennent de la mor-fure de quelques beftes; Mais c'eft que ceux qui en font touchez ont de l'inclination à danfer & à fauter, & lors qu'ils entendent la Mufique, ils danfent & fautent encore dauantage; & pource que leur mal fe paffe quelque-fois en fuant, vn tel exercice leur eft fort propre. Quelque au-thorité que l'on fe donne fur l'efprit de l'Homme par tous ces moyens-là, c'eft en attaquant feulement la partie fenfitiue. Pour toucher l'Entendement & la Volonté, il les faut exciter au respect & à l'Amour, & celuy qui le fera pour soy en acquerra le bien & la satisfaction de son esprit propre. Nous auons desia rejetté plusieurs choses que l'on disoit seruir à cela, n'y admettant que les plus naturelles, comme les qualitez venerables & aimables : Mais l'on cherche encore des secrets pour supleer à tout le defaut, qui sont de se seruir de doubles Sympathies & non pas d'vne seule, afin que deux personnes en estans pourueuës, en soient plus estroitement liées. L'on dit donc que si vn mary porte le cœur d'vne caille masle, & que celuy de la femelle soit porté par la femme, l'vnion d'affections & de volontez sera continuelle entr'eux; D'autres le disent d'vn cœur de colombe fendu en deux, dont chacun porte sa part; Mais si l'on se resout à les porter chacun auec dessein que cela serue à se faire entr'aimer, le soin que l'on en a, est desia vn signe que l'on s'aime. L'on repartira que si l'on fait porter cela à vne personne sans qu'elle le sçache, l'ayant caché en quelque lieu de ses habits, ou l'ayant enfermé dans quelque affiquet dont l'on luy aura fait present, cela aura le mesme effect. Mais de telles inuentions n'ont aucune raison pour les apuyer. Parlerons nous de l'Hippomane, qui est vne loupe que l'on tire, à ce que l'on dit, d'vn poulain naissant? Quand l'on l'auroit fait porter ou manger mesme à la personne dont l'on veut estre estimé & chery, cela n'y auroit pas plus de pouuoir. Plusieurs ont creu qu'il y faloit ioindre des choses qui vinssent de celuy mesme qui veut estre aimé. C'est l'opinion de quelques-vns, que la coëffe que quelques enfans apportent du ventre de la mere, leur peut seruir à cet effet, si elle est bien conseruée; L'on y joint encore des cendres de cheueux, d'ongles & d'excremens; mais la superstition en est trop grande pour la vouloir esprouuer, & en tenir quelque compte. L'on a adiousté que si deux personnes auoient fait tirer de leur sang en vne mesme heure, & si l'ayant meslé, l'on y auoit joint de la poudre d'aimant; tandis qu'ils en porteroient chacun, ils s'aimeroient l'vn l'autre,

Bb iij

& celuy qui en porteroit le plus, aimeroit auſſi dauantage.
Pour faire croire encore que cecy eſt plus fort, l'on dit
qu'il faut que cette ſaignée ait eſté faite ſous vne conſtellation propre à l'amitié, & c'eſt là que l'on commence de
meſler les Influences auec les Sympathies. Mais toutes
ces obſeruations eſtans vaines, il ne faut point croire que
ny les plantes ny les parties d'aucun animal, ny meſme ce
que l'on a tiré de ſon propre corps, & que l'on fait porter
à quelqu'vn, puiſſe ſeruir à s'en faire aimer, quoy que cela
luy ait eſté donné ſecrettement. De telles choſes ne peuuent pas auoir des euaporations qui dominent ſur l'Ame
de l'Homme. Si cela eſt donné & pris de chacun librement, en ſigne de l'amitié reciproque, & auec deſſein que
cela ſerue à la confirmer, en ce cas-là l'imagination peut
jouer ſon roolle, & rendre l'affection inuiolable, ſans que
ce ſoit vn effet de la drogue, qui n'opere ny par ſa qualité
ny par les ceremonies que l'on a employées à la faire.

MAIS l'on ne s'eſt pas contenté de chercher des
ſecrets Sympathiques pour operer ſur les corps de
ceux qui portent les choſes que l'on croid neceſſaires à
cet effect; L'on en publie encore d'autres pour agir meſme ſur les corps ſeparez & eſloignez. L'on dit qu'ayant
du ſang d'vn Homme, l'on y peut imprimer telles qualitez que l'on veut, leſquelles agiront ſur le reſte du ſang
qui luy ſera demeuré au corps, & que cela ſe fera malgré
l'eſloignement; Qu'ayant bruſlé le ſang d'vn Homme,

auec vn meſlange de certaine drogue, la fiéure ſera exci-
tée dans ſon corps; Que l'on la pourroit auſſi guerir par
d'autres ceremonies; Qu'employant encore ſon artifice
ſur tous les excremens qui peuuent ſortir d'vn Corps, l'on
luy cauſera diuerſes maladies, ou bien l'on luy rendra la
ſanté diuerſement; Que s'il eſt auſſi offenſé quelque part,

ſoit par vne vlcere ou vne playe, & que l'on áit du puz de
l'vlcere ou du ſang de la playe, ſur vn linge, vn fer, ou vn
baſton, l'on le guerira en y apliquant vn certain vnguent
quoy que le bleſſé fuſt à plus de cent licuës loin; Et pour

accomplir le chef-d'œuure, l'on promet encore que deux amis se pourront communiquer leurs penſées par de telles drogues Sympathiques, quand l'vn ſeroit à vn bout de la Terre, & l'autre à l'autre ; Que c'eſt le ſecret tant deſiré que pluſieurs ont propoſé, diſans qu'ils feroient ſçauoir de leurs nouuelles en tel lieu qu'ils voudroient ſans aucun Meſſager, & ſans allumer des feux ou faire tirer des coups d'artillerie, dont meſme le bruit ne ſçauroit eſtre porté plus loin que cinq ou ſix lieuës. L'on ſçait à peu prez comment l'on ſe ſeruira des autres ſecrets que l'on propoſe ; mais l'vſage de cettuy-cy eſt caché. Il le faut pourtant deſcouurir, & ne point laiſſer les curieux en attente ; C'eſt que deux amys ayans vn meſlangé de leur ſang, accommodé auec les ceremonies requiſes dans vne eſpece de liniment, s'en frotteront le bras gauche à vne certaine heure arreſtée entr'eux pour s'entrecommuniquer. Or ils diuiſeront ce bras par autant d'eſpaces qu'il y a de lettres, leſquels ſeront iuſtement proportionnez auec le compas, de ſorte que l'vn ayant pris vne aiguille frottée d'vn vnguent ſympathique, quand il touchera de la pointe ſur l'eſpace ordonné pour vne lettre, l'autre en ſentira la piqueure par ſympathie, & de ces lettres amaſſées il formera des mots & apres des diſcours, à quoy il pourra auſſi donner reſponſe de la meſme maniere. Nous vous dirons encore ce qui entre dans l'vnguent ſympathique, ſoit celuy que l'on pourroit meſler au ſang d'vne perſonne à qui l'on voudroit donner ou oſter la fiéure, ou cauſer quelque autre changement en ſon corps, ou que l'on applique ſimplement ſur le ſang d'vn bleſſé, ou celuy qui ſeroit meſlé au ſang de deux amys pour la communication de leurs penſées : Car l'on ſe ſert preſque d'vn pareil meſlange pour toutes ces choſes ; L'on y employe du Bol Armenien, de l'huile de lin, de l'huile roſat, de la graiſſe d'homme, de la Mumie, & d'vne certaine drogue ſecrette que l'on appelle de l'Vſnée. Tous les effets que l'on en attend ont de meſmes regles & de meſmes defenſes ; & d'autant que le vulgaire les eſtime ſpecieuſes, nous les allons con-

Pour communiquer les penſées de deux amys, d'vn bout de la Terre à l'autre.

Compoſition de l'vnguent ſympatique.

siderer pour mieux iuger de la verité. Ceux qui parlent
sur ce sujet pensent d'abord s'aider des argumens pris de
plusieurs choses qui à leur auis ont de la Sympathie entr'elles ; de sorte qu'ils s'imaginent que l'on ne doit point
trouuer estrange s'ils en attribüent aux drogues qu'ils
veulent preparer, & voicy ce qu'ils alleguent.

Argumens de ceux qui parlent pour l'Vnguent Sympathique, pris premierement de l'vnion des Corps semblables.

Ils disent que dans toute la Nature l'on trouue des Corps
qui agissent reciproquement les vns enuers les autres ;
Que tous les Corps semblables le font particulierement,
& ont des qualitez attractiues & conjonctiues. Il est vray
que le Feu & l'Eau preuuent cette vnion, & toutes les liqueurs & les vapeurs pareillement, mais cela ne se fait que
dans vn lieu prochain : Si l'eau se joint à l'autre malgré
vne grande distance, il faut que le poids l'y porte par vn
penchant. Si les feux se joignent aussi d'assez loin, c'est
que leurs fumées se touchoient desia, & ont attiré les flammes apres elles, de sorte que l'on monstre par là que deux
flammes n'agissent point l'vne enuers l'autre sans se toucher ; Les gouttes d'eau mesme qui s'vnissent ensemble se
sont touchées par leurs vapeurs. Tout cela ne monstre
rien sinon que les choses semblables se plaisent ensemble,
& se ioignent quand elles se peuuent toucher, non pas
qu'elles ayent vne action reciproque dans l'éloignement.
Tout ce que l'on en dit ne fait rien à nostre sujet. Il est
besoin de trouuer vne Sympathie si forte, que deux choses se mettent tousiours au mesme estat l'vne que l'autre
pour se mieux accorder, quoy que separées.

Des Plantes qui lors que les autres croissent heureusement, croissent bien aussi.

L'on allegue là dessus qu'il y a force plantes qui se plaisent l'vne auprez de l'autre, & qui lors que les autres croissent heureusement, croissent bien aussi. L'Oliuier est bien
auprez du Myrte ; les aulx, les rosiers & les lys, se portent certaine affection , & l'on tient que plusieurs autres
plantes ont beaucoup d'affinité : mais l'on peut dire que la
proximité y est necessaire, & que leurs racines qui s'aiment & qui se touchent, sont cause de les faire prosperer
les vnes & les autres. D'ailleurs, il faut considerer qu'il y
a des plantes qui demandent vne pareille situation. Celles-là

les-là viennent bien auprés de celles qui sont d'vne mesme qualité, mais c'est à cause du terroir qui leur est propre
également. Il y en a d'autres de qualité differente, qui
neantmoins ne laissent pas de croistre fort bien l'vne aupres de l'autre, pource que si l'vne aime l'humidité, elle
l'attire toute à elle, & fait que l'autre qui aime la secheresse, s'en trouue mieux. L'on rapporte qu'il y a difference
de sexe entre les palmiers, & que le masle, & la femelle
s'entr'aiment de telle sorte, qu'il les faut planter l'vn aupres de l'autre pour les faire croistre parfaitement? Que si
l'vn reuerdit, l'autre reuerdit en mesme temps; Que s'il y
en a vn qui se meurt, l'autre se meurt aussi. Nous respondrons encore à cela, qu'estans en mesme terroir, il ne
faut pas s'estonner s'ils prosperent également; Et s'il
arriue à tous deux de ne guere porter de fruict vne certaine année, c'est qu'estans si voisins, les gelées, les gresles
ou les pluyes trop grandes n'ont pas sceu endommager
l'vn sans l'autre, & delà il peut arriuer aussi que la mort
surprenne tous les deux en vn temps assez proche. C'est
ce qui trompe ceux qui s'y figurent de la Sympathie. Toutefois, ils disent qu'outre cela, il sort de certaines vapeurs de
l'vn & de l'autre qui les recréent, & que s'ils sont vn peu
esloignez, il suffit que le vent en soit le porteur: Que l'on
connoist aussi leur affection en ce qu'ils se panchent l'vn
vers l'autre, & souhaitent de se lier. Pour leurs vapeurs, ce
sont choses inuisibles, qui pourtant agiroient par l'attouchement, au cas qu'ils en eussent. Que si l'on adjouste
que pour rendre les Palmiers femelles fertilles, il les faut
frotter de la poudre du masle, cela monstre encore que
plus ils se touchent, plus ils agissent l'vn enuers l'autre. Au
reste, ce sont de vieilles obseruations qui la pluspart du
temps sont assez inutiles. Quant aux Palmiers qui s'embrassent s'ils sont fort proches, cela peut arriuer à plusieurs
autres arbres sans aucune vehemente affection. Toutefois,
ie veux accorder qu'il s'y en trouue: Il faudra tousiours
reconnoistre que le bien & le plaisir qu'vn palmier reçoit
de son voisin ne se fait que par l'attouchement, ou de ses

propres membres, ou de ce qui en soit, tellement que ce
n'est point là vne Sympathie qui agisse dans vne longue
distance, comme doiuent faire les drogues dont nous
auons parlé.

Ces preuues estans renuersées, l'on en cherche d'autres
qui semblent plus manifestes. L'on n'a garde d'oublier
l'Ambre qui attire la paille; mais si l'on y prend garde, il
faut que la paille se trouue assez proche; & dauantage, l'on
doit croire qu'il sort des euaporations de l'Ambre pour la
toucher. S'il est besoin de frotter l'Ambre auparauant, c'est
pour resueiller de telles effusions, & les exciter à la sortie.
L'on parlera apres de la pierre d'Aimant, dont l'effet est
plus puissant & plus merueilleux. Il est vray qu'elle attire
le fer mesme au trauers des corps les plus solides, comme
le marbre & les metaux; & si elle est mise sous vne table
ou sous vn bassin, lors que l'on la remuera, elle fera sauter les aiguilles qui seront dessus. Nous reconnoissons
que les effusions qui en sortent sont si subtiles qu'elles agissent malgré ces empeschemens, mais il faut que ce soit dans
vne distance proportionnée, autrement elles ne feroient
rien. Que s'il ne se trouue aucun obstacle, il est certain
que le fer ira promptement s'attacher à l'Aimant, mais encore faut-il considerer que le fer doit estre beaucoup moins
pesant que cette pierre, & que la jonction ne s'accomplit
qu'en vn lieu assez prochain, où les transmissions qui sortent de l'vn & de l'autre, font qu'ils se collent ensemble;
Elles se perdroient dans vne distance plus grande, & ne se
faisant aucune attraction, chaque corps demeureroit en
son lieu. L'on rapporte encore que le fer se peut tenir
suspendu en l'air à cause de plusieurs pierres d'aimant attachées à des murailles, qui l'attireront également de chaque costé. Toutefois, il est difficile que cela se fasse, & que
la puissance des pierres soit si égale qu'il n'y en ayt point
quelqu'vne qui attire entierement le fer à elle; Car en ce
qui est du tombeau de Mahomet que l'on dit estre suspendu de cette sorte, l'on a sceu des Turcs qui l'ont esté voir,
que c'est vne bourde, & qu'il est posé sur vn pied d'estal

entouré de baluſtres. Quand la biere ſeroit de fer, il faut
droit d'eſtranges pierres d'Aimant pour ſuſpendre vne ſi
groſſe maſſe : Mais ſuppoſons qu'elles puiſſent ſuſpendre
vn petit dard ou vne aiguille, il faut croire que le lieu où
cela ſe fera, ſera moderé, afin que la force des Aimans aille
iuſqu'au milieu de l'eſpace, & que leurs effuſions ne ſe perdent point, tellement que c'eſt touſiours vne action qui ſe
fait par proximité, & qui n'a rien d'eſgal à celles que l'on
attribuë à des Sympathies qui agiſſent dans vn fort grand
éloignement.

L'on nous veut ébloüir icy de quelque experience
merueilleuſe. Quelques-vns ont dit que ſi deux aiguilles
forgées d'vne meſme piece de fer, & trempées d'vn meſme acier, & frotées d'vne meſme pierre d'Aimant, eſtoient
poſées dans deux quadrans autour deſquels l'on euſt eſcrit
les lettres de l'alphabet, cela pourroit ſeruir à deux perſonnes qui ſe voudroient communiquer ſecrettement leurs
nouuelles, & que quand l'on mettroit l'vne des aiguilles
ſur quelque lettre, l'autre ſe trouueroit incontinent ſur la
meſme. Qu'outre que les deux aiguilles ſeroient d'égale
fabrique, l'on pourroit auſſi enchaſſer à chaque bout vne
piece rompuë d'vne meſme pierre d'Aimant, & qu'elles auroient vn meſme mouuement l'vne que l'autre dans vne
grande diſtance, ce qui ſe feroit en recompenſe de ce qu'elles ne ſe pourroient ioindre. Nous auons à dire contre
cela qu'il s'eſt pû trouuer ſouuent des aiguilles fabriquées
de cette ſorte, ſans que l'on ait remarqué qu'elles euſſent
vne telle correſpondance entr'elles, & ce ſeroit vne ſimplicité de s'imaginer vne choſe qui n'a aucun fondement.
Si le fer change de place, ce n'eſt que par l'attraction de
l'Aimant, non pas pour prendre plaiſir à ſe mettre en meſme eſtat que luy ; C'eſt pourquoy l'on peut bien en paſſant ſecrettement vne pierre d'Aimāt ſous vn plancher, ſur
lequel vn quadran alphabetique ſera mis, faire aller tantoſt l'aiguille ſur vne lettre, & tantoſt ſur l'autre, pour former quelques mots, ce qui eſtonnera les aſſiſtans ; mais
cela ne ſe fera pas dans vn eſpace fort grand, & en vain

l'on taſcheroit de faire ſçauoir quelque choſe par cette inuention à vn Homme qui ſeroit dans vn cachot fort creux, ou en quelque lieu fort eſleué, ou bien qui ſeroit en vn païs fort eſloigné. Cet exemple qui a eſté allegué pour tous les effets de la Sympathie, deuoit eſtre particulierement deſtiné pour monſtrer la certitude de la communication de deux amis qui auroient frotté chacun leur bras d'vn Liniment Sympathique. Mais ſi l'vn n'a point de ſuccez, auſſi ne peut auoir l'autre. Les aiguilles eſgalement fabriquées, ny les pierres d'Aimant rompuës, ne ſe meuuent point de pareille ſorte dans l'eſloignement, ny meſme dans la proximité, ſi ce n'eſt que l'on faſſe que l'Aimant attire le fer : mais comme nous auons reconnu, cela n'arriue que dans vn eſpace fort petit.

L'on peut adjouſter icy vne repartie qui ſemble fort ſubtile, c'eſt que ſi nous ne ſommes en peine que touchant l'operation qui ſe fait malgré la diſtance, il s'en trouue aſſez au meſme Aimant, puiſqu'en quelque lieu du Monde qu'il ſoit, lors qu'il eſt ſuſpendu il ſe tourne vers le Pôle qui l'attire ſans ceſſe. Mais nous auons deſia fait connoiſtre ailleurs qu'il y a beaucoup de gens trompez à cela. Il ne ſe faut pas imaginer que le Pôle ait cette vertu attractiue, ou bien qu'elle ſoit logée en quelques roches d'Aimant ſituées vers ce lieu ; les effects n'en pourroient pas eſtre connus ſi loin. Les eſprits qui en ſortiroient ſe pourroient diſſiper quelquefois à moitié chemin ſans eſtre receus, de ſorte que la pierre d'Aimant & toutes les aiguilles qui en ſont frottées, demeureroient ſouuent d'vn autre coſté. Tenons pour certain que le principe qui donne de l'inclination à cette pierre vers vn certain lieu, eſt en elle-meſme ; Que de ſa Nature elle doit touſiours ſe tourner vers vn certain endroit ; Qu'elle s'aime en cette poſition, & que par ce moyen il n'eſt pas neceſſaire de s'imaginer quelque attraction exterieure.

Pour ne paſſer ſous ſilence aucun des Corps à qui l'on attribuë des forces Sympathiques, l'on allegue la fleur de l'Heliotrope, qui ſe tourne vers le Soleil ; Outre ce que

nous en auons defia remarqué, l'on peut dire qu'il ne faut
pas s'eftonner fi elle fuit le Soleil, veu que fes rayons arriuent iufqu'à elle, & qu'il n'y a point d'Aftre qui en ait de
fi puiffans que le fupreme Agent de la Nature. Cela ne
fait rien pour les drogues fympathiques dont nous traitons : car ce feroit vne moquerie de dire qu'elles jettaffent
des rays à vingt lieuës loin fur quelque corps. Il eft vray
que l'on dit que l'Heliotrope ne laiffe pas de fuiure le lieu
où eft le Soleil, encore qu'il foit caché de nuages, ou qu'il
foit paffé en l'autre hemifphere. Si cela eft, nous connoiffons que cette fleur ne tourne pas pour eftre attirée par le
Soleil, mais parce que de fa Nature elle doit toufiours
tourner ainfi ; & d'autant que le chemin qu'elle fait s'accorde en quelque forte à celuy de ce grand Aftre, l'on a
penfé qu'elle en eftoit attirée. Ie dy cecy au cas qu'il foit
vray qu'il y ait au Monde vne fleur qui tourne de cette
façon, mais nous ne fçauons qui elle eft, & où elle fe trouue ; & fi l'on luy a donné vn nom qui fignifie la qualité
que l'on luy attribuë, c'a efté afin d'apporter quelque apparence de verité à ce que l'on en publioit. Quelques-
vns prennent le Soucy pour l'Heliotrope, ou d'autres
fleurs iaunes qui en ont prefque la forme, mais qui font de
beaucoup plus groffes. Il eft certain que quand le Soleil
fe leue, ces fleurs s'épanoüiffent & font quelquefois vn
peu de chemin, mais elles ne font pas vn tour entier, & le
Soleil eft fouuent d'vn cofté lors qu'elles font de l'autre.
Que fi l'on en void quelques-vnes s'ouurir & fe tourner
comme fait le Soucy, c'eft que le Soleil fait fortir l'humidité de la fleur, & refueille les efprits qui la poffedent, lefquels la tournent vers l'endroit qui les attire ; & parce
qu'eftant groffie elle ne fe peut plus tenir droite, elle fe
panche auffi de ce cofté-là par fon propre poids, & ne
tourne plus de l'autre. Que fi elle fe panche vn peu vers
l'Orient à vn autre iour, ce n'eft pas qu'elle ait fait vne re-
uolution entiere pendant la nuit ; Il faut que ce foit que la
nourriture humide qu'elle a prife l'ait vn peu redreffée,
pour flêchir apres au premier rayon du Soleil. Puifqu'elle

Cc iij

*Du Vin qui se
trouble dans les
Caues quand les
Vignes sont en
fleur.*

n'est donc point agitée en l'absence de cet Astre, la comparaison ne sert de rien pour l'vnguent de Sympathie, à qui l'on attribuë du pouuoir sur les corps esloignez.

L'on allegue encore que le vin se trouble dans les caues lors que les vignes sont en fleur; Mais quelle erreur de croire que c'est la vigne qui esmeut le vin par sympathie? Ce n'est rien autre chose que la saison qui opere sur l'vn & l'autre, à cause qu'ils sont de semblable nature. L'on aura amené du vin de cent lieuës loin; y auroit-il quelques esprits qui procederoient de la vigne dont il auroit esté tiré, lesquels viendroient iusqu'à luy pour le troubler? Il faut bien que cela se fasse, disent les aduersaires, car si vn climat est plus chaud que l'autre, les vignes y doiuent estre en fleur auant que les autres bourgeonnent, & suiuant cela le vin qui a esté transporté se doit conformer à cette hastiue saison lors qu'il fait encore fort froid au païs où il est; & cela estant, l'on connoist qu'il est agité par sympathie qu'il a auec sa vigne, & qu'il n'emprunte rien de la temperature du climat où il se trouue. Mais où a-t'on fait ces obseruations? Fait-on des voyages pour aller remarquer si les vignes sont en fleur à cent lieuës loin, lors que leur vin est agité, ou bien en cherche-t'on des nouuelles? Il seroit mal-aisé d'ajuster ces choses; Et sans tant de peine nous remarquons au contraire que les vins suiuent la loy du climat où ils se rencontrent, ce qui est tres-naturel, puisqu'ils s'eschauffent ou se refroidissent, selon les lieux où ils sont mis. Quand mesme ils ne bougeroient du pied de leur vigne, s'ils estoient agitez en mesme temps qu'elle seroit en fleur, ce ne seroit pas elle qui en seroit la cause, mais ce changement leur arriueroit à tous deux d'vne mesme cause superieure. Il n'y a donc point là d'exemple pour l'vnguent sympathique.

*Des pastez de Cerf
qui se gastent lors
que les Cerfs sont
en ruth.*

Il en est de mesme de ce que l'on allegue touchant les pastez de Cerf qui se gastent lors que les Cerfs sont en ruth; Cette corruption vient de ce que le Temps est alors eschauffé, non pas que ce soit vne pure sympathie d'vne chair sur vne autre semblable.

Les autres correfpondances que l'on cherche dans le corps des animaux ne font pas auffi telles que l'on pretend. L'on ne remarque point ce changement d'yeux des chats, que l'on dit fuiure le cours de la Lune & tous les accroiffemens ; & les diminutions d'humeurs & de maladies que l'on y rapporte, n'ont guere d'affeurance. Quand mefme beaucoup de changemens fe feroient felon le mouuement de cette planette, l'on pourroit refpondre que cela fe rencontreroit en mefme mefure fans qu'elle en fuft la caufe ; & quand elle la feroit, ce ne feroit que par le moyen de fes rayons qui toucheroient les corps lors qu'ils feroient prefens. L'on dira le mefme de tout ce que l'on pretend que les autres Aftres operent en Terre ; & pour ne point laiffer de doute, il y faut adjoufter, que fi l'effect de leur puiffance continuë mefme lors qu'ils font abfens, ce n'eft qu'en vertu de l'impreffion qu'ils ont donnée auparauant par leur prefence. Toutes les inuentions fympathiques ne fçauroient pas auoir dauantage de pouuoir pour operer pendant l'abfence, & ioüir mefme de la force d'vne impreffion qu'elles ne fçauroient donner par la proximité fans vne vraye application.

De la Sympathie des Animaux auec les Aftres.

L'on cherche encore auec cecy de la Sympathie ou Antipathie, aux Corps qui font artificiels, ou qui font dreffez & arrangez artificiellement. C'eft vne opinion commune, qu'vne corde de luth en fait refonner vne autre montée à vn mefme ton, foit qu'elles foient fur vn mefme inftrument ou en deux diuers, & que deux luths également montez fe doiuent faire refonner l'vn l'autre, lors qu'on n'en touche qu'vn feulement. La raifon qu'on en peut donner, c'eft qu'en effet les cordes d'vn luth pouffent l'air affez fort pour efmouuoir celles d'vn autre luth qui fera mis affez prez, & que les cordes qui fe trouuent montées efgalement, ne fe nuifent point dans les circulations de l'Air, de forte qu'elles font facilement efmeuës l'vne par l'autre, au lieu que s'il y a de l'inégalité dans leur groffeur & leur ton, le premier mouuement refiftera au fecond: Mais nous ne fçaurions efprouuer que les inégalitez du

Des cordes de luth qui font mouuoir celles qui font montées au mefme ton.

pouſſement de l'Air & de ſes circulations ayent tant de puiſſance. Lors que deux cordes ſont tenduës également, ſi en touchant l'vne, l'on fait mouuoir l'autre, c'eſt ſi peu qu'elle ne rend point de ſon, de ſorte que pour connoiſtre ſon mouuement, il faut mettre deſſus vne paille ou vn petit morceau de papier, & ſi l'on les met auſſi ſur les autres cordes, l'on connoiſtra qu'elles ſe remuent de meſme, d'autant que celle que l'on touche, agitant l'air, doit faire mouuoir tout ce qui ſe rencontre dans l'eſtenduë de ſon effort. Que ſi en touchant toutes les cordes d'vn luth, l'on fait mouuoir celles d'vn autre, c'eſt par ce mouuement vniuerſel, non point par chaque correſpondance particuliere. Dauantage, il faut que les deux luths ſoient mis l'vn contre l'autre, ſi bien que voylà vne action tres-proche, & tous ces beaux miracles de Sympathie ne s'y trouuent point, quoy que les Autheurs en parlent de meſme que ſi vn luth eſtant touché en faiſoit reſonner vn autre aſſez haut pour eſtre entendu, bien qu'ils fuſſent ſeparez de quelque diſtance, ce que les eſprits ſimples croyent ſans l'auoir experimenté.

Mais tous ces exemples eſtans pris de choſes diuerſes, ceux qui ſe paſſionnent pour ſouſtenir l'effect des drogues ſympathiques, en veulent donner encore de plus ſemblables. Comme ils trauaillent ſur la chair & le ſang, c'eſt là principalement qu'il faut chercher leurs correſpondances. Ils penſent au moins trouuer des marques d'Antipathie, en ce qu'ils diſent que le corps d'vn Homme qui a eſté tüé reçoit de l'eſmotion ſi le meurtrier eſt amené deuant luy; Que ſon ſang boüillonne & ſort de ſes playes, & rejaillit meſme contre le coupable, quoy qu'il y ait deſia quelque temps qu'il ſoit eſtanché; Que cela monſtre que les choſes corporelles ont du ſentiment les vnes pour les autres, & que cela ſe fait malgré la diſtance. Pluſieurs s'eſtonnent de cecy, & les curieux font de grands diſcours pour ſçauoir precizément la raiſon de cette merueille. Mais n'eſt-ce pas eſtre bien de loiſir & perdre ſa peine à credit, ſi premierement l'on ne ſçait ſi cela eſt vray? A-t'on vcu

touſiours

rousiours le corps d'vn Homme tué saigner deuant le
meurtrier pour en faire vne regle certaine? N'a-t'il point
aussi saigné quelquefois deuant les personnes innocentes?
Ne considere-t'on pas qu'il n'y a aucune raison qui monstre que cela se doiue plustost faire deuant vn Homme
que deuant l'autre? Nous pouuons croire que s'il arriue
quelque-fois qu'vn corps saigne deuant le meurtrier, c'est
qu'ayant demeuré quelque temps en repos, comme l'on
vient à le remuër, ses playes se r'ouurent & iettent du sang,
& quand le meurtrier n'y seroit point, la mesme chose
pourroit arriuer. Ceux qui ne cherchent pas des raisons
dans la correspondance des choses, disent neantmoins
qu'il ne faut pas tenir cette ouuerture de playes pour fabu-
leuse ou hazardeuse; Qu'elle se fait par permission diuine, afin que le coupable soit puny. Ie leur accorde que cela se peut faire ainsi à cause que Dieu est Tout-puissant;
mais en ce cas-là il ne sert de rien d'amener en exemple
vne chose surnaturelle, lors qu'il est question d'vn effect
naturel. Ceux qui tiennent bon pour la Nature, & pour
des sympathies imaginées à plaisir, ne vont pas aussi plus
loin; Ils disent que cela se fait naturellement, & que l'A-
me d'vn Homme ayant esté touchée de cholere à l'heure
qu'il s'est senty fraper, a donné son impression au sang; Il
est vray qu'elle l'a eschauffé lors qu'elle estoit en courroux; mais estant partie, elle l'a laissé tout froid. Ils adjoustent que celuy qui a esté tüé ne pensant qu'à se vanger,
a remply tous ses esprits & tout son sang de l'image du
meurtrier, contre lequel il s'est enflammé merueilleusement, de sorte qu'arriuant là, ce sang en qui cette impression est demeurée, se jette violemment deuers luy, comme pour executer ce que le corps ne peut plus faire; mais
il semble que pour cet effet il faudroit qu'vn corps ne fust
pas entierement priué de vie, & qu'il luy restast quelque
iugement pour discerner les Hommes. L'on respond
qu'apres que la substance qui viuifie vn corps, s'est retirée,
ses effets se montrent encore quelque peu; Qu'il reste de la
chaleur aux cedres apres que le feu est esteint; Que les bou-

tons des fleurs ne laiſſent pas de s'épanoüir apres qu'ils
ſont cueillis,& que les ongles & les cheueux croiſſent pour
quelque temps aux morts. Mais que tout cela ſoit vray ou
non, ce ne ſont que des actions d'vne faculté vegetatiue,
dont l'impreſſion peut demeurer encore, ce que ne fait
pas celle de la faculté cognoſcitiue, qui eſt inſeparable de
l'Ame humaine. Il eſt inutile d'alleguer dauantage que
le viſage de l'Homme demeure auec la mine qu'il auoit
quand il eſt mort ; les marques de courroux ne ſe rencontrent pas touſiours dans ſa paſleur, & quand elles s'y trouueroient, il ne faut pas croire que cette paſſion s'y trouuaſt
encore interieurement ; Que ſi les membres d'vn corps
palpitent auſſi quelque temps apres la mort, cela ne leur
donne pas pourtant de l'impulſion vers vne perſonne
choiſie, d'autant que cela depend de la cõnoiſſance qui ne
ſe rencontre plus en vn lieu dont l'Ame s'eſt retirée. L'on
ne laiſſe pas de ſouſtenir pourtant qu'il ſe trouue quelque
miracle ſympathique à l'effuſion du ſang d'vn corps mort;
Que cela arriue ordinairemẽt à cauſe que ceux qui voyent
le mort font euaporer quantité d'eſprits par leur affliction,
& font ainſi mouuoir par ſympathie les eſprits qui luy reſtent; Mais cela monſtre que le corps nauré ſaignera donc
pluſtoſt deuant ſes amis que deuant ſes ennemis. L'on replique là deſſus, que le meurtrier arriuant euapore auſſi
des eſprits par ſa crainte ou ſa faſcherie , & que ceux du
mort en eſtans touchez ſe pouſſent encore dehors, & font
ſortir le ſang des playes. Voylà tout ce que l'on a pû trouuer de plus probable, & pourtant cela ne prouue point
que l'on puiſſe connoiſtre par là qui eſt l'homicide, puiſque le corps ſaigne autant pour les amis que pour les ennemis. Dauantage, ſi pluſieurs perſonnes ſe trouuent-là
auec le meurtrier, comment ſçaura-t'on quel il eſt ? L'on
peut reſpondre que l'on ſe rapportera auſſi à d'autres
indices, & qu'enfin cette effuſion de ſang ſe faiſant pour
les amis ou pour les ennemis, monſtre touſiours quel eſt
le pouuoir de la Sympathie ou de l'Antipathiẽ. Mais c'eſt
vne replique ſuffiſante de redire encore que le ſang ne

fort la pluſpart du temps, que pour l'émotion que l'on donne à ce corps.

Nous pouuons paſſer à vn exemple du laiſt qui n'eſt
qu'vn ſang blanchy, où l'on pretend de trouuer de grandes correſpondances. L'on dit que les nourrices eſtans
eſloignées de leurs enfans, ſentent que leur laiſt les aiguil-
lonne au meſme inſtant que leurs enfans crient; Que ce
leur eſt vn auertiſſement de les aller retrouuer, & qu'ils
ont beſoin de tetter: Mais c'eſt que comme il y a long-
temps que leurs enfans n'ont tetté, par conſequent le laiſt
abonde auſſi en meſme temps en leurs mammelles, ſans
qu'il y faille chercher vn rapport de ſympathie, veu que
meſme cela n'arriue pas à celles qui n'ont guere de laiſt.

Pour vn autre exemple, l'on dit que les nourrices donnans de leur laiſt à quelqu'vn pour faire quelque medica-
ment, leur doiuent encharger de ne le point faire chauffer, d'autant que cela fait tarir celuy qui eſt en leurs mammelles. L'opinion en eſt tres-fauſſe; Quelques nourrices
ont eu tant de laiſt qu'elles en ont fait de la boüillie, &
cependant le laiſt leur eſt touſiours reſté en pareille quantité & qualité. Elles s'en ſont trouuées de meſme quand
les Chirurgiens s'en ſont ſeruis pour quelque cataplaſme.
Cette ſuperſtition eſt fondée ſur des parolles mal enten-
duës. L'on a dit cecy abſolument; Qu'il n'y auoit rien
qui fiſt ſi toſt tarir le laiſt comme de le chauffer; mais il
faut pluſtoſt dire de l'eſchauffer, ce qui s'entend ordinairement quand la perſonne s'eſchauffe ſoy-meſme, tellement qu'il eſt dangereux que les nourrices eſchauffent
leur laiſt, ſoit par trop boire ou trop manger, ou par vn
trop violent exercice, ou par les paſſions de l'Amour & de
la cholere. C'eſt ce qui peut faire tarir leur laiſt ou luy
faire changer de conſtitution, non point par vne ſympathie qu'ait le laiſt, qui eſt deſia bien loin hors de leurs
mammelles, auec celuy qui eſt dedans.

L'on parle encore de deux tronçons de carpe ou de
brochet, dont l'vn eſtant boüilly dans vn chaudron, l'autre qui demeure ſur la table, eſt agité auſſi; mais c'eſt qu'il

y est demeuré quelques esprits qui sousleuent ce morceau de poisson en s'exhalant. Vn pareil effet s'y trouueroit quand l'autre moitié ne seroit pas mise sur le feu. Si la mesme chose arriuoit au corps d'vne volaille ou de quelqu'autre animal, il faudroit auoir la mesme croyance. Quand l'on a aussi coupé en pieces des serpens & plusieurs insectes, chaque morceau peut estre agité pour les esprits particuliers qui y sont demeurez, sans que cela arriue par la sympathie qu'ils ont l'vn pour l'autre.

Pour vn parfait exemple de Sympathie, l'on fait grand cas de ce que l'on tient estre arriué à vn Gentil-homme, qui ayant la moitié du nez coupé, loüa vn pauure hôme à prix d'argét pour permettre qu'on lui fist vne incision dans le bras, où le Chirurgien fourra sa moitié de nez qui reprit chair, & fut apres bien formée; L'on dit qu'à quelques années de là, ce bout de nez tomba en pourriture, & l'on sceut que c'estoit qu'en mesme temps celuy qui auoit presté son bras estoit mort. L'on pense que cela arriua par sympathie, & que la chair de ce nez ne pouuoit subsister apres que le corps dont elle auoit esté tirée n'estoit plus viuant. Mais nous deuons dire que ce bout de nez n'estant pas d'vne chair fort naturelle, ne deuoit pas tousiours durer, & que par hazard il estoit arriué qu'il estoit tombé au mesme temps que le pauure homme estoit trespassé. C'est au cas que cela soit vray, mais il n'est guére croyable qu'vn nez prist sa croissance dans vn bras, & que l'en ayant separé il demeurast bien formé; & quand cela seroit, s'il estoit fort bien venu, ie tien qu'il ne periroit pas, encore que le corps qui luy auroit donné la naissance & l'aliment mourust. Qué ceux qui le disent prennent vn peu garde aux consequences que l'on en peut tirer. Par cette raison les enfans deuroient mourir lors que leur mere mourroit, & tout au moins les scions des arbres qui seroient transplantez ou entez, deuroient perdre leur vigueur, lors que l'on auroit abbattu l'arbre dont ils auroient esté coupez: Mais cela n'arriue point, pource que les Corps qui ont donné la naissance à d'autres, ne les corrompent point par vn

*Les exemples
de Sympathie ne
preuuent rien en
ce qui est de la
puissance des dro-
gues que l'on peut
faire agir sur le
corps de l'Homme.*

changemēt qui n'arriue qu'en euxmesmes, & ceux qui procedent d'eux sont encore moins capables de les changer.
Il a esté tres-vtile de destruire ces exemples
de Sympathies, que beaucoup de gens qui font les sçauans à faux titre, alleguent comme tres-asseurez : Cela
ne sert pas seulement pour monstrer qu'ils ne preuuent
rien en ce qui est de la puissance des drogues que l'on veut
faire agir sur le corps de l'Homme malgré la distance, mais
pour tous les autres effets que l'ó se pourroit figurer à leur
imitation ; Et cela conuient encore fort bien en ce lieu, à
cause qu'il estoit besoin de considerer l'vsage de toute sorte de Sympathies, suiuant nostre premier ordre. Apres
tout cecy, nous remarquerons que plusieurs merueilles
que l'on raconte, n'arriuent point du tout, ou bien ont vne
autre cause que celle que l'on leur donne. Et que d'ailleurs,
quand tous ces exemples que l'on employe à la defense
des remedes Sympathiques seroient veritables, ils different
beaucoup de ce que l'on a proposé, & leur contrarieté est
capable de ruïner toute sorte de preuue. Quand l'on dit
que le Fer suit l'Aimant, & que l'Aimant se tourne vers le
Pôle, & l'Heliotrope vers le Soleil, l'on entend qu'ils en
sont attirez, & que chaque chose obeït à vne autre qui luy
est superieure. Si l'on propose encore que le vin est agité
quand les vignes sont en fleur ; Que les pastez de Cerf se
corrompent quand les Cerfs sont en ruth, & qu'vn Nez
qui auoit tiré son origine d'vn corps emprunté, tomba en
pourriture, lors que ce corps fut mort ; C'est que de tels
Corps suiuent aussi la Loy de ceux dont ils dependent. Il
faut donc confesser que tout cecy est au rebours de ce que
l'on attend de l'Vnguent Sympathique, qui estant appliqué sur le sang d'vne playe la doit guerir, puisque l'on
veut que le sang agisse sur le lieu dont il est tiré, & qu'à
mesure que la drogue y apportera du changement, il en
arriue aussi à la playe dont il procede. Void-on de mesme
que le fer fasse mouuoir l'Aimant, que l'Aimant agisse sur
le Pôle, l'Heliotrope sur le Soleil, le Vin sur la vigne, &
la chair morte sur la viuante ? Comment le sang qui est

Dd iij

214

separé du corps, auroit-il du pouuoir sur la playe dont il est
sorty, ou sur le reste de sa masse? Il semble que ce deuroit
plustost estre cette masse de sang ou cette playe, qui le feroient changer à leur imitation, au cas que toutes ces Sympathies eussent du lieu; Mais si ces exemples sont contraires, il y en a d'autres qui ne le sont pas, comme du sang de
la nourrice, qui estant bouïlly pourroit faire tarir son laict,
& quelques autres où la Sympathie est reciproque. L'on
soustient encore que le fer peut attirer l'Aimant, pourueu
que cette pierre soit moins pesante que luy. D'ailleurs, si
l'on a rapporté des exemples faux, cela n'empesche pas
qu'il n'y en ait aussi de veritables, & nous ne sçaurions nier
qu'il n'y ait des Sympathies en plusieurs choses. L'on
nous veut persuader qu'il y en a principalement entre
les choses qui sont semblables, & dauantage qui sont tirées
d'vn mesme lieu; Nous l'auoüons franchement, mais
nous n'accordons pas que cela se puisse manifester dans
la distance, & nous soustenons que si les choses purement
naturelles, ont quelque action l'vne enuers l'autre, l'on
n'en peut pas faire vne parfaite imitation par l'artifice.
Tant s'en faut que l'on y puisse apporter vn tel accroissement que cela semble estre surnaturel: Mais si nos Operateurs voyent que l'on ne trouue rien en la Nature qui
ait tant de pouuoir que ce qu'ils publient, ils en reuiendront
à cette defense, que c'est aussi vn effet particulier du meslange de leurs drogues, & du temps auquel il est fait, ou
de la maniere dont l'on en vse. Il faut donc examiner à
part ce secret, comme le plus grand que l'on attribuë aux
Sympathies.

De l'Vnguent
Sympathique.

Il n'y a aucun Vn-
guent qui puisse
faire agir le sang
sur le corps dont il
a esté tiré; & les
ceremonies que l'ö
y observe, y sont
inutiles.

SI le pouuoir de l'Vnguent Sympathique est tel qu'en
faisant vne chose en vn lieu, cela opere en vn autre fort
esloigné, c'est vne cure merueilleuse. Toutefois, puisque
l'on pretend que tous les corps semblables agissent reciproquement ensemble, & se mettent au mesme estat les
vns que les autres, il faudroit croire aussi que quelque vnguent que ce soit, estant appliqué sur du sang, ce sang

pourroit agir ſur la maſſe entiere , d'auec laquelle il auroit eſté tiré, & ſur le corps où elle ſeroit enfermée , par la
faculté que l'Vnguent luy donneroit. Mais il n'y a aucun
vnguent qui ait vn tel priuilege, quoy qu'il y en ait de fort
excellent, tellement que l'on peut dire que l'on ne doit
rien attribuer dauantage à celuy-cy qui ne paroiſt pas plus
exquis. Quant aux ceremonies auec leſquelles on le fait,
ſi elles ſont autres que les vulgaires, l'on y doit ſoupçon-
ner de l'erreur & de la ſuperſtition, & l'on iugera le meſme
de celles auec leſquelles on l'employe. Quelques Anciens
ont dit, qu'auparauant que de le faire il faloit ieuſner quelques iours, & ſe tenir net de corps & d'eſprit : Mais quoy
que cette pureté ſoit touſiours neceſſaire aux bonnes a-
ctions, il y en a qui ſont ſi fort attachées à la matiere, qu'en
quelque eſtat où l'on ſoit, l'on y peut trauailler, pourueu
que l'on en ait la force. Pour le temps de l'ouurage, il ſert
quelquefois eſtant chaud ou froid, ſec ou humide, ſelon
que la choſe le demande; mais cela n'a point de tels effets que ceux dont l'on parle icy. Quant à la maniere
d'employer de telles drogues , elle ſemble eſtre ſi impuiſ-
ſante à ſupleer aux autres defauts, qu'à la conſiderer toute
ſeule, l'on la iuge extrauagante & ridicule. L'on dit que
ſi l'on veut donner du mal à quelqu'vn, il ne faut que faire
boüillir quelque mauuaiſe drogue auec ſon ſang; mais quel
pouuoir aura cette ebullition ſur ce qui en eſt ſeparé? D'appliquer ſimplement vn vnguent ſur du ſang pour guerir la
fiéure & toute autre maladie, & meſme les vlceres & les
bleſſeures, n'eſt-ce pas vn vain remede? Dauantage,
pourquoy dit-on qu'il faut que le ſang ſoit ſur vn baſton,
ou ſur vne eſpée qui aura fait vne playe? Qu'eſt-ce que
ce ſang aura de commun auec le fer ou le bois, & ſi les armes qui ont fait la bleſſeure, ſont entre les mains de l'en-
nemy, ne ſuffit-il pas d'appliquer l'vnguent ſur quelque
baſton ou quelque linge enſanglanté? Neantmoins, quelques-vns appellent leur drogue l'Vnguent des Armes,
comme ſi elle ne ſeruoit à guerir les playes qu'en l'appliquant ſur l'eſpée qui a fait le coup, mais il faut croire qu'ils

ne l'appellent ainſi que par galanterie & pour rendre le
remede plus remarquable. Il y en a d'autres auſſi, qui promettent de guerir vne playe pourueu qu'ils ayent le pour-
point ou la chemiſe du bleſſé; C'eſt qu'en effet ils croyent
que leur Vnguent guerit toutes les playes dont l'on peut
auoir du ſang; & il ne ſe peut faire qu'vn Homme ayant
eſté bleſſé, il n'y ait des taches de ſang ſur ſon pour-
point. Mais cette cure n'a aucune apparence ny d'vne façon ny d'autre, & l'on eſtimeroit des perſonnes bien ſimples de s'y fier, & de negliger de ſe faire penſer en appliquant des remedes au lieu où ils ſont neceſſaires, pluſtoſt
que ſur du linge ou des baſtons tachez de ſang. Il y a à
reſpondre que cela ſe fait lors que le malade ne peut aller
où eſt l'Operateur, ny l'Operateur vers luy, & que quand
on voudroit l'aller querir, il y auroit dauantage de temps
à perdre entre l'auertiſſement & ſa venuë; au lieu qu'il n'a
qu'à apliquer ſon Vnguent ſur le baſton enſanglanté auſſi
toſt qu'il l'a receu; Que ſans cela, il y a moins d'incommodité à eſtre penſé de la ſorte que par les voyes communes; Car l'on dict qu'il ne faut cependant auoir autre ſoin
du bleſſé, que de lauer ſa playe auec ſon vrine, & y changer tous les iours de linge; Que l'on ne fait pas plus de
façon aux vlceres; & que pour guerir les autres maladies,
il ne faut qu'vſer de regime, tandis que le ſang eſt medica-
menté de cette ſorte. Voylà ce que l'on peut dire pour
teſmoigner qu'vn tel ſecret eſt vtile; & meſmement, l'on
peut alleguer qu'il ſeroit tres-eſtimable quand il ne ſeruiroit à autre choſe qu'à monſtrer les merueilles de la Nature; outre que l'on l'eſtime encore propre à la communication de deux amis ſeparez. Si l'on conſidere que de
telles propoſitions ſont fort auantageuſes, quoy que l'on
s'en meſſie beaucoup, l'on aura la curioſité de s'enquerir
plus auant ſi les drogues dont l'on promet tant de miracles, ſont autres que les communes, & ſi le temps où l'on
les prepare y peut operer plus puiſſamment que ce que
l'on s'en imagine d'abord.

Nous auons deſia dit ailleurs dequoy eſt compoſé l'Vnguent

guent Sympathique. Il faut declarer icy ouuertement ce
que nous en penfons. Il eft certain que la plufpart des chofes qui y entrent font affez communes, pour faire que
nous fçachions qu'elles n'ont rien chacune qui foit capable de ce que l'on leur attribuë. Rien ne nous arrefte
dauantage finon qu'il y faut adjoufter de l'Vfnée, qui eft
vne drogue toute nouuelle, que nous croyons eftre vn
peu difficile à trouuer. L'on dit que pour en auoir de bonne, il faut prendre des champignons ou de la mouffe qui
foient creus fur des os de mort; mais l'on ne void guere
d'os où il croiffe aucune chofe, à caufe de leur fechereffe.
Ceux qui en ont parlé depuis le premier inuenteur, ont dit
de plus qu'il falloit que ce fuft fur le Crane d'vn homme
qui auroit eu vne mort violente; Et parce que tous les
corps de ceux qui ont finy par vne telle mort, ne font pas
laiffez fans fepulture, ce qui empefche qu'on n'y puiffe
rien trouuer, d'autres ont commenté là deffus, & ont
affeuré qu'il falloit que ce fuft fur le Crane d'vn pen-
du, à caufe qu'il eft expofé à l'air, & que la chair qui y
demeure fe pourriffant eft capable de produire quelque
chofe, outre que le corps ayant efté fuffoqué, les efprits qui
fe font trouué preffez dans la tefte, ont porté vne vertu extraordinaire au Crane. Ie ne croy pas pourtant qu'il y
vienne ny champignons ny potirons, ny mouffe; mais
quoy que ce foit la pourriture qui s'y trouue, peut eftre ra-
clée, & l'on l'appellera de l'Vfnée, fi l'on veut: Comme
cette chofe eft incertaine, auffi luy a-t'on pû donner vn
nom inconnu. Quant à la force des efprits refferrez, ie
tien qu'elle eft vaine, & que l'Homme eftant mort, fes efprits fe font amortis, & ne fe font point portez à cette partie
exterieure. Mais quand ils y auroient efté, & quand l'Vfnée y feroit en abondance, quelle qualité auroit-elle pour
agir fur des corps feparez, eftant feulement appliquée fur
leur fang, ou pour faire que ce fang y puiffe agir ? Si la
Mumie, la graiffe d'homme, le bol Armenien, l'huile ro-
far & l'huile de lin, ne peuuent rien à cecy chacun à part,
pourquoy y auroient-ils tant de pouuoir eftans affemblez

DE L'VN-
GVENT
SYMPA-
THIQVE.

Dans la compofi-
tion de l'Vnguent
Sympathique il n'y
a que l'Vfnée qui
foit vne drogue
nouuelle.

Ny l'Vfnée, ny les
autres drogues, ne
fçauroient agir fur
des corps feparez.

& meſlez à l'Vſnée ? Il y a eu meſme des modernes qui
ont propoſé qu'à faute de ce qui eſtoit tiré du corps des
Hommes, l'on pouuoit prendre de la graiſſe de ſanglier
& d'ours, & du cerueau de ſanglier, ce qui ſemble encore
moins raiſonnable ; car qu'eſt-ce que les Hommes ont de
commun auec ces animaux, s'il eſt ainſi que l'on vueille
agir par reſſemblance ?   L'on dira que la conuenance eſt
en ce que l'on a du propre ſang du bleſſé ſur lequel l'on a
appliqué ce remede, & qu'il ſuffit que ce ſoit vne compoſition propre à guerir, côme en effet l'on ſe ſert de la graiſſe
de toute ſorte d'animaux pour faire des vnguents : Mais
cela eſt bon pour les cures ordinaires ; Il ſemble qu'à cauſe
que l'on en a voulu faire vne extraordinaire, l'on a ordonné de prendre de la graiſſe d'homme, & ſi l'on change d'a-
uis, cela rend l'affaire ſuſpecte d'incertitude & de menſon-
gé. Ceux qui ont inuenté ces choſes pretendent bien pourtant auoir dequoy les defendre. Ils diſent que de verité la
matiere de leur compoſition doit eſtre certaine, mais qu'entre pluſieurs drogues qui y peuuent ſeruir, l'on peut prendre les vnes ou les autres ſelon l'occaſion, & qu'au reſte
le principal eſt de les meſler en vn temps tres-propre.

Mais en quelque temps que ces drogues puiſſent eſtre
meſlées, pourquoy leur attribuëra-t'on tant de puiſſance ?
Nous auons deſia veu qu'entre tous les Corps du Monde,
l'on n'en trouue point qui en ayent vne telle, & qu'en vain
l'on y cherche des argumens par les ſemblables. Toutefois, quoy que l'on conſidere cet effet comme tout particulier ; ceux qui le ſouſtiennent ont beaucoup de peine à
abandonner leurs allegations, & ſpecialement celles des
Sympathies de l'Aimant, auſquelles ils reuiennent encore
comme à leur principal ſecours, en ayant beaucoup affaire
en ce lieu-cy.   L'on leur accorde que l'Aimant eſt vn des
Corps les plus remarquables pour la Sympathie, ce qui
leur fait donner ſouuent le nom de cette pierre à leurs dro-
gües, les appellant Magnetiques, comme eſtans faites à
ſon imitation : Mais nous auons deſia refuté ce que l'on
en dit touchant l'attraction du Pôle ; Et neantmoins, ils

ne laiſſent pas de fonder de meſme leur eſpoir ſur des puiſſances imprimées par les Aſtres, deſquelles ils veulent
que leur vnguent emprunte ſa force comme l'Aimant tire
la ſienne des eſtoilles Polaires. Ils declarent donc que ce
temps conuenable qu'ils deſirent à leur compoſition, eſt
de la faire ſous vne conſtellation propice, & que c'eſt ce
qui luy donnera l'effet qu'ils pretendent : A ce qu'ils diſent cette conſtellation ſe treuue lors que le Soleil eſt au
ſigne des Balances. Il faut croire qu'ils n'ont choiſi ce ſigne
qu'à cauſe que c'eſt vne marque de l'eſgalité de deux choſes, ce qui repreſente bien la Sympathie. Mais ne voyent-
ils pas, que ce ſont-là des applications plus morales & plus
myſterieuſes que naturelles ?

Cependant, c'eſt la plus importante piece de leur ſecret
qu'ils ſont contraints de deſcouurir quand ils ſe trouuent
fort preſſez. Nous auons à leur reſpondre, que ſous quelque conſtellation que l'Vnguent puiſſe eſtre compoſé,
quand l'on auroit fait que les Aſtres auroient jetté deſſus
leurs rayons, il n'y a guere d'apparence qu'il y en demeu-
raſt quelque impreſſion apres. Lors que les Aſtres ne lui-
ſent plus, la chaleur qu'ils ont donnée s'aneantit ; Mais
l'on dira qu'auec cela ils ont ietté quelque influence qui
s'imprime dans vn ſujet bien preparé, & y demeure apres
vn long temps. Toutefois, il n'eſt point croyable que diuers ingrediens reçoiuent vne force pareille aux Aſtres
ſous leſquels on les a meſlez, & qu'ils ſoiẽt d'autres Aſtres
en Terre, & faſſent encore plus que les Aſtres ; Car il ne
ſe trouue point d'Eſtoille qui pour eſtre meſme placée au
deſſus de la maiſon d'vn Homme, gueriſſe ſes bleſſeures
ſans autre appareil. Neantmoins, l'on ſe fonde ſur cette
vertu celeſte; c'eſt pourquoy l'vnguent qui ſert à cette cure
porte encore le nom de Conſtellé ; Et ſi l'on demande
comment vne playe peut eſtre guerie en frottant ſeulement de cette drogue le dard enſanglanté, l'on dit qu'il ſort
de là vne puiſſance ſecrette qui va iuſqu'au corps du malade malgré l'eſloignement, ainſi que les Eſtoilles iettent
leurs influences du Ciel en Terre au trauers des nuages &

L'on dit que l'Esprit vniuersel sert au transport des facultez des Astres & de l'Vnguent Sympathique, mais c'est vne chose feinte.

des autres empeschemens qu'elles rencontrent. L'on accorderoit auec quelque facilité que l'vnguent peut receuoir de la puissance des Astres pour agir sur les corps ausquels il sera appliqué ; mais l'on ne peut comprendre comment le transport s'en peut faire iusqu'à la playe éloignée de cent lieuës ou dauantage.

Ceux qui defendent cette cure acheuent icy leur declaration touchant l'accomplissement de leur œuure. Ils declarent ouuertement que le transport des facultez des Astres, & de celles de leur vnguent, & du sang où il est appliqué, se doit faire par l'Esprit vniuersel du Monde, qui estant espandu par tout, lie les choses celestes auec les terrestres, les superieures auec les inferieures, & conjoint celles qui s'entr'aiment & qui sont diuisées, seruant de vehicule ou de chariot pour transporter leurs affections, & qu'outre que les matieres bien preparées le disposent à cela, le desir ardent auec la forte imagination de celuy qui fait l'operation, l'y incitent, & font qu'il s'y attache pour y seruir de secours. Voylà vne puissance tres-grande : mais elle est feinte, & n'est fondée que sur des erreurs. Les Astres ne donnent point vn pouuoir extraordinaire à des matieres qui sont preparées sous leur constellation, & il n'y a point d'Esprit vniuersel qui adhere à cet ouurage, & obeïsse à l'imagination de l'Homme. Quelques Philosophes qui ne reconnoissoient point la Toute-puissance de Dieu, ont crû que le Monde estoit vn grand Animal, qui auoit du sentiment & de la raison, & que son ame espanduë par tout, donnoit vigueur à toutes choses. Mais nous sçauons que la masse des elemens n'a point d'autres qualitez que celles qui sont propres à sa matiere ; Que le sentiment est seulement pour les animaux, & la raison particulierement pour l'Homme ; & que Dieu conduit toutes ces choses selon la Nature qu'il leur a donnée, estant par tout & au dessus de tout, & s'y meslant sans y estre contraint : Or ce seroit vne impieté de croire qu'il s'assermist aux volontez des Hommes, & à leurs vaines operations, & quand le Monde ne seroit mesme gouuerné que par

vne ame particuliere, comme quelques-vns pretendent, ce
feroit vn abus de penfer en tirer des feruices pour accomplir toutes les chofes que l'imagination fe pourroit former. Au lieu de luy laiffer fa puiffance fouueraine, ce feroit la vouloir captiuer fous nos loix. Si nos Operateurs
n'ont point d'autre fecours pour guider leurs Sympathies,
nous n'y fçaurions guere voir d'accompliffement. Les Influences & les communications vniuerfelles ne font pas
telles qu'ils les publient, & quand elles le feroient, les
Hommes ne les pourroient pas attirer.

DE L'VN-
GVENT
SYMPA-
THIQVE.

NOVS fommes montez infenfiblement à l'vfage des
Influences, dont les particularitez font dignes de
confideration. Ce font les Aftres que l'on eftime pour-
ueuz de telles facultez, & d'autant qu'ils femblent fe tirer
du pouuoir des Hommes par leur grandeur & leur efloignement, il ne faut pas croire que l'on fe ferue d'eux fi facilement que des autres Corps : Toutefois, nous auons
defia arrefté que l'on peut difpofer de la lumiere & de la
chaleur qu'ils enuoyent iufqu'en Terre, & que l'on peut
augmenter ou tranfporter l'vn & l'autre ; Ne doit-on pas
croire que l'on fera le mefme de leurs Influences ? Pour
l'augmentation de ces fecrettes effufions, il eft indubitable qu'elle fe peut faire auffi, & que fi ce n'eft en leur fource, c'eft au moins en leurs dependances & en leurs effects.
Si les Influences font adreffées fur les terres, les pierres,
les mineraux, les plantes & les animaux, l'on fait qu'elles
y operent dauantage en rendant ces corps plus capables
de receuoir leur impreffion. Voylà vne puiffance qui eft
accordée à l'Homme en ce qui eft des chofes exterieures;
Il n'en a pas moins pour foy-mefme, car n'ayant rien de
plus prefent que ce qui le touche, il y peut fonger à toute
heure, pour y caufer tel changement qu'il y pourra donner, felon que fa nature le permettra. Comme il peut faire
changer le temperament des autres, il peut bien changer
le fien iufques à de certaines bornes que fa conftitution
luy prefcrira ; En ce qui eft de fon Ame, il a encore vne

E e iij

puiſſance plus eſtenduë, de ſorte que luy donnant de tres-
fermes inclinations par ſa reſolution & ſes habitudes, il la
pourra accorder s'il veut auec les Influences; & par ce
moyen les rendant de beaucoup plus fortes ſur luy, il s'en
ſeruira vtilement dans les occaſions neceſſaires; Il tra-
uaillera ainſi à leur melioration, & leur perfection, non
ſeulement poutce qu'il les fera agir auec vne pleine liberté, mais d'autant qu'il les tournera entierement au bien.
Que ſi dés ſa naiſſance il en a receu plus de mauuaiſes que
de bonnes, il ſera en ſon pouuoir de leur reſiſter & de faire pareſtre que le Sage domine ſur les Aſtres. Si la conſtellation ſous laquelle il eſt né, a contribué à le rendre
d'vn certain temperament, & à luy cauſer des paſſions vehementes & iniuſtes, il s'eſtudiera à les moderer, & à faire toute autre choſe que ce qu'elles luy conſeillent, Ce
doit eſtre là le principal ſecret de la vie heureuſe, qui ne
ſçauroit eſtre acquis de la pluſpart des Hommes ſans auoir
oüy beaucoup de preceptes, leſquels ſont reſeruez pour
les Traitez de Morale. Il ſuffit d'apprendre icy que l'on
peut reüſſir à ce trauail lors que l'on en a vne ferme volonté.

Nous diſons ce qui ſe peut faire touchant l'augmentation ou la diminution de la force des Influences; Il reſte
de parler de leur transport, que nous ne manquons point
d'accomplir auſſi. Il ne ſe fait pas de vray ſi manifeſtement que celuy de la chaleur & de la lumiere, lequel ſe
fait par les corps ſolides, & ſpecialement par les miroirs de
verre & d'acier. Celuy-là eſt deſcouuert à la veuë, mais
le transport des Influences ne ſe monſtre la pluſpart du
temps qu'à l'eſprit, à cauſe de ſa ſubtilité; Toutefois, nous
ſçauons veritablement qu'il ſe fait; & pour comprendre ce
ſecret, il faut ſe repreſenter, que ſi deux Corps vegetatifs
ou ſenſitifs, ont deſia vne Sympathie reciproque, ſans
doute l'Influence que l'vn receura, pourra eſtre commu-
niquée à l'autre, à cauſe de leur affinité; La reflexion d'vn
Corps pourra meſme cauſer quelque effect ſur vn autre,
quoy qu'il ne ſoit pas ſon principal allié; & ſi ces choſes ſe

font affez obfcurement fur les pierres, les metaux, les plantes & les animaux irraifonnables, cela fe monftre auec
beaucoup plus de diftinction, fur les Hommes & par les
Hommes; Car outre qu'ayans receu l'Influence, ils l'enuoyent encore ailleurs par reuerberation fans y penfer;
Ils le font auec plus d'efficace lors qu'ils y employent leur
effort. Or comme l'on donne du fecours à ces chofes, l'on
y apporte auffi de l'obftacle quand l'on veut; Et en tout
cela, il y a du profit ou du dommage, & enfin de la perfection ou de la melioration.

Nous demeurons d'accord de ces effets que les plus
fubtils pourront remarquer par vne diligente recherche;
Mais il faut prendre garde que toutes les chofes aufquelles
on attribuë des Influences, ne les ont pas telles que l'on
les dit, & ne font pas capables de faire de puiffantes reflexions. Quelques-vns ont efcrit que fi l'on porte fur foy
des pierres, des metaux, des parties des plantes, ou de
quelques animaux, felon les Planettes & les Signes dont
l'on defire eftre regardé fauorablement, l'on ne manquera point d'en voir vn bon fuccez; mais les qualitez que ces
chofes ont receuës des Aftres, ne fçauroient eftre communiquées pour les porter fimplement, & n'opereront pas
auffi en tous les hazards du Monde, comme l'on fe figure.
Si l'on veut mefme les faire operer fur l'eftat des corps, il
les faut reduire en fomentations ou en breuuages: C'eft
par ce moyen que les bilieux trouuent dequoy fe raffraif-
chir, & que les phlegmatiques obtiennent la chaleur qui
leur eft neeeffaire. Cela s'appelle la Medecine celefte,
d'autant que tous les genres de mineraux, de vegetaux &
de corps fenfitifs, font placez fous le gouuernement de
quelque Aftre felon leur nature; Et s'il n'eft pas certain
que chaque Aftre donne particulierement à plufieurs les
facultez qu'ils poffedent; l'on dit neantmoins que l'on
les a pû ranger fous cet empire à caufe de la conformité
qu'ils ont auec les qualitez que l'on attribuë aux Corps
fuperieurs. Mais cela n'empefchera pas que nous ne
croyons encore qu'ils ne fçauroient feruir que par vne ap-

plication prochaine, ſi l'on veut que cela ſe faſſe pour
guerir les Hommes de pluſieurs faſcheuſes maladies, ou
pour entretenir leur vigueur, reſioüir leurs eſprits, adoucir
leurs inquietudes, fortifier leur memoire & leur imagination, eſclaircir leur iugement, & enfin operer ſur l'Ame par
le Corps côme par de doubles reflexions. Quand cela eſt
executé, ce n'eſt auſſi que par vn long-téps & par des obſeruations toutes naturelles & ſenſibles; mais l'on en cherche qui operent auec plus de force & de promptitude, &
meſme par des moyens où il ſemble que la Nature ſoit ſur-
montée & vaincuë; puiſque cela eſt ordonné pour vne
application aſſez eſloignée, & que l'on veut meſme que
cela opere immediatement ſur les affections des Hommes,
& que cela preſide à tous les accidens de la vie.

CEVX qui ont entrepris de propoſer des ſecrets extraordinaires touchant les choſes qui ſont ſouſmiſes
aux Corps celeſtes, ont dit que pour en receuoir de grandes vtilitez, il ne ſuffiſoit pas de les prendre toutes ſimples;
mais qu'il faloit adjouſter des ceremonies particulieres à
leur preparation; Qu'ayant choiſi les matieres dediées à
chaque Aſtre dont l'on vouloit ſe concilier les Influences,
il faloit y grauer des figures exprés, & principalement les
tailler en boſſe ſelon l'effect que l'on deſiroit, & qu'il eſtoit
beſoin d'accomplir cet ouurage ſous la conſtellation qui
s'y trouuoit vtile. C'eſt ce que l'on appelle des Figures
Conſtellées, qui portent auſſi le nom de Taliſmans, mot
Arabe que l'on dit eſtre deriué d'vn autre mot Chaldeen
aſſez approchant, lequel ſignifie Image, & auquel l'on
donne encore d'autres explications plus ſignificatiues.
Nous ſçauons aſſez ce que l'on entend par là, & nous ne
ſommes en different que ſur la verité de ce qui en depend.
L'on dit qu'ayant taillé auec ſoin de telles figures, les
Aſtres y impriment des qualitez ſi puiſſantes, qu'elles
operent apres de meſme que la conſtellation ſous laquelle l'on les a faites, & que l'on n'a qu'à les porter ſur ſoy,
ou les placer en quelque lieu, pour y cauſer diuers effects;

Qu'il

Qu'il y en a qui font aimer & respecter celuy qui les por-
te; Qui le rendent riche & bien fortuné, d'autres qui le
rendent victorieux contre ses ennemis, & d'autres qui le
garentissent de plusieurs maladies, & de mourir de mort
violente; Et qu'aux endroits d'vne maison où l'on aura
placé de tels simulachres, les vns feront que tous ceux qui
y entreront feront soudain excessiuemēt tristes ou ioyeux,
& les autres empescheront qu'il ne s'y trouue de vermine
& de bestes venimeuses ou mal-faisantes, ou bien que les
larrons n'en puissent approcher. Voylà des ouurages mer-
ueilleux par lesquels l'on pense tesmoigner manifestemēt
le pouuoir que les Hommes ont sur les Astres; car l'on
pretend par ce moyen ne faire pas seulement vn transport
des effets & des Influences des Astres, mais de violenter
les Astres mesmes. L'on confesse que l'on n'apporte point
ainsi de changement en leur corps; mais s'il est vray que
leurs puissances secrettes soient leurs forces principales,
c'est leur donner beaucoup de contrainte de la porter où
l'on veut malgré leurs premiers decrets; & tout au moins,
c'est vser enuers eux de sollicitation & de persuasion pour
en obtenir ce que l'on desire; ce qui est encore vn pou-
uoir & vn artifice dont l'Homme peut estre honoré. Il
faut sçauoir de quelle façon l'on a proposé ces choses pour
iuger de leur certitude.

L'on dit que si lors que Saturne est heureusement placé
dans le Ciel, l'on fait auec de la pierre d'Aimant la figure
d'vn Homme qui ait vne teste de Cerf, & soit assis sur vn
dragon, tenant en main vne faux, cela seruira à la longueur
de la vie; Que si sous la mesme Planette iointe à Mercu-
re, l'on fait vne figure d'airain ayant la forme d'vn vieil-
lard venerable, ceux qui la porteront pourront predire
l'auenir; & mesme quelques Anciens ont asseuré que si
l'on fait la mesme figure plus grande & plus accomplie,
elle parlera pour instruire les Hommes de ce qu'ils auront
à faire, & que c'estoit de telles Idoles fabriquées sous des
constellations conuenables, qui rendoient autrefois des
Oracles. Que sous Iupiter il faut faire la figure d'vn Hom-

Description de quelques figures constellées.

me couronné, qui sert à augmenter les honneurs & les richesses ; Sous Mars, celle d'vn Homme armé, monté sur
vn Lyon, tenant d'vne main vn coustelas & de l'autre la
teste d'vn Homme, pour emporter la victoire sur ses ennemis ; Sous le Soleil, la figure d'vn Homme assis dans vn
trosne, qui sert à s'agrandir & se faire aimer de tout le monde ; Sous Venus, vne Femme nuë, pour estre heureux en
des amours impudiques ; Sous Mercure, vn ieune homme portant le caducée pour se conseruer la paix, acquerir
la facilité du discours, & la prospérité du commerce ; &
sous la Lune, vne Femme ayant le croissant sur la teste, qui
sert à rendre les voyages heureux ; Que pour chacune
de ces figures, il faut choisir la pierre ou le metal qui sont
dediez à la Planette dont l'on a besoin ; Que l'on en peut
faire encore de diuerses, non seulement à chaque Signe
du Zodiaque, mais à chaque degré, comme aussi à chacun des vingt-huit iours de la Lune, & pareillement à
l'intention de chaque iour de la semaine, obseruant les
heures & les momens, selon qu'ils sont dediez à chaque
Planette, & selon les diuers effects que l'on se propose.
Il y a des Liures qui monstrent en particulier la forme de toutes sortes de graueures ou de sculptures, &
declarent à quelles constellations elles appartiennent. La
pluspart sont des chiffres barbares & inconnus, ou des figures monstrueuses où l'on croid qu'il ne faut rien changer ; mais en ce qui est des figures naturelles & significa-
tiues, plusieurs Autheurs laissent la liberté d'en inuenter
quantité à l'imitation de celles qu'ils ont données, les ap-
propriant à l'effect que l'on desire, comme si l'on fait la
figure de deux Hommes qui se touchent dâs la main pour
prouoquer l'affection & la fidelité ; & si au contraire l'on
fait qu'ils s'entrebattent pour les exciter à s'entretüer, ou
tout au moins à s'entrehaïr & se quereller ; & si l'on fait
aussi que l'vn mette le pied sur la gorge à quelqu'autre
pour rendre celuy-là propre à suppediter les ennemis, &
les outrager à sa volonté ; car l'on fait de telles figures
pour le mal de mesme que pour le bien, & pour l'vn &

pour l'autre l'on choisit vn temps qui soit propre, & vne matiere conuenable; & l'on croit operer encore dauantage, si connoissant sous quelle horoscope vn Homme est né, l'on prend garde que les figures que l'on fabrique pour luy, soient faites à vne heure que les autres Astres s'accordent aux siens, & tout de mesme si trauaillant pour quelque païs, quelque ville, ou quelque maison, l'on considere à quelle Planette & quel Signe ils sont sujets. Que si l'on veut destourner d'vn lieu tous les animaux nuisibles, & tous les mal-heurs qui y peuuent arriuer, l'on fait aussi des figures qui expriment cela, lesquelles sont taillées sous la constellation qui y peut operer.

Or d'autant que les statuës ou figures en bosse coustent plus à faire que des figures grauées simplement, l'on les estime dauantage, mais c'est aussi parce qu'il s'y fait vne representation plus naïue de ce que l'on desire. Toutefois, les figures grauées ont tousiours esté autant en regne, pource qu'estant besoin de trauailler sur de certaines pierres precieuses, l'on n'en peut pas tailler des statuës à cause de leur petitesse & de leur dureté, & l'on craint de les gaster, & puis l'on a plustost fait d'y grauer ce que l'on veut. Il est vray que les ceremonies que l'on y obserue font croire que cela n'est pas moins puissant. Au reste, cela semble fort commode pour les porter tousiours, les faisant enchasser en dés anneaux. Les autres peuuent estre portées au bras ou au col ou quelque autre part sur soy, & quant aux statuës qui sont fort grandes, soit de pierre ou de metal, elles sont mises en des lieux choisis selon l'effect que l'on en attend. L'on peut bien esperer quelque effet des figures qui sont simplement grauées sur vne pierre platte, ou sur vn metal, puisque mesme l'on faict des lames sur lesquelles l'on graue seulement quelques caracteres dediez aux Planettes, & l'on les croid propres à ce que l'on desire, pourueu qu'elles soient accommodées exactement sous la constellation necessaire, & l'on graue aussi des caracteres semblables sur des bracelets ou des

*Raifons pour fou-
ftenir le pouuoir
des Figures Con-
ftellées.*

anneaux par lefquels l'on pretend encore d'accomplir fes deffeins.

Le pouuoir que l'on attribuë à ces Figures Conftellées, eft fi merueilleux qu'il femble que cela vaut bien la peine d'efcouter les raifons de ceux qui les fouftiennent. Ils difent que tout ce qui eft icy bas depend des Corps Celeftes, & que quand quelque chofe eft produite, c'eft à la reffemblance de la conftellation qui fe treuue alors la plus forte; Que premierement l'air inferieur fuit la nature des Aftres, eftant pluuieux fous les Aftres humides, & fort fec fous ceux qui font fecs; Que les plantes qui naiffent participent à leur humidité ou à leur fechereffe, ou à leurs degrez de chaleur, & de mefme les animaux; Qu'auec ces premieres qualitez que les Aftres influent, ils difpofent à l'amour & à la haine, & donnent aux Hommes des inclinations vertueufes ou vicieufes; & fi les autres fubftances ne font capables d'en receuoir les impreffions, ils leur donnent au moins le pouuoir de les faire naiftre ailleurs; Que fi l'on prend auffi vn metal ou vne pierre, ou quelqu'autre matiere qui leur conuienne, & que l'on y graue vne figure propre, ils y verferont de telles influences & facultez; & apres cette pierre ou ce metal pourront communiquer cela à d'autres corps, & les Hommes qui les porteront d'ordinaire feront fujets aux mefmes accidens qu'ils eftoient nez fous vne pareille conftellation, & leurs deffeins auront toufiours vn mefme fuccez que s'ils eftoient encore en ce temps fauorable.

*Comment l'on re-
fute les propofitions
des Figures Con-
ftellées.*

Il y a beaucoup de chofes à dire contre ces propofitions. Premierement, en ce qui eft des ftatuës que l'on s'imagine pouuoir parler; c'eft vne chofe honteufe, que des Auteurs modernes ayent encore mis cela dans leurs efcrits, puifque ce font des refueries des anciens Idolaftres. Ceux qui en ont parlé les premiers, ont peut-eftre demandé pour cecy vne certaine rencontre d'Eftoilles qui ne fçauroit arriuer en dix mille ans, afin que les efprits foibles les croyent fans chercher aucune experience. L'on doit penfer le mefme des figures qui, à ce qu'on dit, rendent

l'Homme Prophete. L'on n'a iamais veu aucun effet semblable. Ny les choses artificielles ny les naturelles ne peuuent rien à cela, puisque la prophetie est vn don de Dieu;
& si quelqu'vn a vne bonne preuoyance de l'auenir, il
faut qu'il l'ait acquise par vn long estude. Quant aux Figures dont l'on pretend faire à toute heure les mesmes
choses que l'on attribuë aux plus fortes influences, cela est
encore en doute, car l'on n'accorde pas mesme tous les
effets que l'on attribuë aux Astres, & quand l'on auoüera
qu'ils ont du pouuoir sur le changement des Saisons, sur
toutes les productions des Meteores, des Mineraux, des
Plantes & des Animaux, cela ne nous fera pas croire qu'ils
donnent vne mesme impression à vn corps artificiel que
l'on compose exprez. Nous sçauons assez ce que l'on peut
dire des Figures en bosse ou grauées, que l'on croid rendre capables de mettre de l'affection ou de la haine entre
les personnes, de faire rire & chanter, ou pleurer tous ceux
qui entreront au lieu où elles seront, d'empescher que les
voleurs n'entrent iamais dans vne maison, & de rendre
vn Homme victorieux à la guerre. Plusieurs les ont desia
condamnées pource qu'ils asseurent que les Astres mesmes ne forcent point les volontez, & par consequent que
ces figures fabriquées à leur ressemblance ne le sçauroient
faire. Que l'on ne sçauroit faire aimer ou haïr quelques
Hommes, s'ils n'ont en eux les vrays principes d'amour
ou de haine; Que si l'on est ioyeux lors que l'on entre
dans vne maison, il n'est pas croyable que l'on y soit triste
sans cause, ny que l'on y deuienne soudain ioyeux, lors
que l'on est triste: Que pour empescher les larrons d'executer leur larcin, cela n'est pas possible, d'autant qu'vne
petite figure mise dessus ou dessous, ou derriere vne porte,
n'est pas vne forte barriere qui les empesche d'entrer; &
pour ce qui est de rendre victorieux à la guerre, qu'il n'y a
pas d'apparence aussi qu'vne figure donne à vn Homme
coüard & foible qui la porte, vne generosité extraordinaire, & qu'elle oste aux plus braues des ennemis leur valeur
accoustumée pour se laisser terrasser honteusement, &

*Responfe pour les
Figures qui feruēt
à faire aimer ou
haïr, qui rendent
joyeux ou trifte,
qui empefchēt que
les voleurs n'en-
trent dans vne
maifon, & qui ren-
dent vn Homme
victorieux de fes
ennemis.*

que mefme toute vne multitude ne puiffe rien faire contre vn feul Homme.

En ce qui eft des figures d'amour ou de haine, ceux qui les fouftiennent refpondent qu'ils ne pretendent pas que les Aftres ayent vn pouuoir abfolu fur l'Ame de l'Homme, qui eftant fpirituelle & immortelle, eft libre dans fes fonctions, mais que s'ils ne la contraignent pas, ils luy donnent au moins des inclinations, qui bien que foibles au commencement, fe fortifient par l'habitude, & que la volonté fe laiffe emporter apres; Qu'il y a des occa-fions où l'election ne fe fait point, & la volonté n'eft pas confultée, de forte que l'on aime ou l'on haït fans fçauoir pourquoy, & mefmes il femble que l'on voudroit bien quelquefois aimer ceux que l'on haït, mais l'on ne le peut, quoy que l'on fçache que l'on y eft obligé par le droit de parenté, par quelque merite de la perfonne, & par quelque bien-fait receu, & que le fujet de cette paffion n'eft que pour la contrarieté de l'Influence des Aftres; Que l'on peut eftre encore excité à la ioye ou à la trifteffe en en-trant dans vn logis fans fçauoir pourquoy, & qu'il nous arriue ainfi tous les iours quantité de mouuemens contrai-res, fans en pouuoir dire la caufe, tellement que la volon-té n'y eft point forcée, puifque cela fe fait mefme fans que nous y fongions; Qu'en ce qui eft des voleurs s'ils ne trouuent aucune refiftance fenfible en la maifon, ils ont au moins en leur efprit vn certain mouuement qui leur faict differer d'y entrer, ou qui les mene ailleurs; Et que la figu-re qu'vn Hôme de guerre porte, luy peut auffi échauffer le fang & le courage, iufqu'à lui faire terraffer fes ennemis, ou fe retirer de leurs mains, s'ils font en trop grand nombre.

*Replique pour
monftrer que les
Aftres ny les Figu-
res Conftellées, ne
fçauroient forcer
les inclinations.*

L'on replique à tout cela, que fi l'inclination entraifne la volonté, c'eft toufiours la violenter, & contreuenir au libre arbitre de l'Homme; Que nous fçauons que le pri-uilege du choix ne nous fçauroit eftre ofté par les Aftres; Qu'ils ne nous forcent point à aimer ou à haïr par de fe-crettes Influences, & que fi l'on cerchoit bien, l'on trouue-roit qu'il n'y a inclinatiō fi precipitée qui ne tire origine de

son vray objet; Qu'en ce qui est des mouuemens qui portent à la ioye ou à la tristesse entrant dãs vne maison, c'est
pource que l'on la treuue agreable ou desplaisante, & que
bien souuent telle qu'elle soit, elle nous laira en l'humeur
que nous y auons apportée; Que les Astres n'ayans aussi
autre faculté que de rendre vn Corps plus humide ou plus
sec, & changer les degrez de chaleur, il n'est point à propos de leur attribüer la puissance d'exciter les vns aux larcins & d'en retirer les autres ; Qu'vn certain temperament peut bien rendre les Hommes lasches, & faire qu'ils
se plaisent à viure du labeur d'autruy, ce qui les porte quelquefois aux rapines & aux larcins ; Mais bien que les
Astres cooperent à leur donner cette humeur à l'heure de
leur naissance, si est-ce qu'il y a beaucoup d'accidens qui
destournent cela , & leur font suiure vn autre chemin ;
mais quand ils s'y accorderoient , & quand leur temperament porteroit leur Ame à la lascheté, il faudroit qu'ils en
prissent vne habitude pour de là s'accoustumer à viure de
larcin , ce qui contrarie de toutes parts à l'effet des figures
grauées dont l'on pretend imiter les Astres : car si les
Astres ne forcent point la volonté des Hommes, & s'il
leur faut du temps pour porter leur inclination au bien ou
au mal, comment est-ce que la figure arrestera tout d'vn
coup la volonté du larron, qui a desia planté l'eschelle
pour aller piller vn logis? D'ailleurs, si l'ascendant de ce
larron l'a porté de tout temps à suiure ce train de vie, la
puissance du Talisman sera-t'elle plus forte contre luy que
sa propre constellation? Celle-cy s'est fortifiée par vne
habitude reïterée, & l'autre opereroit en vn moment. Cela n'a aucune vray-semblance. De dire que le vol est em-
pesché par d'autres personnes qui suruiennent; Quelle
puissance auroient les Figures Constellées sur des gens
fort esloigñez pour les faire venir là à poinct nommé?
Pour ce qui est de surmonter des ennemis, il s'y treuue encore la mesme difficulté; car il faudroit que les figures
que l'on porteroit eussent vn soudain effet malgré la constellation des personnes contre qui l'on combattroit.

232

A l'exemple de cecy, l'on peut remarquer l'abus de
plusieurs figures faites pour diuerses occasions, comme
pour se rendre fauory des Roys, se faire respecter du peuple, faire tourner l'entreprise d'vne affaire ou de quelque
commerce de telle sorte que l'on y puisse gagner, & pour
d'autres prosperitez que l'on souhaite. Si vne personne
est difforme ou mesprisable, il faudroit que pour se faire
aimer & respecter il se trouuast soudain du changement en
ses coustumes, en ses gestes & en son visage mesme, ou
bien il faudroit que tous les yeux des autres y fussent trompez, mais il n'y a point de Talisman qui puisse seruir d'vn
tel charme. Quant à la facilité des entreprises & à l'acqui-
sition des richesses, il ne seroit pas seulement necessaire de
s'y rendre propre, mais aussi de destourner tous les empeschemens qui y suruiendroient, & de commander aux
choses fortuites & à celles qui arriuent selon l'ordre du
Monde. Comment se pourroit-il faire que ces figures
eussent tant d'actions diuerses, & surmontassent les Influences particulieres des Hommes, celles des nations, des villes & des maisons, & de la chose mesme dont l'on se voudroit seruir à quelque effet, soit arme, monnoye, marchan-
dise, pierre, metal, plante ou beste. Il n'y a pas moyen de
soustenir de telles operations, si l'on ne monstre qu'à toute heure les choses d'icy bas peuuent receuoir de nouuelles Influences, soit des Astres ou des Figures qui participent à leur pouuoir, mais cela destruiroit la doctrine de
l'horoscope qui fait croire que les Hommes sont principalement asseruis à ce qui leur a esté ordonné dés leur premiere heure, & que les bestes & les plantes sont dans vne
sujettion pareille dés l'instant de leur production, & les
villes, dés l'instant de leur fondation. Si l'on tient que cela puisse estre changé, c'est renuerser toute l'Astrologie,
& cependant l'inuention des Figures Constellées en tire
tous ses fondemens. La fille voudroit-elle donc ruïner la
Mere? Elles ne peuuent subsister toutes deux dans ces
contrarietez.

Ce ne sont pas les seules raisons dont l'on abat le credit

de ces

de ces Figures Aftrales, mais il n'eft guere befoin d'en dire dauantage contre celles que l'on pretend auoir du pouuoir fur la volonté d'autruy : C'eft affez de les condam-
ner par là, puifqu'apparemment c'eft vne chofe impoffible.
Il faut referuer tous les autres argumens contre celles qui
n'ayans pas de fi hautes promeffes, en ont acquis plus d'authorité enuers les efprits credules. L'on doit mettre de ce
nombre celles que l'on faict feulement pour fe procurer
quelque bien à foy-mefme. L'on les peut defendre fubtilement, pource que tant s'en faut que l'on entreprenne
par elles de forcer la volonté, qu'au contraire c'eft à deffein qu'elles la fuiuent, & qu'elles produifent des effects
conformes à nos intentions. Mais il y a encore icy d'abord
d'autres refponfes fondées fur ce qui a defia efté dit. Premierement, nous reconnoiffons bien que ce que l'on defire ne force point la volonté ; Toutesfois, pour defirer vne
chofe l'on ne l'obtient pas toufiours, & fi la volonté n'y
repugne point, les habitudes de l'Ame & du Corps y peuuent contrarier. Vous faites des figures à deffein de vous
rendre fçauant & eloquent, & de vous faire viure longue-
ment ; Voftre volonté y confent, mais la ftupidité de voftre efprit & la foibleffe de vos principaux membres y refiftent. Quel pouuoir ont les Talifmans, pour vous faire autre que vous n'eftes ? Il vous faudroit repaiftrir, &
vous faire renaiftre. Les figures ne peuuent faire ce que
les Aftres mefmes ne feroient pas. Si dés voftre naiffance
ils vous ont porté à l'ignorance & aux infirmitez, deftrui-
ront-ils ce qu'ils ont ordonné ? Cela n'a aucune apparence, & cette contrarieté fe trouue autant au bien que nous
defirons pour nous, qu'au mal que nous voudrions procurer aux autres. Il ne faut point fe flatter fur ce que noftre
volonté s'accorde au bien que nous demandons, au lieu
que la volonté des autres fuit le mal que nous tafchons de
leur faire ; Ce n'eft pas delà feulement que depend l'effet. C'eft de la vertu d'vne Influence nouuelle que l'on
veut oppofer à la premiere ; Or cette derniere ne peut pas
eftre plus puiffante que l'autre, qui s'eft fortifiée par le

Que les Figures
que l'on fait pour
foy font inutiles,
encore qu'elles ne
contraignens pas la
volonté ; Et que
l'on ne fçauroit fe
procurer aucun
bien par elles.

Vol. III.   Gg

temps; & puis si l'on admet les Influences, il faut croire qu'elles ne peuuent cesser de regarder leur objet, autrement elles ne seroient pas Influences. Les figures que l'on fait volontairement pour soy, ont donc en cela le mesme inconuenient que celles que l'on fait pour forcer la volonté d'autruy, qui est de ne pas trouuer vne matiere disposée à les receuoir: Mais il est vray que celles que l'on faict contre les autres ont encore cet empeschemēt de surcroist, qu'elles n'y trouuent pas vn consentement de volonté. L'on se pourroit contenter de cela sur ce sujet; neantmoins les autres raisons que nous auons à remarquer estans contre toute sorte de figures, l'on s'en peut encore seruir, mais pource qu'elles sont prises specialement de la nature de la chose dont il s'agit, elles sont reseruées contre celles dont l'on iuge l'effet plus naturel.

L'on ne fait pas beaucoup de difficulté d'auoüer que les Astres ont du pouuoir sur toutes les choses corporelles, & de là l'on pretend que leurs Images en doiuent auoir aussi; Qu'elles peuuent empescher que la pluye, la gresle, ou le foudre ne tombent en quelque lieu; Qu'elles seruent à la conseruation des fruicts; Qu'elles peuuent garder les troupeaux de bestail de tout peril, chasser les animaux nuisibles de quelque endroit, & remedier à quantité de maladies qui arriuent au corps humain. L'on pense auoir treuué en cela des secrets naturels & faisables. Il est certain qu'il y a des choses naturelles qui empeschent que l'orage n'apporte du dommage en quelque lieu, & si l'on veut aussi empescher qu'il n'y tombe, l'on le fait par des couuertures espaisses & asseurées, mais l'on n'arrestera la production des Meteores & leur descente, que selon la situation de certains païs, comme nous auons remarqué dans le Traicté de leur Vsage, & les Figures Constellées n'y seruent de rien, pource que mesme il ne se peut faire que les Astres leur ayent donné vne puissance contraire à la leur; Car s'ils sont cause de la production des Meteores, ces figures n'y resisteront pas, joint qu'elles n'ont aucune qualité qui soit propre à cela. Il y a encore d'au-

tres propofitions où il faut voir comment l'on peut reüffir.
L'on ne s'imagine pas que les priuileges de quelque haute
faculté y foient intereffez comme ceux de la volonté de
l'Homme. Car bien que l'on promette de commander par
là à des animaux irraifonnables, les faifant aller où l'on
voudra, & les gardant d'approcher de quelque lieu , il
n'eft befoin que d'agir en cela fur leur appetit qui eft entierement attaché à la matiere, & peut receuoir de l'alteration par elle. Quelques-vns tiennent donc que l'on peut
croire fans offenfe , que les Aftres eftans les Souuerains
Corps du Monde, gouuernent tous les autres Corps Inferieurs, & que l'Ame des beftes qui depend de la matiere corporelle, en peut receuoir les impreffions comme
tous les autres Corps, & que fi l'on fçait l'art de faire des
Images qui reçoiuent l'Influence des Aftres , elles auront
les mefmes effets. Mais quand nous accorderons que les
Aftres peuuent diuerfifier les Meteores , nuire ou profiter
aux fruiêts, retarder ou auancer la guerifon des maladies,
& gouuerner l'appetit des Beftes, le mefme pouuoir doit-il
eftre attribué aux Talifmans de diuerfe matiere que l'on
fait fous leur afcendant ? Sont-ils capables de receuoir de
telles effufions ? Vn animal a vne chair poreufe & pene-
trable, & fes efprits font fufceptibles de plufieurs impreffions ; au lieu que les pierres & les metaux font durs , immobiles, & infenfibles en toute leur confiftence. Si c'eftoit
auffi la matiere des Talifmans qui agift, il ne faudroit que
s'en feruir fans autre obferuation ; De dire dauantage que
ce foit la figure, quelle nouuelle puiffance apporte-t'elle à
la matiere qui demeure toufiours femblable ? Quand l'on
donnera la figure de quelques animaux au Metal & à la
Pierre, cela ne les rendra pas d'vne pareille conftitution.
Il faut oüir ce que peuuent alleguer fur ce fujet les Do-
êteurs Talifmaniques.

Ils declarent qu'ils ne pretendent point rendre le Metal
ou la Pierre du tout pareils aux animaux dont ils leur donnent la reffemblance exterieure, mais que leur figure grauée fous la conftellation requife obtient d'autres qualitez

Defenfes pour les
Talifmans , fur ce
que la figure rend
les corps plus pro-
pres pour agir en
de certaines aêtiõs,
auec les refponfes
là deffus.

Gg ij

particulieres, & que l'on void bien que les representations
des beftes ou des Hommes, ne font pas toufiours neceffaires aux Talifmans, puifque l'on y en graue de bigearres
& d'inconnuës, ou mefme de fimples caracteres. Qu'au
refte, voicy ce qu'ils peuuent alleguer en general pour la
puiffance de toute forte de figures ; Qu'il eft certain
que la diuerfe figure rend les corps plus propres pour agir
en de certaines actions ; Qu'vn morceau de fer reduit en
boule va au fonds de l'eau ; mais que s'il eft large & fort
deflié, il n'enfoncera pas ; Mais c'eft vne erreur de croire
que le fer ou autre metal nage à caufe de fa figure ; Que
l'on en faffe vne maffe ronde, triangulaire, quarrée, ou
cornuë par diuerfes irregularitez, il enfoncera également,
& que fes feüilles foient coupées en triangle, en quarré,
en pentagone ou hexagone, elles nageront toufiours. Cela vient auffi de la quantité, & non pas de la figure, & cette quantité ne doit pas eftre confiderée en la largeur de la
feüille ; car la quantité de la feüille eftenduë eft pareille à
celle de la maffe ; L'on la prend de l'efpaiffeur, qui doit
eftre fi petite que l'eau qui fera deffous fe trouuant plus
lourde foit capable de la fouftenir. Quelque largeur
qu'ait la feüille, cela n'empefche pas qu'elle ne foit fuppor-
tée ; car chaque partie n'eft quafi qu'vn atome, & ces parties n'eftans point l'vne fur l'autre, mais eftenduës dans
leur liaifon, trouuent toufiours leur fouftien, & foit qu'elles
finiffent en rondeur ou en pointe, ce font toufiours de
tres-petites portions de metal, qui encore qu'elles foient
capables de faire vne maffe affez lourde eftans raffem-
blées en globe, ne font pas fi pefantes eftans vnies en largeur, à caufe que chaque partie eft toute feule à preffer
l'eau ; En ce cas-là, quand il y auroit vne feüille de metal
auffi large que la Mer, elle s'y pourroit fouftenir quelque
figure qu'elle euft en fes bornes, puifque ce font feulement
des parties adjouftées ou retranchées ; & fi l'on auoit coupé cette feüille en autant de pieces qu'elle a d'atomes, elle
ne feroit pas plus aifée à fupporter, à caufe que les atomes
n'eftans collez qu'en largeur, n'en font pas plus lourds. Ie

penſe que cela eſt aſſez clair pour faire connoiſtre la fauſſe ſubtilité de ceux qui defendent le pouuoir des figures. Mais ie leur diray encore que s'ils meſpriſent les limites de la feüille (comme l'on les doit meſpriſer) ils croyent donc que c'eſt la figure platte qui la fait nager ; mais ſi cela eſtoit, elle pourroit encore nager lors qu'elle ſeroit fort eſpaiſſe, ce qu'elle ne fait pas , d'autant que la quantité y repugne. Vne planche de bois qui ſeroit encore plus eſpaiſſe, nageroit facilement ; pource que le bois n'eſt pas ſi maſſif, & non point à cauſe de la figure platte : car iettez vne boule de bois dedans l'eau , elle nagera de meſme que la planche, tellement que l'on connoiſt que ce n'eſt pas la figure qui opere en pluſieurs actions corporelles. L'on rapporte encore l'exemple d'vn clou qui entre dans le bois fort facilement à cauſe de ſa pointe ; Il faut auoüer que ſa figure ſert en cecy, mais c'eſt parce qu'elle eſt iointe à ſa maſſiueté & dureté, autrement ſi la ſeule figure pointuë eſtoit capable de ſe faire ouuerture, il faudroit qu'vn petit morceau de cire allongé en pointe, euſt le meſme effet. Icy les aduerſaires croyans auoir gagné, diſent que leur figure opere auſſi auec ſa matiere comme eſtans fort propres chacune de leur part à l'effet que l'on en recherche, mais il faudroit auoir prouué le pouuoir de cette matiere & de cette figure. Ils adjouſtent vne autre comparaiſon de la pierre ou du bois, qui eſtans maſſifs ne ſçauroient tenir l'eau, & y ſont rendus propres en les creuſant. Mais c'eſt à ſçauoir ſi leurs artifices ont vne ſemblable vtilité en ce qu'ils pretendent ; Tant y a que l'on connoiſt par leurs propoſitions qu'ils s'imaginent que leurs figures reçoiuent l'Influence des Aſtrés dedans leurs graueures, ce qu'ils veulent confirmer par l'exemple de ces miroirs boſſus qui reçoiuent mieux la chaleur du Soleil que les pleins, iuſques à bruſler ce qui leur eſt expoſé ; Et des diuerſes parties de la Terre qui ſont plus ou moins eſchauffées, ſelon qu'elles ſont plattes ou montagneuſes, ſurquoy il faut remarquer encore qu'ils croyent que ſi l'on pretendoit faire des Taliſmans par des figures qui fuſſent ſeulement peintes, l'on trauailleroit vainement. Si cela eſt, d'autant plus que leurs ſculptures ſeront grandes & leurs graueures profondes, d'autant plus auront-elles de force. Mais ils ne font point mention de cette particularité, & teſmoignent que s'il n'y a que la figure qui ſoit requiſe, il n'importe de quelle grandeur elle ſoit. Ils defendront ce-la en ce qu'ils croyent que les Influences eſtans tres-ſubti-les n'agiſſent pas à la maniere des choſes groſſieres, & qu'il ne leur eſt pas beſoin de beaucoup d'eſpace pour eſtre receuës, comme s'il y en pouuoit entrer plus grande quantité, d'autant plus que le lieu ſeroit capable de les contenir; Que leur effect eſt eſgal ſur vn corps grand ou petit, pourueu qu'il ſoit bien diſpoſé. Mais quel auantage tirent-ils de la graueure? Ils diſent que comme la figure d'vn lyon eſt autre que celle d'vn Homme, auſſi l'In-fluence qui eſt receuë dans chacune eſt diſſemblable. Ils appliquent encore icy la ſimilitude des miroirs & des boſ-ſes de la Terre qui reçoiuent la chaleur du Soleil diuerſe-ment; mais quelle diuerſité de chaleur y aura-t'il en vne petite figure de la grandeur d'vn teſton? Que s'ils s'ima-ginent que la diuerſité n'eſt que dans l'Influence, pour-quoy vſent-ils donc de ces ſimilitudes? D'ailleurs, la cha-leur du Soleil eſt touſiours chaleur, & ce ſont les lieux qu'elle touche qui la reçoiuent auec difference; Veulent-ils dire que les Influences ſont auſſi touſiours ſemblables en elles-meſmes, & qu'il n'y a que les figures qui les di-uerſifient en les receuant? Ils le peuuent penſer ainſi, puiſ-qu'ils rapportent l'exemple du cachet, qui ſelon la figure que l'on y a grauée, marque diuerſement la cire. Mais c'eſt vne comparaiſon trop baſſe de la cire aux Influences, qui ſont des facultez actiues. Quelques-vns arrangeront cela auec plus d'ordre, diſans que le cachet qui imprime la cire ſelon ſa figure, doit eſtre comparé au Taliſman qui agit diuerſement ſur les choſes qui luy ſont ſujettes, ſelon l'Ima-ge que l'on y a grauée. Qu'au reſte, cette Image n'eſt point ce qui diuerſifie les Influences, mais qu'il faut qu'el-le ſoit ou d'vne façon ou d'autre, pour s'y accommoder.

Il eſt bien difficile à croire pourtant que cinq ou ſix petits coups de burin qui changeront la figure d'vn chat en celle d'vn lyon,& la figure d'vn Homme en celle d'vne Femme, ſoient cauſe que le metal où cela eſt graué,ſoit propre à receuoir quelques Influences pluſtoſt que d'autres; puiſque meſme l'on doute s'il en reçoit du tout.

Comme l'on n'eſt pas ſatisfait touchant le pouuoir extraordinaire que l'on attribuë à des matieres qui auparauant n'auoient rien de pareil, l'on donne ſujet de chercher des comparaiſons auátageuſés. Il y en a qui diſent que l'on trouue pluſieurs choſes qui n'agiſſent point ſi elles ne ſont excitées ; Que pour faire que certaines herbes rendent de l'odeur, il les faut eſcraſer entre les doigts ; Que l'Ambre n'attire point les feſtus s'il n'eſt frotté ; Que la chaux ne monſtre point ſa chaleur ſi elle n'eſt moüillée, & le caillou ne produit point de feu s'il n'eſt battu ; & qu'auant que les Hommes euſſent apris l'vſage de toutes ces choſes, ils en pouuoient ignorer l'effet , ne le deuinans point à les conſiderer ſeulement. Il leur faut auoüer cela ,mais l'on leur peut dire auſſi, que ces choſes ont en elles le principe naturel de ce qu'elles ſont , lequel demande ſeulement d'eſtre vn peu aïdé par l'exterieur, & que l'on ne croit pas qu'il en ſoit de meſme de la pierre ou du metal en ce qui eſt de les rédre propres à deseffets merueilleux pour auoir reçeu vne ſimple ſculpture ou graueure. Ils repliqueront que pour guerir de certaines maladies l'on prend des pierres qui y ſont deſia propres d'elles-meſmes, & que la figure que l'on y graue ſous certaine conſtellation, les y rend encore meilleures,& que le Bezohar qui a la force de chaſſer les venins eſt rendu ſouuerain contre celuy du Scorpion, ſi on y graue la figure de cette beſte,ſous l'aſcendant du Scorpion celeſte. Ils nous veulent perſuader cela, mais ſi cette Pierre guerit, ce n'eſt que par ſa propre vertu. D'ailleurs, l'on ſe ſert de quantité d'autres pierres & metaux qui n'ont aucun pouuoir en eux touchant ce que l'on deſire : car où en treuue-t'on qui puiſſent empeſcher la pluye & la greſle, & garder les moutons du loup? Mais

Nouuelles defenſes de ceux qui ſouſtiénent les Taliſmans, ſur ce que l'on prend des matieres propres , & & que l'on en fait des figures conformes aux Aſtres; & les reparties ſur ce ſujet.

ce difent-ils, la graueure leur donne cela : Comment cela
fe fait-il fi la matiere ny la figure n'ont point vn tel pouuoir ? Eft-ce qu'elles ont chacune quelque chofe de manque qui eft reparé par leur affemblage, dont il fe fait vne
harmonie tres-puiffante ? C'eft icy leur penfée que nous
n'approuuons pas neantmoins, car il eft mal-aifé que de
deux chofes imparfaites accouplées, il forte tant de perfection : mais ils n'auoüeront pas auffi que ce foient des
chofes imparfaites qu'ils employent ; Ils remonftrent
qu'ils ne prennent que des matieres choifies qui font defia
vtiles manifeftement à beaucoup d'operations, & qui ont
d'autres qualitez fecrettes, dont l'on tire iugement, lors
que l'on fçait à quels Aftres elles font foufmifes chacune. Mais nous auons defia monftré que les Pierres, les
Metaux ny les parties des Plantes ou des Animaux, n'o-
perent pas comment l'on pretend en des effets extraordinaires ; Qu'elles ne font point auoir le don de prophetie,
qu'elles ne rendent perfonne inuifible, & qu'elles ne feruent pas à faire aimer ou haïr les Hommes, & à caufer diuerfes paffions & diuers accidens ; tellement qu'il ne faut
pas conclurre qu'eftans defia propres à cela, l'on les y deftine entierement par vne certaine preparation. Toutes
les chofes du Monde ne rendent pas auffi vne obeïffance
infaillible aux Aftres, comme l'on feint, & ne font pas non
plus fi ponctuellement dediées à chaque Planette ou chaque Signe. Que fi l'on penfe que cela puiffe feruir par le
fecours des Figures, quelles Figures mefmes peut-on
choifir qui foient vtiles à tant de diuers effects ? Celles
que l'on attribuë à Saturne, à Iupiter, à Mars & aux autres
Dieux des Planettes, ne font que fuiuant l'imagination des
Poëtes & des Idolatres. Il n'y a pas plus de raifon que l'vn
foit reprefenté d'vne condition que de l'autre ; & quant aux
Signes du Ciel, les Images en font encore controuuées à
plaifir, comme nous auons defia veu dans la premiere
Partie de la Science Vniuerfelle ; & ce feroit eftre bien
credule de s'imaginer que pour auoir graué vn Belier fous
le Signe d'Aries, fi ce Talifman eftoit mis dans vne ber-

gerie

geric le troupeau en prospereroit dauantage , & que si
l'on grauoit vn Lyon sous le Signe à qui l'on attribuë
la figure de cet animal, cela donneroit des Influences de
generosité & de victoire. Toutes ces figures ne sont point
au Ciel, & ne sont attribuées aux Signes que pour quelque remarque du changement des saisons, de sorte que
leur representation ne peut auoir de force. Toutefo's, pour
monstrer que la figure donne du pouuoir à la matiere, l'on
dit encore qu'il se trouue plusieurs cailloux où il y a diuerses representations, par exemple des testes d'Homme
& d'autres animaux, & d'autres figures bigearres releuées
naturellement, & que quand l'on les fend l'on trouue que
de la varieté de leurs couleurs il se fait encore diuerses images, de sorte que l'on a crû que cela pouuoit seruir à quelques operations merueilleuses, comme si pour y auoir la
figure d'vn œil, cela seruoit à guerir le mal des yeux estant
porté sur soy, & ainsi des autres figures, & s'il y en auoit
qui donnassent vne nouuelle inclination aux Hommes,
oi-qui leur procurassent du bon-heur ou du mal-heur :
Mais ces figures naturelles sont impuissantes en cela autant que les artificielles.

Ceux qui tiennent l'affirmatiue ne s'arrestent pas en ce
chemin. Ils poursuiuent encore d'asseurer que si l'on choisit bien la matiere, y grauant vne figure conuenable sous
la constellation necessaire à nostre intention, l'on en doit
esperer des effets merueilleux que les simples pierres ne
peuuent accomplir auec toutes leurs figures naturelles ;
Qu'il y a quantité de choses que la Nature ne fait pas, &
qu'elle laisse pourtant faire à l'Artifice. Elle n'a pas fait le
pain tout prest à estre mangé : Elle n'a fait que le bled,
dont les Hommes ayans fait de la farine, la paistrissent a-
uec l'eau, & la font cuire au four ; Elle n'a pas fait les medecines ; Elle n'a fait que les racines & les herbes, que l'on
fait cuire parmy d'autres drogues, ou que l'on distile pour
en tirer diuers remedes. Ainsi dit-on qu'elle a laissé le
pouuoir de faire des Talismans auec les metaux & les pierres. Ce sont icy de fausses similitudes. La Nature laisse

faire quelque chofe à l'Artifice, mais elle a commencé ce qu'il ne fait qu'acheuer, & l'on fe pourroit feruir de ce qu'elle a fait fans autre façon. Le bled en l'eftat qu'il eft peut feruir à noftre nourriture, mais l'on a trouué plus commode & plus agreable de le moudre & de le paiftrir. Plufieurs herbes & racines gueriffent auffi quelques maux fans fouffrir alteration ny mixtion, & fi l'on les diftile ou les mefle auec d'autres ingrediens, c'eft pour les rendre plus fubtiles ou plus fortes. Il faut confiderer encore que tous les artifices que l'on employe ne font que fuiuant les premieres regles de la nature, dont il n'eft pas poffible de paffer les bornes. Si vne plante eft froide, quelque chofe que l'on y faffe, elle ne quittera pas cette qualité, & fi les drogues chaudes font meflées auec les froides, il s'en fera vn temperament qui viendra des vnes & des autres. Pour ce qui eft de toutes les facultez que l'on remarque en quelque corps que ce foit, elles doiuent toutes proceder de leurs qualitez particulieres. Tous les artifices mechaniques fe font dans cet ordre. Ce qui eft folide eftant creufé eft propre à retenir la liqueur comme font la pierre, le metal & le verre; Ce qui eft ferme & lourd eft propre à abattre les edifices, eftant fufpendu comme la machine du Belier; Et pour les Corps fermes & durs comme le fer, ils font propres à s'enfoncer dans le bois, & fi le forgeron les accommode en pointe comme vn clou, & mefme les tourne en viz comme vn foret, ils perceront d'autant plus aizément. Nous voudrions que les Figures faites fous certaines Conftellations, à qui l'on attribuë tant de pouuoir, en euffent ainfi quelque principe que l'on puft employer, mais cela ne fe defcouure point: Il faut donc confiderer le reuers de ces fimilitudes, que plufieurs ont alleguées pour leur party, & qui feruiront icy neantmoins à leur contrarier fur la trop grande puiffance qu'ils attribüent à la figure, fans confiderer la matiere. En vain l'on auroit creufé quelques gómes & quelques terres qui n'auroient pas affez de folidité pour retenir l'eau; Et plufieurs machines, qui feroient auffi groffes & mefme auffi pefan-

Que les matieres dont on fait les Ta-lifmans n'ont point en elles le principe des operations que l'on leur attribuë.

tes que celles qui s'enfoncent dans les autres corps, ne le
feroient pas si elles n'auoient leur massiueté & leur dureté.
Ainsi, les matieres dont on fait les Talismans n'ayans rien
qui soit propre à guerir les maladies, ou à destourner les
orages, & chasser les bestes dangereuses, il n'y a aucune
figure qui les y puisse rendre propres. L'on peut respondre que l'on prend principalement des pierres ou des metaux pour cet effet, & qu'il est croyable qu'ils ont beaucoup de puissances cachées; Que les Chymistes se vantent de tirer de l'huyle, du sel & des esprits, de tous les
metaux & de toutes les pierres, & promettent d'en guerir
plusieurs maux. Si cela est, toutes ces matieres ont les
principes de la guerison, mais il faut considerer qu'ils ne se
manifestent pas par vne simple graueure, & qu'il s'en faut
seruir autrement que de les porter simplement sur soy.
D'ailleurs, pour ce qui est de chasser les orages & les bestes fascheuses, où a-t'on appris que le metal le pust faire
pour estre seulement placé en quelque lieu? Il est vray
que les cloches peuuent destourner quelques nuées par
leur son, & qu'à coups de pierre & d'espieu l'on chasse les
bestes dommageables, mais ce seroit vne moquerie de se
vouloir seruir de cela pour raison en ce lieu. Les cloches
poussent l'air par leur solidité, & les armes chassent les bestes par la mesme qualité, & tout cela est conduit par la
force des Hommes. Ce sont-là nos principes de solidité
& de pesanteur qui sont tous naturels : & la figure sert encore auec cela à rendre les cloches capables de sonner,
& les armes de blesser.

Le pouuoir que l'on attribuë aux Talismans n'est pas si *Les Astres mesmes*
sensible. L'on entend qu'vn morceau de metal ou vne *ne sçauroiens faire*
pierre placée en quelque lieu sans auoir de mouuement, *ce que l'on attri-*
chasse les orages & les bestes. Cela se deuroit faire pour- *buë aux Figures*
ce que la disposition de tout ce qui seroit autour en seroit *Constellées.*
tellement changée, qu'il n'y pourroit tomber de pluye, de
gresle, ny de tonnerre, & que les bestes y receuroient dés
l'entrée vne apprehension secrette qui les en feroit éloi-
gner. Mais il n'est pas possible que des pierres, pour estre

grauées fous quelque conftellation que ce foit, ayent cette puiffance. Il en faut donner vne raifon dont les aduerfaires foient contens, car elle tranche court toutes leurs propofitions; C'eft que les Aftres mefmes n'ont pas le pouuoir qu'ils attribüent aux figures qui font faites pour leur reffembler, & pour operer par leurs Influences. Ie foutien que les Aftres n'empefchent point les orages de tomber en quelque lieu. Si cela eftoit, lors que ceux que l'on croit capables de les deftourner, feroient fur quelques autres contrées, il n'y tomberoit iamais vne feule goutte d'eau, & cependant ils ne les en garentiffent pas de telle forte qu'il n'y pleuue quelquefois, au lieu que l'on pretend faire des Talifmans qui empefchent cela continuellement. Il en eft de mefme de la grefle, du foudre & des autres meteores. Quant aux animaux nuifibles, les Signes du Ciel n'empefchent point qu'ils n'aillent partout où ils veulent. S'ils en font retenus, c'eft par l'excez de la chaleur ou de la froideur. Ils cherchent les contrées qui font commodes à leur temperament & y demeurent. L'on ne void point que lors qu'vn certain Signe eft fur vne region, tous les animaux auquel l'on le iuge contraire, s'en retirent, & fi cela ne fe fait point, pourquoy la figure grauée fous cette conftellation, auroit-t'elle le pouuoir de les chaffer? Quant aux maladies que l'on pretend eftre gueries par de telles figures, comment le feroient-elles fi leurs Aftres n'y peuuent rien? car il faut auoüer que fi vne certaine conftellation donne à la pierre où l'on graue fa figure, la puiffance de guerir quelque maladie, elle deuroit auoir premierement cette faculté en elle, & fi elle l'auoit, il faudroit qu'auffi-toft qu'elle fe trouueroit fur vne Prouince, tous ceux qui feroient touchez de cette maladie fuffent gueris. Que peut-on repartir là deffus? Se faut-il imaginer que les Aftres ont des puiffances dont nous ne voyons aucunes marques en leur particulier? En auront-ils dauantage lors que l'on implorera leur fecours par les Talifmans? Les Pierres, les Figures & les Influences eftans

jointes enfemble, auroient-elles vn pouuoir dont elles ne
donnent aucun indice feparement ?

L'on peut objeƐter encore, que l'ouurier qui graue la
figure eft quelquefois enfermé dans vne chambre, & que
mefme quand il feroit à defcouuert, le Ciel eft fouuent
couuert de nuages, & les Aftres dont il implore la faueur,
font fi éloignez qu'il n'eft pas à croire qu'ils iettent leurs
rayons iufques fur luy & fur fon ouurage. L'on refpondra
que de verité la chaleur & la lumiere ne viendront pas
alors iufques-là, mais que l'Influence eft vne faculté qui fe
communique plus loin, & qui franchit tous obftacles, pour
fe ioindre aux chofes qui ont de la correfpondance auec
elle ; Et comme ces fortes de chofes feruent de comparaifon les vnes pour les autres, l'on raportera toutes celles que
l'on croid agir par fympathie malgré l'éloignement, comme les deux ayguilles touchées d'vn mefme aymant, le
vin & les vignes, le fang tiré du corps & celuy qui y demeure : mais ces allegations peuuent eftre refutées, & toutes celles qui leur reffemblent. Apres tout cela, quand
mefme les Aftres auroient donné quelque pouuoir aux
matieres qui leur font expofées, voudroit-on qu'elles les
pûffent apres efgaler ? L'on dit que de mefme qu'vn fer
touché de l'Aymant peut attirer vn autre fer ; ainfi la pierre touchée de la Conftellation a le mefme pouuoir qu'elle.
Mais comment preuue-t'on que la Conftellation touche la
pierre ? & quand elle la toucheroit, quel rapport y a-t'il,
d'vn fi petit corps à de fi grands Aftres ? Les Aftres ont
leurs rayons par lefquels ils agiffent fur les autres corps,
mais où font ceux de la pierre ? Neantmoins, fi elle pouuoit chaffer les orages de quelque endroit, il faudroit qu'elle iettaft au dehors quelques traits, car fi les corps font repouffez de quelque lieu, c'eft par d'autres corps, ou par
leurs effufions. Si quelques animaux font empefchez auffi
d'entrer quelque part, il faut que ce foit par quelque vapeur
ou quelque odeur qui ne leur plaife pas, ainfi que nous remarquons en tous les Secrets naturels dont l'on fe fert
pour les chaffer, mais la pierre ou le metal ne changent

*Les Aftres n'agif-
fent point par fym-
pathie auec les Fi-
gures Conftellées,
qui n'ont point
auffi de rayons
pour leur reffem-
bler.*

Hh iij

point d'odeur pour auoir receu vne nouuelle figure en vn
certain iour de l'année, & il ne s'en exhale aucune vapeur
qui offense les animaux, de sorte qu'il n'en faut point attendre les effets que l'on en propose. Quand les pierres auroient aussi quelque souffle ou exhalaison, ce ne pourroit
estre qu'à proportion de leur corps, c'est pourquoy elles
n'agiroient point dans vn fort grand espace. La crainte
qu'elles donneroient aux bestes ne s'estendroit guéres
loin. Il est vray que les animaux sont aussi intimidez par
la veuë. Il y a des couleurs qu'ils abhorrent & des figures qui les espouuantent; mais les Images dont nous parlons estans souuent fort petites, n'auroient pas grand effet
pour estre veuës de loin, outre que l'on a mesme accou-
stumé de les cacher sous terre, ce qui fait connoistre que
l'on n'entend pas qu'elles agissent par la veuë; & puis, ce
seroit donner fort peu de pouuoir aux Figures Constellées,
de n'en point parler d'autre sorte que d'vn espouuantail
qui est esleué au milieu d'vn champ pour empescher que
les oyseaux ne viennent manger le grain. De quelque autre sorte que l'on croye que les Talismans agissent, puisque
l'on les enterre ou les enferme, cela y doit pourtant beaucoup nuire, veu que les Astres mesmes n'agissent que sur
les corps qui sont en leur presence. D'auoir recours à des
sympathies imaginaires, ce sont des choses sans exemple
& sans preuue; Et quand l'on dira qu'il y a au moins des
Talismans que l'on porte sur soy, & qui doiuent guerir les
maux en les touchant, il n'y a aucune raison qui nous
monstre qu'ils doiuent auoir cette puissance à cause des
figures que l'on y a grauées.

Que si à faute de raisons l'on a recours aux exemples,
remonstrant qu'il est arriué plusieurs fois que quelque chose s'est faite suiuant le dessein de ceux qui ont graué les figures sous certaines constellations, l'on respondra qu'il y
peut auoir du mensonge en la relation, ou bien que ceux
qui ont voulu remarquer cela, s'y sont trompez eux-mesmes n'y prenant pas garde d'assez prez, & si cela est veritablement arriué, qu'il en faut chercher la cause ailleurs.

L'on treuue efcrit qu'il ne pleuuoit iamais dans le paruis du Temple de Venus à Cypre, & quelques-vns ont affeuré que cela fe deuoit faire par la puiffance d'vne Figure Conftellée. Toutefois, les Anciens ne difent point qu'il y en euft, mais quand il y en auroit eu, il ne faut pas croire qu'elle fuft capable de cela. Il ne pleuuoit peut-eftre guére en toute la region, & ceux qui y auoient efté n'y auoient point veu pleuuoir ; voylà pourquoy ils auoient publié qu'il n'y pleuuoit iamais. L'on rapporte qu'il y a eu en diuers lieux des figures pour chaffer les moufches, les chenilles, les fauterelles & autres infeétes, & mefmes quelques animaux plus grands & plus dangereux, & que cela auoit de l'operation. I'affeure encore que cela n'a pû eftre fait par ce moyen, puifque la raifon naturelle nous le fait connoiftre. Au cas qu'il foit vray que l'on ait fait fuïr ces animaux de quelque lieu, il falloit que l'on y euft caché quelque chofe qu'ils auoient en haine, & qui frapaft leur fentiment, ce qu'vne fimple figure de pierre ou de metal ne peut faire. Si l'on tient pour affeuré qu'il y a eu vne boucherie en Efpagne où les mouches n'entroient iamais, il falloit que tout l'edifice ou au moins les fouftenemens & autres parties, fuffent compofez de quelque bois dont l'odeur defpleuft aux mouches, ou que les murailles fuffent frottées de quelque drogue qui euft le mefme effeét, pluftoft que cela arriuaft d'vne petite moufche conftellée, faite de pierre ou de metal, cachée en quelque coin du baftiment. L'on raconte de plus, que fous le regne de Clotaire fecond, Roy de France, en creufant quelque foffé de la ville de Paris l'on trouua des figures d'airain qui reprefentoient vn feu, vn ferpent, & vn rat d'eau, & que les ayant oftées de leur place, il fe fit vne nuiét vn embrafement qui brufla prefque tous les edifices, & depuis les habitans furent incommodez de quantité de ferpens & de rats d'eau. Mais fi cette ville fut bruflée, l'Hiftoire a remarqué que ce fut par la negligence d'vn vendeur d'huyle qui laiffa du feu prés de fes vaiffeaux. Croit-on que fi les figures euffent efté encore en leur lieu, cela ne fuft pas arriué? Par quel secret eussent-elles pû empescher que les choses n'operassent selon leur nature, & que le feu ne brûlast les matieres combustibles? Pour les serpens & les rats d'eau, il y en deuoit auoir eu auparauant, mais peut-estre n'y en eut-il guére long-temps, & si tout ce mal vint d'auoir osté ces figures, il deuroit encore durer; mais l'on ne sçait que c'est à Paris de ces serpens & de ces rats d'eau; & pour ce qui est des embrasemens, cette ville n'y est pas plus sujette qu'vne autre, pourueu que ceux qui y habitent y prennent garde; Aussi les Historiens ne parlent point de ces figures comme de choses certaines; Ils disent seulement l'opinion qu'en auoit le peuple. Les Annales de Turquie rapportent qu'il y auoit à Constantinople plusieurs Statuës fatales dés le tēps que les Empereurs Chrestiens se logerent en cette ville, lesquelles ayans esté abatuës par ceux qui n'en sçauoient pas la puissance, il en arriua du mal-heur; Que depuis la ville ayant esté prise par les Turcs, leur Prince ayant rompu d'vn coup de massuë la machoire d'vn serpent, il y eut apres quantité de serpens en plusieurs endroits, & qu'ayant fait abatre la statuë d'vn Cheualier qui estoit vn preseruatif contre la peste, les habitans en furent aussi infectez. Il faut respondre à cecy premierement, qu'il peut bien arriuer en tout temps des pertes d'hommes & de païs, & autres malheurs; Que s'il s'est veu des serpens à Constantinople, l'engeance n'en a pas esté produite par ce serpent rompu, & que s'il y a eu de la peste apres auoir abatu vne statuë, c'est que cela s'est rencontré ainsi, & dés auparauant si l'on y prend garde, cette ville estoit sujette à cette maladie, comme sont toutes celles où il y a quantité de peuple. Outre ces allegations, l'on a recours à vne plus grande antiquité : L'on tient qu'il y a eu dans plusieurs villes de certaines choses qui empeschoient qu'elles ne fussent prises des ennemis; Que tel estoit le Palladium de Troye, les Boucliers de Rome, & quantité de Dieux tutelaires; mais quoy que les Anciens gardassent cela soigneusement comme des choses fatales, l'on ne trouue point que cela fust fait sous certaines con-

stella-

stellations, & l'on sçait bien auſſi que quand cela euſt eſté,
quelque reſpect qu'ils leur portaſſent, ce n'eſtoit qu'vn
effet de leur erreur & de leur ſuperſtition, que l'on ne doit
point prendre pour exemple. Que ſi les exemples & les
raiſons ne ſont point pour les Figures Conſtellées, il ne
faut point croire qu'elles ayent aucune puiſſance.

NOVS pouuons parler maintenant en general de
toutes les preparations que l'on fait ſous la domination de pluſieurs Aſtres pour en attirer du ſecours. Outre
les figures taillées & grauées, l'on iette en moule des cires, des paſtes, des terres, & meſme des metaux ou des
mineraux, pour auoir vn meſme effet que les autres Taliſmans : Mais nous auons deſia monſtré que toute ſorte
de figures y ſont inutiles. Il y en a qui ſe contentent de
peindre ces Images ſur du bois ou ſur des peaux de
beſtes, & d'y tracer de certains caracteres. Les autres penſent faire aſſez de broyer des paſtes & des terres, & de
meſler des vnguents à l'inſtant que la conſtellation que
l'on deſire, ſe trouue dans le Ciel, croyant que cela en reçoit de meſme les Influences, & par exemple ſi l'on
dit, que l'vnguent des armes ou ſympathique doit eſtre
fait ſous vne conſtellation particuliere, c'eſt encore vn
vray Taliſman : Auſſi ce nom de Taliſman eſtant barbare
& inconnu, l'on ne l'a pas ſeulement donné aux Figures
Conſtellées, mais à toutes les autres preparations faictes
ſous quelque conſtellation, car quand il ne ſignifieroit
qu'vne Image, il ſe rapporteroit touſiours aux Images du
Ciel dont l'on croid attirer l'Influence par cet ouurage.
Les meſmes choſes qui ont eſté dites contre l'Vnguent
Sympathique peuuent ſeruir contre de ſemblables inuentions, & celles encore qui ſe treuuent contre les Figures
Conſtellées: Mais pour parler contre toute ſorte de Taliſmans en general il ne faut pas croire que pour eſtre faicts
ſous la domination d'vn Aſtre, ils en ayent receu des facultez propres à diuerſes operations. Les Aſtres ne leur
donnent point cela, & encore moins la forme qu'ils ont

Les grandes ſtatuës ou les figures que l'on place en quelque lieu d'vne ville, où dans quelque coin d'vne maiſon,
pour quelque effet extraordinaire, y ſont donc fort inutiles; & l'on doit penſer la meſme choſe des petites Images que l'on porte, ſoit qu'elles ſoient grauées ſur vne table
ou lame de metal, ou bien ſur le cercle d'vn anneau. Il eſt
indifferend que ce ſoient de vrayes figures d'Hommes ou
de beſtes, ou que ce ſoient des lettres & des caracteres.
L'vn n'a pas plus de pouuoir que l'autre. Les figures d'a-
nimaux ne repreſentent rien qui ſoit au Ciel, & les paroles
barbares ou les caracteres inconnus que l'on graue tous
ſeuls, ou bien auec quelque Image, n'expriment rien auſſi
qui appartienne aux Aſtres. Auec cela, tout le changement que cela apporte à la pierre ou au metal, c'eſt que ce
ſont de petites concauitez capables de marquer l'argile ou
la cire, ou de retenir en elles quelque liqueur. L'on ne
leur doit point attribüer d'autre puiſſance. Quant à celles
qui ſont ſeulement peintes de diuerſes couleurs ou d'vne
ſeule, quel pouuoir auroient-elles, ſi meſmes les Maiſtres
de l'Art, ne les ont point approuuées? Et pour ce qui eſt
des paſtes, des cires & autres mixtions faictes ſous quelque conſtellation, que pourroient-elles operer, ſi eſtans
liquides comme elles ſont, elles n'ont point de figure certaine, veu que pour receuoir l'Influence de chaque Aſtre,
l'on a ſouhaité quelque figure particuliere? S'il n'y auoit
qu'à faire ſous vne conſtellation choiſie, tout ce que l'on
voudroit entreprendre, il n'y a rien au Monde de ſi difficile que l'on n'executaſt facilement. Que l'on priſt du
ſoulphre & du vif argent, ou bien du plomb, de l'argent ou du cuiure, les ayant fait fondre & fait digerer
à feu lent lors que le Soleil ſeroit en ſon plus haut degré, il
ſemble que l'on en pourroit faire de l'or, d'autant que cet
Aſtre preſide à ce metal, Car pour vne plus grande efficace, l'on pourroit mettre encore au deſſus en trauaillant,
vne figure conſtellée faite pour ce ſujet. L'on cauſeroit
de meſme diuers changemens aux plantes & aux animaux
& les Hommes accompliroient tout ce qui leur plaiſoit.

par le soin de telles obseruations , donnans s'ils vouloient du mouuement aux choses insensibles,& de l'insen-
sibilité aux choses animées , & procurant la vie ou la mort
à leurs semblables selon leur plaisir. Mais l'antiquité ne
nous a point laissé d'exemples veritables de tels effets.

Il est vray que sans se fier aux Liures, plusieurs person- *Ce qu'il y a à
responare sur les
experiences iour-
nalieres.*
nes qui viuent encore, nous parleront des experiences
iournalieres. Ils nous diront au moins qu'ils portent depuis long-temps de certaines pierres figurées, lesquelles
ils croyent estre fort bonnes contre la cholique , & qu'ils
ne s'en sont point sentis depuis qu'ils les ont , quoy
qu'ils en fussent fort affligez auparauant. Il se peut faire
aussi que le mal estoit desia cessé pour quelque autre cause lors qu'ils ont commencé de les porter, ou que depuis il
s'est arresté de luy-mesme. Les autres portent d'autres
pierres contre les venins ou contre le tonnerre, ou se seruent de quelques drogues constellées, & se vantent que
iamais aucun poison n'a eu prise sur eux, que les serpens,
les lezards & les autres animaux venimeux ne les ont
point infectez, & qu'ils n'ont point gagné la peste, le
pourpre, la rougeolle & les autres maladies contagieuses,
& que le tonnerre n'est mesme iamais tombé prez d'eux.
Il faut qu'ils se réjoüissent en cela de leur bon-heur & de la
faueur de Dieu qui les a preseruez ; Ils n'eussent pas laissé de l'estre quand ils n'eussent point eu recours à leurs
obseruations , & l'on en void plusieurs autres qui se garan-
tissent des mesmes accidens, sans auoir iamais porté de
tels preseruatifs. L'on peut reduire à cela tous les exemples du pouuoir des Talismans ; Que si ce sont des effets
miraculeux, ils sont inuentez à plaisir ; Que si ce sont des
choses plus moderées comme la guerison des maladies,
cela s'est fait par d'autres moyens secrets ; Et si c'est vne
preseruation de quelque peril, c'est que l'on n'y deuoit
pas estre sujet.

Le credit que l'on donne à des figures faites sous cer- *L'Idolâtrie & la
superstition ont
donné origine au
credit des Figures
Constellées.*
taines constellations estant fort desraisonnable, il y a sujet
de s'estonner comment plusieurs s'y sont attachez,& l'on

doit estre curieux de sçauoir de quelle sorte cela est venu
en vsage. S'il est ainsi que l'idolâtrie ait commencé par les
statuës de ceux que l'on aimoit & respectoit durant leur
vie, afin d'en conseruer le souuenir, & que de cet honneur
l'on soit venu iusqu'à l'adoration, les Figures Constellées
peuuent bien auoir eu vne semblable origine. Quelques-vnes ayans esté faictes par curiosité, & pour memoire de ce qu'elles representoient par succession de
temps ceux qui les ont euës, ayans veu que leurs prede-
cesseurs auoient esté heureux en de certaines choses, en
ont attribué la cause à ces anciennes pieces dont ils les
trouuoient si soigneux, tellement qu'ils en ont eu encore
plus de soin, afin d'auoir vn pareil bon-heur. Cela s'est
fait pour les grandes figures que l'on plaçoit en quelque
lieu d'vne maison, & sur tout pour les petites que l'on pouuoit pendre au col, ou qui estoient grauées sur la pierre de
quelque anneau que l'on portoit au doigt. Les premiers
qui s'en estoient seruis ne les portoient que pour ornement, mais les autres y adjoustoient la superstition. Peut-
estre auoit-on eu quelque fiance en la matiere, comme de
tout temps l'on a attribué plusieurs qualitez merueilleuses
aux pierres, & ce que les Lapidaires y auoient graué n'e-
stoit que pour monstrer leur artifice; mais l'on s'est imaginé encore que la figure y estoit fort necessaire pour obtenir l'effet que l'on en desiroit. Il s'est rencontré aussi
que quelques-vnes representoient les Diuinitez que l'on
logeoit au Ciel, & les animaux que l'on mettoit au rang des
Astres. Comme c'estoient les plus grands Mysteres de la
Religion des Payens, cela leur venoit en l'esprit plustost
qu'autre chose, & ils grauoient cela par vne deuotion à
leur mode.

*Comment les
Astrologues ont
fait leur profit de
la facile croyance
du vulgaire.*

Les Astrologues pûrent faire leur profit de cela. Ils pu-
blierent que si l'on vouloit que telles statuës ou tels anneaux fussent vtiles à quelque chose, il ne suffisoit pas d'en
choisir la matiere & la figure, mais qu'il les falloit faire
aussi à l'heure que la Planette ou le Signe dont l'on auoit
besoin estoient les plus forts dans le Ciel, & pource que

l'on se rapportoit à eux de cette élection, ils fabriquoient
plusieurs Images qu'ils vendoient ainsi que tres-propres
à procurer du bien auxHommes en tous les accidens de la
vie, comme pour les rendre riches & les faire paruenir aux
honneurs, les rendre victorieux de leurs ennemis, & les
garentir des perils du feu ou de l'eau, & des autres desa-
stres. Ils trouuerent en cela vne tres-subtile inuention
pour augmenter leur credit, ou bien pour le restablir parmy les esprits où il s'en alloit ruïné, car si plusieurs estoient
dégoustez de les consulter sur les fortunes que leur promettoit l'heure de leur naissance, à cause qu'ils leur predi-
soient quelquefois des mal-heurs qui les faisoient viure en
des inquietudes continüelles, ils n'auoient plus sujet de
rien apprehender s'ils vouloient, d'autant que ceux qui
les menaçoient de quelque mal, les asseuroient de leur en
donner le remede, & que comme ils sçauoient ce qui leur
deuoit arriuer par les Astres, ils pouuoient faire des figures sous d'autres constellations qui les preserueroient de
toutes sortes de perils. Ainsi, ces trompeurs se vantoient
de connoistre non seulement les choses ausquelles les Influences destinoient les Hommes, mais de changer aussi
ces mesmes Influences. Comme le vulgaire croit facilement ce qu'il desire, il y auoit assez de gens qui leur adjoustoient foy, & qui les employoient à faire des figures
pour diuerses fins. Ils ne consideroient pas la contrarieté
de leur proposition, & que si les Astres ordonnoient quelque chose, il falloit que cela arriuast malgré toutes sortes
d'artifices, ou que si cela n'arriuoit point, ils ne l'auoient
donc pas ordonné. C'est la pensée qu'ils deuoient auoir selon leur temps, mais nous qui n'attribüons pas mesmes aux
Astres toute la puissance que l'on leur a attribuée, nous
sortons plus facilement de ces erreurs, quoy que l'on en
ait encore renouuellé les propositions depuis peu, comme
des choses certaines; car nous nous seruons en cela de
tous les raisonnemens qui ont esté alleguez cy-dessus.
  Or pource que de tout temps les Astrologues se sont
meslez de la connoissance de toutes les choses naturelles,

& particulierement de ce qui concerne la Medecine, ils y
ont aussi meslé leurs tromperies ; Et comme plusieurs qui
se disoient autrefois Medecins à faux titre s'instruisoient
en leur Art, s'ils n'estoient point capables de donner de
vrays remedes aux maladies, ils faisoient croire que les
pierres, les lames & les anneaux fondus, taillez ou grauez,
y estoient plus propres que toute autre chose. Pour acquerir aussi plus de credit à leurs eaux, leurs huyles, leurs vnguents & autres compositions qu'ils vouloient faire seruir
contre toute sorte de maladies desesperées, ils disoient
qu'ils y auoient trauaillé sous des constellations choisies,
& que par ce moyen cela estoit de plus grande efficace
que les remedes vulgaires, & l'on en deuoit attendre des
operations merueilleuses. Tout ce qu'ils faisoient mesme
estoit compassé selon le cours des Planettes, à ce qu'ils
asseuroient ; & ils obseruoient les iours, les heures & les
momens dediez à chaque Astre pour appliquer vn medicament à l'exterieur, ou le faire prendre par la bouche.
Toutes ces obseruations estoient reglées à leur fantaisie, & n'estoient aucunement vtiles aux malades ; Elles
ne seruoient qu'à augmenter leur reputation & leurs richesses aux despens des esprits credules. L'on leur deuoit
dire de mesme qu'aux Astrologues & autres faiseurs de
Talismans, que si les Astres auoient le pouuoir de donner
les maladies & les prescrire à chacun dés le poinct de la
naissance, l'on ne les pouuoit pas destourner par quelque
remede que ce fust ; mais ils pouuoient respódre non seulement, que les Talismans qu'ils faisoient estoient plus forts
que les constellations passées, mais qu'il estoit certain que
les Astres donnoient des dispositions dont les effets arri-
uoient veritablement si l'on les laissoit auec vne pleine liberté, & qui estoient arrestées si l'on leur apportoit quelque obstacle, & que cela se pouuoit faire particulierement
en ce qui estoit des infirmitez corporelles, puisque les Influences agissoient sans milieu dessus les corps ; Que si
les Astres signifioient donc quelque mal pour quelqu'vn,
ou s'il estoit desia arriué selon leur pronostication, ils s'esti-

moient capables d'y donner guerifon , ou au moins du
foulagement ; & d'autant que tous leurs remedes eftoient
faits fous des conftellations fauorables, ils pretendoient
qu'ils deuoient feruir à toute forte de perfonnes,fans auoir
mefme confulté leur horofcope. Plufieurs Medecins qui
font venus depuis, ont voulu faire leur profit de ces maximes , & fe font feruis de remedes fympathiques & conftellez ; mais nous auons reconnu qu'il n'y a que de la
tromperie à ce que l'on en attend ,& d'ailleurs nous fçauons que comme les Aftres ne font point la caufe de toutes les infirmitez humaines, auffi ne les peut-on pas guérir par leur moyen. De vray, s'ils en ont caufé quelques-
vnes , l'on y peut donner du foulagement par les vrays
remedes, & par le foin que l'on y apporte, mais les remedes que l'on pretend eftre conftellez, n'y feruiront de rien
la plufpart du temps. C'eft bien loin de leur faire executer des chofes miraculeufes & furnaturelles, & de les faire
agir fur les corps feparez ; De mefme les figures moullées,
taillées ou grauées, n'ont aucun pouuoir fur le bon-heur
ou le mal-heur de la vie humaine, ny fur les Beftes & fur
les Meteores & autres Corps naturels, quelque chofe que
l'on en ait publié. Les Aftres ont bien quelques Influences ,& toutes les chofes du Monde ont leurs effufions &
leurs proprietez fecrettes , mais fi l'on les veut attirer &
tranfporter,il faut que ce foit par d'autres moyens que ceux
que les impofteurs ont voulu introduire. Nous en auons
defcouuert quelque chofe par cy-deuant. Quiconque
y peut paruenir & en acquerir le vray Vfage ,doit croire qu'il eft monté à la poffeffion des plus exquifes facultez des Chofes Corporelles.

*Fin des Traictez de l'Vfage & de la perfection
des Chofes Corporelles.*

DE

L'VSAGE

ET DE LA

PERFECTION

DES CHOSES SPIRITVELLES.

De l'Vsage, Perfection ou Melioration du Sens commun de l'Homme ; Moyens de corriger ses erreurs, & Raisons certaines contre ceux qui doutent de tout, appellez Sceptiques ou Pyrrhoniens.

CHAPITRE PREMIER.

POVR commencer les Traitez de l'Vsage des Choses Spirituelles, il n'y a rien à qui nous deuions nous adresser plustost qu'à l'Ame humaine. Toutes les autres choses vrayment spirituelles sont éleuées au dessus, si bien qu'elles ne doiuent pas estre côsiderées d'abord. Puisque l'Homme ne doit auoir rien tant en recommandation que ce qui concerne l'Vsa-

L'Vsage des Choses Spirituelles est commencé par l'Ame, & l'vsage de l'Ame par le Sens commun.

ge & la Melioration de la principale partie de luy-mesme,
il auroit semblé aussi à quelques-vns qu'il deuoit s'y adonner auparauant que de songer à la melioration de son
corps, mais la melioration du corps est vn degré pour
monter à celle de l'Ame, & l'infirmité de nostre nature
nous permet de nous y occuper dés le commencement,
pourueu que ce ne soit qu'afin de rendre la plus basse partie capable de seruir à la plus haute. Toute la conduite
de nos enseignemens se faisant par cette gradation, nous
la ferons voir encore dans la consideration de l'Vsage de
l'Ame. Pour y proceder donc, nous considererôs que
comme l'Ame a deux maistresses facultez, qui sont l'Entendement & la Volonté, il faut en premier lieu que l'Entendement soit éclairé par la vraye connoissance des choses, afin que la Volonté soit bien guidée, & qu'elle fuye le
mal & suiue le bien. Or l'Entendement des facultez
inferieures, qui sont le Sens commun, l'Imagination & la
Memoire, le Iugement ou la Raison, & la Preuoyance ou
la Prudence. Il est besoin icy de voir quel est leur Vsage,
& si l'on leur peut donner de la melioration, & mesme de
la perfection. Il faut parler d'abord du Sens interne appellé le Sens commun, qui comprend luy seul tout ce que
les Sens externes reçoiuent; Il est certain qu'il en peut
iuger pertinemment estant guidé par la raison; & le vray
moyen de le rendre parfait, c'est de faire qu'elle domine
tousiours en luy, & qu'elle possede la verité en toutes rencontres; Mais plusieurs ont dit que cela est impossible, &
que tout ce que nous pouuons penser des choses que nous
contemplons, est dans l'incertitude, & que l'on ne doit
rien affirmer.

Ceux qui parlent ainsi sont connus par le nom de
Sceptiques (c'est à dire Rechercheurs, pource qu'ils sont
tousiours en queste de la vraye opinion) ou par le nom de
Pyrrhoniens, qui est celuy du principal de leur Secte; Tant
y a que ce sont eux qui doutent de tout. Comme ils pre-
rendent que l'Ame ne connoissant rien que par les Sens,
en est trompée à tous coups de telle maniere que l'on ne

doit point eſtablir de iugement certain ſur ce qù ils rapportent, voicy en détail ce qu'ils alleguent pour ſe tenir dans
l'indifference. Ce qui ſemble dur aux vns, diſent-ils, ſemble mol aux autres, & ce qui ſemble ſec ou peſant ou chaud
à ceux-cy, eſt humide, leger ou froid pour ceux-là, & il
n'y en a aucun qui ſoit plus aſſeuré de la verité que ſes
compagnons. Pour le gouſt, les Hommes ne s'y peuuent
guere fier non plus ; & comme les Beſtes ont l'vſage des
meſmes Sens corporels, & les poſſedent plus parfaitement
que les Hommes, il ſemble que l'on doiue auſſi auoir eſgard à elles en quelque choſe ſur ce ſujet ; Or il y a des
herbes, des fruicts & d'autres viandes que les Hommes
trouuent de mauuaiſe ſaueur, & les autres animaux en
font leurs delices ; Dauantage, cette diuerſité de gouſt
ne ſe trouue pas moins entre les Hommes ; Il y a telle
viande qui ſemblera bonne à quelqu'vn d'eux, & qui ſera
odieuſe à quantité d'autres. Ce que les vns trouueront
auſſi fort doux, les autres le trouueront fort ſallé, ou fort
eſpicé. Quant à l'odorat, il y a beaucoup de choſes que
les Hommes ne ſentent point, & quelques autres animaux
les ſentent : La pluſpart des Beſtes ſentent les choſes pour
léſquelles elles ont de la haine ou de l'amitié ; Elles ſentent ce qui eſt propre pour leur aliment, & l'odeur de ce
qui leur doit ſeruir de proye eſt receuë d'elles pour les y
conduire ; Les Hommes n'ont point vn tel odorat, &
meſme les choſes qui ſont agreables aux Beſtes leur ſemblent puantes. Cette diuerſe acception eſt remarquée de
meſme entre leurs ſemblables pour toute ſorte d'odeurs.
Le Sens de l'oüye a encore ſes diuerſitez : Il y a des Beſtes qui oyent des bruits que les Hommes n'oyent pas ; Il
y a auſſi des Hommes qui oyent ce que n'oyent pas les
autres, & entre ce qu'ils oyent tous, il y a des Sons où
chacun trouue de la varieté. Les vns ſont trouuez trop
bas, les autres trop aigres, tantoſt par les vns & tantoſt
par les autres, & vn chant qui plaira à quelque particulier,
ne plaira pas à la multitude, ou bien les opinions en ſeront
également diuiſées. Mais dauantage, les Sons ſemblent

tout autres de loin que de prez, & font differens auffi pour toute forte de perfonnes, felon les lieux d'où ils font entendus ; Quant à la veuë, plufieurs Animaux voyent ce que les Hommes ne voyent pas ; & entre les Hommes il y en a qui remarquent des chofes que leurs compagnons ne peuuent apperceuoir. Au refte, ils font trompez generalement par tout en ce qu'ils penfent connoiftre ; Ce qui eft grand leur femble de loin fort petit ; Vne allée qui eft auffi large à vn bout qu'à l'autre, leur paroift eftroite vers le bout quand ils font au commencement, & s'il y en a vne qui aille toufiours en s'élargiffant, elle leur femblera d'vne mefme largeur. Voylà plufieurs fujets de fufpendre fon iugement felon les occafions. Il eft euident que les fentimens des Hommes different de ceux des autres animaux ; Que la diuerfité d'âge & de temperament leur fait auffi auoir d'autres goufts, d'autres apparences & d'autres fentimens de toutes chofes ; ce qui eft caufe qu'ils ne font pas feulement difcordans d'auec les autres Hommes, mais encore d'auec eux-mefmes, changeant plufieurs fois d'opinion en leur vie felon le temps & leur conftitution ; Mais, outre cela, en quelque temps que ce foit, ils doiuent tous auoir en vn moment diuerfes penfées fur la varieté qui leur paroift en de certains objets, felon les lieux & la diftance ; & fpecialement aux couleurs qui varient pour eux felon qu'elles reçoiuent la lumiere & l'ombre, & femblent tout autres à la chãdelle qu'à la clarté du Soleil. L'on infere donc de tout cecy que l'on ne fçait à qui l'on fe doit arrefter des fentimens des Beftes ou de ceux des Hommes, & qu'entre les Hommes ; l'on ne fçait qui l'on doit croire des vieux ou des ieunes, des fains ou des malades, de ceux d'vn temperament ou d'vn autre , & que l'on a encore beaucoup de peine à choifir la verité entre les diuerfitez que l'on remarque foy-mefme, en vn temps ou en l'autre, de forte que l'on conclud qu'il ne fe faut point affeurer fur le rapport des Sens externes, & que le Sens commun ne fe pouuant neantmoins paffer d'eux, & ne receuant rien que ce qu'ils luy apportent, il s'enfuit qu'il

Responses aux Sceptiques sur ce qu'ils disent de la tromperie des Sens: Et premierement sur la tromperie du Toucher.

n'est à tous coups entretenu que de mensonges, & que cela l'éloigne beaucoup de la perfection que l'on luy pen-se donner, en luy faisant auoir la connoissance des cho-ses.

Il faut respondre à tout cela, que les Sens externes sont d'vn trop bas degré, pour auoir la puissance de tromper tousiours le Sens commun, fort esleué au dessus d'eux. Nous auons bien arresté que pour eux, ils ne sont pas mes-me trompez, d'autant qu'ils reçoiuent les especes des ob-jets telles qu'elles leur sont portées, & telles qu'ils se trou-uent capables de les receuoir; & principalement que ce n'est pas en eux que reside la faculté cognoscitiue; Mais cela ne sert de rien icy, puisque nous auons declaré enco-re que cela n'empesche pas que le Sens commun ne soit trompé s'il croid à leurs rapports: Nous disons de surplus, que si l'on le considere tout seul, il est à propos de croire que les Sens le peuuent tromper continuellement; Neant-moins, cette consideration ne doit estre faite que pour le Sens commun des Bestes, qui est aussi leur Fantaisie, la plus haute partie de leur Ame, destituée de raison & gui-dée seulement par vn instinct naturel. En ce qui est du Sens commun des Hommes, c'est vne faculté de leur Ame, attachée à celle de leur Entendement, lequel a la proprieté de raisonner; c'est à dire de distinguer les cho-ses, les sçauoir ioindre ou diuiser, & les comparer, ou tirer des consequences des vnes aux autres; Voylà pourquoy les Sens humains sont tousiours accompagnez de la Rai-son, pourueu que l'Homme soit ce qu'il doit estre; Et cette Raison, qui corrige les defauts des Sens corporels, ne laisse point errer le Sens commun si miserablement, comme ceux qui rabaissent leur propre condition preten-dent. Nous confessons bien que ce Sens interieur peut estre trompé s'il regle tousiours sa croyance sur ce que les Sens externes apperçoiuent; Mais il faudroit qu'il fust en-tierement troublé pour cela, car ayant connu vne fois leurs tromperies, il s'en gardera à l'aduenir. Nos opinions ne doiuent donc pas estre continuellement en suspens; Ce que l'on dit mesme pour le prouuer, ne se fait pas d'ordinaire; Ce qui semble dur aux vns, ne semble pas souuent mol aux autres, & ie ne sçay en quel cas cela se pourroit faire, si ce n'estoit qu'vn Homme fust si grand & si fort, que les corps qui sembleroient fort solides aux personnes de mediocre taille, fussent ployez facilement de ses mains; Mais cela n'empescheroit pas que l'on ne pûst connoistre qu'il y auroit de la dureté en cette chose, & que l'on n'en pûst establir les degrez. Il faut dire le mesme de ce qui semble leger ou pesant selon la force de l'Homme, & en effet, ce qui a de la solidité & de la pesanteur, ne semblera iamais entierement mol ny leger, mais il y aura seulement du plus & du moins, & l'on n'en doit point estre abusé, puisque l'on en connoist la raison, qui est que la vigueur de quelque Homme peut estre si grande que ce qui est trop dur, ou trop lourd pour les autres, ne luy pourra resister. Quant à ce qui est humide, il est bien difficile qu'il semble sec à quelqu'vn. Tout ce que l'on en peut dire, c'est qu'il y a des Corps si remplis de chaleur, qu'encore qu'ils soiét dans vn air espais, ils font dilater & euaporer tout ce qui est autour d'eux, & ne souffrent point que l'humidité paroisse. Que s'ils sont mesme plongez dans l'eau, ils demeurent bien-tost secs au sortir de là, tellement que l'humidité n'est point apperceuë auprez d'eux. Imaginons-nous aussi qu'il y ait des Hommes de cette constitution; Ils ne laisseront pas pourtant de sentir que le broüillard & la bruyne, sont autre chose que l'Air serein, & que les riuieres ont plus d'humidité que l'air le plus humide, & bien qu'ils ne sentent pas tant la force de l'humidité que les autres, si est-ce qu'ils en pourront connoistre les diuersitez. Le chaud ne semblera iamais froid non plus à personne, mais peut-estre, semblera-t'il moins chaud aux vns qu'aux autres, selon qu'ils auront eux-mesmes de chaleur, car quand l'on a chaud aux mains si l'on touche du marbre, il semblera fort froid, & il ne le sembleroit pas tant si l'on auoit moins chaud, mais l'on y trouuera tousiours de la froideur. L'on trouue aussi tousiours de la chaleur en ce qui

est chaud veritablement, quoy que le chaud se fasse mieux
sentir contre le froid, par contrarieté. Il y a mesme en tout
cela beaucoup de diuersitez : Si le froid se fait mieux sentir à quelques-vns qui ont chaud, & la chaleur à ceux qui
ont froid, il faut croire que c'est à ceux qui ne possedent
pas ces qualitez au supréme degré, car ceux qui sont d'vne
ne constitution tres-chaloureuse, méprisent le froid & ne
le sentent presque pas, & ceux qui sont d'vne constitution
tres-froide, se peuuent à peine reschauffer au plus fort de
l'Esté ; Neantmoins, les vns & les autres esprouuent la
difference qu'il y a de la chaleur à la froideur.

Si nous considerons bien le Sens du Goust, nous ne
nous estonnerons pas de ce que les Hommes trouuent des
viandes mauuaises, qui sont tres-bonnes pour les autres
animaux ; Car le temperament de l'Homme est le plus delicat de tous, & ce qui conuient à des corps grossiers n'est
pas propre au sien. A cause qu'entre chaque Homme, il
y a vne grande varieté pour le temperament, ils ont encore de la diuersité pour le goust : Mais tout cela ne consiste
qu'à sçauoir si vne chose est agreable ou desagreable ;
Pour ce qui est du genre de la saueur, l'on le sçait tousiours
assez : Si nous sentons qu'vne chose est amere, comme
l'Oliue, aussi fait celuy qui la trouue à son gré, mais il en
aime l'amertume, & il se peut faire seulement qu'il la sent
auec quelque diminution. Le plus grand debat est de sçauoir si la chose est agreable ou desagreable en effet : L'on
doute que cela puisse estre appris par les Sens. Nous sentons de vray qu'vne viande est desagreable pour nous,
ainsi qu'vn autre sent qu'elle est agreable pour luy. Mais
ce n'est pas encore ce que l'on demande. Quelques-vns
veulent sçauoir absoluiment si vne chose est agreable ou
desagreable d'elle-mesme, & en vn mot si elle a du bien
ou du mal la considerant toute seule & sans l'appliquer à
rien : Mais c'est rechercher ce qni ne se treuue pas. Les
choses sont indifferentes en elles sans l'application ; Les
considerant par leur Estre, & non point par l'Vsage, s'il
faut leur attribuer vne qualité generalle, c'est d'estre bon-

nés abfolument. Pour ce qui eft de connoiftre fi vne viãh-
de eft plus ou moins douce, amere ou falfée, les vns n'en
iugent autrement que les autres qu'à caufe de la diuerfité
de leur temperament; & pource qu'ils peuuent bien fçauoir que c'eft là le fujet de la diuerfité de leur gouft, ils fe
peuuent empefcher s'ils veulent d'eftre trompez en cette
connoiffance; car connoiffant iufqu'à quel poinct d'humidité ou de fechereffe, de chaleur ou de froideur, vient
le temperament de leur corps & de toutes leurs parties, ils
iugeront par là qu'il y a des chofes qui leur doiuent fem-
bler d'vn autre gouft qu'aux autres; & par ce moyen, ce
que l'on penfe alleguer pour l'indifference des opinions,
ne les mettra point en balance, puifque l'on fe peut affeurer en cela de quelque chofe.

Si plufieurs animaux fentent l'Odeur des chofes que
nous ne fentons point, noftre odorat n'en a pas moins de
pouuoir en ce qu'il fent. De verité, les Beftes fentent ce
qui leur eft vtile, foit pour leur aliment, foit pour quelque
remede à leurs maux; mais fi les Hommes n'ont pas cette
faculté en toutes chofes, ils l'ont en plufieurs, & connoiffent les autres par d'autres moyens.

La fubtilité de l'Oüye eft encore attribuée à plufieurs
Beftes, au deffus des Hommes, mais le bruit quoy que diminué, eft toufiours le mefme que lors qu'il eft entendu
dans fa plenitude, & quant à la varieté que chacun treuue
dans les Sons, pour eftre hauts ou bas, c'eft felon la difpofition de nos organes : & fi quelques Sons agreent aux
vns & déplaifent aux autres, la difference des temperamens & des inclinations en eft caufe, & de plus la connoiffance diuerfe que l'on a de ce qui eft agreable dans la
Mufique. Tout cela n'empefche point que les oreilles n'entendent les Sons en leur vray eftat, & la raifon des diuerfitez eftant reglée, donnera de la certitude fur ce que l'on
en doit croire.

S'il y a des animaux qui voyent ce que les Hommes ne
voyent pas, & s'il y a des Hommes qui apperçoiuent plus
d'objets que les autres, cela n'empefche pas que chacun

ne voye

ne voye les chofes telles qu'elles font; Que fi l'on dit
que tous les Hommes font abufez en ce qu'ils regardent,
& que ce qui eſt large leur femble de loin fort petit; c'eſt
que cela doit eſtre ainſi, afin que toutes les chofes fe monſtrent dans vne mefme eſtenduë : Car fi elles paroiſſoient
auffi grandes par tout, il n'y auroit que les plus voiſines
qui fuſſent veuës, & il ne reſteroit plus de place pour les
plus éloignées ; Auffi la force des yeux fe diminuant d'autant plus que l'on la veut porter loin, & les Images des
chofes eſtans rapetiſſées dans cet éloignement, font vn
angle pointu qui les rend plus faciles à eſtre receuës. Toutefois, l'on ne laiſſe pas de iuger quelle eſt la proportion
de chacune felon qu'elles paroiſſent du lieu où elles font,
& l'on en peut dreſſer des regles certaines. L'on iugera
de mefme de la largeur égalle d'vne allée qui femble
eſtroite vers la fin, & il ne faut pas croire que la tromperie foit plus notable, fi vne autre allée paroiſt égalle dans
fa longueur; Car de là l'on peut conjecturer aifément
qu'il faut que pour paroiſtre ainſi elle foit plus large vers
le bout. Quant à la variation des couleurs, felon l'augmentation ou la diminution de la lumiere, ou felon le mouuement des corps, nous confeſſons qu'elle fe fait d'ordinaire, mais les yeux ne fe trompent point pourtant en cela,
puifqu'ils voyent les chofes telles qu'elles paroiſſent ; car
il eſt certain que ces couleurs font telles qu'ils les voyent
là alors, & que le meflange de la lumiere ou des ombres,
& des efpeces des objets, les fait ce qu'elles font, & cela
n'empefche pas que les couleurs muables eſtans paſſées,
la couleur fixe ne foit veuë, laquelle eſt reconnuë par le
Sens commun dans fa durée, & pource qu'elle fe monſtre
touſiours au temps que la lumiere n'eſt ny trop forte ny
trop foible, & lors que l'on fe tient en vne bonne fituation
pour empefcher que les ombrages qui y font interpofez
en de certains efpaces, n'y apportent du changement.

 Apres tout cecy, nous connoiſſons le peu de raifon
qu'ont les Sceptiques d'eſtre en incertitude pour toute
chofe. S'ils alleguent l'auátage que les Beſtes ont au deſſus

des Hommes pour la puiſſance de leurs Sens externes, cela n'arriue' pas à toutes, & beaucoup d'Hommes les égalent en cela. D'ailleurs, ſi elles ſont pourueuës de bons
organes, elles manquent des moyens de s'en ſeruir auec
vtilité. Cela eſt reſcrué aux Hommes, qui pouuans les
auoir auſſi propres à toutes ſortes d'operations, & à la re-
ceptiõ corporelle des objets, ont de ſurplus vne faculté ſpirituelle pour les receuoir & pour en iuger, tellemen t qu'ils
s'abaiſſent par trop s'ils s'adreſſent à des animaux inferieurs pour ſçauoir ce qu'il faut croire des choſes. Leur
Sens commun, qui eſt vne faculté de leur Ame, eſtant tout
ſpirituel, doit preſider à ce qui eſt corporel. Il ſe peut garantir d'eſtre trompé par les Sens corporels. Les choſes
ſont apperceuës de tous les Hommes telles qu'elles ſont,
ou telles qu'elles paroiſſent ſelon la façon dont ils en peuuent receuoir la connoiſſance ; & pource que l'on ſçait
quelle eſt cette maniere de reception, l'on ne s'y laiſſe pas
abuſer. Apres la reception ſpirituelle & vniuerſelle du
Sens commun, il ſe fait vne diſtinction exacte des recep-
tions particulieres de chaque Sens corporel. Que ſi les
choſes paroiſſent diuerſement ſelon les organes de chaque
Homme, la verité en peut eſtre trouuée en conſiderant
quel eſt le ſujet de cette varieté. Que ſi à tous les Hommes les choſes ſemblent autres qu'elles ne ſont dans l'éloignement & dans le meſlange, l'on ne laiſſe pas auſſi de
les connoiſtre ; car cette apparence telle qu'elle ſoit, faict
iuger de ce qu'elles ſont veritablement, puiſque l'on ſçait
comment elles doiuent eſtre lors qu'elles paroiſſent d'vne
telle maniere. Les eſpreuues que l'on fait donnent iugement là deſſus, & bien qu'il y ait des Hommes qui ſe laiſſent abuſer en croyant par trop leurs Sens externes, ce
ſont des particuliers qui ne ſçauroient faire de tort au general. Cela n'empeſche point que les autres ne connoiſ-
ſent les choſes ſelon la verité, & ceux qui errent peuuent
eſtre retirez de leurs erreurs par ceux qui ſont dans la bonne connoiſſance. Il y en a pluſieurs qui s'inſtruiſent eux-
meſmes, & qui font qu'vn de leurs Sens ſert à corriger les

erreurs de l'autre, comme lors que le Toucher nous fait connoiftre qu'il n'y a rien de creux & de boffu en vn corps qui le paroiffoit à la veuë. Les autres preftans l'oreille feulement aux remonftrances des plus iudicieux, remarquent la verité des chofes, & par ce moyen l'on peut dire qu'ils font encore defabufez par le Sens de l'Oüye. Ainfi tous les Hommes fe peuuent feruir vtilement des Sens, & fi l'on s'imagine vn temps qu'ils n'ont pû receuoir inftruction de perfonne, leur Sens commun guidé par leur Entendement, leur a toufiours fait connoiftre la verité de tous les objets qui s'offroient apres quelque experience, & ryant remarqué plufieurs fois qu'vne chofe éloignée paroiffoit petite encore qu'elle fuft grande, ils ont iugé depuis, que tout ce qui fembloit petit de loin ne laiffoit pas d'eftre grand. Ils ont penfé ainfi de la diuerfité de tous les autres objets, & quelquefois la force de leur efprit a efté telle qu'ils ont conjecturé quelles eftoient les Chofes, non pas mefme pour en auoir veu de femblables entierement, mais pour auoir tiré des conclufions de quelques-ynes à d'autres, fuiuant des rapports cachez, & felon d'autres efpreuues, qui quoy que diuerfes donnoient tefmoignage en de telles occafions. Au contraire, ils ont auffi penfé que plufieurs chofes eftoient differentes, bien qu'elles fe reffemblaffent en quelques qualitez des plus manifeftes; Et fi deux corps leur ont paru fous vne mefme couleur comme le Succre & la Nege, la Caffe & la Poix, encore que l'vn euft le pouuoir d'efchauffer & de deffecher, ou de raffraichir & d'humecter, ils n'ont pas crû que l'autre l'euft auffi, car ils ont encore confulté le gouft, l'odeur & l'attouchement, qui fe doiuent trouuer femblables. S'ils ont veu auffi de loin de la fumée, ils n'ont pas dit abfolument qu'il y euft là du feu & de la flamme, car lors que l'on deftrempe la chaux il s'en efleue vne fumée affez efpaiffe, & mefme il y a des broüillards & d'autres vapeurs humides, qui de loin reffemblent aux exhalaifons les plus feches; & pource que plufieurs ont pû voir l'vne & l'autre de ces chofes à diuerfes fois, ils n'ont iamais depuis arrefté en leur efprit laquelle c'eft qu'ils voyent qu'ils n'en ayent iugé par toutes les circonftances qui ne les trompent point. Tous les Hommes de bon Sens en peuuent faire ainfi, & plus ils ont d'âge & de practique du Monde, plus ils y font experts, de forte que mefme les vieillards reparent la foibleffe de leurs organes corporels par la fubtilité de leur Sens commun. Il ne faut donc pas fe plaindre que l'âge, ou la maladie, ou la diuerfité des lieux, donnent diuerfes impreffions des chofes, puifque l'on peut conjectu-rer ce qu'elles font felon ce qu'elles paroiffent; & en ce qui eft de les prendre les vnes pour les autres, la plufpart des Hommes ne s'y laiffent pas auffi abufer s'ils y pren-nent garde, car lors qu'elles leur paroiffent femblables ou differentes, ils peuuent examiner toutes leurs qualitez & la fource dont elles deriuent, & tout ce qui en refulte afin de fçauoir fi les corps dont l'on void vne telle appaten-ce font ce qu'ils femblent eftre, & fe peuuent trouuer au lieu où ils les apperçoiuent, & fi ce n'en doit point eftre d'autres. Or comme les Sens corporels leur ont defia fer-uy à voir les corps fur lefquels ils ont affis leur premier iugement, & leur feruent encore à en donner vn autre par la conference qu'ils font; il faut donc conclurre qu'ils ne font point nuifibles ainfi que l'on a publié, & que le Sens commun peut empefcher qu'il n'en foit deceu.

Si le Sens interne fe fert vtilement des diuerfes connoif-fances que luy donnent les Sens externes pour en iuger fans erreur, il le rend encore plus accomply en s'aidant de l'Imagination & de la Memoire, qui font deux facultez de l'Entendement plus efleuées que luy. L'Imagination confifte à fe bien former l'Idée des Chofes prefentes, & à s'en former encore d'autres, ou de pareilles ou approchan-tes en quelque forte. Mieux elle comprend ce qui eft ap-perceu par les Sens, & mieux elle fe figure apres d'autres chofes que les Sens n'ont point apperceuës, mais qui peu-uent quelquefois leur feruir d'objets. L'vtilité de cette par-tie eft en ce qu'ayant defia connu quelles font plufieurs Chofes, l'on fe reprefente de mefme les autres que l'on n'a

point esprouuées, au seul recit qu'vn autre Homme en
pourra faire. La Memoire ramene à l'Esprit les Images qui
s'y sont quelquefois peintes, & les resueille les vnes par les
autres, de sorte que le Sens commun les voyant toutes les
peut conferer ensemble pour en tirer iugement, à l'aide
des facultez superieures. Toutefois, ceux qui veulent monstrer que cela ne sert de rien à perfectionner le Sens commun, alleguent que l'Imagination & la Memoire de ceux
qui ont quelque manie sont toutes differentes des autres;
Que ceux qui ont la fiéure chaude asseurent aussi qu'ils
voyent des choses que les autres ne voyent point, & qu'il
en est de mesme des yurognes, tellement que l'on a voulu mettre en doute si ce qu'ils disoient apperceuoir, estoit
la verité ou bien ce que les autres voyoient; car, ce dit-on,
comment peut on sçauoir s'il ne faut point que les organes
soient disposez comme les leurs pour voir les choses dans
leur naturel? Mais c'est pourtant vne extreme erreur de
croire qu'il se faille rapporter à tous ces gens-là de l'Estre
des choses, ou que cela soit capable de nous donner quelque doute. Les fous, les malades & les yurognes ont les
organes des Sens corrompus, de sorte qu'ils voyent les
choses autrement qu'elles ne sont, & de là leur imagination se forme aussi des choses bigearres & desraison-
nables, & leur Memoire oublie la verité, & ne les fait souuenir que du mensonge. Ceux qui sont sains sont beaucoup plus à croire. Ce seroit vn estrange desordre si ceux
qui sont au plus parfait estat de leur nature, ne connois-
soient rien selon la verité, & s'il falloit qu'ils tombassent
dans la corruption pour joüir de ce priuilege. C'est vne
aussi mauuaise proposition, de dire qu'en dormant nous
faisons quantité d'actions estranges & difficiles, & que
nous voyons en peu de temps plusieurs lieux extraordinaires & fort éloignez les vns des autres; mais que pourtant il y a autant de verité en cela qu'en toutes les autres
choses qui se passent en veillant. Que peuuent entendre
par là les Sceptiques? Croyent-ils donc que nous allions
en vn autre Monde quand nous dormons? Quand cela

Ll iij

feroit, ce ne feroit donc que fpirituellement. Nous voyons
dormir vn Homme qui ne bouge de fon lict, & neantmoins à fon refueil il dit qu'il s'eft promené dans des iardins, & qu'il a veu des danfes & des Comedies. Si fon
corps a toufiours efté là, comment eft-ce qu'il a pû aller
en tous ces lieux dont il nous parle ? Il faudroit que ce
fuft fon efprit qui y euft efté ; Mais l'efprit ne quitte le
corps qu'à la mort : Il s'eft feulement reprefenté l'image
de tant de chofes ; & pource qu'encore qu'il ait creu que
l'action du corps ait efté iointe à la fienne en beaucoup
de manieres, cela ne s'eft aucunement fait, c'eft vn abus
manifefte. Or puifque le Corps & l'Ame doiuent agir
d'vne façon égalle & correfpondante dans les vrayes
actions de la vie, il ne faut pas mettre en doute, comme
difent quelques-vns, fi le temps que l'on paffe à dormir
& à refuer n'eft point la vraye vie, pluftoft que celle des
veilles ; Le Corps & l'Ame agiffent veritablement en
veillant : Ce font des actions certaines & accomplies. Le
corps peut bien agir auffi dans le fommeil, felon la penfée de l'Ame, comme il arriue à ceux qui fe releuent en
dormant, & cheminent & fe remuent de mefme que s'ils
fuyoient ou s'ils pourfuiuoient quelqu'vn, ou font quelqu'autre action pareille ; Mais la plufpart des autres n'a-
giffent que de l'Ame, & demeurans immobiles dans leur
lict, fe figurent feulement ce qu'ils ne font pas ; Ceux qui
font veritablement ce qu'ils fe figurent ne le font guere
auffi qu'imparfaitement, & leur imagination y trauaille
plus que le corps ; ioint que la perfonne qu'ils craignent
ou defirent, n'eft point là veritablement, & ils en ont feulement l'image dans l'efprit. Nous connoiffons combien
ils fe trompent en cela lors qu'ils le racontent, & mefme
quelquefois pendant le fonge noftre iugement eft affez
libre pour connoiftre que tout ce que nous venons de
nous reprefenter auparauant n'eft que fiction, & bien fouuent nous fongeons que nous venons de fonger. Ce n'eft
point là auffi qu'il faut chercher la verité des Chofes ; la
plufpart des fonges ne font que des bigearreries fans or-

dre. Dans le sommeil nos Sens externes sont assoupis, & mesme le Sens interne qui a le ceruean pour organe, se trouue tellement offusqué de vapeurs qu'il n'a pas sa liberté ordinaire, & l'imagination n'y faisant pas non plus des fonctions bien reglées, ce qu'elle s'y forme n'a aucune suite. Il faut veiller pour ioüir du benefice des Sens, & pour faire que l'Imagination soit gouuernée par la Raison. Ceux qui persisteront dans leurs erreurs apres auoir oüy ces reparties, tesmoigneront beaucoup d'opiniastreté. Mais pour les traicter comme des personnes qui ne connoissent que ce qui est de plus grossier, il leur faut alleguer des choses si sensibles qu'ils ne les pourront desauoüer. Puisqu'ils pensent que ce qui leur est arriué en songe a autant d'apparence de verité que ce qui leur arriue en veillant, ne sentent-ils pas qu'ils ont l'estomach vuide à leur resueil, encore qu'ils ayent songé qu'ils se saoulloient en de grands banquets? & ne se trouuent-ils pas fort alterez apres s'estre imaginé qu'ils auoient la bouche sous le canal d'vne fontaine? Ils voyent en ceey la difference qu'il y a, de ce qui est reel à ce qui est seulement depeint dans l'Imagination, & peuuent connoistre auquel des deux ils se doiuent arrester pour le plus certain. Leurs objections treuuent par ce moyen des solutions faciles & inexpugnables.

Mais comme les Sceptiques affectent plustost le nom de Douteurs que de Docteurs, ils ne s'asseurent d'aucune chose pource qu'ils ne le desirent pas, & cherchent les plus fortes objections qu'ils se peuuent imaginer apres en auoir rapporté d'assez foibles au commencement. Ils disent que les Hommes se trompent s'ils croyent posseder la verité en quelque lieu que ce soit; Qu'outre que les Sens ne sont pas capables de la descouurir comme ils ont tasché de monstrer, quand mesme le Sens commun y seroit plus propre, il n'y réussiroit pas, d'autant que comme les choses ne sont pas veuës d'ordinaire telles qu'elles sont en leurs apparences, ce qui en apparoist n'est encore que leur surface, & le dedans n'est point connu, tellement

que l'on est bien loin de connoistre ce qui compose chaque substance; Que les secrettes puissances des choses que
l'on apelle les Formes, les Expirations, les Transmissions
& les liaisons de Sympathie, ne tombent point sous les
Sens, bien que ce soient des Choses Corporelles; & quant
aux Choses Spirituelles, qui sont entierement éloignées
du commerce des Corps, qu'il n'est pas possible de iuger
ce qu'elles sont, puisque nos Sens ne reçoiuent rien de
semblable. Nous auons desia respondu à ce qui est de
la premiere apparence des Choses; & quant à ce que l'on
dit que l'on n'en void que les surfaces, cela n'empesche
pas de iuger du dedans, pource que l'on en a veu plusieurs ouuertes & mises en pieces, & que l'on sçait aussi
quelle est la matiere de chacune. Ce qui les compose ou
les met en l'estat qu'elles sont, est aussi connu en sçachant
leur nature, & pour leurs puissances les plus secrettes, l'on
en iuge par les effets qui se voyent, & de mesme des transmissions & des liaisons de sympathie. De verité, l'on ne
void pas ce qui anime les corps, ou qui en sort subtilement,
mais l'on void plusieurs actions qui font connoistre s'ils
sont animez, & quand deux corps s'attirent l'vn l'autre,
& se ioignent, l'on treuue des marques de la puissance
sympathique. Quant aux Choses Spirituelles dont la
puissance est inuisible, leurs effets sont apparents de mesme, & l'on iuge par là de leurs conditions. Que si l'on ne
void rien dauantage, c'est qu'il n'y a rien en cela de visible; & il faut que l'Entendement agisse luy seul pour se
representer ces choses, ce qu'il est en sa puissance de faire
contre la proposition des Sceptiques & Douteurs, car il se
peut passer des Sens en beaucoup d'operations, & s'il ne
se peut representer les Choses Spirituelles & inuisibles
dans leur vraye perfection; au moins il se figure bien
qu'elles sont plus excellentes que les choses corporelles
& visibles, & il definit aussi leurs qualitez & les distingue,
de sorte que le iugement de l'Homme ou son Esprit entier ne trouue point là des limites si resserrées que l'on
pense.

Les

Les aduersaires adjoustent que c'est connoistre mal les choses de ne les connoistre que par leurs effets; Que plusieurs choses diuerses peuuent causer des effets semblables, & plusieurs choses semblables peuuent causer des effets diuers, tellement que l'on ne se sçauroit garder d'estre trompé en ne iugeant des choses que par cette consideration, specialement si elles sont inuisibles & entierement insensibles en leur consistence; Que l'on ne peut donc connoistre les secrets des choses corporelles, & que l'Estre des Choses Spirituelles doit estre entierement ignoré. Nous repartirons que les choses semblables ne sçauroient causer des effets entierement diuers, ny les diuerses d'entierement semblables, de sorte que le iugement a son assiette ferme, & se treuue capable de connoistre par ce qui manque, quelle est la distinction des Choses; Que s'il y en a qui ne se voyent point, l'on s'asseure pourtant de leur Estre par des signes euidens; par exemple, lors qu'vne clef saute vers vne pierre d'Aimant & s'y attache, nous nous imaginons auec beaucoup de raison, qu'il sort de cette pierre quelques effusions qui embrassent le fer; Voylà ce qui se peut dire pour les secrettes puissances des Corps; & quant aux Esprits que nous tenōs estre exempts de toute matiere & de toute infirmité corporelle, & de beaucoup plus puissans que tout ce que l'on void & que l'on sent, nous en iugerons presque de semblable maniere. Si vne clef s'éleuoit en l'Air, & que l'on sceust asseurément qu'il n'y eust aucun Aimant qui l'attirast, l'on pourroit bien croire qu'elle seroit soustenuë de quelque puissance extraordinaire; Et si les rochers, les arbres & les corps des animaux estoient ainsi suspendus, & transportez d'vn lieu à l'autre, ou mesme changez en vn moment de figure & de qualitez, comme l'on sçait bien qu'il n'y a aucune puissance corporelle qui soit capable de cela, l'on iugeroit aizément que cela se feroit par quelqu'autre plus esleuée, qui est la Spirituelle. Quantité d'autres effets merueilleux font connoistre qu'il y a des substances sans corps, plus puissantes que tous les corps inanimez ou animez. Elles font entendre des bruits differens & des voix articulées en quelque endroit fans que l'on y voye perfonne; Elles font fouffrir des mouuemens furnaturels aux corps des animaux, & font parler en vn inftant des perfonnes idiottes en toute forte de langage. Quand l'on void cela, l'on peut s'affeurer que cela n'a rien de commun, & que la puiffance qui s'y fait connoiftre eft toute Spirituelle, foit qu'elle vienne d'vn Demon ou d'vn Ange, ou de Dieu immediatement.

S'il faut connoiftre les caufes autant que les effets auec toutes les circonftances.

Là deffus, les Sceptiques nous difent que fi nous ne connoiffons les Efprits que par leurs effects, ny quantité d'autres puiffances fecrettes, nous ne les connoiffons que fort imparfaitement; Que mefme en ce qui eft des chofes corporelles & fenfibles, l'on ne fçauroit bien connoiftre les effets fi l'on ne connoift les caufes, & qu'il faudroit autant connoiftre les caufes que les effets; mais que ce feroit aller à l'infiny fi l'on les vouloit connoiftre toutes auec leurs circonftances, tellement qu'il vaut mieux demeurer au commencement du chemin, & confeffer que l'on ne peut fçauoir aucune chofe. Ie refpon qu'encore qu'il demeure quelque chofe d'inconnu aux Hommes, cela n'empefche pas que ce qui vient à leur connoiffance ne foit affeuré; Que fi l'on ne fçait point par exemple, où a efté fait vn papier, de quel linge il a efté fait pour le rendre plus blanc qu'vn autre, quel en a efté l'ouurier & quelle fon induftrie, de quel chanure venoit le linge, & en quel païs eftoit creu le chanure, & qui l'auoit femé, auec vne infinité d'autres circonftances, cela n'empefche pas que nous ne fçachions prefentement ce que c'eft que ce papier, autant qu'il eft neceffaire en beaucoup d'occafions. Toutes les circonftances que l'on defire encore d'en fçauoir pourroient aider au raifonnement en quelque neceffité fort extraordinaire, mais l'on fe les figure toufiours affez bien pour iuger pertinemment de toutes les chofes qui fe prefentent.

Des Maximes Generalles.

Nonobftant ces fortes de remonftrances, ceux qui ont enuie de douter de toutes chofes, difent que leur efprit

demeure toufiours en fufpens, pource que ceux qui leur
veulent donner quelque croyance commencent par des
maximes generalles qu'ils demandent d'abord que l'on
leur accorde, quoy que les raifons qu'ils apportent pour
la confirmation de leurs difcours, ayent encore befoin
d'eftre prouuées, tellement qu'il y a autant d'apparence
que ce qu'on dit foit faux, comme il y en a qu'il foit vray,
ce qui les remet à cet equilibre d'opinions. L'on leur
peut reprefenter qu'il y a des chofes que l'on allegue pour
premiere raifon, qui font fondées fur des maximes tellement certaines, que l'on ne les fçauroit reuoquer en doute, comme de dire, Que le tout eft plus grand que l'vne de
fes parties ; Que chaque chofe eft compofée des parties
efquelles elle fe refout ; & que fi à des chofes égales l'on
en adjoufte d'égales, tout y fera égal.

Mais ils objectent encore que les plus forts argumens ne
tirent leur vigueur que de leurs deux premieres propofitions, defquelles il faut monftrer la verité par d'autres, &
de celles-là par d'autres encore iufques à l'infiny, de forte
qu'ils tiennent impoffible que l'on leur ofte le fujet de douter ; Que plufieurs propofitions vniuerfelles font prouuées par les particulieres, & les particulieres par les vniuerfelles ; Comme fi l'on difoit, Que toute Plante eft vn
Corps vegetatif, l'on ne fçauroit prouuer cela autrement
qu'en remonftrant qu'vn Chefne, vn Orme & vn Cyprez,
& les autres arbres, font des corps vegetatifs ; & ce que
l'on fouftient de chaque particulier, l'on le propofe de
tout le general, en quoy l'on s'enferme dans vn cercle
qui eft vicieux pour l'argumentation ; Qu'il n'y a enfin
aucune demonftration par laquelle l'on puiffe inferer
& conclurre vne chofe en vertu de ce qui doit eftre accordé, puifque ceux qui veulent douter de tout n'accordent
rien, & ne reçoiuent point ce retour d'vne queftion à l'autre, dont l'vne ne fçauroit eftre approuuée que l'autre ne
le foit, puifqu'elles n'ont aucune force fi elles ne l'apuyent
que fur la reciprocation ; car comment eft-ce que l'vne
donnera à l'autre ce qu'elle emprunte d'elle : Que fi l'on

*Du Cercle de De-
monftration & de
l'incertitude des
fceptiques en tou-
tes chofes.*

y vouloit rencontrer quelque certitude, & sçauoir si les raisons sont propres à prouuer ce que l'on desire de chaque costé, il faudroit establir vn Iuge, mais qu'il n'y a rien de certain, puisque les Sens externes sont trompeurs, & que l'on ne sçauroit dire si l'Entendement est plus certain, & que pour les iuges qui sont entierement hors de nous, comme le Compas, le Niueau ou la Sonde, ils peuuent estre mal composez, & l'erreur estant à redouter par tout, il n'y a point de iuge à choisir; Que quand il y en auroit, il auroit besoin encore d'vn autre Iuge pour ordonner s'il seroit digne de l'estre; & si entre les Hommes l'on s'en vouloit rapporter à celuy que l'on croiroit le plus capable, l'on s'y pourroit tromper encore, pource que l'on ne sçait qui merite le premier lieu, & si celuy qui seroit estimé capable de iuger n'auroit pas esté iugé temerairement par ceux qui n'estoient pas capables de le faire ; Qu'ils ne se fient pas au Sens commun qui est trompé par les Sens externes, & encore moins à l'imagination qui ne se forme que des choses bigearres, & à la memoire qui ne se ressouuient que de mensonges, pource que l'vne & l'autre n'ont iamais receu d'autres objets par leurs messagers, & que pour l'Entendement auquel l'on a tousiours recours à cause que l'on l'estime pourueu de Raison, il n'est pas vn meilleur iuge des choses, puisqu'il ne sçait que ce que les autres luy ont appris, & que sa Raison pretenduë n'est qu'vn amas d'obseruations incertaines ; Qu'ils ne croyent point aussi qu'il y ait quelque Science certaine ny aucune pratique du Monde fort asseurée; Et comme ils demeurent irresolus dans la croyance des choses, ne pouuans mesme affirmer qu'aucune chose ait l'Estre, ny qu'ils l'ayent eux-mesmes, qu'encore moins sçauent-ils s'ils sont Hommes & s'ils sont raisonnables, & mesme s'ils sont en vie, ou s'ils sont nez pour l'immortalité ; Qu'ils pensent aussi que toutes les actions sont indifferentes, & que l'on ne peut asseurer quelles sont les bonnes ou les mauuaises ; Que comme les choses qui semblent douces à l'vn ou ameres à l'autre, pourroient faire croire qu'elles

font toutes les deux enfemble, mais pluftoft qu'elles ne
font ny l'vn ny l'autre, ainfi toutes les actions des Hommes, qui femblent iuftes à l'vn & iniuftes à l'autre, font
l'vn & l'autre, ou ne font rien de tout cela; Et dauātage, que
l'on ne doit point auffi fe fafcher contr'eux touchant les
opinions qu'ils alleguent, puifqu'ils ne contraignent perfonne d'y adjoufter foy, & qu'ils ne les eftiment point plus
certaines que celles de toutes les perfonnes qui leur vou-
dront contrarier, à caufe qu'il faut fufpendre fon iugement par tout.

*Dernieres Refpon-
fes aux fauffes
fubtilitez des Sce-
ptiques.*

    L'on connoift icy à la fin combien leurs indifferences
font pernicieufes, & qu'elles tendent à fubuertir toutes les
Sciences, & la Politique & la Religion. Pour refpondre
en general aux fubtilitez qu'ils trouuent dans l'impoffibilité imaginaire du Cercle de Demonftration & de la reciprocation des Queftions, il leur faut apprendre que ce
genre d'argument qu'ils condamnent n'eft point vicieux;
Que ce n'eft pas celuy où l'on penfe prouuer vne chofe
par vne autre, fans qu'aucune foit connuë, & que l'on entend que le principe dont il s'agit le foit; Que les principes fur lefquels l'on fe fonde ne peuuent eftre difputez, &
qu'ils font connus par la lumiere de la Raifon, de telle forte que l'on en peut iuftement conclurre ce que l'on en defire, comme fi l'on difoit que le Soleil eft fur l'horifon, &
par confequent qu'il fait iour; Il n'y a point d'apparence
de nier que le Soleil luife quand vn Homme le void, &
non feulement celuy-là, mais cent mille autres qui le peuuent affirmer; L'on dira qu'auant que l'on puiffe fçauoir
le iugement de tant d'Hommes, les chofes peuuent changer, mais ils peuuent tous s'efcrier enfemble que le Soleil
luit; & apres leur tefmoignage vniuerfel, fi l'on demeure en quelque doute, c'eft dire que l'on ne fçait point s'il
y a vn Soleil, s'il a de la lumiere, fi elle paroift, fi les yeux
la voyent, & fi l'on a mefme des yeux auec la faculté de
voir; C'eft penfer que tout ce qui eft hors de nous, n'eft
qu'vn neant, & douter auec cela fi nous fommes quelque
chofe, fi nous apperceuons les objets qui fe prefentent, &

ſi nous nous ſentons nous-meſmes. Les Sceptiques en
ſont reduits à cela, comme leurs propoſitions nous declarent ; mais leur incertitude d'eſprit tient beaucoup de la
follie, & au lieu que l'on croid ſe deliurer par elle de l'erreur, l'on s'y empeſtre de toutes parts. Pourquoy nos
Sens ſeront-ils deſauoüez en ce qui eſt de leurs propres
objets ? A n'en point mentir, il y a des Hommes qui ont
les organes fort mal diſpoſez, mais nous auons recours
aux Hommes les plus ſains, & ſi l'on dit que l'on doute
encore quels ſont les plus ſains, il faut reſpondre que l'on
iuge que ceux-là le ſont qui n'ont aucune incommodité
aux parties neceſſaires, & n'y ont ny ſuperfluité ny defaut,
ayans la perfection requiſe à leur Nature. Pour le Sens
commun, l'Imagination & la Memoire, ne ſe forment-ils
pas de veritables Images, & ne ſont-ils pas capables de les
repreſenter fidellement, lors qu'vne perſonne qui ne dort
point & qui n'eſt point troublée de freneſie, ny des vapeurs du vin, iouit d'eux auec liberté, & l'Entendement
qui eſt ſeruy par de ſi bons miniſtres, & qui treuue auſſi
des organes bien diſpoſez pour faire librement ſes actions,
ne ſera-t'il pas pris fort iuſtement pour vn Iuge Souuerain ? De dire que la Raiſon que l'on attribuë à l'Entendement n'eſt qu'vn amas d'obſeruations incertaines, c'eſt
prendre plaiſir à vouloir faire croire, que l'on ſoit aueugle
& priué de toute connoiſſance, car l'on void bien qu'il y
a des choſes ſi manifeſtes, que l'on ne ſçauroit douter de
ce qu'elles ſont. L'on allegue qu'encore que l'Entendement bien reglé de quelques Hommes puſt eſtre pris pour
Iuge Souuerain des Choſes, l'on ne pourroit connoiſtre
qui ſeroient ceux d'entre les Hommes, qui en ayans de
pareils, ſeroient aſſez capables pour iuger de tout ce qui
s'offriroit, & que ceux qui n'auroient pas leur capacité ne
les pourroient choiſir. Il faut reſpondre que bien que chacun n'ait pas la perfection entière, il y en a qui en ont
quelque partie qui ſert à faire remarquer les perſonnes qui
la poſſedent entierement. Ceux qui ſont au milieu, &
meſme aux plus baſſes marches d'vn eſcallier, voyent bien

ceux qui font efleuez au plus haut. L'on reconnoift donc affez les Hommes de meilleur entendement & iugement, & chacun peut fçauoir auffi en ce qui eft de foy, s'il iuge felon le fentiment commun des autres, & principalement felon le fentiment de ceux que l'on eftime le plus. Tout cecy peut eftre accordé au moins en ce qui eft des chofes les plus vulgaires, & des premiers objets qui s'offrent, & ce n'eft que de cela que nous difputons icy principalement, puifqu'il n'eft queftion que de perfectionner le Sens commun inferieur aux autres facultez de l'Ame. Nous referuons pour vn autre lieu ce qui concerne le Raifonnement tout feul, & l'Intelligence feparée. Mais il faut prendre garde que les Sceptiques ou Pyrrhoniens, voulans reuoquer en doute les connoiffances les plus importantes & les plus fecrettes, ont tafché de prouuer mefme que l'on ne fçauoit pas ce qui femble eftre de plus facile, comme fi l'Eftre des chofes que l'on void & que l'on fent eft veritable, fi les Hommes qui parlent & qui marchent font morts ou viuans, s'il eft iour ou nuict quand le Soleil paroift, ce qui eft bien loin de fçauoir ce que c'eft que l'Eftre, la vie & la lumiere. Ils ont penfé que l'on pourroit deftruire d'abord les maximes fondamentales, pour monftrer qu'il n'y a point de verité; mais la fermeté en eft inébranlable, auec les grandes precautions qu'y apporte la Raifon, qui nous fait connoiftre la difference des Chofes, comme nous auons commencé de voir dans la recherche des Subftances Corporelles & des Spirituelles; Et pour ce qui eft dés actions, il eft auffi fort aizé de connoiftre fi elles fe tournent au bien ou au mal par les regles de la Charité ou de la Iuftice Vniuerfelle, grauées naturellement au cœur de l'Homme, lefquelles luy enfeignent ce qu'il doit à Dieu fon Createur, & aux Hommes fes femblables. Si nous auons dit que les Chofes du Monde font vniuerfellement bonnes, il ne faut pas abufer de cette propofition; car nous auons declaré en fuite que l'application leur donne de la difference. Cela fe peut entendre auffi pour la diftinction des Vertus & des vices, felon que

l'Ame est appliquée. Quant aux Choses Corporelles,
elles sont indifferentes au bien ou au mal, n'ayans point
de volonté, mais l'Ame qui en a vne auec vn libre arbitre,
se porte vers l'vn ou vers l'autre comme il luy plaist, &
employe aussi diuersement les choses inferieures dont
elle se sert. Elle peut donc operer iustement ou iniuste-
ment ; C'est vne ignorance brutale de douter de ces choses, & ne sçauoir pas à quelle fin l'on a esté creé, & que les
bonnes actions sont meritoires pour vne autre vie. Il est
difficile à croire qu'il y ait des Hommes qui doutent qu'ils
soient Hommes, & mesme qu'ils ayent aucun Estre. Ils
peuuent bien remarquer qu'ils sont autre chose que les Bestes, & qu'ils ont quantité de prerogatiues, tant Corporelles que Spirituelles, & specialement qu'ils ioüissent de
la Raison ; & quant à l'Estre, ils connoissent bien qu'ils
l'ont, puisqu'ils se sentent eux-mesmes, & d'en venir iusqu'à ce doute, c'est passer de la stupidité bestiale à l'insen-
sibilité d'vn rocher. Quelques Sceptiques des moins trou-
blez font assez connoistre qu'ils entendent seulemēt qu'ils
ne sçauent ce que c'est que l'Estre ny que les Hommes ;
Mais il n'y a guére d'apparence qu'ils puissent ignorer
cela non plus, s'ils prennent le soin d'en faire quelque recherche. Que si pour contenter ceux qui s'estonnent de
ce qu'ils doutent de toutes choses, ils disent qu'ils ne s'af-
seurent pas plus à leurs raisons propres qu'à celles des
autres ; comme ils pretendent qu'elles sont toutes fort incertaines, estans volages dans leurs opinions, ils peuuent
penser de mesme quelquefois, qu'elles sont aussi certaines
les vnes que les autres ; & de là il les faut mener à ce pas
dont ils s'approchent, que s'ils croyent également les raisons Sceptiques & la Philosophie dogmatique, l'on les
pourra faire pancher aizément d'vn costé plustost que de
l'autre ; car pour peu qu'ils se rangent vers l'affirmatiue, il
leur faudra receuoir la croyance de beaucoup de choses,
si bien qu'ils confesseront qu'elles ne sont pas toutes dans
l'incertitude, puisque d'affirmer quelque chose c'est ietter
vn fondement qui ne nous laisse plus vaciller, au lieu que

la nesa negatiue douteuse, nous laisse aller tantost d'vn costé, & tantost de l'autre. Dauantage, ils ne sçauroient nier aussi qu'il n'y ait quelque chose d'assuré, puisqu'il est vray qu'ils disent ces choses & qu'ils les pensent, soit pour les nier, soit pour les affirmer, & qu'ils sont encore quelque chose eux-mesmes; S'ils s'attachent aussi plustost aux opinions de Pyrrho qu'à celles des autres, c'est y trouuer quelque certitude; Il ne sert de rien de repartir que leur certitude est de monstrer qu'il ne se trouue aucune certitude, puisqu'il s'en trouue en cecy, & en beaucoup d'autres occasions que nous leur auons rapportées, de sorte qu'ils ne doiuent pas douter de tout. Nous nous vanterions icy d'auoir renuersé leur fondement, n'estoit que leur doctrine consiste à prouuer qu'il n'y en a aucune qui ait du fondement, mais par consequent la leur est donc sans appuy; & si pour la defendre ils alleguent qu'elle a quelque fondement, c'est par là qu'il est encore renuersé puisqu'elle n'en doit point auoir selon leurs maximes.

Toutes ces choses estans bien considerées, il n'y aura personne qui vueille tenir pour le Pyrrhonisme, veu que mesme ceux qui en font profession sont prests à toute heure d'en sortir, & ne s'y trouuent pas plus asseurez qu'ailleurs. L'on ne sçauroit auoir auec cela si peu de connoissance de la certitude de la vraye Philosophie, que l'on ne quite celle qui veut bien que l'on l'abandonne. De là l'on prendra garde combien la constance de l'Esprit vaut mieux que la legereté. L'on s'asseurera que l'on n'est pas obligé de douter de tout, & qu'encore qu'il y ait des choses qui soient fort secrettes & fort ambiguës, l'on en iuge assez pour les necessitez humaines, & plusieurs autres sont si connuës que l'on en peut establir des Sciences & des Arts. L'on croira aussi que le Sens commun sert à cela comme la premiere Porte des facultez spirituelles, par laquelle on peut auoir connoissance de la verité des objets, & que s'il ne reçoit point quelquefois des Images qui leur ressemblent, il en iuge pourtant par la conference des vnes aux autres, comme nous auons proposé; Et puisque nous auons declaré en plusieurs endroits de quelle maniere cela se fait, nous auons assez monstré quel est son Vsage, & comment il reçoit de la Melioration & mesme de la Perfection. Que s'il y a quelque chose encore à y obseruer pour en voir de plus grands effets, c'est de luy faire reiterèr souuent cet exercice, afin qu'à force de receuoir les representations de toutes les choses du Monde, il les distingue mieux lors qu'elles se presenteront à luy.

De l'Vsage & de la Perfection de l'Imagination & de la Memoire.

CHAPITRE II.

L'IMAGINATION, qui est vne faculté superieure au Sens commun, se sert des connoissances qu'il luy donne, & de celles qui sont receuës par les Sens externes, pour se rendre meilleure & plus parfaite. Ce n'est pas que les facultez qui ne sont que ministres, soient la seule cause de son bien; l'Entendement qui est encore au dessus d'elle, luy donne le moyen de se seruir auec vtilité de ces instrumens, & cet acte estant celuy de la Raison, fait remarquer la verité de tout ce qui se presente, selon qu'elle peut estre connuë des Hommes. L'Imagination comprend donc ainsi l'estre des Choses & leurs conuenances ou differences; elle les distingue, les diuise ou les réunit, & s'en forme souuent de semblables ou d'approchantes, faisant quelquefois vne piece de plusieurs, ou plusieurs pieces d'vne seule. Or tant plus elle se represente de choses, & les assemble ou les separe, tant plus elle se rend propre à cette fonction, & se fait meilleure & plus parfaite, s'employant à son vsage naturel. La Memoire est vne

autre faculté qui luy est fort vtile, pource qu'ayant receu

les efpeces des chofes, & les ayant bien conferuées, elle
les reprefente à poinct nommé , de forte que cela fert
d'exemple & d'inftruction pour en faire trouuer la verité.
Non feulement elle conferue auffi ce que le Sens commun
a pû apperceuoir par les Sens corporels, mais encore ce
que l'Imagination s'eft formé à l'inftant là deffus, fi bien
que long-temps apres elle luy reprefente les mefmes
chofes pour la faire mieux réuffir en de nouuelles operations. Or comme la Memoire donne du fecours à l'Imagination, l'Imagination luy rend auffi le reciproque lors

que les fictions qu'elle compofe tenans quelque chofe des
Images de la Memoire, elle eft caufe qu'elles paroiffent
toutes apres par vn enchaifnement continu. Quelquefois
la Memoire agit la premiere, & quelquefois l'Imagination,
tellement que fur les queftions de leur preference, l'on les
fait aller du pair enfemble, & nous en auons voulu auffi
parler conjointement, à caufe de leur fecours mutuel. La
perfection de toutes les deux eft fort augmentée par leur
exercice; Si l'on y cherche auec cela vne force naturelle, il faut purger le corps de tout ce qu'il peut auoir de nui-
fible à l'efprit, & luy ofter l'abondance des humeurs qui
caufent des fumées dont le cerueau eft offufqué. Il faut
eftre temperant, & ne point charger le corps de trop
de nourriture, & ne le point deffecher auffi par les voluptez. Nous voyons fouuent que les facultez de l'Ame agiffent encore affez bien dans vne fimple variation du temperament pour monftrer leur independance, mais pource
que le corps leur fert d'organe, leurs actions ceffent dans
vn entier changement. Il faut donc auoir foin de tenir
les inftrumens nets & propres à l'operation, autant comme d'entretenir la diligence & la fubtilité des ouuriers.
Si vn temperament humide eft iugé propre à la Memoire
& le chaud à l'Imagination, il s'en peut trouuer vn fort
bien afforty de ces deux qualitez, qui ne fe contrarient pas
de telle forte qu'elles ne puiffent durer enfemble; Mais
pour les faire agir auec vn bon ordre, il faut fouhaiter qu'vn
bon iugement foit leur guide, qui eft l'vne des principales

facultez de l'Entendement, ou plustost l'Entendement mesme tout entier; & comme l'on tient qu'il faut vn temperament sec pour luy seruir d'organe, plusieurs ont creu qu'il estoit incompatible auec vne grande Memoire. Toutefois, il ne se faut pas imaginer que toutes les parties du corps humain, & specialement le cerueau, doiuent estre d'vne constitution seche; Si elles se trouuoient ainsi, elles seroient bien-tost ruïnées; Quand l'on les estime seches, l'on entend qu'elles n'ont pas d'humidité en abondance; & pource qu'il leur en faut tousiours, il y en a assez auec cela pour l'operation de la Memoire, qui mesme ne sçauroit estre forte dans vn cerueau trop humide, où les Images ne se peuuent imprimer, comme dans celuy qui a quelque fermeté en sa consistence; Et comme la chaleur temperée se peut rencontrer auec l'humidité necessaire, il ne faut point douter qu'il n'y ait des Hommes qui ont l'Imagination & la Memoire dans vn excellent estat, & l'Entendement aussi. Quelques-vns, qui manquent de Memoire, sont si vains qu'ils veulent faire croire que c'est à cause qu'ils abondent en iugement, & c'est par leurs persuasions que le peuple croid que l'on ne sçauroit posseder parfaitement l'vn & l'autre; Il y a beaucoup d'erreur en cela, selon la doctrine des Temperamens, ioint qu'il faut remarquer que toutes les facultez de l'Ame se donnent du secours les vnes aux autres, & que non seulement l'Imagination aide à la Memoire, mais l'Entendement encore, car à force de raisonner, & de tirer des conclusions d'vne chose à vne autre, & de les definir ou de les diuiser, le Iugement nous monstre quelle chose doit estre la premiere, quelle la seconde, ce que l'on peut dire de leur nature, quelles sont leurs especes, & quelles applications elles peuuent auoir. Cela conjoint ainsi les choses, & fait ressouuenir de toutes les pensées que l'on en a pû receuoir autrefois. Si l'on s'adonne souuent à cette pratique, c'est vn grand secret pour fortifier la Memoire par l'Entendement. L'on adjouste encore vne Memoire Artificielle à la Naturelle, pour se ressouuenir de tout vn discours que l'on aura oüy reciter , & mesme de ses propres mots : Mais nous ne traictons icy que de ce qui concerne les pensées, & non point les paroles; de sorte que nous laissons cela pour passer aux autres Vsages Spirituels.

De l'Vsage de la Raison & du Iugement; De leur Melioration & Perfection;

Et de la Logique.

CHAPITRE III.

NOVS sommes maintenant paruenus à cette puissance de l'Entendement qui raisonne & qui iuge; L'on en peut parler separément si l'on veut, la distinguant par la Raison & le Iugement ; neantmoins tout cela est reduit sous vne seule faculté, car si l'on raisonne sur les choses, c'est pour en iuger, & l'on n'en sçauroit bien iuger sans le Raisonnement. Nous auons desia veu que le Raisonnement consiste à connoistre les choses non seulement par leurs premieres apparences, mais par ce qui est en elles de plus secret, & que ce qui est descouuert donne des signes de ce qui est caché, pour passer plus outre que ce que les Sens apperçoiuent. C'est aussi le moyen de distinguer tout ce qui est au Monde, d'en faire des diuisions, & de tirer des consequences d'vne chose par vne autre, pour en sçauoir la verité ; & quant au Iugement, c'est la conclusion que l'on donne là dessus: & pource que le Raisonnement seroit imparfait sans le Iugement, de mesme que le Iugement ne subsiste que par luy; l'on les fait à bon droit marcher ensemble. Vn Esprit qui possede leur puissance vnie, fait son profit de ce que reçoiuent les Sens externes & internes, & donne des conclusions sur ce que la Memoire & l'Imagination luy representent. Le bon estat du corps luy

Nn iij

 seit aussi, & auec cela il se rend plus habile par vn frequent exercice. Mais il faut qu'il s'accoustume à iuger toushiours raisonnablement, ou bien l'exercice qu'il feroit de iuger luy seroit plus dommageable qu'vtile. Il faut que pour cela il acquiere petit à petit vne parfaite connoissance de toutes choses, ce qui se fait en les considerant auec atten-tion, & ne croyant point à toutes les merueilles que le vul-gaire rapporte sans les auoir experimentées. D'ailleurs, il doit receuoir les instructions que les plus doctes luy peu-uent donner, & sur tout celles qui se sont augmentées & perfectionnées de siecle en siecle, employant là dessus la meditation & le trauail.

De la Logique.

QVOY que l'Homme possede naturellement la puissance de raisonner & de iuger, elle est pourtant fort augmentée par les Preceptes & par l'Artifice. Il se sert mieux de ses forces lors qu'il les connoist toutes, & qu'il void en quel ordre il les doit mettre en vsage; C'est pourquoy l'on a inuenté vn Art de Raisonner, dont estant besoin de raporter la Theorie, nous la rangerons au nom-bre des Sciences. L'on luy doit laisser le nom de Logi-que, qui luy conuient assez bien. C'est en elle que la Rai-son & le Iugement sont conjoints; Elle peut faire princi-palement que l'Esprit de l'Homme iouïsse de luy-mesme, estant appliqué à son meilleur employ, & porté à sa perfe-ction supresme, lors qu'il apprendra à iuger de toutes cho-ses selon les regles de la droite Raison, qui sont celles de la Verité: Mais outre que les principes de cette Raison e-stans en nous, sont fortifiez par les enseignemens d'autruy, il faut encore considerer les choses en elles-mesmes, afin qu'en examinant tout ce que l'on peut apperceuoir au Monde, & tout ce que l'on en peut conjecturer, l'on en puisse auoir toutes les pensées dont les Hommes sont ca-pables. Les Philosophes vulgaires n'ont pas traicté cette methode dans l'ordre naturel où elle deuoit estre. L'on y trouue quantité de choses superfluës ou mal exprimées, ce qui fait que l'on en tire peu d'instruction; & pource

qu'ils ont chacun accommodé cela à leur mode, cela met
vne telle confusion, dans l'esprit de ceux qui estudient,
qu'ils ne sçauent ce qu'ils doiuent choisir; & troiuent qu'ils
ont chargé leur memoire de plusieurs enseignemens qui
ne leur sont d'aucun vsage. Pour débroüiller ce Cahos,
il nous faut representer que l'Art de Raisonner dont nous
deuons premierement auoir connoissance, n'est pas celuy
qui ne sert qu'à discourir les vns auec les autres, dans lequel les Philosophes ne considerent que la difference des
Mots. Il faut penser à celuy qui nous apprend à raisonner
sainement de toutes choses en nous-mesmes, ce qui va deuant le discours que l'on fait auec quelqu'autre. Les premiers actes de raisonnement que nous produisons ayant
contemplé l'Vniuers, nous font connoistre qu'il y a diuerses choses qui peuuent venir en la pensée, dont les vnes
ont vn Estre reel, les autres vn Estre imaginaire; Celles
qui ont vn Estre reel sont appellées des Substances que
l'on considere en diuerses manieres. Tout ce que l'on void
en elles, & tout ce que l'on leur attribuë, peut aussi estre
pensé des choses imaginaires, & rien au delà; car les veritables Substances ont en elles tout ce qui peut conuenir
à l'Estre, & tout ce qui se peut imaginer. Or comme les
choses feintes ont du rapport à celles qui sont veritables,
l'on n'a pas besoin de les considerer ;   Ioinct qu'elles
n'ont rien de certain, & que l'on les change, l'on les mes-
le, l'on les diuise, & l'on les multiplie à fantaisie. Il faut
donc auoir esgard seulement aux Choses qui ont l'Estre,
desquelles l'on peut auoir vne vraye Science, & qui sont
le vray objet de la Logique. Nous les appellons des Substances, non seulement pource qu'elles subsistent veritablement, mais pource qu'elles subsistent d'elles-mesmes à
la difference de ce que l'on appelle des proprietez, qui ne
subsistent naturellement que par le moyen des Substances, qui sont leur sujet. Nous distinguons les Substances
en Corporelles & Spirituelles. Les Corporelles sont tous
les Corps du Monde, tant Principaux que Deriuez, & les
Spirituelles sont les Ames & les Intelligences separées,

De l'Estre reel
& de l'Estre ima-
ginaire.

au deſſus deſquelles eſt Dieu, qui eſt infiny & incompré-
henſible. Nous auons deſia aſſez veu quel eſt l'ordre &
la nature des Subſtances, dans les Traictez qui en ont eſté
faits. Mais il faut dire encore icy ce qui leur appartient en
cette qualité, & ce qui s'en trouue dans noſtre raiſonnement; Il faut declarer qu'outre qu'elles ſubſiſtent d'elles-
meſmes, elles ne ſont point contraires les vnes aux autres
en ce qu'elles ſont Subſtáces, mais à cauſe de leurs diuerſes
qualitez, & que demeurant touſiours les meſmes qu'elles
eſtoient, elles peuuent receuoir diuers changemens ſuper-
ficiels; Qu'il y en a auſſi qui dépendent de quelques-
vnes, & ſont au deſſus de quelques autres; Qu'il y en a
qui ſont touſiours ſuperiéures, & d'autres touſiours inferieures; Qu'il y a des Genres de Subſtances dont dependent des Eſpeces, & ces Eſpeces ſont encore Genres pour
d'autres iuſques à vne eſpece qui ne peut plus eſtre Genre, & eſt l'Eſpece la plus baſſe, de meſme qu'il y a vn
Genre ſupreſme; Et les Subſtances de meſme eſpece ſont
encore diuiſées en chaque Indiuidu. Apres eſtre montez
des choſes baſſes aux plus hautes ſelon l'ordre de l'inſtru-
ction, comme nous auons touſiours fait, nous pouuons
deſcendre ainſi en les diuiſant, comme lors que la Subſtance eſt diuiſée en Subſtance increée ou creée, c'eſt à ſça-
noir, Dieu & ſes creatures. Si les creatures ſont diuiſées en
incorporelles & corporelles, que l'on choiſiſſe leſquelles
on voudra, l'on en pourra former vn Genre, comme de
l'Animal diuiſé en des Animaux raiſonnables & irraiſonnables, & de chacune des deux eſpeces, l'on en fera encore d'autres iuſques à vn Indiuidu qui ſera vn certain Homme, ou vne certaine Beſte.

Tout eſt Subſtance
ou Accidens.
Voylà ce que nous trouuons dans noſtre penſée touchant les Subſtances; & bien qu'il n'y ait qu'elles qui con-
ſtituent l'Vniuers pour raiſonner parfaitement, & diuiſer
les choſes, nous diſons, Que Tout eſt Subſtance ou Accident, & par ce mot d'Accident, faute d'autre terme, l'on
entend tout ce que les Subſtances ont de propre en elles,
& outre cela tout ce qui leur peut arriuer au dehors. La
Subſtance

Subſtance & les Accidens pourront donc eſtre pris pour les deux ſouueraines claſſes des Choſes du Monde ; mais les Logiciens ont compté neuf de ces Accidens, & les nommant auec la Subſtance, en ont compoſé les dix Categories ou Predicamens, qui ſont à leur opinion toutes les manieres dont l'on peut parler de tout ce qui ſe trouue en l'Vniuers. L'on peut augmenter ce nombre, ou le diminuer, ſi l'on veut faire des diuiſions pareilles au leur. Il faut diſtinguer ce qui eſt vne proprieté eſſentielle, ou vne Puiſſance des Subſtances, d'auec ce qui n'eſt qu'vn Accident ſeparé. L'on dit, Qu'il y a, la Quâtité, la Qualité, la Relation, l'Action, la Paſſion, le Sit, le Quand, l'Ou, & l'Habit, mots barbares pour la pluſpart, entre leſquels il faut changer ceux qui ne ſont pas aſſez intelligibles : comme ſi au lieu de la Paſſion, du Sit, du Quand, de l'Ou, & de l'Habit, ou l'Auoir, nous diſons, la Souffrance, la Situation, le Temps, le Lieu, & la Poſſeſſion. Pour diſputer icy de leur nature, il faut remarquer que la Situation, le Lieu, & quelques autres, ſont Accidens du dehors, qui n'arriuent aux Subſtances que pour le rapport qu'elles ont les vnes auec les autres, & n'apportent point neceſſairement du changement en elles. Quant à la Qualité, elle eſt entierement dans la Subſtance, & meſme il y a des qualitez qui en ſont inſeparables. Il eſt vray que l'on pourroit dire que la pluſpart des autres accidens ſeroient compris aizément ſous ce nom, pource qu'il y a des Qualitez Relatiues, des Qualitez Actiues & Paſſiues ; & c'eſt auſſi vne certaine qualité, d'eſtre propre à ſe tenir en vn certain lieu, en vne telle ſituation, & en vn tel temps. Mais l'on ne l'entend pas touſiours ainſi, & pour moins confondre les choſes, il eſt bon d'vſer de diuiſions ; car en effet, les accidens exterieurs ſont autre choſe que les qualitez qui ſont propres à les faire arriuer. Il faut auoüer pourtant qu'ils n'ont pas tous eſté diuiſez ſi iuſtement qu'ils ne le puiſſent eſtre mieux, & quoy que l'on pretende qu'en eux ſoit compris tout ce qui ſe peut imaginer au Monde, ſi eſt-ce que l'on a laiſſé en arriere des choſes qui pouuoient

De la Qualité.

eſtre rangées en leur nombre, & que nous y mettrons ſelon l'occaſion.

Si l'on veut choiſir vn Accident pour le premier, il faut que ce ſoit la Qualité; C'eſt ce qui ſe trouue de plus particulier aux Subſtances. Il y a des Qualitez aux Corps qui ſont connuës par les Sens, comme d'eſtre odorans & ſauoureux, durs ou mols, ſecs ou humides, peſans ou legers, chauds ou froids, d'auoir vne certaine couleur & vne certaine figure, & d'eſtre mobiles. Les autres Qualitez ſont des facultez naturelles plus cachées, qui bien qu'elles ne ſoient pas apperceuës en elles-meſmes, le ſont touſiours par les effets, comme les vertus des Pierres & des Plantes. Il y a des Qualitez que l'on acquiert par l'eſtude & par l'exercice, que l'on appelle des Habitudes; Et enfin l'on met au nombre des Qualitez, la Puiſſance & l'Impuiſſance; Pour l'Impuiſſance, à proprement parler, n'eſtant rien toute ſeule, elle n'eſt point vne qualité non plus que la Priuation, mais l'on entend par cette qualité feinte vne autre contraire à celle dont l'on parle en meſme temps; comme l'Impuiſſance d'eſchauffer, eſt marque de la froideur. Au reſte, les Qualitez ſont contraires l'vne à l'autre, comme le chaud au froid, le peſant au leger, ou ſeulement differentes, comme la figure ronde differe de la quarrée. Elles ne ſouffrent point de diminution en ce qui eſt de leur condition de Qualité; Vne Qualité n'eſt pas plus Qualité que les autres, mais les ſujets peuuent receuoir plus ou moins d'elles toutes.

De l'Action.

L'Action doit ſuiure apres, d'autant que les facultez naturelles ſont actiues, mais l'on a raiſon d'en traiter à part, pource qu'il y a encore d'autres Qualitez que celles qui ſe tiennent enfermées dans les Subſtances, & qui ſe produiſent dauantage au dehors. L'on diuiſe les Actions en Naturelles & Volontaires. Les Naturelles ſe font meſmes en l'Homme quand il n'y ſonge pas, quoy qu'il ait vn libre arbitre, car cette liberté de choiſir n'eſt que pour ce qui concerne les deſſeins de l'Entendement; Les Actions Naturelles qui ne dependent point de la Volonté, ſont les

Corporelles, comme le battement du poulx & la dige-
ſtion, & pour les Actions Volontaires, c'eſt comme de ſou-
lager vn Homme trop chargé & de donner vne medecine
à vn malade; Il y en a de meſlées, comme de manger &
de boire; car outre la volonté, il faut que le corps reçoiue
naturellement ce que l'on boit & mange; Celles qui ſont
violentes, c'eſt comme quand vn corps maſſif eſt esleué
en haut, ce qui eſt contre la nature. Or toute Action cauſe quelque Effect, tellement que les Cauſes & les Effects
peuuent eſtre conſiderez ſous la Categorie de l'Action.
Les Effets que les Actions cauſent, ſont des changemens
dans la Subſtance ou dans les Accidens. Si le changement ſe fait en la Subſtance, cela s'appelle Corruption &
Generation; S'il ſe fait en la Quantité, cela s'appelle
Augmentation, & en la Qualité, Alteration; Et ſi c'eſt au
lieu, c'eſt Mouuement local, ou Tranſport. Il faut remarquer encore qu'il y a des Actions que les Subſtances produiſent ſeulement par elles-meſmes, & d'autres qui s'eſtendent auſſi pour les autres & ſur les autres; C'eſt à dire qu'il
y en a qui font ſimplement quelque choſe, comme par
exemple de ſe remuer, mais quand ce qu'elles font opere ſur vne autre, c'eſt vne Action veritable, comme lors
qu'vn Corps enflamme ou eſchauffe ceux qui ſont prez
de luy.

La Souffrance eſt vn Accident qui doit ſuiure l'Action;
C'eſt mal à propos que l'on la nomme Paſſion en François, pource que ce mot ne ſignifie en cette langue que les
Perturbations ou Souffrances de l'Ame, au lieu qu'il faut
parler de la Souffrance en general: Nous dirons donc
que les Subſtances ſouffrent l'Action les vnes des autres,
& que comme il y peut auoir du plus ou du moins en l'A-
ction, il y en a dans la Souffrance. Les Souffrances ſont
auſſi les Effets des Cauſes, de ſorte que cela peut eſtre rangé ſi l'on veut ſous vne meſme Categorie.

Rien n'empeſche que l'on ne conſidere apres la Quantité, que les Logiciens ont priſe pour le premier Accident
ſans y eſtre bien fondez; car ce doit eſtre la Qualité, &

l'Action doit marcher apres, pour les raisons que nous auós alleguées, & puisque la Souffrance depend de l'Action, l'on ne sçauroit manquer d'en parler en suite. La Quantité est quelquefois considerée veritablement comme estant au sujet, & plus il y en a, plus il agit; mais il ne laisseroit pas d'agir sans vne telle quantité, puisque c'est par sa qualité qu'il agit; D'ailleurs, la Quantité se dit encore de plusieurs sujets separez, tellement que cela la rejette plus loin. Il y a deux sortes de quantité; à sçauoir celle que l'on appelle Disjointe, laquelle se compte comme le Nombre & les choses nombrées; l'autre est la continuë, qui se mesure comme la longueur ou largeur des Corps, & mesme le Temps & la durée du Mouuement.

Du Temps prefix.

L'on peut adjouster à cela, ce que l'on pense sur le temps prefix qu'vne chose est arriuée, dequoy l'on a fait vne Categorie à part, qui est celle de, Quand, pource que l'on veut dire que c'est celle où l'on demande, Quand vne chose est arriuée; mais cela peut estre consideré auec le Temps en general, puisque c'en est vne dependance, & l'on appellera cela le Temps prefix pour en faire distinction. Tout ce que l'on pense de la Quantité & du Temps peut estre augmenté & diminué, non pas l'Essence de la Quantité; Le Temps prefix ne reçoit point de plus ny de moins, n'estant qu'vn instant. Il est mal-aizé aussi que l'on trouue des contraires au Temps & à toutes les Quantitez, qui ont seulement de l'inégalité les vnes auprez des autres.

De la Relation.

La Relation est nommée d'ordinaire auant le Temps, & l'on en pourroit mesme parler deuant la Quantité, à cause qu'elle se dit des choses qui ont du rapport les vnes aux autres, comme il y en a de l'Action à la Souffrance, & de la Cause aux Effets, & qu'elle est considerée quelquefois en leur compagnie; Mais l'on ne la tient souuent aussi que pour vn Accident qui ne subsiste que dans la pensée; La Relation se dit encore du Pere au Fils, du Maistre au Valet, du Grand au Petit, & de diuerses choses comparées ou opposées. Il y en a qui dependent veritablement de quelque action des choses, presente ou passée, laquelle apporte du changement aux Substances; Les autres ne font qu'en tant que nous confiderons les chofes, les vnes au regard des autres, tellement que leur Categorie ne doit point preceder celles qui font dauantage attachées enfemble. L'on peut confiderer que plufieurs Relations ont de l'augmentation & de la diminution ; Les autres n'en peuuent auoir ; Elles ne font pas auffi toutes fujettes à auoir des contraires. Voylà leurs prerogatiues.

Il y a encore de la Relation entre le Lieu & les chofes placées ; Neantmoins, cette confideration peut eftre à part. De mefme que l'on fait vne Categorie fur l'interrogation du Temps prefix, l'on en fait vne fur le Lieu, pour defigner l'endroit où eft quelque chofe, & l'on en a fait auffi vne de la Situation, comme pour fçauoir fi l'on eft en haut ou en bas, à droit ou à gauche, deuant ou derriere. Cela pourroit eftre mis en mefme rang auec quelque diuifion ; Il ne fe trouue rien à remarquer icy dauantage, finon que toutes ces deux Categories reçoiuent de la contrarieté en elles.

Pour ce qui eft de la derniere, qui eft d'auoir quelque chofe, comme d'auoir chaud ou froid, ou d'auoir quelque habitude, cela fe peut rapporter à la qualité ; Si l'on fonge à ce qui eft d'auoir de la longueur ou de la largeur, ou bien d'auoir quelque nombre, cela fe rapportera à la Quantité, & quelques autres penfées fe rapporteront à l'Action, ou à la Souffrance, ou à la Relation, tellement qu'il femble que cette Categorie foit inutile, fi ce n'eft en ce que l'on s'imagine touchant certaines chofes externes que l'on poffede, comme d'auoir vn Chafteau, vn Office, ou vn Habit, & de là l'on peut appeller cecy la Categorie de la Poffeffion. Il s'y trouue de la diminution ou de l'augmentation, puifque l'on poffede plus ou moins les chofes, & la contrarieté s'y peut rencontrer auffi en quelque forte.

Voylà comment l'on peut regler les Categories ou Predicamens, où l'on peut faire entrer tout ce que plufieurs nous ont voulu mettre à part. Si l'on traite feparement de l'Eftre des Chofes dans vne Science particuliere que l'on appelle la Metaphysique, cela peut estre permis ; mais il ne faut pas neantmoins s'en taire dans la Science du raisonnement, car comment sçaura-t'on ce que c'est de la Substance & des Accidens, sans sçauoir s'ils ont l'Estre ? Les autres Termes que l'on appelle Transcendans, dont la consideration tient encore la plus grande partie de cette Metaphysique, peuuent auoir leur place dans vne Logique parfaite. Il y a l'Vn, le Bon & le Vray ; Ce qui est Vn, peut estre consideré dans la Categorie de la Quantité à la difference du Nombre ; Ce qui est Bon, entre aussi sous la Qualité, & pour ce qui est du Vray, comment ne seroit-il point examiné dans toutes les parties de la Logique, si elle n'a point d'autre objet que la Verité ? Auant que de parler des Predicamens plusieurs traitent aussi des Cinq Voix Prédicables, & de ce que l'on appelle les Antecedens des Categories ; Neantmoins, cela peut estre rangé dedans leurs Classes. Les Cinq Voix que l'on appelle Prédicables sont, le Genre, l'Espece, la Difference, le Propre & l'Accident. Pour le Genre & l'Espece, il les faut considerer dans la Categorie des Substances, qui doiuent estre ainsi distinguées, & l'on y doit adjouster l'Indiuidu. Les Choses Vniuerselles & les Particulieres, y peuuent aussi auoir leur consideration ; & mesme ces ordres du Genre & de l'Espece, peuuent estre obseruez dans tous les Accidens. Quant à la Difference, elle y est pareillement trouuée. Le Propre a son lieu principalement dans la Qualité ; Mais si l'Accident est nommé pour la cinquiesme Voix Prédicable, c'est ce qui est de plus superflu, puisqu'il doit emplir apres neuf Classes des Categories. L'on met auec cecy leurs Antecedens, qui sont les Homonymes, les Synonymes & les Paronymes, c'est à dire les Noms Equiuoques, les Vniuoques & les Deriuez ; mais tout cela n'est point de la vraye consideration des choses, puisque ce ne sont que des noms. Si l'on s'en peut seruir contre les surprises des Sophistes, il faut ranger cela dans le lieu où il est besoin d'en traiter. Quant aux Consequents des Categories ou Postprédicamens, l'on range parmy eux la Societé des Choses, la Similitude ou la Contrarieté, l'Oppoſition, la Preſeance, le Tout & ſes parties, ce qui peut eſtre renuoyé à la Relation, afin de ne point augmenter ſans ſujet le nombre des Prédicamens. Nous auons encore mis le Mouuement de Lieu & tous les autres changemēs, ſous la claſſe de l'Action, quoy que les Logiciens les ayent mis parmy les Poſtpredicamēs, ayans oublié vne choſe ſi importante. Au lieu qu'ils nomment auſſi tous les changemens du nom de Mouuement, nous diſons ſeulement que le Mouuement, qui eſt proprement le Mouuement de Lieu, eſt vne eſpece de changement. Si l'on s'eſt abuſé en prenant la mutation pour mouuement, il faut mieux diſtinguer les Choſes. Tous ces ordres des Logiciens, où ils mettent d'vn coſté ce qui eſt encore de l'autre, ne font qu'embroüiller l'eſprit de ceux qui ſouhaitent de paruenir à quelque connoiſſance. L'on peut voir ſi ce que nous auons propoſé donne de l'eſclairciſſement en cette occaſion.

Les penſées que nous auons déduites ſont toutes celles que l'on peut auoir ſur ce qui ſe trouue en l'Vniuers ; Il ſe les faut repreſenter pour raiſonner parfaitemēt, & voicy l'ordre que l'on y doit tenir. Il faut conſiderer quelle eſt la choſe que l'on deſire connoiſtre ; Si c'eſt vne Subſtance ou vn Accident ; Que ſi c'eſt vne Subſtance, il faut chercher quel eſt ſon genre, & quelle ſa difference d'auec les autres eſpeces ; L'on peut conſiderer auſſi tous les Accidens d'vne Subſtance pour ſçauoir entierement en quoy elle differe des autres, comme de penſer qu'vn tel arbre a cette qualité d'eſtre humide en ſes feüilles ou en ſes fruicts ; Qu'il a eſté planté en tel lieu & à vne telle heure ; Qu'il ſouffre les incōmoditez des ſaiſons ; Qu'il agit ſur les corps, auſquels ſes feüilles, ſes fruits, ſon bois, ou ſes racines ſont appliquez ; & qu'il a de la Relation auec les arbres voiſins, & auec celuy dont ſon germe eſt procedé. L'on raiſonnera ainſi ſur toutes ſes appartenances s'il en eſt beſoin, & quelquefois l'on ſe repreſentera ſeulement que c'eſt vne Subſtance ſans chercher ſes diuers accidens, mais il n'eſt pas poſſible d'y penſer auec vne bonne connoiſſan-

Commens l'on raiſonne ſelon les Categories, & l'on forme la Definition & la Diuiſion.

 ce, sans sçauoir encore que c'est vn Corps vegetatif, & sans s'informer par consequent quelles sont ses principales attributions. Quant aux Accidens, l'on peut aussi quelquefois penser simplement à eux, & se les representer sans les Substances, quoy qu'ils en dependent entierement. L'on raisonne bien en soy-mesme sur la Quantité & mesme sur les Qualitez sans songer à vn Corps. C'est la force de nostre imagination qui nous represente ainsi les Accidens & les separe de cette sorte : Toutefois, l'on ne les peut connoistre parfaitement sans les contempler auec les Substances. Pour y paruenir seurement, il faut sçauoir sous quels genres ils sont, quel est leur sujet, quelle est leur Cause efficiente, & quelle est leur Cause finale, & tout ce qui leur peut appartenir. Quand l'on considere les choses auec toutes ces precautions, l'on s'en forme en soy-mesme ce premier acte de la connoissance que l'on appelle la Definition ; Or la plus parfaite Definition se treuue par ce qui conuient à l'essence de chaque chose, & la plus estenduë y comprend encore toutes les attributions, soit qu'elles soient attachées au sujet, ou qu'elles en soient separées. Pour en iuger plus certainement, si l'on void qu'il y ait des distinctions & des diuersitez, il se faut seruir auec cela de la Diuision. Premierement l'on diuise vn genre de Substance en ses especes, comme le genre des Plantes est diuisé en Arbres & en Arbrisseaux ; Chaque Substance complette est encore diuisée en ses parties, comme le Corps de l'Homme en ses membres. Vn sujet est aussi diuisé par ses Accidens, comme les Esprits sont diuisez en Bons Esprits & en Mauuais ; Et les Accidens sont diuisez par leurs differences, du plus & du moins, & par leurs contrarietez, surquoy l'on compose des definitions tres-exactes.

Des trois operations de l'Esprit.

En appliquant ainsi aux Choses tout ce qui leur conuient, l'on les peut connoistre chacune autant qu'il est permis à l'Homme, & voulant sçauoir vne verité indubitable de plusieurs ensemble, l'on les confronte selon qu'elles ont du rapport, & de là l'on tire des Conclusions necessaires;

cessaires; C'est la maniere de raisonner, qui a diuers degrez. Les premieres pensées que l'on peut auoir des
choses, c'est de les considerer seules, mais si l'on les considere auec quelque attribution si petite qu'elle soit, cela
fait vne Proposition, qui est composée de deux pieces,
à sçauoir de l'Objet ou Sujet, & de l'Attribut, ce qui forme la seconde operation de l'Esprit en matiere de raisonnement, car de penser à du pain par exemple, c'est l'operation la plus simple, & puis de penser que ce pain est
nourrissant, c'est vne attribution & vne seconde pensée;
& si l'on se represente encore, que ce pain estant nourrissant, doit conseruer la vie à vn Homme qui en mange,
c'est la troisiesme operation qui resulte des deux autres.
Les deux premieres formēt le progrez du raisonnement,
& celle-cy l'accomplit, & fait ce que nous appellons le
Iugement, ou la Conclusion & l'Assumption.

Les Propositions que l'on fait en soy-mesme sont vniuerselles ou particulieres, comme si l'on pense aux Hommes en general, ou à quelque Homme. Elles affirment
aussi quelque chose, ou le nient, comme lors qu'elles affirment, Qu'il y a des Hommes sujets à la grauelle, &
lors qu'elles nient, Que les Bestes y soient sujettes. Mais
pour estre bonnes elles doiuent estre fondées sur toutes
les proprietez des Substances & des Accidens, & de là
viennent les bonnes consequences dont l'on forme les
Conclusions; Il faut prendre garde aussi qu'il y a des
propositions qui sont vrayes absolument, comme de se
figurer, Que le corps de l'animal a vne vie sensitiue;
Qu'il y en a d'autres incertaines & fortuites, comme de
penser que les cheuaux sont blancs, car tous les cheuaux
ne sont pas de ce poil.

Il faut considerer qu'encore qu'il y ait des propositions qui puissent estre renuersées sans perdre leur
verité, elles ne le sont pas toutes. La conuersion se fait
quand ce qui estoit Attribut deuient le Sujet. Mais cela
ne se fait pas aux affirmations vniuerselles simplement
proposées, comme quand l'on pense, Que tout Homme

est Animal, il ne s'enfuit pas, Que tout Animal soit Homme. Le renuersement est fort à propos, quand l'on nie vniuersellement : Comme si l'on pense qu'aucun cheual n'est Homme, l'on peut penser aussi, Qu'aucun Homme n'est cheual. L'on dit la mesme chose de ce qui affirme particulierement ; comme de s'imaginer que, Quelque François est sçauant, ou bien, Quelque sçauant est François ; Que comme Dieu est Roy de l'Vniuers, le Roy de l'Vniuers est Dieu ; Et tout de mesme, Si l'Homme est Animal raisonnable, l'Animal raisonnable est Homme. Pour se regler en cecy, il faut prendre garde que l'Attribut soit si propre au Sujet qu'il puisse estre pris pour luy. Si l'Attribut est seulement le Genre, il ne sera pas conuerty en son sujet, pource qu'il y a difference dans la diuision des Especes ; C'est pourquoy l'on ne doit pas se figurer, Que tout Animal soit Homme, quoy que l'on se represente, Que tout Homme est Animal. Ainsi, la connoissance de ce qui appartient au Genre & aux Especes, est grandement requise pour iuger sainement des Choses. Au reste, l'on peut croire qu'il n'y a que les propositions où il est question de quelque qualité qui puissent estre conuerties dans le discours, & que celles qui concernent l'action ou la souffrance, le Temps & le lieu, ne semblent pas propres à cela : Mais pource que nous parlons icy d'vn raisonnement qui se fait dans l'esprit, il ne se faut point attacher aux parolles, de sorte que si la Logique commune ne conuertit point cette proposition, L'Homme mange la chair des Bestes, cela se peut faire dans nostre pensée, nous imaginant, Que celuy qui mange la chair des Bestes est l'Homme. L'on en fera ainsi des autres propositions.

Toutes ces manieres de Conuersion ne sont pas recherchées sans cause, car c'est la premiere façon de raisonner & la plus simple, & bien que l'on tienne qu'vn Argument parfait doiue auoir trois parties, cettui-cy ne semble estre côposé que de deux, lors que l'on est bien assuré que deux choses se ressemblent, & que l'vne n'est point sous le gen-

ré, & l'autre ſous l'eſpece. C'eſt pourquoy c'eſt fort bien
conclurre de penſer, Que ſi l'Homme eſt Animal raiſonnable, l'Animal raiſonnable eſt Hóme. Si l'on ſe repreſente auſſi toutes les eſpeces enſemble, cela fera autant que
le Genre, & la Concluſion en ſera vraye, cóme de penſer
que, Si tout Homme eſt animal, Tout animal eſt ou Beſte
ou Homme. La premiere operation de l'Eſprit & la ſeconde ſe trouuent en la Propoſition , & la troiſieſme en la
Concluſion. Mais l'on redouble ces operations en pluſieurs argumens, y mettant deux propoſitions de ſuite
pour en tirer vne concluſion, & rendant auſſi quelquefois les propoſitions fort eſtenduës. Toutefois, les argumens les plus accomplis ſont faits ſouuent en parlant,
ſans que l'on y mette autre choſe que la premiere propoſition & la concluſion que l'on en tire, comme quand l'on
dit, Tout animal doit manger pour ſe nourrir, donc
l'Homme doit manger pour ſe nourrir. Il eſt vray qu'v-
ne ſeconde propoſition eſt ſouſentenduë, qui eſt que
l'Homme eſt vn animal ; Et la penſée ne manque point
à remarquer les trois pieces dont eſt compoſé le meilleur argument, que l'on appelle vn Syllogiſme ; Que ſi
la parole ne l'exprime pas mot à mot, ce n'eſt que pour
abreger. C'eſt en vne telle argumentation que l'on
réuſſit le mieux à inferer vne choſe d'vne autre pour raiſonner parfaitement, puiſqu'ayant accouplé deux propoſitions, l'on en tire vne troiſieſme, qui eſt celle que l'on
demande. Cela ſe faict par le moyen de ce que, tout ce
qui contient quelque choſe ſous ſoy , contient auſſi ce
qui eſt contenu en cette choſe, comme par exemple,
puiſque la faculté de raiſonner eſt contenuë ſous l'Entendement, l'Homme qui a l'Entendement, a la faculté de
raiſonner. Cecy eſt pour l'Affirmation ; Et au contraire pour la Negation, il eſt certain que ce qui ne conuient
point à quelque choſe, & ne luy peut eſtre attribué , ne
conuient point auſſi aux choſes contenuës ſous cette cho-
ſe-là ; Si eſtre raiſonnable ne conuient point à aucune Beſte, cela ne conuient point à l'Elephant. Or de

tels argumens font mis en forme de cette forte. **La**
faculté de raifonner **eft** contenuë fous l'Entendement;
l'Homme a vn Entendement ; Donc l'Homme a la
faculté de raifonner. L'autre argument fera rangé de mefme ; Il n'appartient à aucune Befte d'eftre
raifonnable ; L'Elephant eft vne Befte ; Donc il ne
luy appartient point d'eftre raifonnable. L'on peut
faire ainfi plufieurs argumens, que l'on reduit fous trois
figures, felon que le Sujet, & l'Attribué,& ce que l'on ap-
pe le leur Moyen ou Milieu, font difpofez ; Chaque figure a encore fes diuerfitez, d'autant que les propofitions
font vniuerfellement ou particulierement, affirmatiues,
& negatiues, ce qui compofe des Syllogifmes de forme
differente. Quelquefois les deux propofitions y font
Negatiues, & la conclufion Affirmatiue, ou bien tout au
contraire, & cela eft varié par autant de manieres que la
fituation de ces diuerfitez le peut eftre. Mais les exemples de cela font plus à propos dans vn raifonnement
qui s'exprime par les paroles, que pour celuy qui ne
confifte qu'en la penfée. La Logique commune s'employe principalement au dènombrement de ces Figures,
& à la recherche des Sophifmes, ce qui apporte quelque
vtilité; Mais il faut outre cela donner les regles des bons
argumens, ce qu'elle ne fait pas toufiours. Nous auons
defia remonftré que la premiere propofition eftant la
fondamentale doit eftre tres-veritable ; Lors qu'vne
feconde l'accompagne, il ne faut pas qu'elle ait moins
de certitude fi l'on veut tirer de toutes les deux vne conclufion infaillible. La maniere d'efprouuer la verité des
propofitions, c'eft de confiderer fi tout ce qui eft attribué
à vn fujet luy appartient, & fi les accidens que l'on donne aux fubftances, & la diuerfité que l'on fe forme aux
accidens, ont vne entiere certitude. L'on doit chercher
des exemples de cela en toutes chofes pour eftre parfaitement inftruit. Ce que nous rapportons dans cet ouurage netend qu'à ce deffein, puifque nous auons defia
affez parlé de l'Eftre & des Proprietez des Chofes, & que

nous en examinons encore maintenant l'vfage, enquoy
il eſt beſoin d'vn perpetuel raiſonnement, compoſé de
pluſieurs Syllogiſmes & autres moindres argumens, qui
ont aſſez de force, bien que quelques-vnes de leurs parties ne ſoient pas manifeſtement diſtinctes.

CES concluſions que l'on tire ſur toutes les choſes
du Monde, ſont le fondement de pluſieurs Sciences
particulieres, dont l'Vniuerſelle eſt compoſée, car elles
ne conſiſtent toutes qu'en raiſonnement, & y ſont ap-
puyées, de ſorte que pluſieurs ont dit que la principale
des Sciences eſt la Logique, & qu'eſtant la maiſtreſſe des
autres, il ſemble qu'elle les doiue touſiours preceder.
Nous dirons au moins qu'elle les accompagne, & va d'vn
meſme train, puiſqu'à meſure que l'on acquiert la connoiſſance des choſes pour les auoir veües ou pour en a-
uoir oüy diſcourir, l'on apprend de quelle ſorte il en
faut iuger auec raiſon. De verité, il faut raiſonner d'a-
bord ſur les choſes pour ranger leur connoiſſance dans
quelque ordre; mais ce premier raiſonnement eſt tout
naturel, & ce n'eſt que quand l'on void l'ordre qu'il nous
monſtre que l'on ſe figure ces regles de raiſonnement,
dont les Philoſophes ont fait vn Art. La conſideration
des Choſes telle que nous l'auons déduite iuſqu'à cette
heure, fait donc remarquer les Claſſes que l'on appelle
des Categories, lors que l'on ſçait quelles ſont les Subſtances, & quels leurs Accidens. Mais en recompenſe,
ces Categories eſtans parfaitement connuës, font que
l'on range plus exactement la connoiſſance de tout ce qui
eſt en l'Vniuers ſous chaque Science particuliere. C'eſt
la conſideration des Subſtances qui fait trouuer la Phyſi-
que ou Science Naturelle; la Science des Choſes Corporelles, & des Spirituelles, la Morale, la Metaphyſique &
la Theologie; La conſideration des Accidens ſert encore beaucoup à pluſieurs de ces Sciences, ſpecialement à
celle des Choſes Corporelles; ſur tout à faire treuuer les
Sciences Mathematiques & les Arts qui en dependent;

Sous la Quantité l'on a trouué l'Arithmetique & la Geo-
mettrie, la Mufique, l'Aftronomie, l'Optique, & la Perfpectiue. D'ailleurs, comme la Categorie de la Qualité
eftant iointe auec la Subftance & quelques autres, a
faict imaginer qu'il faloit premierement confiderer les
Chofes par leur Eftre & par leurs qualitez & proprietez;
la Categorie de l'Action & de la Paffion a pû faire trouuer auffi l'autre partie de la Science Vniuerfelle, qui eft
de l'Vfage & de la Melioration des Chofes. Dans chaque cófideration particuliere l'on a pû trouuer toutes les
autres Sciences & tous les Arts qui executent leurs preceptes, cóme touchant les Metaux, les Plantes, les Animaux, & le Corps de l Homme. Ainfi, la Logique leur
rend le reciproque par vne correfpondance mutuelle,
comme l'on pourra encore mieux remarquer dans l'obferuation generalle de noftre Encyclopædie.

De l'Vfage & de la Perfection de l'Intellect, ou de l'Intelligence.

CHAPITRE IV.

L femble à plufieurs que le Raifonnement foit le plus haut où l'Homme
puiffe monter, comme de vray fa plus
belle qualité c'eft d'eftre raifonnable:
Neantmoins, l'on confidere encore
apres céla l'effect de la Raifon, qui eft
l'Intelligence. Les Anges ne font pas feulement raifonnables; Ils font intelligents; Ils ne font point reduits à
faire de longues difcuffions des chofes, & à les confron-
ter les vnes aux autres, pour en tirer des conclufions. Ils
les connoiffent à leur feul afpect, & entendent à l'inftant
ce que c'eft que lenr nature: Ce leur eft vn priuilege qui
n'eft point accordé aux Hommes: Toutefois, quoy que

les Hommes n'ayent pas cette promptitude d'entendre,
l'on dit qu'apres auoir raisonné plusieurs fois sur toutes
les choses du Monde, ils les comprennent apres si facilement, que cela peut estre appellé vne Intelligence.
Cette faculté si puissante est celle de leur Intellect, souue-
raine faculté de leur Entendement, qui n'auroit pas le
nom qu'il porte, n'estoit que l'on a voulu signifier, combien il est capable d'entendre. Nous accordons qu'il a
cette proprieté, que l'on peut rendre plus parfaite apres
l'auoir exercé en plusieurs raisonnemens, & son vsage
s'estendra sur toutes les connoissances que l'on voudra
receuoir auec cette distinction toutefois, que les Anges
n'ont besoin d'aucunes paroles ny d'autres signes pour
s'entrecommuniquer leurs pensées, se les faisant entendre l'vn à l'autre par leur seule presence, au lieu que les
Hommes ont besoin de quelques marques, & ne connoissent mesme les choses que par des qualitez sensibles.
Il y en a seulement quelques-vnes que leur Intellect se
figure sans les auoir receuës des Sens, ce qui prouue qu'il
possede vne vraye Intelligence. Or cet Intellect est diuisé en Intellect Agent, & en Intellect Passible, ou en
Intellect Theorique, & Practique. L'on pretend que
l'Intellect Agent donne des connoissances au Passible
qui les reçoit, & de plus se rend capable de se figurer les
Estres qui luy sont comprehensibles, ce qui luy fait encore obtenir le nom de Possible, par lequel l'on signifie
qu'il peut entendre tout ce qui luy sera descouuert par
l'Agent, & qu'il est aussi en puissance de se former les
Images de toutes les choses exterieures. Par l'Intellect
Theorique l'on entend cette faculté qui s'adonne à vne
contemplation parfaite, & par le Practique cette autre
faculté qui trauaille à connoistre les choses, & en composer plusieurs discours. Ces propositions ne sont pourtant que les mesmes choses que l'on dit en termes differens: L'Intellect Agent ou Theorique est cette souuerai-
ne faculté de l'Entendement qui comprend l'Intelligence, la Raison, & le Iugement; & l'Intellect passible ou

DE L'VSA-
GE DE
L'INTEL-
LECT.

*De l'Intellect
Agent, & du Pas-
sible ou Possible.*

poſſible, & praⅽtique , eſt la Memoire , l'Imagination &
le Sens commun. Ceux qui ont dit cecy ont eu vne autre opinion que ceux qui tenoient que l'Intelleⅽt Agent
eſtoit vniuerſel pour tous les Hommes , & plus eſleué
qu'eux. Ces erreurs ont deſia eſté condamnées. Pour
ce qui eſt de ces dernieres opinions , elles ne ſont pas re-
prehenſibles, qu'en tant qu'elles obſcurciſſent vn peu la
connoiſſance des choſes, dont les enſeignemens doiuent
eſtre rendus les plus ſimples que l'on peut. Il ne faut pas
que l'vſage des termes, nous faſſe méconnoiſtre l'vſage
des Choſes, & en multiplie les principes, pour nous em-
baraſſer dauantage ; Nous remarquerons ſeulement icy
que de verité l'on peut dire que l'Intelleⅽt inſtruiⅽt les
facultez interieures , mais que pourtant elles ſont toutes
en luy , & qu'il eſt tout en elles , n'eſtant pas diuiſible.
L'Intelleⅽt, & les Intelligences, ſont la meſme choſe que
l'Entendement, & il eſt auſſi la meſme choſe que le Sens
commun , l'Eſprit, l'Imagination, la Memoire, la Raiſon
& le Iugement. L'on dit indifferemment d'vn Homme qu'il a bon Sens, qu'il a bon eſprit , qu'il s'imagine les choſes ou s'en reſſouuient ſans confuſion , qu'il
raiſonne parfaitement bien, qu'il a vn iugement exquis,
qu'il eſt fort intelligent , qu'il a l'entendement fort ſain;
& tout cela s'entend de meſme ſorte , d'autant que l'Entendement, principale faculté de l'Ame humaine, ſe fait
ainſi paroiſtre en diuerſes funⅽtions, comme de receuoir
les objets , ſe les imaginer, s'en reſſouuenir , en tir er des
concluſions, & les entendre. Il n'y a que l'Imagination
& la Memoire que l'on peut dire eſtre auantageuſes quelquefois en des perſonnes qui ont peu de iugement , mais
elles ne ſont donc pas dans le vray eſtat où elles deuroiẽt
eſtre, & de quelque façon que ce ſoit , leur force depend
de l'Entendement. Cela nous monſtre que ſa puiſſance
ſupréme, qui eſt l'Intelligence, peut donner du ſecours
à toutes les autres, mais elle en tire auſſi d'elles pour ſe
perfeⅽtionner, & toutes enſemble elles operent à faire
naiſtre des penſées conformes à la verité des choſes, pour

en

en auoir vne croyance certaine, & rendre les Sciences
plus affeurées, en ayant trouué les regles, qui ne pourroient iamais eftre defcouuertes par vne feule faculté.

De l'Vfage & Perfection de la Preuoyance, ou de la Prudence.

CHAPITRE V.

LA connoiffance certaine que l'on a des Chofes, fert beaucoup à rendre l'Entendement plus parfait, mais fi cela ne produit apres quelque fruict, ce n'eft qu'vn fimple contentement pour la curiofité, de forte qu'il faut que la Science des Hommes ait quelque employ, & fi l'on veut chercher l'occupation que toutes fes parties peuuent auoir diuerfement, cela nous remettra en memoire cet Vfage des Chofes, qui nous a entretenus iufques icy, dont plufieurs croiroient qu'il faudroit eftre fatisfait fans paffer plus outre; Neantmoins, ce n'eft pas tout de fçauoir quel peut eftre cet Vfage, foit pour le bien, foit pour le mal; Il faut fçauoir encore comment l'on peut euiter le mal & fuiure le bien. Ce choix eft d'autant plus difficile qu'il ne fe doit pas faire feulement fur les chofes apparentes, mais fur celles qui font cachées, ou qui font à venir; Car pour connoiftre les chofes qui font prefentement bonnes ou mauuaifes, il ne faut qu'y employer fon Iugement & fa faculté Ratiocinatiue, ou Æftimatiue & Iudicatiue toute fimple, mais s'il eft queftion de iuger ce que feront les chofes futures, il eft befoin d'vne autre faculté, qui depend encore de l'Entendement, laquelle nous appellons la Preuoyance ou la Prudence; Elle fe fert auffi de la Raifon pour tirer des conclufions, d'vne chofe à l'autre, mais c'eft d'vne chofe apparente à vne

secrette ou à vne future, & là deſſus elle forme le choix.
Il faut auoir de la Preuoyance pour ſe ſeruir vtilement de
toutes les parties des Corps Principaux, ou de leurs dependances, comme de la lumiere & de la chaleur des
Aſtres, de quelques portions de la Terre, de l'Eau & de
l'Air, & des Meteores, comme de l'eau des pluyes, de la
Roſée, de la nege, de la glace, & meſme du feu ; Il faut
auſſi eſtre pourueu de la meſme faculté, pour bien vſer des
Pierres, des Metaux, des Plantes, & des Animaux, pour
entretenir la ſanté de ſon corps propre, & trauailler encore à la melioration de ſon Ame. Il y a en tout cecy des
Preuoyances particulieres que l'on ne peut reuoquer en
doute. Plus l'on ſe ſert de ces choſes, mieux l'on en connoiſt la nature, & plus l'on eſt capable de preuoir ce qui
en peut arriuer.

Il eſt aiſé de prédire ce qui arriue aux Corps Principaux en leur total, d'autant qu'ils ſont guidez par des
Loix immuables ; Ceux qui ſont immobiles le demeurent touſiours ; Quant à ceux qui changent de place,
leur cours eſt ſi certain que l'on peut aſſeurer en quel lieu
ils ſe trouueront à pluſieurs années de là, en quel temps
ils eſclaireront chaque partie de la Terre, & quand ils
ſouffriront eclipſe ; Il y en a des Tables dreſſées, & bien
que l'on allegue qu'il s'y treuue beaucoup de fautes, l'on
a le pouuoir de les reformer par de ſoigneuſes obſeruations. Il eſt vray que l'on peut dire, que ce n'eſt pas là iuger des choſes cachées & futures par des apparences difficiles à expliquer, & que l'on ſçait aſſez certainement le
temps que les Aſtres mettent à faire leur cours, pource
que cela s'eſt veu pluſieurs fois ; Neantmoins, puiſque
l'on iuge du lieu où ils ſeront dans vn certain temps, par
celuy où ils ſont à chaque moment que l'on y penſe, c'eſt
touſiours vne pronoſtication, & meſme quantité d'autres prédictions ſont fondées là deſſus. Tout ce qui arriue aux Corps Inferieurs depend, à ce que l'on dit, du
changement de lieu des Planettes, & des diuers aſpects
des Eſtoilles fixes. De là viennent les mutations de l'Air

& de l'Eau; Celles du vray Air ne font pas fort fenfibles;
Quant à celles de l'Eau, elles font notables dans fon plus
grand amas : L'on void le flux & le reflux de la Mer, qui
eft reglé fur le cours du Soleil & de la Lune. L'on iuge
par là à quelles heures les eaux s'enflent vers les riuages
ou fe retirent ; Que fi l'on dit que cela fuit encore des regles tres-certaines, il faut pourtant du foin & du trauail
pour les obferuer. Les débordemens du Nil & d'autres
fleuues, qui fe font à de certains temps, demandent auffi
de la Preuoyance. Quant à la Terre qui ne bouge de fon
lieu, il femble que l'on n'en peut rien prédire, fi ce n'eft le
temps qu'elle aura la nuict, ou le iour, ou que fon ombre
offufquera la clarté de la Lune, ou qu'elle fera encore pri-
uée de lumiere par l'oppofition de la Lune au Soleil.
Toutes ces chofes font reglées affez iuftement, mais il y
en a d'autres où le iugement de l'Homme eft beaucoup
plus occupé, à caufe de leur prompte variation & de leur
inconftance ordinaire.

S'IL y a des pronoftications difficiles, & pour lef- Des Prédictions de la varieté des Temps.
quelles il faille auoir vne Preuoyance tres-exacte, ce
n'eft pas pour les chofes qui arriuent toufiours de mefme
forte, & qui nous inftruifent par l'experience, mais pour
celles qui ne font connuës que par des fignes qui en donnent tefmoignage, comme on iuge des effets par leur
caufe, & de la caufe par les effets, ou de quelques effets
par la comparaifon d'autres femblables. Cela fe doit faire ainfi touchant les Corps Deriuez. N'eftans point per-
manens comme les Principaux, l'on n'a pas des regles
fimples & affurées pour chaque particularité qui s'y trouue. Il y en a feulement de generales qui font appliquées
diuerfement felon les conjectures. La conftitution de
l'Air inferieur & celle des Meteores doiuent eftre premierement confiderées; C'eft auffi ce qui a le plus de
varieté : Neantmoins, les Aftrologues fe vantent qu'ils
peuuent iuger par leur Art quelle fera la temperature des
années & en former les prefages des faifons, ou des diuers

temps, non seulement pour les mois ou les semaines, mais pour les iours, les heures & les minutes; & ils ne s'efforcent pas seulement de faire cela d'vne année à l'autre, mais pour plusieurs années futures, s'asseurans de réussir aussi facilement pour celles qui sont les plus esloignées, que pour les plus prochaines, puisque se reglant sur les Tables que l'on a faictes du cours des Astres, ils tirent des conse quences de leurs diuerses positions. C'est sur de tels fondemens qu'ils bastissent ces Calendriers que l'on appelle Almanachs, où ils mettent les prédictions du bon & du mauuais temps, lesquels sont receus de beaucoup de personnes qui s'y arrestent, & si la pluspart des autres n'en font point de cas, ce n'est qu'à cause de l'opinion qu'ils ont de l'insuffisance de ceux qui les composent d'ordinaire, croyans neantmoins que leur Art est trescertain quand il est bien practiqué.

Voicy comment les Astrologues donnent leurs raisons là dessus. Ils disent que la face du Ciel change à toute heure, & que cela est cause de la varieté des saisons; Que cela arriue selon que le Soleil est joint aux vns ou aux autres Signes, chauds ou froids, secs ou humides, & que la chaleur, la froideur, l'humidité & la secheresse, ne deriuent pas seulement de leurs qualitez les plus sensibles, mais de leurs influences secrettes; Que par ce moyen il se forme dans l'Air, de la chaleur, ou de la froideur, des vents ou des pluyes, des neges, des frimats, & autres impressions, de sorte qu'ils pretendent de pouuoir asseurer à poinct nommé, qu'il pleuuera vn tel iour, ou qu'il gelera, pource qu'ils voyent dans leurs Ephemerides, que les Astres ausquels ils attribuent cette signification & qui sont capables de tels effets, domineront alors. Nous leur dirons pour response, que l'on ne sçauroit prouuer que les Astres ayent toutes ces differences que l'on s'imagine, & que si quelques-vns ont de la froideur & de l'humidité en eux, l'on n'en sçauroit sentir l'effet iusques icy; Que si l'on leur attribuë d'autres puissances cachées que l'on nomme des Influences, il n'y a rien qui prouue que tous les Meteores en dependent abfolument; Qu'il ne faut pas s'imaginer que quand tout l'Air inferieur eſt plein de nuages, & quand il pleut ou il nege, de certaines eſtoilles en ſoient la ſeule cauſe, & que d'autres faſſent les vents, les tonnerres, & les autres Meteores par la diuerſe poſition qu'elles ont dans le Ciel ; Que le pouuoir de leur ſituation eſt imaginaire, & que comme elles ſe trouuent pluſieurs en meſme temps ſur vne Horizon, il n'y a pas plus de ſubjeſt de croire que l'vne exerce ſes vertus que les autres, ioint que ſi elles eſtoient contraires chacune, elles ſe pourroient donner de l'empeſchement. C'eſt pourquoy i'aimerois mieux dire que toutes les eſtoilles d'vne Horiſon enſemble, ſeroient cauſe de ce qui arriueroit ; Que lors qu'il y en auroit dauantage d'humides que de ſeches, il y auroit plus ſouuent de la pluye que des vents, & que comme elles s'efforceroient chacune de faire valoir leurs qualitez, elles cauſeroient la variation de l'Air, ſelon les endroits où elles ſeroient ſituées. Mais ce ne ſont pourtant que des imaginations à plaiſir ; Il n'eſt pas croyable que tout ce qui ſe fait ſi diuerſement en la baſſe region ſoit cauſé par les eſtoilles : Leur chaleur ou leur froideur ne viennent point ſi bas. Il y a des Meteores qui ſe forment quelquefois au deſſous du coupeau des montagnes ; En moins d'vne heure il ſe fera auſſi ſept ou huiſt diuers changemens, que l'on auroit de la peine à accorder auec la ſituation des Aſtres, & cela n'arriue pas touſiours dans vn grand païs en meſme temps, mais il y a ſouuent beaucoup de diuerſité dans l'eſpace d'vne lieuë, de ſorte qu'il fait beau temps en vn endroit lors qu'il pleut en l'autre, ce qui s'accommode encore plus difficilement auec l'Influence des Corps celeſtes, puiſque l'on en fait de ſi puiſſans qu'il n'eſt pas croyable qu'ils permiſſent que leur pouuoir fuſt ſi peu eſtendu. D'ailleurs, pour confondre les Aſtrologues en toutes façons, ſi l'on leur accorde que les diuerſes puiſſances des Aſtres ſont cauſe des diuerſes impreſſions de l'Air, l'on leur peut remonſtrer, que cela eſtant, ils ne ſçauroient donc en faire des prédictions certaines, à cause que le nombre en est trop grand & trop meſlé pour les diſtinguer,& que les eſtoiles entreprenans ſouuent les vnes ſur les autres, tantoſt plus & tantoſt moins, dans le combat de leurs qualitez, font que l'on ne ſçauroit eſtablir le progrez de leurs victoires.

Que le Soleil eſt capable luy ſeul de cauſer les diuerſitez des Meteores.

Apres cecy, pour monſtrer que le pouuoir que l'on a attribué à chaque eſtoille, n'eſt pas neceſſaire, il ſe faut repreſenter, que le Soleil eſtant vn ſi grand Aſtre & ſi puiſſant, a eſté pourueu de tout ce qui luy eſtoit conuenable pour dominer ſur le Monde Inferieur, ſans qu'il luy ſoit beſoin de mandier cette vertu de tant d'Aſtres qui ſont placez au Firmament pour y ſeruir en d'autres choſes qui leur ſont propres, ſelon les lieux où ils ſont ſituez. Ce ſeroit vne eſtrange choſe s'il ne pleuuoit ou ne faiſoit du vent que par leur moyen. Le Soleil n'eſt-il pas capable luy ſeul de faire des attractions,& de les conuertir en des vents, lors qu'elles ſont fort attenuées, & qu'elles ſortent auec contrainte d'vne autre plus groſſe exhalaiſon qui les enferme? Que ſi les vapeurs qu'il a attirées ſont fort humides, ne ſe peuuent-elles pas changer en eau, & tomber en pluye, en nege, ou en frimats, quand elles ont rencontré vn lieu froid, ſans que l'Influence d'aucune eſtoille ait cooperé à cela? Si les exhalaiſons ſont fort eſpaiſſes & huyleuſes, ne ſe doiuent-elles pas allumer dans vne chaude region,& ſi elles ſe treuuent enfermées dans de gros nuages, ne doiuent-elles pas faire du bruit pour en ſortir, & nous produire le Tonnerre? Nous auons veu dans la conſideration des Choſes Corporelles, comment tout cela ſe fait, & quiconque l'aura bien compris ne l'attribuera point à vne autre puiſſance que celle du Souuerain Agent. Les Aſtrologues diront qu'ils ne veulent point oſter au Soleil ſa puiſſance ſupréme, mais qu'ils croyent que les autres Aſtres eſtans joints à luy, apportent de la varieté à ſon action; Cela ne ſe peut faire pourtant ſans luy oſter ſa ſouueraineté: Il ne faut pas s'imaginer que des eſtoilles luy faſſent faire autre choſe que ce que l'on deuroit attendre de sa nature : Leur petitesse ou leur esloignement, les empeschent d'auoir assez de vigueur pour le surmonter, ou pour s'esgaler à luy. Ils repartiront qu'il y a des Astres qui temperent la grande ardeur du Soleil, & par ce moyen sont cause de luy faire produire diuers effets, selon qu'ils s'en approchent ou s'en esloignent, & qu'il suffit pour cela qu'ils enuoyent leur froideur naturelle iusqu'icy bas de leur propre force, ou que le Soleil rayonnant dessus elles en fasse sortir par reflexion d'autres Influences que les siennes. L'on accorde cela facilement de la Lune, qui est la plus proche de la Terre, & les autres Planettes ont quelque semblable pouuoir, mais il est si petit qu'il ne vient icy qu'auec diminution, & ne sçauroit estre cause des changemens que nous voyons ; Quant aux Estoilles du Firmament, elles sont si esloignées, que l'on croid que ce n'est point sur nostre habitation qu'elles enuoyent leur chaleur ou leur froideur. Nos Astrologues s'escrient maintenant d'où viennent donc les diuersitez ; Ne void-on pas, disent-ils, que le temperament de chaque année est fort diuers, & que les vnes ont des chaleurs fort longues, & les autres en ont de fort courtes, & que dans leurs mois, leurs iournées, & mesme dans leurs heures, l'on trouue vne grande varieté de Meteores ? Tout cela seroit-il produit par le Soleil qui a seulement la chaleur pour sa maistresse qualité, & par l'approchement de la Lune, qui ne paroist pas tousjours sur vn mesme Horison ? Ne faut-il pas que les autres Astres leur aident, & comme ils ont chacun leur cours particulier, n'ont-ils pas à chaque moment vne situation diuerse pour auoir des effets differens ? Tout cecy n'est qu'vne amplification de ce qui a desia esté dit, contre laquelle il se faut seruir de semblables responses, & soustenir encore que quand il ne paroistroit aucun Astre au Firmament, le Soleil ne laisseroit pas de causer les mesmes diuersitez, puisqu'ayant le pouuoir de faire esleuer les vapeurs & les exhalaisons, elles se doiuent changer apres en Meteores. Mais, ce disent les aduersaires, pourquoy ces choses se font-elles plûtost en vn temps qu'en l'autre ? D'ailleurs, pourquoy le Soleil, qui est chaud de sa natu- re, ne se sert-il pas tousiours de sa chaleur ? A quoy tient- il qu'il n'enflamme toutes les exhalaisons , & qu'il ne change en des vents toutes les vapeurs, sans en faire re- tomber plusieurs, en pluye, en nege, ou en gresle ? Ie respon que c'est pource que les vapeurs & les exhalaisons passent en des endroits de l'Air où elles sont raffraischies selon diuers degrez. Qui raffraischit ces endroits si di- uersement, poursuiuront-ils, si ce n'est la froideur de quel- ques Astres ? C'est sçauoir bien peu sa Physique de par- ler de cette sorte. Nous auons declaré que quand le So- leil a attenué l'humidité, elle peut demeurer long-temps en l'air en forme de nuage, & empescher que ses rayons ne penetrent au dessus ou à costé ; C'est ce qui fait que la partie qui les peut receuoir est plus froide que les autres, & si quelques fumées s'y portent , elles y souffrent du changement; Celles qui s'alloient enflammer s'y attie- dissent quelquefois, & se dissipent d'autre sorte, & celles qui ayant beaucoup d'humidité ne laissoient pas de s'éle- uer fort haut par le moyen de la chaleur qui les attenuoit, & se pouuoient tourner en des vents, se ramassent soudain & retombent en pluye, en nege, ou en gresle, selon que la froideur a de pouuoir. Ainsi, quoy que le Soleil soit chaud de sa nature, il est cause de plusieurs effets qui vien- nent de froideur, pource qu'ayant eschauffé les corps qui sont froids naturellement, il les fait esleuer iusques à vn lieu où estans priuez de son assistance ils retournent à leur froideur s'ils y en trouuent d'autres encore, qui se soient desia refroidis, tellement que s'estans espaissis, cela les fait retomber. Que s'ils sont attenuez en maniere d'Air ou de vent subtil, sa seule chaleur y opere. Il y a sujet de s'e- stonner de ceux qui vont chercher des raisons esloignées d'vne chose qui en a de si euidentes, & pour exemple de laquelle nous pouuons voir des experiences familieres. Nostre feu vulgaire & grossier a bien la mesmë puissance que le Soleil en vne moindre estenduë selon sa capacité;

Il

Il esleue l'humidité des Corps qui se rassemble en eau à
la rencontre du froid, & si elle est enfermée dans vn
corps espaiz, comme celuy de quelque vaisseau d'argille
ou de metal où il n'y ait qu'vne petite issuë, il s'y fait du
vent ; & il n'y a aucun Meteore que les Hommes ne puissent imiter par le moyen de cet Agent naturel qui opere
luy seul sans qu'il ait besoin en cela d'implorer les diuerses qualitez de quelques Astres. Pourquoy donc les mutations les plus importantes qui se font dans l'air, ne se-
roient-elles pas au pouuoir du Soleil, dont la chaleur se
fait sentir par tout ? Et comme elle opere tantost plus &
tantost moins selon les obstacles qu'elle rencontre, n'est-
ce pas ce qui fait les diuersitez ? Il n'en faut point attribuer la cause à la multitude des autres Astres qui n'y sont
pas necessaires. L'on peut adiouster encore, que quand
la Lune mesme ne seroit point au Monde, il ne laisseroit
pas d'y auoir de la varieté dans les Meteores: Toutefois,
il faut reconnoistre que sans elle cette varieté ne seroit pas
telle qu'elle est, ny si vtile à la Terre, & que les autres Planettes y cooperent semblablement ; Que l'influence tiede & humide de la Lune est toute manifeste, & bien que
les Planettes de Mercure & de Venus paroissent plus petites, & que celles de Mars, de Iupiter & de Saturne, soient
fort esloignées, leurs rayons peuuent auoir quelque effet ; mais cela n'est guere considerable au prix de la puissance du supréme Agent ; Et comme ses actions se rapportent aux sujets qu'elles rencontrent dont la varieté est
infinie, cela seul est capable de resoudre la question du
presage des saisons, car il faut croire que ce grand Astre
cause d'estranges diuersitez par ses attractions continuelles, & qu'il n'est pas possible d'asseoir son iugement sur
des choses si muables, comme sont les diuerses euaporations ou condensations de l'Air inferieur, dont procede
le beau temps ou le fascheux, & que l'on ne sçauroit rien
trouuer où le hasard regne dauantage. Que si l'on dit
que rien ne se faict par hasard, & que c'est vne opinion
erronée ; il faut respondre que de verité tout effet a sa cau-

DES
PRED. DE
LA VAR.
DES
TEMPS.

se dont il depend, & que les Corps les plus agiſſans, ne ſont que les inſtrumens du Souuerain Moteur qui conduit tout à ſa volonté, tellement qu'il ne faut pas attribuer le gouuernement du Monde à la Fortune, comme ont fait ceux qui l'ont tenuë pour vne Deeſſe : Neantmoins, quoy que Dieu, Vnique & Tres-prouident, faſſe arriuer toutes choſes par des regles arreſtées, elles ne ſont connuës qu'à luy, & la pluſpart ſont fortuites pour nous, d'autant que dans vn ſi grand meſlange & vn ſi long progrez & enchaiſnement de cauſes, nous ne pouuons iuger ce que les choſes deuiendront. Il n'eſt donc pas poſſible de predire quel temps il fera vn tel iour à dix ans d'icy, non pas meſme l'année prochaine. Que ſi l'on nous repreſente que nous auons auoüé que les Planettes ont quelque pouuoir, & par conſéquent que nous deuons donc bien cornoiſtre quel il eſt, & iuger des effets par leurs cauſes, nous repartirons que cela peut ſeruir à faire vn iugement general des années, non pas vn particulier. Il eſt vray qu'il y a de certaines conjonctions & de certains regards des Planettes que nous ſçauons deuoir arriuer, par leſquels nous pouuons bien iuger que l'Eſté ſera fort chaud & fort ſec vne telle année, ou fort tiede & fort humide, & ainſi dés autres ſaiſons, qui nous font tirer encore des conjectures de la fertilité ou de la ſterilité de certaines Plantes : mais d'aſſeurer qu'il pleuuera ou qu'il tonnera à vn tel iour & à vne telle heure, cela ne ſe doit point faire, encore que l'on remarque le temps de la conjonction des Aſtres que l'on croid pouuoir eſtre cauſe de tels effects ; pource qu'il arriue de tels meſlanges dans l'Air, que les matieres chaudés & ſeches y ſont en peu de temps confonduës auec les froides & les humides, de ſorte qu'elles ſe deſtruiſent ſouuent l'vn l'autre, & retardent les operations que l'on en pourroit attendre, ou les varient de telle maniere, que l'on y eſt trompé aſſez notablement. Cela fait que les Meteores ſont diuers ſur chaque region de la Terre ; & comme ils paſſent continuellement d'vn lieu à l'autre, quand meſme il y auroit vn Aſtre qui en pourroit faire naiſtre quelques-vns ſelon ſa conſtitution, ceux qui ſuruiendroient y apporteroient du changement. Cela deriue ſpecialement de la puiſſance ſouueraine du Soleil, qui fait touſiours remarquer ſa chaleur malgré la froideur des petits Aſtres, & qui cauſe de la ſechereſſe nonobſtant leur humidité, ou qui laiſſe humecter & refroidir exceſſiuement tous les lieux dont il s'eſloigne, quoy qu'il y ait des Aſtres chauds qui s'en approchent, tellement que l'on peut dire que les Planettes ayans ſi peu d'authorité, leur conſideration ne donne guere de certitude aux preſages: Neantmoins, comme le Soleil s'accorde quelquefois à elles, & comme elles peuuent auſſi faire vn certain temperament de qualitez auec luy, l'on peut preuoir ce qui en reſultera en gros la pluſpart du temps, ſans rien determiner de ce qui ſe fera en deſtail.

Que s'il arriue que les predictions particulieres que l'on a faites de quelques années futures ſoient trouuées à peu prez veritables, meſme pour les heures & les minutes, c'eſt que cela s'eſt rencontré ainſi par haſard, ou par l'adreſſe de l'Aſtrologue, qui a eſté aſſez ſubtil pour attribuer à chaque partie de l'année le temps qui s'y peut faire ordinairement, à quoy l'effet reſpond quelquefois: Mais l'on verra auſſi en d'autres iours qu'il fera vn temps ſerein, lors que les Almanachs promettoient de grands orages, & il ne faut point rejetter ces manquemens ſur la fauſſeté des ſupputations, ou ſur la difficulté des conjectures, mais ſur ce que l'Art ne ſçauroit eſtre plus aſſeuré pour la prediction de choſes ſi changeantes, & qu'il ne peut ſeruir qu'à preuoir la conſtitution generale des ſaiſons, non pas le particulier de chaque iournée ou de ſes moindres parties.

Comment les predictions particulieres ſon. trouuées veritables.

Il y a vn autre Art par lequel l'on ſe promet de pronoſtiquer quels ſeront les iours, les mois, les ſaiſons, & les années entieres, ce que l'on practique ſeulement par l'obſeruation du temps precedent; comme pour dire quelle ſera toute vne année, l'on conſidere quels en ſont les douze premiers iours; mais cela eſt fort incertain,

A ſçauoir ſi l'on peut iuger de l'année par ſes premiers iours, & du mois par les premiers iours de la Lune.

d'autant que ces iours ne sçauroient auoir assez de varieté pour signifier toutes les saisons, & le plus souuent il y fera tousiours froid ; D'ailleurs, il n'y a aucune raison qui authorise cela. Pour ce qui est de iuger du Mois par les premiers iours de la Lune, cela peut auoir de l'apparence, à cause que le Temps ayant pris vne certaine constitution generale, y peut bien quelquefois demeurer durant cet espace, & chaque quartier de la Lune peut encore auoir ses predictions plus asseurées.

Pour ce qui est de predire le temps qu'il fera de iour à autre, il est certain que cela se peut faire en considerant l'estat des Nuées & les diuerses apparences du Soleil & de la Lune. Si l'on void que les Nuées s'amassent en quantité, & qu'elles soient fort obscures, c'est signe de pluye ; si elles sont rouges, c'est signe de vent, & quelquefois de chaleur ; & l'on iuge de mesme par la couleur qui paroist au Soleil, d'autant qu'elle ne s'y monstre que par l'interposition de semblables nuages. La couleur de la Lune donne encore les mesmes signes que l'on trouue veritables la pluspart du temps, soit que l'on les obserue au leuer ou au coucher de ces Astres. Il faut beaucoup d'experience & de iugement pour en reconnoistre les distinctions, & sçauoir si l'estat de l'air qui paroist sera durable, & s'il ne changera point le lendemain, comme cela peut arriuer quelquefois, ce que les plus subtils ne sçauroiët deuiner ; Voylà pourquoy l'on donne plus de creance à ce que l'on predit le matin pour le reste du iour par les nuées qui s'opposent au leuer du Soleil : L'on ne sçauroit guere y estre trompé. De quelque costé qu'elles se trouuent aussi à toute heure, elles donnent des presages de ce qui arriuera incontinent, selon leurs couleurs & leur estenduë, & quand elles forment vn arc bigarré de rouge, de jaune, & de bleu, l'on cônoist qu'elles sont assez chargées d'eau pour faire de la pluye, car les corps humides & polis, & specialement les transparens, ont de telles representations. Il y a d'autres indices où l'on se peut arrester ; Comme lors que l'on void que de certains vents regnent,

& que la mer eſt agitée extraordinairement, & que de
certains poiſſons paroiſſent ſur les eaux, c'eſt le ſignal
d'vne tempeſte prochaine. Il faut remarquer encore que
ſi pluſieurs oiſeaux fuyent la campagne, & ſe retirent dans
les bois, & ſi les animaux domeſtiques cherchent leur
toict, c'eſt vn vray ſigne de pluye : Lors qu'au contraire
ils volent par tout auec plaiſir, & qu'ils s'exercent à chanter, c'eſt vn ſigne de beau temps. L'on peut adiouſter
foy à tous ces preſages, au cas qu'ils ſe faſſent pour vn
temps fort prochain, mais il ne faut pas s'imaginer que ny
les vns ny les autres ſoient pour tout vn hemyſphere ou
pour tout vn climat; Cela n'eſt d'ordinaire que pour vne
certaine contrée, à cauſe de la diuerſité des impreſſions
de l'Air, où les exhalaiſons & les vapeurs ſont ſouuent
contraintes de prendre diuerſes briſées, & de s'aſſembler
ou de ſe diuiſer ſelon les obſtacles qu'elles rencontrent;
Comme elles ne s'eſtendent pas touſiours auſſi iuſques
aux lieux où l'on croiroit, elles ſont quelquefois chaſſées
du lieu qu'elles occupoient par d'autres qui les pouſſent,
ou bien elles ſont attirées par continuité & affinité des
corps ſemblables qui rempliſſent les endroits voiſins à
meſure qu'ils ſe vuident, tellement que la conſtitution de
l'Air en eſt changée en vn inſtant.

Or la connoiſſance de l'eſtat futur des Meteores eſt
vne Preuoyance, & le bon Vſage de cette connoiſſance
eſt vne Prudence. L'on doit choiſir le temps chaud ou
le froid pour l'accompliſſement de quelques ouurages
d'Agriculture ou autres; L'on a ſouuent beſoin de ſçauoir
s'il fera beau temps pour commencer ou continuer vn
voyage & quelque autre entrepriſe, & la preuoyance du
mauuais temps eſt quelquefois fauorable en des ſtratage-
mes militaires, de ſorte que ſi l'on eſt capable de preuoir
& de preſager tout ce qui peut arriuer de pluſieurs choſes,
c'eſt vn moyen pour deuenir prudent. Afin de baſtir ſur
des fondemens plus aſſeurez, il ne faut pas ſeulement ſçauoir quel ſera le temps à venir, mais quelles ſeront les
choſes auec leſquelles on a affaire, tellement qu'il les faut

connoiſtre toutes pour euiter le mal qu'elles peuuent cauſer, & ſe procurer le bien qu'elles ſont capables de produire.

CELA nous inuite à rechercher les qualitez les plus
ſecrettes des Choſes, iugeant de celles qui ſont cachées par celles qui paroiſſent ouuertement, & de quelques effets futurs par des qualitez preſentes qui en peuuent eſtre les cauſes. En ce qui eſt des corps terreſtres &
fixes, l'on a voulu eſtablir vne Science fondée ſur leur
figure exterieure, pour iuger à quoy leur employ ſera
propre, ſe formant vne prudence particuliere pour les
choiſir. L'on appelle cela les Signatures ou les Marques
des Choſes, d'autant que cela paroiſt plus manifeſtement
que toute autre qualité, & monſtre à ce que l'on pretend,
la puiſſance de chaque corps ſelon que la Nature les a
ſignez ou marquez. De cecy dependent les defenſes
que pluſieurs donnent pour les Taliſmans; ſur ce qu'ils
diſent, que ſi des Pierres ou des Plantes ont quelque pouuoir particulier, à cauſe des figures qui s'y trouuent repreſentées naturellement, leurs figures artificielles eſtans faites ſous de certaines conſtellations en doiuent obtenir vn
ſemblable, d'autant que les Images naturelles des Pierres,
des Arbres ou des Herbes, ne ſont formées diuerſement
que par l'influence des Aſtres. Quelques-vns ſouſtiennent donc que l'on peut connoiſtre par la figure des choſes, à quoy l'on les doit employer; Que la figure des
Carrieres & des Mines peut teſmoigner à quoy les Pierres ou les Metaux que l'on en tire pourront ſeruir, ſelon
le nombre de leurs veines, & leur diuerſe eſtenduë. Ce
ſont pourtant des obſeruations inutiles, car quelques veines qu'ayent les Carrieres ou les Mines, cela n'apporte
aucune difference à la qualité des Pierres & des Metaux
qui en ſont tirez. Les plus curieux n'inſiſtent guere auſſi
là deſſus, pource qu'il ſemble que s'ils attendoient quelque effet de la figure des Carrieres & des Mines, il les faudroit employer toutes entieres ſans les diuiſer, ce qui eſt

impoſſible; Voylà pourquoy ils ne veulent parler que
des figures qui ſe trouuent naturellement en quelques
pierres que la Nature forme toutes ſeules ſans eſtre attachées à des Carrieres; Pour ce qui eſt des Metaux à cauſe qu'ils ont eſté des Corps coulans, ils ſe ſont joints en
vne maſſe ſelon la capacité des corps ſecs qui les contiennent, leſquels leur ſeruent de moule tels qu'ils puiſſent
eſtre, & ils ne prennent guere de figure particuliere de
leur propre force qu'en des lieux plats où ils coulent en
liberté eſtans fondus; mais comme il y peut auoir tousiours quelque endroit plus ou moins penchant, c'eſt ce
qui ſert encore à les eſtendre ou les arreſter, tellement
que l'on ne trouue en cecy aucune marque certaine de
leurs diuerſes proprietez.

Les Pierres ſeparées qui ſont dans quelques grottes où
elles ſe forment d'vne Eau coagulatiue, & les cailloux
des riuieres & ceux des champs qui croiſſent de meſme,
eſtans les principaux objets de ceux qui parlent pour les
marques des Choſes, ils diſent que la diuerſité de leur figure, ſoit qu'elle ſoit releuée en boſſe ou demy-boſſe, ou
qu'elle ſoit tracée de diuerſes couleurs, donne vn teſmoi-
gnage de l'employ où cela eſt vtile, & que ſi vne Pierre
qui a la forme de quelque membre du corps humain, eſt
appliquée ſur vn tel membre, elle en conſeruera la ſanté,
ou la luy rendra s'il l'a perduë. Il eſt vray que l'on treuue pluſieurs Pierres qui ont diuerſes figures, ſoit en boſſe
ou en couleur, & ſoit au dehors ou au dedans; L'on
appelle cela des Gamahez ou Camajeux, que les curieux prennent plaiſir de garder dans leurs cabinets, comme vne rareté, quand il y a quelque choſe de repreſenté
naïuement; Mais la pluſpart ne s'imaginent point que
cela ſoit propre à guerir quelque maladie, ou à quelque autre operation, ſelon ce que cela repreſente. Il faut auoüer
meſme que pluſieurs de ces Pierres ne repreſentent qu'imparfaitement les choſes que l'on s'imagine, & que l'on y
remarque touſiours quelques defauts; Que ſi l'on en
trouue en de certains lieux qui ayent vne figure parfaite,

L'on dit que les
diuerſes Figures
des Pierres ſont les
marques de l'em-
ploy où elles ſont
propres.

c'eſt vn tres-grand haſard , & bien ſouuent quelques ouuriers ſubtils ont retranché ou adiouſté ce qu'il y auoit
de ſuperflu ou de manque, afin que cela fuſt eſtimé dauantage; Et quoy qu'il en ſoit, quelle puiſſance ont ces
plus parfaites figures? Si vne pierre ou vn caillou repreſentent vne maiſon, vn nauire ou vn arbre, à quoy ſeruira
celà? L'on ne definit point leur vtilité , en ce qui eſt de
ces choſes, mais l'on dit ſeulement que quand quelque partie du corps y eſt repreſentée, cela ſert à la conſeruer ſai-
ne, & à luy rendre ſa ſanté ſi elle l'a perduë. Ie voudrois
dire auſſi que les cailloux qui auroient la figure d'vne
maiſon, ſeruiroient à garder les maiſons d'eſtre abbatuës
par les vents & les orages , & d'eſtre conſommées par le
feu; Que ceux qui auroient la figure d'vn nauire garde-
roient les vaiſſeaux de naufrage, & ceux qui repreſente-
roient des arbres rendroient fertiles les arbres où ils ſeroient attachez. Ce ne ſeroit pas vne abſurdité plus grande de propoſer cecy que de dire que les cailloux qui repreſentent quelque membre humain ſont fauorables à ces
meſmes parties. L'on adiouſte qu'ils nous preſeruent des
maux qui nous peuuent eſtre faits par quelque animal
dont ils portent la reſſemblance. Mais il y a icy de la
contrarieté. Si l'on eſtablit la gueriſon des membres

par conformité & par ſympathie, les animaux ne pourront pas eſtre chaſſez par vne pierre qui leur reſſemble-
ra , ny le mal qu'ils auront fait n'en pourra pas eſtre guery, puiſque cette pierre doit participer à leurs proprietez.
Il eſt difficile d'accómoder cela au ſujet fort exactement,
veu que cela n'eſt pas meſme dans l'ordre que nos cher-
cheurs de curioſitez ont preſcrit: car ſi la figure du Belier
profite au Belier, & celle du Taureau aux animaux de
cette eſpece, ſelon la puiſſance des Signes Celeſtes, la figure du Scorpion ne doit pas nuire au Scorpion. L'on
reſpondra que pour faire que les figures profitent à l'animal, il faut qu'il les porte ſur ſoy ; & qu'elles doiuent auſſi
eſtre de differente ſorte pour eſtre profitables ou nuiſibles: mais toutes ces diuerſes proprietez n'eſtans eſtablies
que par

que par l'imagination, n'ont rien de profitable. D'ailleurs, l'on peut demander encore quelle puissance possede vne pierre qui a la figure du Scorpion, pour guerir la playe qu'vn Scorpion viuant aura faite. Ceux qui parlent de cecy, font là dessus vne subtile responfe, qui neantmoins n'est pas si vraye qu'agreable. Ils difent qu'il faut que les pierres qui representent des animaux, foit qu'ils foient en bosse ou fimplement tracez, en ayent en effect quelque qualité, & que si cela n'estoit, cette figure ne se feroit pas faite : tellement que ce corps cherchant toufiours à se perfectionner, prend pour foy les autres qualitez qui luy font propres, par tout il les trouue. Que s il est donc appliqué fur la playe faite par vn animal de cette espece, y trouuant fes qualitez imprimées, lefquelles luy font conuenables, il les attire à foy, & par ce moyen la playe demeure déchargée du venin & fe guerit; Que par ce principe vn vray fcorpion estant efcrazé & appliqué fur fa morfure la guerit, comme fait auffi fon huyle; Que la morfure d'vn ferpent est pareillement guerie par fa teste efcarboüillée, ou bien par le ferpent reduit en poudre, celle d'vn chien par fon poil ou fa peau, le venin d'vn crapaut par vne pièrre qui fe trouue à fa teste, & que si nous efprouuions la proprieté des autres animaux, nous trouuerions fans doute en tous quelque chofe qui feruiroit de remede au mal qu'ils peuuent faire. I'accorde que cela fe peut trouuer en quelques-vns, non pas en tous, & mefme cela ne fe fait pas d'ordinaire par vne fimple application de leur corps, ou de quelqu'vn de leurs membres, puifque l'on dit que l'huyle que l'on en a tirée y fert de beaucoup; C'est que cette huyle adoucit le mal ; & pour les parties entieres que l'on y applique, elles ont la mefme faculté de corriger cette mauuaife qualité par d'autres contraires, tellement que ce n'est pas qu'elles attirent le venin à elles, comme en effect cela ne fe remarque point. Qu'elles gueriffent auffi par ce moyen ou autrement, les pierres qui reprefentent ces bestes, ne leur doiuent point estre comparées pour auoir le mefme effect. Bien qu'vn

caillou foit tortillé en rond, il n'a point la nature d'vn
ferpent ; Il a touſiours celle d'vn caillou , laquelle il garde en toutes les autres figures. L'on trouue encore icy
vne nouuelle obiection ; c'eſt que ces pierres qui ont la
forme de quelques animaux , ſont peut-eſtre ces meſmes
animaux qui ont eſté changez en pierre par la proprieté
des lieux où ils ſe ſont trouuez , ce qui en effet peut arriuer , & en ce cas-là l'on ne deuroit pas dire que ces pierres euſſent eſté figurées de cette ſorte par vne Influence
celeſte. Cecy n'eſt bon à dire principalement que pour
les figures en boſſe, & non pas pour celles qui ſont peintes aux Camajeux : Mais dauantage, l'on peut reſpondre
que meſme ces pierres n'eſtans que des animaux petrifiez , ils doiuent auoir beaucoup de puiſſance pour la gueriſon d'vne playe qui aura eſté faite par vn animal de leur
eſpece, d'autant qu'ils attireront le venin qui s'y eſt gliſſé
comme vne qualité qui leur eſt propre, & dont ils ont
ioüy autrefois. Cecy n'a pourtant aucune apparence. Les
animaux eſtans petrifiez ne retiennent plus rien de leur
premiere Nature, quoy que la meſme figure leur demeure,
& les autres pierres qui par haſard ſe trouuent eſtre figurées de ſemblable ſorte, ne participent point auſſi aux qualitez de l'animal qu'elles repreſentent. La figure des animaux procede à la verité du pouuoir naturel de la ſemence dont ils ont eſté engendrez, lequel ſe manifeſte ainſi
au dehors, & l'on ne ſe trompera point de croire que tous
les corps qui ont vne figure pareille ou approchante par
le moyen d'vne force interne, ſont d'vne nature à peu
prés ſemblables, comme en effet les hommes dont les vi-
ſages reſſemblent aux Lyons, ont quelque furie naturelle,
& ceux qui reſſemblent aux lievres ſont foibles & timides:
Mais pour la figure des pierres, elle ne vient point d'vne
cauſe interne ; Elle ſe fait ſeulement ſelon la diſpoſition
de leur matiere, & ſelon les agens exterieurs, comme la
chaleur qui les ſeche & les durcit, ou bien l'eau qui les
ronge en quelques endroits ; De ſorte qu'eſtans formées
par des moyens ſi communs, il n'en faut rien eſperer d'ex-

traordinaire, & si l'on a recours à des Influences, il n'y a
point d'apparence que cent mille pierres qui sont dans
vne mesme plaine ayent chacun'obtenu vne Influence
particuliere de quelque Astre : Leur distance est trop petite pour auoir esté regardée de tant de diuers rayons.
Leur diuerse figure n'est donc point vn tesmoignage de
plusieurs proprietez merueilleuses que l'on leur attribuë,
n'en ayans aucun principe interne ny externe ; joint que
les choses qu'elles representent sur lesquelles on tire des
conjectures, sont d'ordinaire fort defectueuses, & que
celles que l'on y pense voir n'y sont pas tousiours veritablement, n'estans la pluspart du temps que des grotesques
sur lesquelles l'vn trouuera vne chose, & l'autre vne autre.
Si l'on veut iuger de leurs qualitez, il faut que ce soit par
leur constitution : Les pierres grossieres ne seruent qu'aux
edifices, mais quelques pierres qui sont petites & rares ont
des effets pour la santé du corps, dont les vns n'ont esté
reconnus que par hazard lors que l'on les a portées, &
l'on a iugé des autres par leur couleur, leur transparence,
leur solidité, leur goust ou leur odeur, & toutes leurs autres qualitez. Si l'on veut connoistre leurs facultez, &
iuger à quoy elles seront propres, l'on n'y sçauroit reuffir par de meilleurs moyens.

Ceux qui parlent pour les Signatures des Choses, veulent pourtant les faire treuuer par tout, & encore mieux
aux Plantes qu'aux Pierres. Ils asseurent que la Nature
n'ayant rien fait en vain, n'a donné ces marques aux choses que pour auertir à quoy elles sont propres ; Que specialement les Plantes estans destinées pour la guerison
des maladies, ont des marques qui monstrent à quelles
cures elles sont vtiles, & que les Medecins les doiuent
connoistre par là ; Que la racine de Squille guerit les
maux de teste, pource qu'elle en a la figure ; Que la fleur
de Potentilla, qui represente l'œil, est singuliere pour la
veuë ; Que la Mente aquatique, qui represente le nez,
fait reuenir l'odorat perdu ; Que la Dentaria appaise le
mal des dents ; Que le poulmon est restauré par l'herbe

324

qui porte son nom & sa figure, & le foye par l'hepathi-
que, & qu'il n'y a partie au corps de l'homme qui ne treuue quelque fleur, herbe ou racine qui luy ressemble, e-
stant propre à guerir ses infirmitez : Neantmoins, ceux
qui en ont fait la recherche ont trauaillé assez vainement:
car toutes ces ressemblances sont tres-mal formées, & l'on
rencontrera quantité de plantes qui ont les mesmes figures, & ne sont pas bonnes aux mesmes maux. Plusieurs
herbes sont dentelées comme la Dentaria, & ne valent
rien contre le mal des dents. Presque toutes les feüilles
qui sont larges en bas & aboutissent en pointe, doiuent
ressembler au nez autant que la Menthe aquatique , &
l'on n'en doit pourtant tirer aucune consequence. Si l'on
dit aussi que les Plantes peuuent guerir les membres humains ausquels elles ressemblent, il y auroit plus d'apparence de croire que les membres des autres animaux le
pourroient faire : car leurs yeux ou leurs dents ressemblent mieux à ceux d'vn homme que ne sçauroit faire aucune herbe ou racine ; toutefois, il y a beaucoup de maladies contre lesquelles l'on ne s'en sert point , & l'on
prendra plustost des choses entierement differentes ; Que
si l'on prend quelquefois des membres pareils à ceux qui
sont affligez, c'est plustost pour leurs qualitez internes
que pour leur figure, qui n'est qu'vne qualité externe ;
c'est pourquoy il ne faut pas croire que la ressemblance
des Plantes à quelques parties du corps, doiue seruir à vne
telle guerison. Ce n'est point aussi la figure qui guerit ;
Ce sont d'autres qualitez qui sont la chaleur ou la froideur, ou quelqu'autre plus cachée. Soit que l'on escraze
les plantes pour les apliquer, soit que l'on en tire l'eau ou
l'huyle, l'on connoist bien que l'on neglige leur forme
exterieure, en ce qui est des remedes. L'on n'a iamais
oüy dire que pour guerir quelque mal il falust necessairement y appliquer vne feüille entiere sans aucune defectuosité. Les plus subtils disent que soit que l'on escraze
les herbes, ou que l'on les distile, la forme exterieure n'est
point aneantie ; & qu'il y a des secrets pour la faire paroi-

ſtre ; Que quelques-vns ayans tiré le ſel de certaines
plantes, & laiſſé geler leur leſciue, la figure s'y eſt trouué parfaitement bien repreſentée, & que les autres promettent meſme que l'on en peut garder les cendres dans
vne phyole, & en faire paroiſtre l'eſpece toutes les fois
que l'on voudra:Mais quand ces choſes ſe feroient,cela ne
conclud rien pour le ſujet que nous traitons, car il eſt certain qu'il faut vn ſoin tres-exact pour faire paroiſtre ces
formes dans quelque ouurage chymique, tellement qu'il
faut croire qu'elles s'euanoüiſſent ſi l'eſpece n'en eſt di-
ligemment arreſtée, comme dans la glace où elle ſe rend
fixe, ou dans vn vaiſſeau bien clos. Or quand l'on applique ſur vne playe les herbes pilées ou ramaſſées en
vnguent, cet eſprit qui conſerue la forme exterieure s'eſt
donc euaporé, d'autant que l'on n'a point penſé à l'arreſter, & il ne ſe faut point imaginer que ce ſoit ce qui donne la gueriſon, & que l'on ne la tienne que de la figure,
ſoit viſible ou inuiſible. De dire auſſi que l'on connoiſſe
manifeſtement par de telles marques à quel membre chaque Plante eſt ſalutaire, c'eſt vouloir que les ſecrets de la
fabrique du Monde ſoient bien aiſez à deuiner. L'on
trouue des feüilles, des fleurs, & des fruicts, dont la figure eſt ſi bigearre que l'on ne ſçait quelle reſſemblance y
appliquer. En ce cas-là, il faudroit pluſtoſt que les Plantes euſſent des caracteres peints ou grauez ſur leurs feüilles ou ſur leur tige, pour declarer à quelles maladies elles
ſeroient propres, & cela ſeroit plus certain & plus commode que des reſſemblances imaginaires ; L'on trouue
qu'il y en a pluſieurs qui ont meſme forme, & ne ſont pas
bonnes à de ſemblables operations, & qu'il y en a auſſi
qui ne reſſemblent qu'à vn ſeul membre, & qui ſont capables d'en guerir pluſieurs, de ſorte que l'on ne ſçauroit
iuger par là, ſi elles ſont plus propres aux vns qu'aux autres ; C'eſt pourquoy ſi l'intention de la Nature auoit eſté
de ſe ſeruir de cette repreſentation, elle ſeroit imparfaite :
& quoy que cette Mere vniuerſelle ſoit ſi prouidente, elle
n'auroit rien fait de bien reglé , pource qu'elle n'auroit

pas marqué toutes les proprietez des Corps. Croyons
que les vrayes loix naturelles font plus certaines que cela, & font tout autres. Que fi l'on demande pourquoy la
Nature a donc donné diuerfes figures aux Plantes, nous
dirons que ce n'eft pas inutilement, & que cela fert à les
diftinguer les vnes d'auec les autres ; mais que de verité,
c'eft pource que cela donne des marques de leur temperament, fans qu'il foit befoin d'en faire la comparaifon
auec la figure des membres des animaux. Il eft vray que
cela n'y fuffit pas ; mais leur couleur & les autres qualitez apparentes, donnent encore tefmoignagne des proprietez cachées, tellement que c'eft par là que l'on peut
apprendre à quelles maladies elles font vtiles, celles
qui font chaudes eftans bonnes contre les douleurs
froides, & les froides contre les chaudes. Cette remarque eft plus generale que la figure d'vn feul membre ;
Neantmoins, elle a diuerfes particularitez diftinctes qui
ne font point trompeufes ; & fi cela eft difficile à defcou-
urir, c'eft que pour la reuerence de la Nature, il a falu que

fes myfteres fuffent vn peu cachez ; Tant y a que ce
font-là les vrayes Signatures des Chofes qu'il faut toutes examiner ; & l'on ne doit point rejetter la confideration de la figure, foit pour les Plantes foit pour les Animaux, pourueu que l'on entende par elle, vne certaine
proportion de leur corps, par laquelle l'on puiffe connoiftre en quelle quantité les fubftances principales &
elementaires y font entrées, & quel eft leur meflange, &
ce qu'elles ont fouffert des Agens fuperieurs. Mais il ne
faut point iuger de cette figure par fon rapport à celle
d'autres corps differens ; Elle n'a point de reffemblance
certaine que dans les corps de mefme genre. Les Animaux qui ont quelques traits les vns des autres, font iugez
à bon droiôt eftre de mefme naturel, & les Plantes qui fe
reffemblent auffi de figure, peuuent auoir à peu prez de
pareilles proprietez, non pas que cela foit de la mefme
forte pour la reffemblance qu'elles pourroient auoir auec
quelque membre des Animaux. Les Corps qui n'ont

point de vegetation, & qui font fimplement meflez, tefmoignent quels ils font & ce qu'ils fouffrent en fe co-
agulant fous diuerfes formes, tellement qu'ils en portent
les marques, ce qui nous fait voir que les Signatures fe
trouuent par tout; mais elles font fort obfcures aux Pierres, & le font vn peu moins aux Plantes, au lieu qu'elles
font affez euidentes aux Animaux. Ceux qui font les
plus charnus tefmoignent qu'ils abondent en humidité;
Ceux qui font les plus fecs, & n'ont guere de poil, ont le
plus de chaleur & de fechereffe, & s'ils ont beaucoup de
poil, c'eft qu'ils ont de la chaleur & de l'humidité efgalement, ou bien c'eft que la chaleur pouffe au dehors fi peu
qu'ils ont d'humidité. L'on connoift encore par la groffeur de leur peau, par celle de leurs os, & par l'eftat entier de leurs parties, quelle eft leur conftitution. L'on a
fait auffi vn Art particulier qui apprend à connoiftre leur
naturel par leurs traits exterieurs, & cela eft particulierement appliqué à l'Homme.

PLVSIEVRS cherchent en cela de grands fujets *De la Physiono-*
de preuoyance pour rendre leur prudence plus af- *mie.*
feurée. Ils n'ont rien laiffé en arriere pour cet effet, &
outre la confidération des actions des Hommes que l'on
ne peut pas toufiours voir, ils ont voulu prendre garde à
leurs inclinations naturelles, & pource qu'elles ne peuuent pas mefme eftre remarquées ouuertement fans auoir
frequenté long-temps auec eux, ils ont tafché d'en trouuer des moyens plus courts & plus faciles ; c'eft à fçauoir
par la connoiffance de leur temperament dont l'on iuge
ayant fceu quelle eft la conftitution de leur Corps ; Ils en
ont tiré des conjectures en voyant la ftature de la perfonne, la proportion de tous fes membres, auec les traits &
la couleur du vifage, & mefme en obferuant le ton de la
voix, car il eft certain que cela eft conforme d'ordinaire
au temperament. Ceux qui s'y connoiffent ne s'y trompent guere, & pour efprouuer la verité de cette forte d'obferuations, l'on void fouuent que deux perfonnes qui fe

reſſemblent de viſage, ont auſſi quelque rapport pour le ſon de la parole, ce qui monſtre que tout cela ſuit vn meſme principe, & que l'inclination s'y peut auſſi accorder. De là, l'on a trouué vn Art que l'on appelle Phyſionomie, par lequel l'on penſe connoiſtre non ſeulement la conſtitution du corps, & toutes les maladies auſquelles il peut eſtre ſujet, mais auſſi les habitudes de l'Ame. Cela eſt fondé ſur la reſſemblance que les Hommes ont auec quelques animaux, ou quand vn ſexe participe de l'autre, ou les Hommes d'vne nation approchent d'vne autre diuerſe; car l'on connoiſt que ſelon les traits qu'ils en ont ſur le viſage, ils ont les meſmes inclinations, & bien ſouuent les meſmes mœurs. Il ſe faut fier à de telles regles, d'autant qu'elles ne ſont pas ſeulement eſtablies ſur ce que l'on a remarqué à l'auanture, mais ſur des raiſons naturelles & certaines. L'on eſt fort aſſeuré qu'vn Homme qui a le viſage bien proportionné, le nez ny trop long ny trop court, les yeux bleus & les cheueux de couleur de chaſtaigne, doit eſtre d'vn temperament fort égal & bien reglé. S'il a le poil fort noir & la chair blanche auec vn certain rapport de toutes les parties du viſage qui tirent en longueur, cela monſtre vne abondance de phlegme, & c'eſt vne marque d'vne aſſez grande douceur de mœurs. Les ſanguins ont le nez gros, les bilieux ont le nez grand & aquilin, & les indices s'en trouuent encore aux yeux, en la bouche, aux jouës, au menton, aux oreilles, & meſme aux mains, aux pieds, en la poitrine, & en toutes les autres parties du Corps. Mais il ne faut pas iuger par les vnes ſans conſiderer les autres; De là, les Medecins connoiſſans la complexion des Hommes, iugeront quelles ſont leurs maladies, & quels remedes il y faut apporter; D'autres perſonnes qui cherchent les inclinations, en tireront des conſequences de l'application des Eſprits.

Il eſt vray que la maniere de viure, l'exercice & les débauches changent beaucoup le temperament naturel, de ſorte que ſi l'on ſe regle ſur la figure des parties du

Corps

Corps humain, & fpecialementfur celles du vifage, l'on
fe trouuera trompé, pource que l'interieur ne s'y rapporte plus: Toutefois, fi l'on obferue qu'vn homme eft deuenu plus maigre & plus fec, que fon teint eft iauny ou
noircy, & que fes cheueux font blanchis, l'on connoiftra
le changement qui eft arriué au total, puifque mefme l'âge
en apporte toufiours de tels. Il faut donc conferer l'eftat
prefent auec l'eftat paffé, & confiderer le plus attentiuement les parties qui ont le moins changé, afin que l'on
puiffe former quelque iugement apres toutes ces diftin-
&ions.

Ce qui peut tromper encores dans la Phyfionomie,
c'eft que dans chaque region il y a vne certaine forme de
vifage qui fe trouue plus que toutes les autres, & pourtant tous les hommes n'y font pas du temperament que
cette forme fignifie, à caufe de la diuerfité qui fe rencontre dans toute la Nature. C'eft pourquoy ceux qui ont
penfé eftablir tres-feurement les regles de cet Art fur la
reffemblance que les Hommes ont auec ceux d'vne autre
nation, peuuent quelquefois fe mefcompter, s'ils ne remarquent tout ce qu'il y a de particulier en cecy; puifque
mefme il faut croire que tous ceux d'vn mefme païs ne
font pas d'vne pareille conftitution, quoy qu'ils ayent
de femblables traits de vifage. Il eft vray que leur apparence la plus commune deriue de ce que les enfans reffemblent d'ordinaire à leur pere, & que les Hommes participent à la temperature de leur climat; tellement qu'il
faut auoüer, qu'en quelques contrées il y a plus de bilieux
que de flegmatiques, & en d'autres plus de flegmatiques
que de bilieux: Toutefois, ils ont encore chacun leur
temperament à part, & l'on en iuge affez par quelque diuerfité qui fe trouue en leur figure enciere; Ainfi, quoy
qu'il y ait des camus qui foient flegmatiques, & de ceux
qui ont le nez long qui foient bilieux; Que les yeux
bruns, bleus & verds, les cheueux blonds, les noirs & les
roux, les fronts eftroits & les larges, les groffes leures &
les menuës, fe trouuent auec toute forte de temperamens,

fi eſt-ce que l'on les diſtingue bien en voyant ſi toutes les autres parties s'y rapportent ; Car la difference qui s'y rencontre fait iuger de l'eſtat de la perſonne, ayant eſgard en meſme temps à ce qui eſt propre à la nation & à l'âge. L'on dira qu'il y a beaucoup de difficulté à cecy. Neant-moins, les bons Phyſionomiſtes ne s'y trompent guere, parce qu'auec cela, ils conſiderent encore tous les acci-dens du Corps, & en iugent par la maniere de viure la plus commune, & par d'autres ſignes apparens.

Pour ce qui eſt de connoiſtre l'inclination des Hom-mes par ce moyen, il eſt vray que l'on peut bien dire que s'ils ſuiuoient leur temperament, ils ſeroient incitez à vne choſe pluſtoſt qu'à l'autre; mais ces mouuemens de l'eſprit ſont changez ou retenus par la frequentation, par l'inſtru-ction que l'on a euë, par les apprehenſions que l'on reçoit pour auoir obſerué des malheurs qui ſont arriuez à d'au-tres, & par vne infinité de hazards que l'on ne peut preſ-crire, tellement qu'il ne ſe faut pas touſiours aſſeurer à cela. Quoy que c'en ſoit, l'on en peut receuoir quelque vtilité pourueu que l'on n'y penſe point eſtablir de fonde-ment certain, & que l'on ſoit preſt à tirer encore ſes con-jectures d'autre part.

IL y a eu des curieux qui voulans pareſtre plus ſubtils & plus ſçauans que les autres, ont aſſeuré que par la ſeule inſpection du front, ils connoiſtroient dauantage que par celle de tout le Corps. Ils ne regardent point ſeule-ment à la figure large ou eſtroite, ronde, oualle, ou quar-rée, mais ils obſeruent les rides & les lignes qu'ils y trou-uent, & de là ils iugent non ſeulement du temperament de la perſonne & de ſes inclinations, mais de tout ce qui luy arriuera ; Si ſa vie ſera longue, ſi elle ſera accompa-gnée de bon-heur ou de mal-heur, & ſi ſa mort ſera na-turelle ou violente. Ce ſeroit vne excellente choſe, ſi ce-la ſe pouuoit faire. Cela paſſe entierement la Nature, & pourtant ceux qui ont deſſein de ſe ſeruir de cette indu-ſtrie pour connoiſtre les choſes cachées, publient qu'il ſe faut affeurer à leurs obferuations particulieres; Ils difent qu'elles dependent de la puiffance des Aftres, & qu'il y a trois maiftreffes lignes au front, dont la plus baffe eft dediée à Mercure, la plus haute à Saturne, & celle du milieu à Iupiter; Que l'on iuge de la vie iufqu'à vingt-cinq ans par la ligne de Mercure, par celle de Iupiter iufqu'à cinquante & vn, & par celle de Saturne iufqu'à la mort; Que fi elles font tranchées en quelque part, l'on connoift fi cela fignifie des maladies grandes ou petites, ou vne mort auant le temps; Que felon qu'elles font accompagnées d'autres moindres lignes ou d'autres figures dediées chacune à leur Planette, l'on iuge de la bonne ou de la mauuaife auanture de la perfonne. C'eft vn fommaire de tout leur Art, qu'ils appellent la Metopofcopie, où il y a fi peu de fondement qu'il n'y faut adioufter aucune foy. A peine peut-on iuger de l'inclination, & mefme du temperament des Hommes par les meilleures regles de la Phyfionomie entiere, & ces gens-cy voudroient parler des mœurs, des maladies, des cheutes, des bleffeures, des dignitez, ou des richeffes & de la mort, apres la feule confideration de quelques lignes. Ce font des obferuations faites à plaifir pour tromper les plus credules; Il n'y a point plus d'apparence qu'vne ligne foit dediée à Iupiter qu'vne autre, & ces deuineurs deuoient chercher fept lignes pour en attribuer vne à chaque Planete. Quand ils l'auroient fait mefme, & quand ils les auroient rangées felon l'ordre celefte, cela ne pourroit rien conclurre pour eux, d'autant qu'il n'y a rien qui nous prouue que de telles marques foient faites pour monftrer la fortune de la vie.

DE LA
METO-
POSCO-
PIE.

L'ON obferue de mefme encore les lignes des mains, & cela s'appelle la Chiromance. Il y a les principales lignes qui fe trouuent en toutes perfonnes, dont les vnes monftrent la longueur de la vie, les autres quelle fera la fortune. Chaque efleuation qui eft dans la main & au deffous des doigts, eft dediée à quelque Pla-

De la Chiro-
mance & de la
Pedomance.

nette ; Celles qui font entre les jointures des doigts leur
font auffi attribuées, & felon les lignes & les caracteres
qui s'y rencontrent, l'on iuge de ce qui arriuera. La largeur des lignes, leur couleur & leur entrecoupeure, font
les marques fpeciales ; mais en tout cela il n'y a aucune
apparence de ce que l'on propofe. Ceux du meftier difent que la Nature a efcrit dans la main de chaque Homme fes auantures futures, afin qu'il les pûft confulter, &
qu'il prift de bons deffeins & fe refoluft de bonne heure
à ce qui luy deuoit arriuer : Mais cela feroit fort inutile:
car comment eft-ce que les Hommes connoiftront cela,
en regardant fimplement le dedans de leurs mains ? Il
faudroit que la fignification en fuft plus manifefte : Il y
a peu d'Hommes qui entendent la Chiromance ; la Nature auroit donc trauaillé en vain. Toutes les lignes des
mains pouuoient auffi receuoir diuerfes fignifications, à
la volonté de ceux qui les ont inuentées, & les facultez
qu'ils leur attribuent en vn endroit leur femblent eftre auffi propres en vn autre, tellement que cela n'a aucune certitude ; L'on ne s'accorde pas mefme en cette fignification, & l'on ne fçait qui l'on en doit croire ; Dauantage, fi
les vns difent qu'il faut regarder la main droite de celuy
qui eft né de iour, & la gauche de celuy qui eft né de nuict ;
les autres affeurent tout le contraire, & plufieurs tiennent
qu'il faut faire ces obferuations fur toutes les deux ; Cela
monftre que cet Art n'eft rien que fiction. D'ailleurs,
quelle affeurance y a-il à confiderer les lignes des mains,
qui peuuent venir auffi bien par accident que par nature,
felon que plus ou moins nous nous en feruons, & qui
peuuent eftre variées ou augmentées par les outils que
nous manions, de forte qu'entre les gens de trauail quelques-vns en ont vne fi grande quantité que l'on ne les
peut diftinguer, & les autres les ont fi effacées que l'on ne
les peut apperceuoir, ayans mefme de gros durillons
qui les font difparoiftre ; & l'on trouue auffi que ceux qui
ont la peau rude & groffiere, ont le moins de lignes, &
ceux qui l'ont delicate en ont le plus. L'on peut refpon-

dre que les lignes qui font faites par accident font tousjours diftinguées des naturelles ; Que fi le trauail les fait
perdre ou les rend confufes, cela ne prouue pas qu'elles
foient vaines, & qu'il ne les faille point obferuer lors que
l'on le peut ; & que fi l'on dit qu'elles fe forment felon
que l'on a les mains delicates ou groffieres, c'eft dequoy
on tire vne connoiffance qu'elles portent leur fignification, puifqu'elles viennent ainfi naturellement felon le
temperament de la perfonne. En effet, ces lignes naturelles demeurent toufiours ; Il y en a qui fuiuent la conftitution, & qui font longues & larges felon vn certain
temperament, & d'vne certaine couleur felon que de certaines humeurs abondent au corps, de forte que par là
l'on iuge de la complexion des Hommes, & l'on tire des
conjectures de leurs maladies & d'vne mort precipitée
ou tardiue. En ce cas-là il faut efcouter les obferuations
de la Chiromance, & croire qu'elles ne font pas entierement inutiles, eftans refferrées dans de telles bornes, fans
fe mefler des prefages des accidens fortuits, qui ne dependent point du temperament, ny mefme de l'inclination. L'on adioufte neantmoins qu'il faut obferuer de
certains traits & caracteres dediez aux Planettes, dont
l'on penfe former iugement de toutes chofes : mais nous
auons defia dit que ces marques n'ont rien de commun
auec les corps celeftes, & qu'il n'y en a point que l'on
puiffe connoiftre deuoir eftre dediées pluftoft aux vns
qu'aux autres. Defcouurons enfin les fecrets des curieux;
Ils pretendent que les mefmes Signatures fe trouuent non
feulement en tous les Animaux, mais aux Plantes & aux
Pierres, felon qu'ils font fous la iurifdiction de quelques
Aftres, ce qui feroit vne forte preuue ; mais l'on fe peut
figurer tels caracteres que l'on voudra fur plufieurs traits
qui fe trouuent aux diuers Corps du Monde, foit aux plis
des membres des Animaux, aux filamens & aux marques
qui fe voyent aux feuilles & aux fruicts des arbres, & aux
couleurs des pierres ; & quoy qu'il y ait vne fubordina-

tion aux chofes, elle n'eft pas reglée felon les fantaifies des Hommes.

Quelques-vns ont voulu inuenter vne Pedomance, à l'imitation de la Chiromance, obferuant les lignes qui fe trouuent à la plante des pieds, & leur donnant de femblables fignifications ; mais cela n'a pas tant de cours , & quelque eftime que l'on en faffe, il y a auffi à dire contre, Que l'on ne fçauroit iuger des accidens futurs par ces lignes dont la fignification eft imaginaire , & que tout au plus, cela ne peut feruir qu'à faire connoiftre le temperament.

CEVX qui ont eu le plus de defir de fçauoir les chofes cachées & les futures ne trouuâs pas leur fatisfaction dans les lignes du front ou des mains, & dans la Phyfionomie entiere du Corps, ont creu qu'il ne faloit pas feulement regarder les effets , mais les caufes, & qu'il faloit confiderer les Aftres qu'ils tenoient pour les Maiftres du Monde, & pour les Autheurs de ces Signatures, où plufieurs s'arreftoient. Afin de fçauoir s'ils ont raifon en cela , il faut auoir recours à la queftion du pouuoir des Influences, que nous auons affez agitée : Nous auons trouué que ces emanations ne font pas telles que l'on les croid, & que fi elles ont quelque puiffance, l'on ne fçauroit la determiner, non pas mefme en ce qui eft du changement des Saifons, ce qui eft bien loin de iuger par là des inclinations des Hommes & des accidens de leur vie, comme les Aftrologues pretendent : Neantmoins , ils vantent beaucoup leurs obferuations, & ont compofé vn Art qu'ils appellent l'Aftrologie Iudiciaire, par lequel ils promettent de tirer des prefages de toutes chofes. L'on y adioufte d'autant plus de foy que l'on void que cela eft compofé de quantité de regles qui femblent refpondre à toutes les demandes que l'on fçauroit former, mais il ne fe faut pas laiffer deceuoir aux premieres apparences.

Voici les raifons que l'on leur opofe. Quoy que l'on attribuë aux Aftres quelque pouuoir fur les chofes inferieures, l'ô met en doute fi l'on peut cônoiftre ce qui arriuera par

la diuerſité de leur cours & de leurs conjonctions. L'on dit
que le temps que les Planetes ſe treuuent en vn certain endroit du Ciel, n'arriuera pas deux fois en la vie d'vn homme, tellement qu'vne meſme perſonne ne ſçauroit eſprouuer comment ſe font les diuerſes poſitions de ces Aſtres,
& il eſt bien hazardeux de ſe fier aux obſeruations de
pluſieurs qui ſont peut-eſtre fautiues, ſoit pour le defaut
des inſtrumens dont l'on s'eſt ſeruy, ou pour la foibleſſe
de la veuë des obſeruateurs, ou pour leur mauuaiſe ſuppu-
tation; Que les Planettes changeans auſſi touſiours de ſituation dans les reuolutions les plus iuſtes, & ſe trouuans
accompagnées d'autres Eſtoilles qu'auparauant, il faut
croire que ce ſont autant de nouuelles conſtellations qui
ont vn pouuoir particulier, & qu'il faudroit des ſiecles
innombrables pour les faire reuenir de meſme, tellement qu'il eſt inutile de fonder ſon iugement ſur ce qui eſt
paſſé, & d'aſſeurer qu'il arriuera touſiours de pareilles
choſes en la preſence d'vn Aſtre que l'on aura veu preſider à vne certaine heure; Que d'ailleurs outre que nous
voyons quantité d'Eſtoilles dont les ſituations ſe changent manifeſtement, il y en a quantité d'autres que nous
ne voyons point, & dont l'on ne peut ſçauoir le nombre,
leſquelles neantmoins doiuent auoir quelque puiſſance;
& comme l'on ne ſçait pas en quel quartier elles ſont lors
que l'on fait iugement de quelque figure du Ciel, l'on
n'en peut rien dire de certain.

Les Iudiciaires reſpondent à cecy, qu'encore que toutes les Eſtoilles ne ſe trouuent pas touſiours aux meſmes
degrez, il ſuffit de voir les principales au meſme poinct
que l'on les demande pour faire eſpreuue de leur pouuoir; & que comme les changemens qui arriuent en cela
ſont fort petits, ſi cela apporte auſſi de la difference aux
accidens qui en deriuent, elle eſt peu conſiderable, &
n'empeſchera point que l'on ne connoiſſe que de la preſence d'vn meſme Aſtre il ſort touſiours de meſmes Influences; Et que s'il y a des Eſtoilles que l'on ne void
point, il faut croire auſſi que leur pouuoir ne ſe manifeſte

iamais. Nous leur repartirons que nous n'auoüons pas que le changement de situation qui se trouue aux Estoilles soit peu considerable quand il est d'vn demy degré ou du quart. Les Hommes sont differens de naturel pour estre nez à cinquante lieuës l'vn de l'autre; Ces grandes plages du Ciel, qui tiennent tant de millions de lieuës, ne donnent-elles point de difference à ce qui arriue dessus elles? Il ne sert à rien d'alleguer que cette diuersité est peu de chose à l'esgard de nous, quoy que ce soit beaucoup pour les Astres: Il est indubitable que par ce moyen ils apportent du changement à la constellation, & que cela doit causer des effets particuliers. En ce qui est des Estoilles que l'on ne void point, c'est aussi leur faire tort de dire que leur pouuoir ne s'estend point iusqu'icy bas. Si nous ne les voyons point, c'est le defaut de nos yeux, & mesme à l'aide des Lunettes l'on en découure tousiours quelque nouuelle. D'ailleurs, quoy qu'elles ne soient point veuës, & qu'elles soient fort esloignées, il faut croire qu'elles ne laissent pas d'agir, veu que l'on a posé pour maxime que l'Influence se porte iusques icy malgré tout obstacle, soit opposition soit esloignement; & qu'en effet, quand l'on iuge d'vne constellation, l'on n'en excepte pas mesme les Estoilles qui sont en l'autre hemisphere; Qui plus est, encore qu'elles soient esloignées de nous, elles ne laissent pas d'estre assez proches de celles qui nous sont connuës pour auoir de l'affinité auec elles; & parce qu'elles les regardent diuersement, elles doiuent changer leurs Influences, & les augmenter ou diminuer: & puisqu e l'on ne sçauroit iuger quels sont les aspects de tels Astres ne les voyant point, cela rend les obseruations inutiles, outre vne infinité d'inconueniens que nous y pouuons adiouster.

Comment l'on dresse les douze Maisons de l'Horoscope; quelles sont les raisons de leur ordre, & quelle en est la refusation.

Declarons encore icy par quel moyen les Astrologues pensent iuger des choses futures. Ils ont arresté que pour sçauoir ce qui doit arriuer à vne personne, il faut considerer quel estoit l'estat du Ciel au poinct de sa naissance, & quels Signes & quelles Planettes se trouuoient

en

en chaque partie, afin d'en dreſſer vne figure qu'ils appellent l'Horoſcope. Ils diuiſent donc le Ciel en douze
parties eſgales pour chaque figure, & ce ſont les douze
Maiſons dont ils font iugement ſelon les Aſtres qu'ils y
rencontrent, ayant donné à chacune vn pouuoir particulier. Ils diſent que par la premiere l'on iuge quel eſt le
commencement & tout l'eſtat de la vie; que la ſeconde
fait iuger des richeſſes; la 3. des freres; la 4. des parens;
la 5. des enfans; la 6. des ſeruiteurs; la 7. du Mariage; la
8. de la Mort; la 9. de la Religion; la dixieſme, des Dignitez; l'vnzieſme, des amys; & la douzieſme, des ennemis. Les perſonnes d'eſprit ne receuront pas cela pour
aſſeuré ſi l'on ne leur en donne des raiſons; Voicy ce
que les Aſtrologues Iudiciaires en ont propoſé. Ils diſent que la premiere Maiſon qui tient l'Orient, doit
preſider naturellement ſur le commencement de la vie;
Que les richeſſes eſtans deſirées ſur toutes choſes, elles
doiuent dependre de la ſeconde Maiſon, & que les freres ſont apres ſous la troiſieſme, pource que la premiere la regarde d'vn certain aſpect qui leur donne de l'affinité; Que les parens ſont ſous la quatrieſme, qui eſt le
haut du Ciel & le lieu principal, les enfans en la cinquieſ-
me, pource qu'ils ſuiuent de prez les parens, & les ſeruiteurs en la ſixieſme, n'eſtans placez qu'en ſuite; Que le
Mariage depend de la ſeptieſme, d'autant qu'elle reſpond
à la premiere, & que la Mort eſt ſignifiée par la huitieſme
à cauſe de ſon mauuais aſpect; Que la Religion doit aller
apres en la neufieſme, à cauſe que ſa conſideration ne ſe
peut trouuer qu'en cet ordre; Que les Dignitez ſont ſous
la dixieſme, pource que c'eſt vne des principales obſeruations de la vie, & que cette Maiſon fait vn aſpect quarré
auec la premiere, la quatrieſme, & la ſeptieſme; Que les
amys ſuiuent ſous l'vnzieſme, pource qu'ils ſe tiennent
proche des dignitez, & s'entretiennent ſelon qu'elles ſont
eminentes; & quant aux ennemis, qu'ils ſont ſous la douzieſme, d'autant que c'eſt la derniere Maiſon, & la moins
eſtimable. Quelques-vns ont donné autrefois ces raiſons,

328

qui n'ont aucune apparence de verité. L'on void bien
que cet ordre de la puissance des Maisons celestes est fait
à plaisir, de mesme qu'il seroit arrangé en vn discours
d'Orateur où l'on parleroit de toutes ces choses, & l'on
les mettroit les vnes deuant les autres selon leur merite.
Il n'est pas croyable que l'œconomie du Ciel se gouuerne ainsi selon nos pensées. Quand cela seroit, il y a bien
du defaut en cette suite que l'on pouuoit ranger d'autre
sorte, & qui plus est, l'on pouuoit augmenter ou diminuer
le nombre des Maisons. Pour le faire moindre, il ne falloit qu'oster la huitiesme, où l'on iuge de la Mort, car la
premiere monstrant quelle sera la vie, en determine la
longueur, & il n'estoit besoin que d'vn mesme lieu pour
les freres & les autres parens, tellement que l'on pouuoit
ne faire qu'vne Maison de la troisiesme & de la quatriesme. Le Ciel eust esté de cette sorte diuisé commodement
en dix Maisons, & l'on pourroit encore les reduire à huit
si l'on mettoit les richesses auec les dignitez, & les amis
auec les ennemis. Mais quel moyen d'en iuger, dira-
t'on? Ie respon que cela se feroit selon que les Astres qui
s'y trouueroient signifieroient de l'auancement aux charges ou aux richesses : & quant aux amis & aux ennemis,
l'on peut iuger si l'on aura beaucoup des vns ou des autres selon que les Planettes qui seront en ce lieu seront
bonnes ou mauuaises. Les Astrologues mettent ensemble sous vne mesme Maison assez d'autres choses contraires ou differentes, & si l'on veut d'vn autre costé augmenter le nombre des Maisons, l'on le pourra faire aussi. La
premiere, qui monstre quel est le commencement de la
vie, donne encore des marques de la beauté du corps, de
son temperament & de sa santé, & de la ioye de l'Ame.
L'on peut faire vne Maison particuliere pour chacune de
ces choses; La seconde, qui monstre les richesses, se peut
diuiser en ce qui concerne l'or & l'argent & les marchandises, ou les Terres & les edifices. La troisiesme, qui preside sur les forces, preside aussi sur les voyages, au dire
des Astrologues : A quel sujet aura-t'elle ces deux

gouuernemens ? La quatriefme apprend à connoiftre quel eft le Pere & la Mere, quels font les heritages, & s'il y a des trefors cachez ; C'eft affez pour occuper deux ou trois Maifons. La cinquiefme fait iuger des enfans, des dons, des legs & des meflagers ; La fixiefme, des ferui-teurs, des feigneuries & des membres du corps humain ; La feptiefme, des mariages, des concubinages, des que-relles, & des procez ; La huitiefme, des maladies, de la mort & de la crainte ; La neufiefme, de la Religion, de la Sageffe & des Songes ; La dixiefme, des honneurs & de la Renommée ; L'vnziefme, des amis, de l'efpoir & de la confidence, & de toute la bonne fortune de l'hom-me ; La douziefme, des ennemis, de l'enuie, de la médi-fance, de la tromperie, de la captiuité, & des Beftes do-meftiques. Voylà bien des chofes differentes accouplées, aufquelles l'on pouuoit donner à chacun leur Maifon, & tout au moins il falloit mettre ces Beftes dans vne efta-ble à part. Il y a quelqu'vn qui a dit que la douziefme Maifon eftoit principalement pour les Beftes de charge ou de voiture, pource qu'eftant la derniere elle porte tou-tes les autres fur foy, ou que fe ioignant à la premiere dans le cercle d'vne figure, elle entraifne tout comme fi c'eftoit vn chariot : Se peut-il rien imaginer de plus im-pertinent ? Toutes les autres ont des raifons qui ne font pas moins ridicules, mais l'on n'en fçauroit donner de meilleures : & puifque ces douze demeures font chargées de tant de diuerfes operations dont plufieurs font redui-tes en mefme lieu, il eft certain que le nombre n'en eft pas fort bien reglé, & que l'on les pourroit diminuer ou accroiftre, mais leur accroiffement euft efté plus à propos que leur diminution. Toutefois, il n'y a pas beaucoup d'apparence d'en rien eftablir ; car les accidens des Hom-mes font fi diuers que l'on y trouue tous les iours quel-que chofe de nouueau, de forte que les regles que l'on en propofe font incertaines.

Ie fçay bien que quelques modernes ont voulu cher-cher plus de fubtilité que les anciens dans l'eftabliffe-

*Defedse des douze
Maisons Celeste
sur la perfection
d'vn tel nombre,
& sur les diuers
aspects; Auec la
refutation ensui-
te.*

ment des Maisons de l'Horoscope.   Non seulement ils
tiennent qu'il n'y en peut auoir ny plus ny moins, mais
aussi que les puissances que l'on leur attribuë sont tres-
naturelles.   Pour ce qui est de leur nombre, ils disent
qu'il est fondé sur le nombre Ternaire qui comprend toute perfection, lequel est multiplié par le Quaternaire, qui
represente la fermeté & la durée des choses; Que toutes les parties ausquelles le nombre de douze peut
estre diuisé, & dont il est multiplié, contiennent aussi les
aspects celestes qui sont cause des plus fortes Influences;
Que l'vnité se raporte à l'vnion & conjonction; le deux,
qui est la sixiesme partie, se rapporte au regard sextil; le
3. qui est la quatriesme partie au regard quadrat; le 4.
qui est la troisiesme partie au regard trine; & le 6. qui est
la moitié, se rapporte à l'opposition; Et que n'y ayant
que cela d'aspects, il n'y peut auoir dauantage de Maisons; Qui plus est, que la vie de l'Homme estant diuisée
en quatre âges, cela doit respondre à ces quatre Triplicitez, & qu'à cela s'accorde encore l'estat de la santé, l'A-
ction, le Mariage & la Souffrance, auec le commencement, le progrez, la force & le declin.   Ceux qui ont declaré cecy croyent auoir trouué vn secret de Cabale qui
leur doit auoir esté reuelé diuinement; Que les premiers
qui inuenterent l'Astrologie Iudiciaire eurent les mesmes
pensées, & que l'on ne sçauroit refuser de les admettre.
Ie leur respon que les merueilles qu'ils trouuent dans le
nombre de douze, se rencontreroient encore en plusieurs
autres multipliez par le 3 & le 4, tellement que l'on pourroit bien establir dauantage de Maisons au Ciel, mais
d'ailleurs, toutes ces puissances que l'on attribuë aux nombres sont imaginaires. Quant aux cinq aspects qui se trouuent iustement dans les douze Maisons, cela ne les re-
straint pas à ce nombre, car qui empescheroit si l'on auoit
estably vingt-quatre ou quarante-huict Maisons, que l'on
n'y mist aussi plus grand nombre d'aspects? Cela se peut
faire aisément, & quant aux quatre âges, ie ne sçay de
quelle sorte ils les trouuent en leurs quatre Triplicitez, ny

leurs autres imaginations. La premiere Maiſon, auec les deux ſuiuantes, peutbien ſignifier l'enfance, la ſanté, & le commencement; Mais pour la quatrieſme, la cinquieſ-me & la ſixieſme, qui preſident aux parens, aux enfans & aux ſeruiteurs, y trouuera-t'on la ieuneſſe, l'action & le progrez? En la ſeptieſme l'on peut trouuer la virilité, la force, & le mariage, ou bien la Religion en la neufieſme, mais quant à la huitieſme, qui ſignifie la Mort, pourquoy ſera-t'elle de cette triplicité, & pour la dixieſme & l'vnzieſme, qui repreſentent les dignitez & les amys, pour-quoy ſignifieront-elles la vieilleſſe, la ſouffrance & le de-clin? Cela eſt paſſable pour la douzieſme, qui monſtre quels ſont les ennemis. Il eſt vray que ceux qui parlent de ces Triplicitez ne les eſtabliſſent pas de cette ſorte. Ils mettent la premiere, la cinquieſme & la neufieſme enſem-ble pour l'eſtat de la vie; La ſeconde, la ſixieſme & la di-xieſme, font l'autre triplicité pour la ieuneſſe & l'action; La troiſieſme, la ſeptieſme & l'vnzieſme, font pour la vi-rilité & le mariage; La quatrieſme, la huitieſme & la dou-zieſme, font pour la vieilleſſe & la ſouffrance. Cela eſt eſtably ſur leur Trine aſpect qui ſe fait par de tels eſpaces, mais il n'y a encore guere de rapport, car la cinquieſme, qui ſignifie les enfans, doit-elle eſtre auec le premier âge? la faut-il pas pluſtoſt mettre auec le mariage & la virilité? Ceux qui ont reglé cela ſe ſont bien trompez, car ils ont ſeulement conſideré le temps qu'vn Hom-me dont ils parloient eſtoit encore enfant, ſans ſon-ger aux enfans qu'il pouuoit auoir. Ie laiſſe les au-tres bigearreries où l'on peut trouuer aſſez à repren-dre. Cet ordre ne defend point l'eſtabliſſement des Maiſons. D'ailleurs, quand elles ſe deuroient rapporter les vnes aux autres par aſpect, & quand toutes les Tripli-citez deuroient conuenir enſemble, il reſteroit à prou-uer pourquoy vne Triplicité ſignifieroit pluſtoſt vne choſe qu'vne autre, car par exemple ie veux que la troi-ſieſme & l'vnzieſme s'accordent à la ſeptieſme qui ſigni-fie le Mariage, comment preuuera-t'on que le Mariage

342

doit eſtre ſignifié dans la ſeptieſme, & il en eſt ainſi de toutes les Maiſons ?

Cela nous monſtre que l'on leur peut donner des applications nouuelles, & que l'on peut changer leurs puiſſances auec des raiſons qui auroient plus de vray-ſemblance que celles que l'on a rapportées. Ie ne voudrois pas mettre l'eſtat de la vie en la premiere Maiſon, qui eſt l'angle d'Orient; ie la voudrois mettre au haut du Ciel, qui eſt la partie qui enuoye des rayons plus forts ſur celuy qui naiſt, les regards perpendiculaires eſtans plus puiſſans que les obliques. Le Mariage ſeroit dans vne Maiſon ſuiuante, pource que la conjonction s'y trouue. Les Enfans ſeroient apres, & puis les Amys, les Seruiteurs, les Dignitez & les Richeſſes; Et dans les Maiſons qui precederoient celle de la naiſſance & de la vie, l'on mettroit celle du Pere & de la Mere, celle des autres Parens, & des biens & honneurs de la famille, qui ſont des choſes dont la conſideration doit preceder naturellement celle de la naiſſance; & au cas que l'on fiſt plus de douze Maiſons, l'on amplifieroit les circonſtances & les accidens : Mais quelque belle apparence que l'on trouuaſt dans cet ordre, il faut auoüer que comme tout cela ſeroit inuenté à plaiſir, auſſi cela n'auroit aucun effect. Il en eſt de meſme de l'ancien ordre des douze Maiſons qui n'ont aucune puiſſance qui ne ſoit imaginaire : & pour monſtrer que cela eſt fort vain, il y a eu meſme beaucoup de conteſtation entre les Aſtrologues pour les eſtablir, & quoy que celles que i'ay alleguées puiſſent eſtre receuës de quelques-vns, elles n'en ſont pas plus certaines.

L'on dit que la puiſſance des douze Maiſons eſt augmentée ſelon les Aſtres qui s'y rencontrent, comme les douze Signes du Zodiaque; Qu'il y en a touſiours quelqu'vn dans chacune; & que ſuiuant la nature que l'on leur attribuë l'on iuge des Influences qu'ils peuuent donner en vn tel lieu; Que comme les ſept Planettes ſe doiuent auſſi touſiours trouuer dans l'vne ou dans l'autre de ces Maiſons en faiſant leur cours, l'on penſe encore mieux

connoiſtre ce qui doit arriuer par l'affinité qu'elles ont
auec les Signes prez deſquels elles ſe trouuent, & le contentement que l'on croid qu'elles prennent dans chaque
ſejour. Pour ce qui eſt des douze Signes du Zodiaque,
l'on remonſtre aux Aſtrologues que ce ne ſont que douze degrez pour diuiſer le premier mobile, & qu'ils n'ont
point de differentes vertus, puiſqu'il n'y a aucune raiſon
qui nous puiſſe monſtrer que ce premier Ciel ait des parties differentes. L'on luy a bien attribué les noms des
Signes qui ſont au Firmament, mais l'on tient qu'ils ne ſont
plus au deſſous de chaque degré, & que faiſans touſiours
leur cours auec leur grand Orbe, il ſe trouuera enfin
que le Belier ſera deſſous le Taureau. L'on replique à cecy que l'on eſtablit le vray Zodiaque dans les Signes du
Firmament, comme peuuent faire ceux qui n'admettent
point tous les mouuemens, ny du premier mobile ny du
Ciel criſtallin, & qui ne reconnoiſſent qu'vn Ciel; mais
apres cela, que ſera-ce encore de toutes ces figures? Nous
auons deſia appris qu'elles n'ont leur nom que pour diſtinguer les lieux où ſe trouuent les Planettes, & ſpecialement le Soleil; & que tout au plus elles ſignifient les diuerſitez de l'année, comme la ſaiſon propre au labourage
par le Taureau, & ainſi des autres. Cela monſtre que tout
ce que l'on en doit eſperer, c'eſt que l'on peut connoiſtre
par là quel temps il doit faire en chaque mois, non pas
que cela enſeigne ce qui arriuera de toute la fortune des
Hommes. Les ſignifications que l'on donne aux ſept
Planettes ſont auſſi controuuées à plaiſir ſelon les qualitez des Dieux du Paganiſme, de ſorte que l'on n'y doit
chercher aucune aſſeurance. Pour la ioye ou la triſteſſe
que l'on leur attribuë dans la Maiſon de certains Signes,
& pour leur exaltation & leur cheute, ce ſont encore des
opinions ſans fondement; Il en eſt de meſme des Aſtres
que l'on eſtime feminins ou maſculins, & Aſtres de nuict
ou de iour. Leurs jonctions, leurs ſeparations, leurs ſta-
tions, leurs directions, leurs retrogradations & leurs diuers regards, ſont des ordres qui ſemblent beaux à deſ-

344

duire, mais dont l'effet n'eſt point tel que l'on le publie.
L'on pourroit changer toutes ces choſes à volonté, &
les ſignifications que l'on y donne ſont auſſi inuentées à
plaiſir, ce qui monſtre que cela n'a rien qui puiſſe ſeruir
à aucune choſe.

Pour conuaincre les Aſtrologues Iudiciaires par la
pratique de leur Art, il faut faire voir que de la façon qu'ils
s'y employent, ils ne font rien qui ne ſoit inutile. S'ils
veulent faire leurs predictions de l'Enfant qui eſt encore
au ventre de la Mere, ils obſeruent l'heure de la conception, & dreſſent là deſſus leur figure, mais auec tout le
ſoin qu'ils pourroient apporter pour la faire dans leurs regles,
il ne faut pas qu'ils penſent en tirer la verité. Pluſieurs Femmes ſe peuuent tromper à deſigner l'heure de
la conception, comme elles font tous les iours, s'abuſans
au terme de leur accouchement, de ſorte que ſi les Aſtrologues ſe fondent ſur ce qu'elles en diſent, ils feront des
figures incertaines & inutiles. Mais ſans tout cela, croyēt-
ils que les Aſtres qui preſident alors, monſtrent quelle
eſt la conſtitution de l'Enfant, & que de là l'on peut iuger quelles ſeront ſes fortunes? Ils ſe trompent d'abord
à cette conſtitution : Il ne faudroit pas ſeulement ſçauoir
quels eſtoient les Aſtres à ce moment; mais quelle eſtoit
la conſtitution naturelle du Mary & de la Femme, quel
eſtoit le temperament de la ſemence qui peut changer à
toute heure, & meſme il faudroit prendre garde ſi depuis
que le corps a eſté formé, la nourriture que la Femme a
priſe, ou l'exercice violent, ou les peurs frequentes, & les
autres accidens, n'ont point altéré les humeurs; car en
vain les Aſtres ſignifieront vne ſorte de temperament
au temps de la conception, ſi le Mary & la Femme le doiuent donner tout autre, ou s'il eſt encore changé par tant
de choſes qui ſuruiennent. Vne ſubſtance eſt plus forte
en elle-meſme pour demeurer ce qu'elle eſt, que tout ce
qu'il y a d'exterieur & d'eſloigné, pour luy donner aucun
changement.

Ce n'eſt point auſſi de l'aſpect de certaines Eſtoilles

que l'on peut deuiner si la Femme accouchera d'vn fils ou d'vne fille. Les Medecins en donnent des regles bien meilleures, lors qu'ils asseurent que si la semence de l'Homme est plus puissante que celle de la Femme, il se fait vn masle, & si celle de la Femme l'emporte, il se faict vne femelle. Ils tiennent aussi que le costé sur lequel la Femme se couche apres auoir conceu y peut cooperer, donnant aux masles le costé droit, & aux femelles le gauche; Mais sur tout, ils prescriuent des regimes de viure pour l'Homme & la Femme, qui doiuent grandement seruir à cela, de sorte que l'on peut iuger si vne Femme aura fils ou fille par l'obseruation de toutes ces choses, ou par la consideration du temperament des parties, mieux que par l'aspect des Astres. Les Astrologues exercent leurs plus grandes tromperies quand ils ordonnent aux marys de ne voir leurs Femmes qu'à de certaines heures où regnent les Influences necessaires pour auoir des enfans du sexe qu'ils desirent, & de l'humeur qui leur sera la plus agreable: S'il y a quelque chose en la Nature qui puisse operer en cecy, ce doit estre l'obseruation medicinalle, & non point l'Astrologique; Et comme les regles des Iudiciaires n'y seruent de rien, elles sont aussi fort inutiles à la prediction de tout ce qui peut arriuer.

Ils diront que de verité pour iuger entierement de la fortune de l'Enfant qui vient au Monde, outre l'heure de la conception, il faut encore obseruer celle de la naissance. La pluspart mesmes font seulement leurs figures là dessus, & de là l'on a trouué sujet de leur objecter qu'il les falloit plustost faire pour l'heure de la conception, ou pour celle de la formation du corps de l'Enfant & l'introduction de l'Ame raisonnable, d'autant que c'est la vraye origine de l'Homme, & que sortant du ventre de la Mere, ce n'est point là son commencement, mais seulement vn changement de lieu. Ils doiuent respondre que l'Enfant estant au ventre de la Mere est comme vne de ses parties, qu'il participe seulement aux Influences qu'elle luy communique apres les auoir receuës, & qu'estant en-

---

DE L'AS-TROLO-GIE IV-DICIAIRE

Comment l'on peut sçauoir si vne Femme accouchera d'vn fils ou d'vne fille.

De l'obseruation de l'heure de la naissance.

fermé il ne les peut receuoir luy-mesme, mais que lors
qu'il est mis à descouuert, il commence d'y estre rendu
sujet. Pour accorder vne opinion auec l'autre, l'on pourroit tirer vne figure du temps de la conception, & vne
autre de la natiuité; mais si celle de la conception ne sert
de rien, celle de la naissance ne seruira guere dauantage.
L'on dit premierement contre toutes les deux que leur
instant ne peut estre sceu au vray; L'on ne sçait quelle
partie de l'heure cela occupe, & cependant les Astrologues tiennent que la face du Ciel change à tous les momens, & par consequent que les Influences y sont diuerses. Il n'y a rien de si sujet à faillir que les horloges des
Villes qui ne s'accordent iamais ensemble, & vne Femme pourra accoucher en vn Village où il n'y aura point
d'horloge, & où personne ne se trouuera qui ait assez de
curiosité pour aller regarder à quelque quadran au Soleil. Mesme dans l'embarras où se trouuent en ce temps-
là tous ceux de la maison, l'on songe peu à ces choses. Ie
pose le cas neantmoins que s'il est question de la naissance d'vn Grand, il y ait là vn Astrologue tout prest pour
obseruer le temps de l'accouchement d'vne Princesse, &
faire l'horoscope de son enfant; Cela n'empeschera pas
qu'il ne se puisse aussi tromper à ce moment, d'autant
que l'on ne luy en aura pas fait vn rapport assez exact; Et
s'il pense obseruer le Soleil pendant le iour, ou les Estoilles pendant la nuict, le Ciel pourra estre couuert de nuages, & son Astrolabe sera possible mal fait, ou bien il
manquera apres à ses supputations; Pour remedier à cela, il faudroit tousiours auoir dans la chambre de la Femme qui est preste d'accoucher, quelque horloge qui mar-
quast iusques aux momens & aux minutes, encore pourroit-il manquer quelquefois, quoy que l'on eust commencé de le monter sur la vraye heure du Soleil. D'ailleurs,
puisque nous parlons icy d'obseruer le moment precis de
la naissance, que fera-t'on si l'enfant employe beaucoup
de momens à sortir du ventre de la Mere? Obseruera-
t'on seulement le premier moment, ou bien croira-t'on

qu'il y ait vne constellation pour chacun des membres, à mesure qu'ils se sont monstrez au iour, & que cela predise autant de fortunes diuerses ? Les Astrologues nous diront qu'il faut prendre garde quand la teste est sortie auec vne partie de la poitrine : Mais ce moment est fort mal-aisé à remarquer, & ne nous laisse point sans quelque doute touchant celuy où l'Enfant acheue de sortir entier, lequel semble estre aussi considerable. Au reste, quand l'on pourroit determiner le vray moment, ie ne sçay s'il s'y faudroit tousiours arrester, car la Nature veut que la Femme accouche dans vn certain terme selon sa force & celle de son fruict; mais ce temps peut estre accourcy ou allongé par quelque accident, si bien que cela ne s'accordera point auec ce qui en estoit predit par la figure de la conception. L'horoscope est-il donc aussi certain quand il est fait pour vn moment, où de verité l'Enfant vient à la lumiere du iour, mais qui n'est pas celuy que proposoit la Nature ? Si cela est, il ne tiendra souuent qu'à la Femme qu'elle ne fasse des enfans heureux ou mal-heureux; Car si elle est pressée d'accoucher en vn moment dont la constellation soit infortunée, comme la face du Ciel change sans cesse, elle n'aura qu'à s'efforcer de retenir encore son fruict vn demy quart d'heure, & elle mettra au Monde vn Roy ou vn Consul, vn General d'armée ou vn President, selon le moment que l'Astrologue luy prescrira pour cet effet.

Ces propositions si auantageuses ne doiuent pas pourtant estre receuës sans sçauoir leur fondement. Voyons comment les Astres agissent sur le corps du nouueau né: L'on dit que selon leur position ils luy donnent vn certain temperament, & que de là dependront à l'auenir ses mœurs & ses fortunes : Mais quelle raison y a-t'il de croire que le temperament ne luy soit donné qu'alors? Ne l'a t'il pas desia receu dans le ventre de la Mere, & n'est-il pas souuét tout autre que les Astres ne signifient? Les Astrologues respondront-ils qu'il n'arriue point qu'vne femme puisse accoucher que dans vn moment

conforme à la nature de son fruict ? C'est feindre à plaisir ce qui est necessaire pour leur defense, & auec tout cela, quelque conformité que ce temperament ait auec les
Astres, il peut estre incontinent changé par la qualité
du laict que l'on donne à l'enfant, car en cet aage si tendre, il faut peu de chose pour y apporter de l'alteration.
Quand l'enfant vient à croistre, l'exercice y peut encore monstrer sa puissance, outre la diuersité des alimens,
auec les drogues de Medecine. Au reste, l'on accorde
bien que le temperament peut guider les inclinations &
les mœurs de l'Homme, & qu'vne Ame qui ne se veut
point seruir de sa force s'y laisse assujettir; les Philosophes l'auoüent & l'experience le confirme: Mais que
treuuent pour eux en cela les Astrologues? Si nous
monstrons que ce temperament peut estre changé selon
diuerses occurrences, qu'espere-t'on de la puissance des
Astres qui l'auoient donné? N'est-elle pas alors finie, &
n'est-ce pas en vain que par elle l'on pense predire ce qui
arriuera d'vne personne? Il y a bien plus, quand ce
temperament demeureroit, l'inclination se peut détour-
ner de le suiure par vne infinité d'accidens. Le changement d'habitation, les honneurs, les charges, les compa-
gnies, la persuasion des amys, l'accoustumance, & quantité d'autres choses, sont capables de faire prendre à vn
Homme d'autres mœurs que celles où son temperament
le portoit, & apres cela que seruira toute la prediction faite selon les Astres au poinct de sa naissance? Les Astrologues peuuent respondre à cecy, que parce que ce changement doit arriuer à la personne, cela se void dans son
horoscope, d'autant que sa constellation est faite d'vne
telle façon, que l'on remarque bien que le temperament
& l'inclination qu'elle luy donne, ne sont que pour vn
temps, & qu'ils seront changez plusieurs fois. Ie nie
pourtant que cela puisse estre, & ie soustien que ce qui
fait que l'on adiouste quelquefois de la creance à leurs
promesses, c'est qu'en ce qui est du changement de temperament & d'inclination dont ils ne peuuent iuger par

l'horofcope d'vn enfant qui ne fait que de naiſtre, ils ne
ſe trouuent pas touſiours en cette peine, d'autant qu'ils
font ordinairement des horoſcopes pour des Hommes
de vingt-cinq ou trente ans & dauantage, de ſorte qu'ils
iugent plus facilement de ce qui leur arriuera vn iour,
par l'eſtat de leur corps, par les marques apparentes de
leurs inclinations deſia formées, par l'aplication de leurs
eſprits & leur fortune preſente, qu'ils ne feroient d'vn
nouueau né duquel l'on ne ſçait comment ſe tournera le
temperament & l'inclination. Ce premier moment de
la naiſſance ne peut auſſi de rien ſeruir pour le futur; car
s'il eſtoit vray que les Aſtres donnaſſent de certaines Influences à vn Homme au poinct qu'il viendroit au Monde, ce ſeroit pource qu'à toute heure ils auroient du pouuoir ſur tout ce qui ſeroit icy bas; C'eſt pourquoy en vn
autre temps ils deuroient encore agir diuerſement ſur la
meſme perſonne. Cette premiere Influence auroit bien
pû donner vn temperament qui ſeroit gardé autant qu'il
ſeroit poſſible; mais cela ne ſeroit pas pour reſiſter à toutes les autres conſtellations ſuiuantes. Pourquoy celles
qui ſeroient preſentes apres, n'auroient-elles pas plus de
force que les paſſees? La face du Ciel qui ſe change inceſſamment par vn roulement continuel, deuroit eſtre
capable d'inciter les Hommes à toute heure à diuerſes
choſes. Ie m'imagine cecy pour combattre l'opinion
des Aſtrologues, qui à ce compte-là ne pourroient pas
iuger des diuers changemens des inclinations par la conſideration des premieres Influences, puiſqu'il y en auroit
ſouuent de nouuelles.

D'ailleurs, où s'emportent-ils lors qu'ils ne veulent pas
ſeulement determiner quel ſera le temperament, & quelles ſeront les inclinations, mais quelles ſeront toutes les
actions des Hommes. Quoy, les Aſtres obligeront vn
Homme à eſtre yurogne, paillard & homicide? Où ſera donc ſon libre arbitre? Sera-t'il captif ſous leur conſtellation? Si cela eſtoit, ceux qui feroient du mal n'en
meriteroient ny punition ny blâme: Il en faudroit ac-

Si le libre arbitre
eſtoit captif ſous
les conſtellations,
les vertueux ne
meriteroient point
de recompenſe, ny
les vicieux de pu-
nition.

350

cufer le Ciel qui en feroit la caufe; Et ceux qui feroient
du bien n'en deuroient point auffi attendre de recom-
penfe, puifque les Aftres les y auroient portez. En vain
nous donnerions des loüanges & des honneurs à ceux
qui ont bien vefcu , & noftre Iuftice Politique feroit vne
grande iniuftice quand elle enuoyroit les larrons au gi-
bet. Il ne faudroit point croire que les profperitez ou les
aduerfitez , l'accroiffement ou la rüine des Empires &
des familles particulieres , & tous les autres changemens
inopinez de la fortune, fuffent des ouurages de la Prouidence Eternelle qui traite chacun felon fon merite dans
cette vie , pour des raifons impenetrables à l'efprit des
Hommes. L'on fe rapporteroit de tout aux Aftres, dont
l'on croiroit que toutes les deftinées fuffent dependan-
tes. L'on s'accouftumeroit par ce moyen à pecher fans
aucun fcrupule de confcience. Pourueu que les crimes
fuffent cachez, & que l'on fe fauuaft de la Iuftice humaine, l'on ne craindroit point la Diuine. L'on n'adreffe-
roit point auffi fes prieres à Dieu, mais aux Aftres, pour
acquerir de la felicité; Et comme l'on fe perfuaderoit
que tout feroit conduit par vne neceffité aueugle, l'on ne
pourroit pas croire qu'il y euft ny Paradis ny Enfer
apres cette vie, d'autant que les actions aufquelles l'on
auroit efté contraint, ne deuroient point eftre confiderées pour l'eftat eternel des Hommes. Mais le Monde
n'eft point gouuerné de cette forte. Si Dieu auoit creé
les Aftres pour contraindre autant les Hommes à fuiure
les vices que la Vertu, il auroit efté autheur du mal, ce qui
ne peut arriuer, eftant fouuerainement Bon comme il eft.
Si ces opinions ont gagné ceux qui eftoient dans les erreurs les plus pernicieufes, elles n'ont rien obtenu fur
ceux qui font dans la vraye Foy; & les Aftrologues mefmes voyans que c'eftoit vn moyen de les faire defcrier
partout de fouftenir cela abfolument, ont auoüé que les
Aftres ne forçoient point les Hommes à faire de certaines chofes, mais qu'au moins ils leur en donnoient l'inclination. La plufpart des efprits vulgaires s'en tiennent

pour contens, & reçoiuent l'Astrologie Iudiciaire à ces conditions; mais l'on leur dispute encore cela, pource que ce seroit proposer que Dieu auroit fait autant de creatures à qui le mal seroit essentiel, que d'autres à qui le bien le seroit, ce qui ne peut iamais estre. Ce n'est pas vn moindre mal de faire incliner quelqu'vn au vice que de l'y forcer, & mesme c'est vne trahison tres-dangereuse qui surprend lors qu'on ne s'en garde pas. Dieu a trop aimé les Hommes pour les exposer à tant d'ennemis; & si l'on dit que le temperament donne de l'inclination à de certaines voluptez & à d'autres vices, & que les Astres en peuuent faire autant, ie respon que les humeurs, qui font vne partie de nous-mesmes, peuuent de verité auoir quelque pouuoir, mais qu'il ne regne point sur nous, si nous leur resistons, & que nostre volonté se rend tousiours la maistresse; Que les choses exterieures & esloignées ne sçauroient aussi auoir vne semblable force, & quand elles l'auroient, que cela ne conclud rien contre nous, car si nostre Ame peut bien rendre ses intentions & ses projets contraires à la puissance qui luy est attachée, & qui est en son corps dont elle se sert pour instrument de ses actions, que ne fera-t'elle point contre la puissance des Astres qui est separée d'vne telle distance?

L'on ne dit point que les Astres ayent du pouuoir sur l'Ame des Hommes pour autre sujet que pource qu'ils en ont sur le temperament du corps, mais si ce temperament est souuent frustré de son priuilege, ne pouuant assujettir la volonté, que feront donc les Astres? Outre cela, quand l'on auroit monstré que leurs Influences auec le temperament pourroient porter les Hommes à quelque Vertu ou à quelque vice, cela ne determineroit pas de quelle sorte ils accompliroient leurs bons ou leurs mauuais desseins, & quelle fortune leur en pourroit arriuer; car pour sçauoir les inclinations des Hommes, l'on ne sçait pas ce qu'ils feront ny ce qu'ils souffriront, auec toutes les circonstances necessaires, tellement que tou-

352

tes les prediᶜᵗiõs que l'on tire de la difpofition des Eftoilles ne fçauroient auoir aucune verité, & ne font fondées
que fur les vaines imaginations des Aftrologues. Cherchons vn peu ce que c'eſt que cette Influence, qui à la
naiſſance de l'enfant luy donne vn temperament égal à
elle, & le deſtine à de certaines actions, & de certaines
fortunes inéuitables. Pour ce qui eſt d'imprimer au corps
de l'enfant vne qualité chaude ou froide, feche ou humide, & luy donner fes principales humeurs, quoy que
cela ne fe faſſe guere, & que l'enfant ait tiré du ventre
de la Mere tout ce qui luy conuient, fi eſt-ce que l'on
peut dire auec quelque vray-femblance, que les rayons
des Aſtres ayans touché le corps du nouueau né, l'ont
confirmé dans cette habitude; mais pour ce qui eſt de le
deſtiner à faire de certaines choſes & en fouffrir d'autres,
comment cela peut-il eſtre compris? Y a-t'il quelque
qualité au Monde qui puiſſe rendre vn Homme fubjet,
non feuleument à trahir fa patrie, mais encore par des
moyens que les Aſtrologues deuinent dans l'horofcope,
comme d'auertir les ennemis par lettres chiffrées de tout
ce qui fe paſſe contr'eux, de les receuoir chez foy en habit déguifé, & d'autres actions infinies? Dauantage, de
telles Influences le pourront-elles deſtiner à eſtre mal
traité des Grands, à eſtre long-temps en prifon, & à perir par quelque mort violente, dont l'on declarera auſſi
le genre & le temps? Y a-t'il des impreſſions celeſtes
capables de faire arriuer cela? Les Aſtres n'eſtans que
des Corps, ont-ils des qualitez qui furpaſſent leur nature? Vn Corps ne peut donner que des choſes particulieres & finies, au lieu que l'on attribuë à ceux-cy des chofes generales & diuerfes. Il n'eſt point à propos non plus
de dire que l'Homme reçoiue en foy vne proprieté qui
le rende fujet à faire de certaines actions en quelques occurrences, car tout cela fe varie felon les choſes exterieures, & l'efprit de l'Homme eſt fi diuers, qu'à tous momens il prend de nouueaux deſſeins que l'on ne fçauroit
deuiner, quand mefme l'on pourroit predire la caufe qu'il
auroit

auroit de les prendre. En ce qui eſt auſſi des accidens qui
dependent d'autruy, comme de receuoir des affronts &
des ïniuſtices, d'eſtre mal traité en ſon corps & en ſes
biens, l'Influence qui deſtine à cela peut-elle eſtre dans
l'Homme à ſa natiuité? Puiſque cela depend de l'exterieur, elle deuroit eſtre grauée ailleurs qu'en luy-meſme.
Mais où ſubſiſteroit cette tranſmiſſion exterieure par vn
ſi long-temps, pour auoir ſon effet à vne heure deſtinée?
Demeureroit-elle en l'Air cependant? Combien de diuerſes Influences s'entremeſleroient pour vne infinité
de perſonnes! Ie ne veux point laiſſer icy les Aſtrologues ſans reſponſe. Si les Influences ſe doiuent loger
ailleurs qu'en celuy pour qui elles ſont données, c'eſt en
ceux qui auront quelque affaire à démeſler auec luy, afin
de les porter vn iour à ce qu'ils doiuent faire pour ſon
bien ou pour ſon dómage: Mais ie tire de cecy vne raiſon
qui monſtre que les iugemens des Aſtrologues ſont donc
impoſſibles, car quel moyen y a-t'il de faire l'horoſcope
de tant d'Hommes, & comment peut-on meſme ſçauoir
qui ils ſont & où ils ſe trouuent? C'eſt ce qui mettra les
Aſtrologues en defaut, & ce qui leur doit faire confeſſer
qu'il y a beaucoup de choſes où ils ne voyent goutte.

Iuſques icy le credit de ces ſortes de gens s'eſt main-
tenu par la foibleſſe que l'on a teſmoignée à l'examen de
leurs propoſitions. Il faut ſe repreſenter que l'on leur
objecte ſouuent des choſes qui n'ont point de force en
quelque façon que ce ſoit, ou que l'on rend moins conſiderables eſtans mal exprimées & mal aſſiſtées; Il faut
attaquer d'vne autre ſorte ceux que l'on veut deſtruire.
L'on leur dit que de deux Hommes qui ſont nez en vne
meſme heure, l'vn ſera Roy, & l'autre demeurera tousiours païzan, & que cela monſtre qu'il eſt impoſſible de
predire la fortune de qui que ce ſoit. L'on penſe là deſſus
les auoir vaincus entierement, mais ce n'eſt pas ſçauoir
la vraye façon de iuger, car les Aſtrologues dreſſent leur
iugement ſelon la condition où ils voyết naiſtre vn Homme, ce qui ſert à faire connoiſtre ſa fortune future, & cet-

354

te conftellation qui monftre qu'vn grand Seigneur pourra deuenir Roy, monftre au lieu de cela que l'habitant
d'vn bourg en fera le Prefident ou le Maire. Voylà ce
qu'ils peuuent refpondre: mais l'on leur doit repliquer,
qu'encore qu'ils eftabliffent le Soleil ou Iupiter pour fignifier vne dignité, cela ne monftre point au vray ce
qu'elle fera, & comme il y en a de plufieurs fortes, ils ne
peuuent predire fi ce fera pluftoft l'vne que l'autre. L'on
leur objecte encore que de deux Hommes nez fous mefme conftellation, l'vn meurt dans fon lict, & l'autre a efté
noyé, & qu'ils ne pouuoient donc predire le genre de
leur mort. Ils refpondent que l'on n'a pas bien obferué
le moment de leur naiffance, & que fi l'on l'euft fait, l'on
euft trouué qu'il y auoit affez de diuerfité pour monftrer
que leur mort deuoit eftre diuerfe. L'on leur peut repartir que cela n'eft point ainfi, & qu'ils ne fçauroient monftrer les marques de cette difference. Il leur faut donner
auffi d'autres exemples contraires. Que diront-ils do
tant de gens qui ont vne pareille mort, & qui eftoient nez
fous diuerfes conftellations? Cent Hommes periffent
dans vn vaiffeau qui fait naufrage; Dix mille font tuez
en vne bataille: Comment les Aftres ont-ils ordonné
cela? Nos Iudiciaires refpondent qu'il n'eft pas poffible qu'il n'y ait eu quelque Aftre à la naiffance de tou;
ces gens-là qui ait monftré qu'ils deuoient mourir ainfi;
Mais ie m'affeure que fi l'on dreffe l'horofcope de deux
ou trois feulement, l'on n'y trouuera point cette fignification au vray, ou fi l'on l'y trouue, c'eft que l'on donne
telle explication que l'on veut aux Signes quand les chofes font arriuées. Se voulans defendre dauantage là deffus, ils difent que pour prédire le genre de mort d'vn
Homme, il faut prendre garde aux conftitutions generales de toutes les années, afin de voir comment fa conftellation s'y accorde, & que plufieurs qui doiuent
mourir dans vne certaine année, doiuent eftre em-
portez de la contagion pluftoft que d'vne autre maladie;
Que ceux qui fe mettront fur mer en vn certain temps y

doiuent faire nauffrage, & ceux qui iront à la guerre y
doiuent estre tuez. Ce sont-là de vaines defenses; L'on
ne void point que les Astrologues practiquent toutes ces
obseruations, ny qu'elles leur puissent seruir, d'autant
qu'en chaque année il y en a qui meurēt de diuerses maladies, & d'autres qui en reschapēt; tous ceux aussi qui vont
sur mer n'y font pas naufrage, & plusieurs reuiennent de
la guerre la vie sauue, tellement que l'on ne sçauroit deuiner qui seront ceux qui seront sujets à succomber aux
mal-heurs du temps. Il est aussi fort mal-aisé de prédire
quelle sera la constitution de chaque année, & quand l'on
le sçauroit, l'on seroit encore bien loin de iuger qui seroient les personnes dont le temperament s'y accorderoit, pour leur faire souffrir ce qui en seroit signifié. D'ailleurs, en ce qui est des maladies, encore les peut-on euiter ou par hazard ou par prudence. Vn Homme aura
des occupations qui le retiendront tousiours dans sa maison, de sorte qu'il ne prendra point le mauuais air des
ruës, vn autre ne sortira qu'auec de bons preseruatifs, &
par ce moyen les prédictions seront renduës inutiles.
Pour ce qui est d'estre noyé ou de mourir à la guerre, l'on
se peut bien empescher d'aller sur la mer ou de porter les
armes, & en ce cas-là l'on ne sçauroit prédire si vn Homme perira par l'eau, ou par le fer & le feu, puisqu'il est en
son pouuoir d'en éuiter les occasions, & que l'on les luy
fera fuïr quelquefois sans qu'il y pense & qu'il en ait le
dessein.

L'on a encore objecté aux Iudiciaires, que tous les
hõmes d'vn certain païs barbare aimoiēt à viure de chair
humaine, & qu'en plusieurs autres nations ils auoient
des inclinations generales, quoy qu'ils eussent diuerses
naissances; A n'en point mentir, cet argument ne faict
pas beaucoup contr'eux, puisqu'ils peuuent dire que chaque Homme ne laisse pas de garder son humeur particuliere pour plusieurs choses, quoy qu'ils se laissent tous
entraisner à la coustume, par la constellation qui cõman-
de à leur païs. Toutefois, l'on peut remonstrer que si

cela estoit, cette coustume seroit toussiours demeurée
parmy cette nation, & si l'on dit que c'est qu'vne autre
constellation est venuë, il faut faire voir que l'instruction
que l'on a enfin donnée à ces peuples, est de beaucoup
plus puissante.

Parlons encore apres cecy d'vne origine pareille. Pour
vne tres-grande conformité de constellation qui ne réus-
sit pas, l'on allegue celle des Gemeaux que l'on dit auoir
esté conceus en mesme moment, & qui par consequent
deuroient estre semblables en toutes choses, quoy qu'il y
en ait qui soient fort differens d'humeurs, & qui ayent
des fortunes fort diuerses. Quelques Astrologues ont
respondu à cela, qu'il ne faloit pas seulement considerer
le temps de la conception, mais celuy de la naissance;
Que si deux Gemeaux estoient conceus en mesme temps,
ils ne pouuoient pas naistre de la mesme façon, & ne sor-
toient que l'vn apres l'autre du ventre de leur Mere; Que
s'il se passoit vn assez long-temps entre la venuë de l'vn
& celle de l'autre, il ne faloit pas s'estonner lors que leurs
vies estoient differentes, & que si mesme ils se suiuoient
de prez, il y deuoit encore auoir de la diuersité, à cause
que l'estat du Ciel change continuellement, & qu'à chaque moment les constellations se varient. L'on a aprou-
ué là dessus leur defense, ou bien l'on ne leur a reparty
que laschement; C'est pourquoy ils ont encore eu l'asseurance de rapporter l'exemple de la rouë qui tourne,
sur laquelle si l'on touche deux fois coup sur coup auec
quelque peinceau, l'on trouuera que les deux marques
seront fort éloignées quand elle aura cessé de tourner,
encore que l'on l'ait touchée fort promptement, & que
de cette sorte les poincts que l'on peut remarquer au Ciel
l'vn apres l'autre, ont vne grande distance pour la prompte circulation des Astres; Mais cela fait contre ces Astrologues qui l'alleguent pour eux, car si les Astres changent de lieu en si peu de temps, quel moyen y a-t'il de
les obseruer pour faire des horoscopes certains, soit pour
les Gemeaux, soit pour toute autre personne? L'on sera

trompé si l'on croid que les deux poincts que l'on a marquez soient fort proches l'vn de l'autre, puisqu'ils sont
fort éloignez.   Les plus suffisans des Iudiciaires soustiendront qu'ils peuuent bien discerner cette diuersité
au cas qu'elle se treuue ; pource qu'ils sçauent au vray les
diuerses positions des Astres ; Et pour vne autre contre-
batterie, ils diront que c'est chose fort asseurée qu'il y a
quelques Gemeaux qui s'estans suiuis de fort prez à leur
naissance sont semblables de visage, de taille & de constitution, & qui ont les mesmes maladies, les mesmes inclinations, & les mesmes fortunes. Plusieurs ayans oüy cecy en demeurent surpris, & leur auoüent que les Astres
tesmoignent vne égale puissance sur ces deux enfans, &
que c'est de là que leur ressemblance procede : Mais nous
les allons desabuser ; Qu'ils sçachent que les regles des
horoscopes n'en doiuent point estre tenuës plus veritables, & que c'est à tort qu'ils attribuent à des causes externes & éloignées, ce qui dériue des internes.   Pourquoy
ne se ressembleront pas ceux qui sont produits d'vne mesme semence, & qui ont eu les mesmes alimens? pourquoy
leurs humeurs n'auront-elles pas du rapport, si estans de
mesme temperament ils ont eu encore les mesmes instructions?   De là l'on peut conclurre aussi, qu'ils doiuent
estre sujets à de pareilles maladies ; il n'y a que la ressemblance de leurs fortunes que l'on en pourroit seulement
retrancher, à cause qu'elles ne dependent ny des Astres
ny du temperament ; mais pource que leurs inclinations
naturelles les portent à de semblables desseins, encore
peut-on dire qu'elles sont cause qu'il leur arriue de pareils
accidens.   Ainsi, nous n'auons pas besoin de nous imaginer que toutes leurs conformitez procedent de ce qu'ils
sont nez à vn mesme moment, mais de ce qu'ils sont formez d'vne pareille matiere, & nourris d'vne façon égale.   Voylà comment l'vn des principaux argumens des
Iudiciaires est renuersé.

    Lors que l'on ne leur a point allegué ces choses, ny
toutes les autres qui destruisent leurs raisons, ils ont aug-

menté leur credit en beaucoup de lieux, ne iugeans pas seulement de ce qui deuoit arriuer à chaque particulier, mais à vne multitude d'Hommes, comme aux habitans d'vne Ville, à tous ceux d'vne Republiq; ou d'vn Royaume, tant presens qu'aduenir, & quelle sera la durée des Estats & des Empires. Mais s'ils font leur horoscope sur le moment que l'on a commencé de bastir vne Ville, ils auront bien de la peine à trouuer quand c'est que l'on a mis la premiere pierre, & possible faudroit-il plustost chercher quand c'est que l'on a donné le premier coup de hoyau pour en faire les fondemens, ou quand l'on a commencé de les tracer. Le premier instant que les Hommes se sont mis en societé, deuroit estre aussi consideré dauantage, d'autant que ce sont eux qui forment la Ville & la République. Le poinct de la naissance des grands Estats sera encore fort difficile à trouuer, & apres cela il n'y a rien de certain en toutes ces obseruations. L'on attribuë chaque prouince à vn certain Astre, mais pourquoy plustost à l'vn qu'à l'autre? Si c'est qu'il a passé au dessus vn certain temps, il a passé depuis sur d'autres contrées où l'on n'a point veu qu'il ait causé les mesmes auantures. L'on a dit que les Planettes regnoient tour à tour sur le Monde par vn certain espace, & que tout ce qui s'y faisoit estoit conforme à leur nature; mais ce rapport n'est point connu, & les Planettes se faisans tousiours remarquer tantost d'vn costé & tantost de l'autre, il n'y a aucune raison de dire qu'elles se cedent ainsi la domination tour à tour. Quelques-vns ont dit que les Eclipses apportoient tousiours quelque changement; Comme il s'en fait souuent, il arriue aussi d'ordinaire beaucoup de diuersitez, mais cela n'a point de correspondance ny de proportion de temps & de durée. L'on obserue aussi les Cometes, & l'on tient qu'elles presagent des sterilitez, des maladies contagieuses, des querelles & des guerres, & la mort de quelque grand Prince, auec la mutation des Estats. Pour accorder cela à la Nature, l'on dit que les Cometes eschauffent merueilleusement l'Air, & peu-

uent eftre caufe que la Terre ne rapporte pas tant de
fruicts ny fi bons qu'elle a accouftumé ;   Qu'elles cor-
rompent auffi le temperament des Hommes, affligent
leurs corps de fiévres malignes, & troublent leurs efprits
de cholere, d'où viennent les diffentions & les meurtres
auec le trouble des prouinces. Cela fe peut bien faire en
quelques lieux, mais de dire comme nos Autheurs que les
Princes eftans ceux qui viuent le plus delicatement, il n'y
a qu'eux qui foient fuiets principalement à cette mauuaife Influence, cela n'eft pas fort vray-femblable, car il y a
bien des Financiers & d'autres Hommes oyfifs & deli-
cieux qui viuent auec autant de delicateffe que les Roys,
de forte que les Cometes ne doiuent pas auoir moins de
puiffance fur eux. L'on peut refpondre à cela , que les
Cometes eftendent auffi leur pouuoir fur cette forte de
gens, & en font mourir plufieurs, mais que l'on n'en parle pas tant, pource qu'ils ne font pas fi remarquables dans
le Monde, & que cela n'empefche pas qu'il ne meure quelque Prince en mefme temps, & que de là il n'arriue quelque defordre dans vn Eftat. Neantmoins, il ne fe faut pas
tant affeurer à cela, que l'on vueille pronoftiquer la mort
des Grands par l'apparition des Cometes , car il fe peut
trouuer des Princes de tres-forte complexion , lefquels
ne viuent pas auec plus de delicateffe que le vulgaire, &
fe donnent toute forte d'exercice. Par ce moyen ils femblent eftre exempts de la iurifdiction de cette Influence ;
& tout ce que l'on en peut dire, c'eft qu'en effet la faifon
efchauffant quelques Hommes extraordinairement , &
leur caufant de mauuaifes humeurs, ils peuuent eftre atteints de plufieurs maladies dangereufes ; & comme les
autres font portez à la fureur par l'intemperie qui domine alors, il y en a qui peuuent eftre tuez dans les feditions
ou dans vne iufte bataille , mais l'on ne peut iuger fi ce
feront des Princes ou de chetifs païzans qui auront
le plus de part à de tels effects ; & mefmes le total n'en
eft pas fort certain.   Cela n'eft fondé que fur de foibles conjectures ;   L'on a bien veu des Cometes fans

qu'il y ait eu vne ſi grande mortalité dans le Monde, ny de ſi grandes guerres, ny tant de troubles de prouinces. Que s'il en eſt arriué bien-toſt apres, c'eſt que les choſes du Monde ſont en perpetuel changement, & voylà pourquoy il n'y a aucune regle certaine en cela pour prédire ce qui doit auenir. Les Cometes paſſent auſſi d'vne région à l'autre aſſez ſouuent, & regardent diuerſes prouinces de leurs crins & de leur queuë, de ſorte que l'on ne ſçait laquelle ils menacent. Quelque effet naturel que l'on leur attribuë, en vain les Aſtrologues s'y aſſeurent, y adiouſtant les regles de leur Art, qui ſont pleines d'illuſions. Il ne ſert de rien de remarquer ſous quels Signes les Cometes ſe treuuent, & quels regards elles ont, puiſque le pouuoir des Maiſons & des Aſpects des Aſtres, ne ſert pas ſeulement pour eux-meſmes.

Au reſte, les Aſtrologues voulans rendre leur ſçauoir plus abſolu, ne ſe contentent pas de iuger quelle ſera la fortune d'vn Homme en toute ſa vie, & quelle ſera celle d'vn Eſtat en toute ſa durée; Ils penſent determiner ce que l'on doit attendre de chaque entrepriſe particuliere; Si vn Homme doit trauailler à vne affaire; S'il doit commencer vn voyage par vn certain iour; S'il fait bon aller ſur Mer; Si l'on profitera à la ſuite de la Cour, ou dans le trafic; Si l'armée d'vn Roy gagnera la victoire contre celle d'vn autre, & ſi deux Eſtats ſe pourront bien-toſt réunir par quelque Alliance; Bref, ces Iudiciaires ſe vantent de reſpondre ſur toutes les demandes imaginables, ce qu'ils appellent leurs Elections ou Chois d'entrepriſes & de temps; Ils dreſſent pour cela leur figure ſur le moment que l'on commence quelque nouuelle action, & ſouſtiennent que cet artifice ſert de beaucoup à la conduite de la vie, d'autant que s'ils trouuent qu'il doit arriuer du bien à vn Homme de ce qu'il pretend, cela le confirme en ſon deſſein, & le fait réuſſir plus commodément, & s'ils voyent qu'il luy en doiue arriuer du mal, cela ſert à le deſtourner lors qu'ils l'en ont aduerty. Il ne faudroit que cecy pour les conuaincre de fauſſeté: Comment

ment s'imaginent-ils que l'on puisse éuiter ce qui doit arriuer; Car si cela ne se deuoit point faire, ils ne leverroiёt
pas au Ciel, & si cela se void au Ciel sans que cela arriue,
l'on ne se doit gueres soucier de telles significations. Ils
se contredisent en cela manifestement: D'ailleurs cette
curiosité est tres-dommageable à nostre repos, quelque
chose qu'elle nous puisse apprendre, car ayant trouué
par là qu'il nous doit arriuer du bon-heur, s'il n'arriue
point nous-nous estimerons miserables de l'auoir atten-
du en vain; & s'il arriue veritablement, il nous plaira
moins, alors, pource que toute la joye se sera consommée dans vne attente trop ferme. De mesme lors que
l'on nous menacera de quelque infortune, nous la senti-
rons auant le temps si elle doit arriuer, & si elle ne doit
point arriuer, nous nous rendrons malheureux par vne
crainte volontaire & inconsiderée. Cela monstre que
quand mesme l'Astrologie iudiciaire seroit certaine, il
seroit inutile ou tres-mauuais de la consulter sur les accidens futurs.

Pour nous en retirer plus librement, nous considere-
rons d'vn autre costé qu'elle n'est que tromperie, & faisant
repasser dans nostre memoire quelque chose de ce qui
en a esté desia dit, nous y adiousterons de nouuelles pensées pour conclusion. Nous nous representerós que pour
sçauoir ce que toutes les constellations pronostiquent, il
faudroit les auoir toutes obseruées plusieurs fois; Car il
n'y a point d'asseurance en vne seule obseruation. Or
les vies de mille hommes qui auroient pareil dessein ne
suffiroient pas l'vne apres l'autre à tant d'ouurage, &
quand vn homme immortel verroit reuenir les mesmes
constellations qui auroient esté autresfois, si la mesme
disposition ne se rencontroit en la matiere, il ne trouueroit pas qu'il s'y fist de pareilles choses, & ce qu'il y verroit ne l'instruiroit pas assez pour luy seruir d'exemple.
Encore supposons nous cela au cas que les mesmes constellations arriuent plus d'vne fois, & que l'on les puisse
remarquer; Mais il y a quelque raison de les tenir pour

infinies. De l'accouplement de 22. lettres, nous faisons
des dictiós innombrables: Que ne peuuent donc faire ensemble tãt d'estoilles qui se trouuẽt accouplées diuersemẽt
dans le Ciel ? Ie sçay bien que les Astrologues disent qu'il
ne faut auoir esgard qu'à leurs principales desmarches,
& que les sept Planettes les reglent toutes au reste selon qu'elles s'y ioignent : Mais pourquoy ne veulent-ils
pas que l'on obserue entierement ce qui appartient aux
constellations, & qui leur a dit que les vnes n'eussent pas
tant de pouuoir que les autres ? Ils soustiennent encore
que l'on n'a pas besoin mesme de voir leurs effects, les
vns apres les autres par des siecles sans nombre, pour sça-
uoirce qu'elles operent, d'autant que l'on iuge cela sçachãt
la nature de chaque Astre, comme ils la croyent sçauoir
parfaictement ; mais quels mensonges n'ont-ils point
controuué là dessus? Pourquoy donnent-ils de la froideur
ou de la chaleur à des Astres desquels l'on ne peut asseurer s'ils sont chauds ou froids ? Pourquoy les font-
ils masculins ou feminins ? Y a-il quelque raison de sexe entre ces corps ? Ils diront que c'est à cause de la de-
bilité des vns ou des autres ? mais à quoy iugent-ils de
leur vigueur ? C'est peut-estre selon qu'ils sont terrestres ou aquatiques : mais il leur est difficile de sçauoir
quelle correspondance ils ont auec les Elemens; Que
s'ils en pensent iuger par la chaleur ou l'humidité; ils ne
font pas sentir ces qualitez de si loing. D'ailleurs pourquoy disent-ils qu'ils se plaisent plus en vne maison qu'en
l'autre s'ils ne monstrent point de changement dans aucune ? & pourquoy s'arrestera-t'on à l'establissement des
douze maisons qui peuuent estre augmentées ou dimi-
nuées ou partagées d'autre sorte? Quand elles demeureroient mesme en ce nombre, si l'on les separoit chacune
par le milieu, des deux moitiez de deux voisines, l'on en
pourroit faire vne autre nouuelle, ce qui changeroit toute leur puissance, & l'on ne sçauroit prouuer que cela
ne se doiue point faire, & que cela ne puisse encore estre
varié en vne infinité de façons, puis qu'il n'y a ny com-

mencement, ny fin dans la rondeur du Ciel, & dans le cours des Aftres. Apres cela il y a encore vn grand abus dans l'explication que l'on leur donne, dans leurs diuers regards, dans le temps des obferuations, & dans toute la façon de iuger, qui ne fe pourroit aucunement faire entendre, n'eftoit que l'on l'accommode à fes deffeins, fi bien qu'en vn mot il ne faut iamais adioufter foy à de telles vanitez.

Que fi l'on s'eftonne comment il fe peut faire neantmoins que les Aftrologues reüffiffent quelquesfois en ce qu'ils predifent, il faut remarquer que toutes les chofes du monde ayans vne continuelle varieté, ce qu'ils ont predit peut arriuer, auffi toft que le contraire, quoy qu'ils n'en ayent eu aucune affeurance veritable. D'ailleurs, les plus habiles du meftier, eftans fubtils à remarquer l'inclination des hommes à ce train de vie qu'ils ont commencé de fuiure, auec les aydes ou les obftacles qu'ils y peuuent rencontrer, font quelquefois des iugemens qui fe trouuent bons, par leur feule préuoyance naturelle, pluftoft que par les regles d'Aftrologie. Auec cela il peut quelquefois arriuer que ceux à qui l'on dit qu'ils feront fortune aupres des Rois, fe mettent à les feruir auec beaucoup d'efperance & d'affeébion, & cela leur y fert grandement: au lieu que ceux à qui l'on predit qu'ils feront toufiours malheureux dans la condition qu'ils ont choifie, perdent entierement courage. & cela fait qu'ils ne s'auancent pas, & que la predieétion eft accomplie. L'on peut encore adioufter icy quelques marques fecrettes de la prouidence eternelle, qui permet qu'il arriue aux hommes quelques malheurs qu'ils craignoient par leur fuperftition, leur faifant trouuer ainfi leur punition dans leur propre faute. Apres cela l'on doit confiderer que toutes les merueilles que l'on nous raconte de l'Aftrologie Iudiciaire ne font pas veritables; que pour mille fauffes predicétions, l'on nous en rapporte deux ou trois qui ont efté fuiuies d'vn tel fuccés que l'Aftrologue auoit dit; mais qu'il n'y a que celles qui ont bien rencontré, qui esclattent le plus. Que l'on les admire tant que l'on voudra ; elles ont esté faictes par hazard, non point par vne sciéce certaine, puisque l'on ne doit point donner ce tiltre de certitude à la Iudiciaire dont l'on s'y est seruy. Quand l'on en rapporteroit beaucoup d'autres exemples, l'on ne seroit pas obligé d'en croire autre chose, veu que cela n'est appuyé d'aucune raison naturelle. Quelqu'vn a dit qu'il croiroit plustost que plusieurs flambeaux qui seroient dans la chambre d'vne femme qui accouche, & beaucoup de feu qui seroit allumé dans la cheminée, auroient pouuoir sur elle & sur son fruict, que les estoilles du Ciel qui ne la touchent point alors de tous rayons, & ont peu de force dans leur esloignement. Toutesfois l'on tient que leurs influences peuuent vaincre leurs obstacles, & nous sommes demeurez d'accord qu'elles en ont de fort puissantes ; Mais ce ne sont pas celles que pensent les Astrologues. Elles n'agissent aussi que sur les corps, & quand elles opereroient sur les Ames, elles ne pourroient rien determiner des accidens fortuits, & des choses qui peuuent estre ou n'estre pas, selon la volonté des hommes, tellement qu'encore que l'on ayt vne parfaicte connoissance de ces effusions celestes, l'on ne sçait pas ce qui en doit arriuer, si ce n'est que l'on y adiouste les coniectures de la prudence veritable qui reussissent en beaucoup d'occasions.

IL Y A vne autre inuention par laquelle l'on pense deuiner les mesmes choses que par l'Astrologie, & auec autant de circonstances diuerses, pource que l'on y arrange des figures qui representēt celles des Planettes & des signes, & que l'on donne à leur situation vne signification pareille ; Mais il y a cecy de particulier que pour auoir moins de peine à chercher le moment de la naissance ou du commencemēt de quelque affaire, l'on trouue les figures par hazard selō le nombre despoincts que l'on a faicts ; Cela s'appelle la Geomance, c'est à dire Diuination par la terre, à cause qu'autrefois les Deuins faisoient leurs poincts sur la terre auec quelque baguette, pour faire

De la Geomance.

des predictions par cét art; mais maintenant pour plus de
facilité l'on ne fait les poincts qu'auec vne plume & de
l'ancre. L'ignorance & la paresse de plusieurs entre les
mains desquels estoient les liures d'Astrologie leur a fait
inuenter cecy. Pource qu'ils ne sçauoient pas comment
l'on pouuoit trouuer quelle estoit l'horoscope d'v-
ne personne, ny quels Astres dominoient au Ciel
en vn certain temps, ils publioient que cela se pouuoit
rencontrer, en faisant beaucoup de poincts sans y songer,
& que le destin conduisoit la main selon qu'il estoit
conuenable. Pour suiure leurs regles, l'on fait donc seize
rangs de poincts diuisez par quatre qui finissent comme
les doigts de la main, & selon que les poincts sont pairs
ou impairs, l'on en tire quatre figures, qui sont appellées,
Meres; des poincts d'enhaut l'on tire vne cinquiesme
figure; des poincts du second rang vne sixiesme; de ceux
du troisiesme vne septiesme, & de ceux du quatriesme vne huictiesme; Ce sont là les filles. Apres cela, des
poincts de la premiere & de la seconde figure l'on tire la
neufiesme, de ceux de la troisiesme & de la quatriesme, la
dixiesme, de ceux de la cinquiesme & de la sixiesme l'on-
ziesme, & de ceux de la septiesme & de la huictiesme, la
douziesme. Ces autres quatre sont les niepces, & ces
douze figures sont rangées dans les maisons du Ciel, pour
en iuger par leur situation selon les regles de l'horoscope, puis qu'elles sont attribuées chacune à quelque Planette, & à quelque signe. Mais si l'on n'adiouste point de
foy à toutes les significations des aspects qui sont trouuez
par les regles d'Astrologie, & qui sont veritablement au
Ciel, que peut-on penser de ce qui est trouué par les regles de Geomance, où il n'y a que le hazard qui domine.
L'on s'imagine en vain que quand vn homme s'est proposé de s'informer de quelque chose, celuy qui fait pour
luy cet ouurage s'estant aussi imprimé fortement le mesme desir dans l'ame, ils se rendent tous deux suiets aux
Astres, qui ne peuuent guider la main d'autre sorte, que
pour faire le nombre des poincts necessaires à signifier

ce qu'ils demandent. Pour accomplir cela, il faut, ce dit-
on, que l'esprit du Geomantien soit destaché de toute
autre pensée, car s'il songe à autre chose, ses figures ne
vaudront rien. Mais si vne telle obseruation, est neceffaire, il faut croire que cela passe la nature, laquelle
n'a besoin que de regles communes, qui soient attachées
au corps, non point à l'esprit. Auec cela c'est vn abus de
s'imaginer que pour ce que l'on desire sçauoir la verité
d'vne chose par des regles establies à plaisir, il faut que
nous la sçachions indubitablement. L'on ne se soufmet
point aux Astres quand l'on veut, & quand l'on y seroit
soufmis, leur pouuoir ne s'estend pas iusqu'à conduire
nostre main en toute sorte d'ouurages. Son mouuement
dépend de nostre vouloir, & comme elle s'arreste indifferemment sur vn poinct ou sur l'autre, pour terminer vne ligne, tantost ils sont pairs ou impairs ; & si deux hômes
font en mesme temps de telles figures sur vn mesme sujet, quoy qu'ils ayent vne pareille attention, elles se trouueront diuerses: de sorte que pour vn poinct d'auantage,
elles signifieront ou la mort, ou la vie : C'est donc vne
grande simplicité de s'arrester à vn Art si trompeur: l'on
n'y sçauroit trouuer aucun fondement. L'on ne dit point
pourquoy l'on fait seize lignes de poincts dont l'on tire
quatre figures, desquelles dependēt les autres; Ne seroit-il
pas autant à propos de faire dauantage de lignes, & de
chercher le reste des figures par d'autres moyens ? L'on
dit seulement que cette inuention est tres-bonne puis
qu'elle reussit: & que cela suffit à faire seize figures, dont
la plus ample est de huict poincts, & la moindre de quatre; & que du meslange entier des poincts les autres sont
formées encore, de sorte que l'on y trouue de grādes proportions: Mais cela ne peut empescher que l'on ne croye
que ces figures ne fussent aussi bonnes ayant beaucoup
moins de poincts ou plustost dauantage; & mesme il auroit esté à souhaitter que comme il y a sept Planettes &
douze signes dans le Ciel, il y eust dix-neuf figures pour
les representer chacun particulierement. Neantmoins

les Geomanciens se contentent du nombre de seize, les
accommodant toutes à diuerses significations, & les re-
gallât sur la methode de l'horoscope. Ils remôstrent aussi
que pour n'estre point trompé aux figures, l'on tire
des quatre dernieres deux autres que l'on appelle les tesmoins, & de ces deux tesmoins l'on tire le Iuge, & que
l'on void si cela se rapporte à la chose que l'on demande;
Que de surplus l'on peut prendre garde si la figure de la
premiere maison s'accorde à l'heure que l'on a desiré de
faire ceste enqueste, & si elle est suiette à l'Astre qui domine à la question; Que si tout cela se rencontre, l'on ne doit
point douter de la bonté entiere de toutes les figures, &
que iusqu'alors il les faut tousiours refaire. Ce sont là des
obseruations qui semblent estre specieuses, mais qui sont
pourtant inutiles. Accordons que les Astres president à
tout ce qui est au dessous d'eux; les figures de Geomance
pourront-elles estre rangées de telle sorte qu'elles signifient la mesme chose que les Astres, veu que l'on ne remarque aucun accord entr'eux par leurs formes ny par
leur nombre? Quelle raison y a-t'il d'attribuer plustost les vnes à vne Planette & à vn Signe qu'à d'autres? Pourquoy les vnes sont-elles appellées chaudes &
seches, ou froides & humides, & celles qui n'ont qu'vn
poinct en haut sont-elles estimées moins fauorables que
celles qui en ont deux? Il seroit mal-aisé de respondre
à ces choses, & les Geomanciens d'à present n'en diront
rien, sinon qu'ils sçauent cela par tradition, & que les premiers qui l'ont inuenté estoient des gens si doctes & si iudicieux qu'ils n'ont rien fait qu'auec ordre & mesure:
Mais il faut croire pourtant que cela n'a esté arrangé que
selon la fantaisie de quelques hômes oysifs & trompeurs,
lesquels s'ils ont pris garde à quelque chose, ç'a esté seulement à ce qui estoit le plus commode pour leur dessein.
S'ils eussent fait moins de seize rangs de poincts, ils eussent creu que leurs figures n'eussent pas esté assez distinctes, & s'ils en eussent fait d'auantage, cela eust esté trop
difficile à executer, à cause que l'on a de la peine à se tenir

ſi long temps ſans changer de penſée. Pource qu'il ne
faut point auſſi leuer la main pour prendre de nouuel
ancre en trauaillant à cecy, il euſt eſté impoſſiblede faire
tant de poincts de ce que prend la plume en vne fois. Mais
quelle ceremonie eſt-ce là de ne point reprédre d'ancre?
N'eſt-ce pas vne ſuperſtition? Eſt-ce que l'on craint que
par là noſtre attention ne ſoit troublée? Nous trouuerons
bien icy vn ſecret dont les Geomanciens ne ſe ſont pas
auiſez? Qu'ils faſſent les poincts auec vn crayon; la main
n'aura pas beſoin de ſe leuer de deſſus le papier, iuſques à
ce que tout ſoit fait: Auſſi bien eſt-il meſme aſſez difficile de faire ſeize rangs de poincts ſans prendre de l'ancre
deux fois. Mais ſoit que l'on ſe ſerue d'vn crayon, ou que
l'on picque les poincts ſur de la cire, ou ſur vne carte, ou
que l'on faſſe quelqu'autre pareille inuention, cela n'aura
pas plus d'effect que de la ſorte que les Geomanciens en
vſent? Si l'on continuë de leur demander la raiſon de leur
methode; pour couper court ils diront qu'ils n'en ſçauroient donner de meilleure que la certitude de leurs experiences; mais ſi quelqu'vn de leurs eſſays eſt trouué veritable, ce n'eſt que hazard, ou bien c'eſt à cauſe que leurs
figures eſtans employées diuerſement à vne bonne ſignification ou à vne mauuaiſe, afin de faire croire que ce que
l'on predit de l'aduenir eſt vray, l'on fait des figures pour
ce qui eſt paſſé, que l'on ſçait aſſez ponctuellement, & l'on
y fait trouuer cela auec beaucoup de facilité: Car s'il y
a vne mauuaiſe figure dans la maiſon principale dont l'on
a beſoin, il y en a ſouuent vne autre aſſez bonne, à coſté ou
dans quelqu'vn des aſpects qui la corrige; & cette accommodation ſe fait encore mieux dans la Geomance,
que dans l'Aſtrologie, parce que l'on n'eſt pas ſi certain de
la ſignification de ces figures de poincts, comme de celle
des ſignes du Ciel, dont tout le monde a entendu parler:
L'on leur peut donc attribuer tantoſt vne choſe, & tantoſt l'autre. L'on croit auſſi quelquesfois autant aux teſ-
moins & au Iuge qu'à tout le reſte. Si toutes les figures
qui ſont d'vn coſté ont vn poinct impair en haut, l'on

s'arreſte

s'arreste pareillement à ce qu'elles representēt; L'on compte certains poincts de toutes les figures, & l'on en extrait vne particuliere qui sert au iugement , si bien que
parmy de telles varietez la tromperie est encore plus
diuerse. Vne personne de bon esprit ne mettra iamais cet
art au rang de ceux qui sont vtiles & certains. Toutesfois
l'on le fait passer pour vne des Diuinations comme il
en porte le nom , & mesme l'on veut bien faire croire
qu'il s'y trouue quelque reuelation spirituelle, puisque
l'on y demande necessairement vne ferme attention;
mais toutes les ceremonies dont l'on accompagne cela,
n'ont aucune puissance pour faire que le Ciel soit obligé par elles à nous apprendre ce que nous desirons.

IL NE SE faut pas fier dauantage à plusieurs autres
Arts inuentez pour deuiner lesquels sont en quelque
sorte suiets à l'Astrologie, pource que lés significations
y sont faictes selon la puissance que l'on attribuë aux
Astres, & qui ont au reste du raport auec la Geomance, en ce que les figures y sont trouuées par hazard,
quoy qu'elles ayent vne autre forme & vn autre ordre.
L'on fait des Tables pour les douze signes du Zodiaque,
& pour les sept Planettes, autour desquels il y a plusieurs
petites separations où l'on arriue par le sort des Dez, suiuant la question que l'on a faicte, & cela vous renuoye à
des Tables de vers, où selon le nóbre que vous auez trouué vous receuez vostre response, Il n'est pas besoin
de monstrer que la pluspart de ces vers respondent fort
peu à ce que l'on demande, ou sont si obscurs qu'ils ne
donnent aucune satisfaction. Il suffit de sçauoir que tout
cela estant trouué par le hazard, il n'y faut establir aucune
asseurance: Plusieurs ne s'en seruent aussi que pour passe-
temps, & si quelqu'vn croit tout de bon, qu'il sçaura l'auenir, ou quelque chose de secret par cette inuention, c'est
estre fort aisé à tromper. L'on fait d'autres tables où les
renuoys sont multipliez, & l'on s'y sert quelquesfois de
quelques dez qui ont vne autre figure que la quarrée, &

qui ont dauantage d'angles, comme de l'octahedre, ou du dedecahedre: mais l'vn reuient à l'autre, & cette varieté ne se fait que pour y tesmoigner plus d'industrie. Il est vray qu'il y a eu des païs, où les plus fameux Deuins n'ont point vsé d'autre artifice ayant fait beaucoup valoir cetui cy, mais c'estoit parmy des personnes simples & superstitieuses. L'on a appellé cela les Diuinations des dez, ou des Tables celestes, ou bien les Diuinations Astrologiques, lesquelles n'ont garde maintenant de passer parmy nous pour chose fort serieuse, & fort importante, veu que l'on les met au nombre des jeux.

Il y a d'autres manieres de deuiner, qui semblent deriuer encore de l'Astrologie, & qui pour paroistre plus specieuses ne sont point practiquees auec hazard, à ce que disent leurs obseruateurs. Lorsqu'ils se seruēt desnós, ils en font vn Art qu'ils appellent Nomantie. Ils attribuent vn certain nombre à chaque lettre de l'Alphabet, & vne certaine valeur à chaque Planette, & à chaque iour de la semaine, & quand on desire sçauoir quel succés arriuera à vne personne touchant quelque affaire, il faut prendre la valeur de la premiere lettre de son nom, auec le nombre de la Planette, selon le iour de la sepmaine, & le nombre des iours du mois; Tout cela estant amassé l'on en fait vn nombre, dont l'on oste celuy de trente, iusqu'à ce qu'il ne s'y trouue plus, & le nombre qui restera sera iugé bon ou mauuais, suiuant la Table qui en a esté faicte. L'on doit dire contre cela qu'encore qu'il n'y eust point de hazard dans la practique de cette Diuination sur les noms, cela est hazardeux, qu'vn certain nom ayt esté donné à vn homme ou bien quelqu'autre. Ceux qui l'ont nommé n'ont pas recherché si vn tel nom luy seroit propice, pource que les lettres qui le composent ont vne telle valeur. Les noms qui seruent à signifier quelque bonheur, sont donnez aussi quelquefois aux mal-heureux. L'on respondra que l'on adiouste icy d'autres mysteres, obseruant le iour du mois & celuy de la sepmaine, que l'on fait la question; mais tout cela n'est que vanité, & cela n'empesche pas que le nom ne soit le principal fonde-

ment. Plufieurs voulans fçauoir quelque chofe par cette
voye adiouftent auffi vn nombre qu'ils prennent à leur
phantaifie, tellement que toute leur procedure en eft dauantage au hazard : Mais ils croyent qu'il y a ie ne fçay
quelle force dans ce choix aueugle, parce que les Planettes conduifent leur imagination pour prendre le nombre
qui eft neceffaire à leur faire cognoiftre la verité, de mefme qu'ils fe perfuadent que la main eft conduite miracu-
leufement pour faire les poincts de la Geomance ; Mais
ces deux opinions font auffi abfurdes l'vne que l'autre:
Les Aftres ne peuuent rien fur les actions volontaires,
& comme ils font corporels , ils n'agiffent point fur
l'efprit en vn inftant pour luy faire prendre diuerfes
penfées particulieres ; S'ils gaignent les inclinations,
ce n'eft que par les humeurs du corps , ce qui ne fe fait
que dans vn long terme. Confiderons encore toute
cette maniere de deuiner ; Pourquoy attribuë-t'on vn
certain nombre irregulier à chaque lettre ? Que ne
portent-elles le nombre de leur ordre dans l'Alphabet?
Quelle raifon y a- t'il auffi au nombre de chaque Planette?
& apres cela, pourquoy le nombre entier eft-il diuifé par
Trente pluftoft que par Quinze, ou par feize, & quant
aux nombres qui reftent, dont les vns font eftimez heureux , & les autres mal-heureux, quelle eft la raifon que
l'on peut auoir pour cecy ? L'on ne la trouue en aucun lieu. Qui plus eft , fi l'on veut fçauoir fi vn malade
refchappera, fi vn Amant iouyra de fa Maiftreffe, & qui
fera le vainqueur de deux combattans, l'on a des Alphabets diuers pour cela; L'on procede encore diuerfemēt en
l'accouplement des nombres,& en leur partition, & mefme l'on a diuerfe opinion de la bonne ou mauuaife fignification de ceux qui reftent. Ne femble t'il point qu'il
faudroit auffi vn Alphahet particulier & d'autres valeurs
de Lettres pour toutes les demandes qui fe pourroient
faire? Neantmoins l'on s'en fert affez indifferemment
pour plufieurs chofes,& par la diuerfité de cette practique
l'on connoift le peu de fondement qu'il y a dans cet Art.

372

Il y a des gens qui pour le faire valloir dauantage y ad-
iouſtent quantité d'autres obſeruations. Ils ont des tables où tous les Signes du Ciel ſont repreſentez auec les
Planettes, les iours des mois, & les heures; & tout cela eſt
accompagné de force chiffres & de force lettres. Ayant
pris la valeur de la premiere lettre du nom, & celle de la
Planette & du iour & de l'heure, tout cela enſemble fait
vn nombre que l'on partit, & ce qui en reſulte eſt renuoyé à l'vne des marques de la table, où l'on trouue vn
caractere, & de là ayant fait encore pluſieurs multiplications & diuiſions, les caracteres ſe trouuent en tel nombre que l'on en peut former vn mot, qui fait la reſpon-
ce de ce que l'on deſire. Tout cela n'eſt encore fait que
pour amuſer dauantage les Idiots, & les tromper plus
facilement.

Si l'on penſe faire des predictions par les Anagram-
mes ou tranſpoſitions de lettres, l'on n'y reüſſira pas
mieux. Quelquefois l'on peut trouuer en vn meſme nom
le bien ou le mal, auquel ſera-ce que l'on s'arreſtera ? Il eſt
vray qu'il y a des noms où l'on ne peut trouuer que des
loüanges, & d'autres où l'on ne trouue que du blaſme. Si
l'humeur & les qualitez des perſonnes ſe rapportent à
cela, l'on peut prendre plaiſir à cette conformité; Mais il
ne faut pas croire que cela ſoit ainſi, parce qu'il faut que
la rencontre qui ſe trouue dans la tranſpoſition des lettres
teſmoigne ce que ſont les hommes, ny que l'on en puiſſe
tirer vn préiugé pour ceux que l'on ne cognoiſt pas enco-
ré, & dont l'on ne ſçait pas quelles ſeront les actions à l'a-
uenir, l'on n'a point ſuiet de dire qu'il y ait vn myſtere
ſecret deſſous les noms, & qu'ils dependent des Aſtres:
Puiſque dans l'Anagramme l'on comprend d'ordinaire
le ſurnom, qui eſt le nom de famille, les Aſtres ſe ſeroient
donc obligez en quelque ſorte à rendre vn homme d'v-
ne certaine humeur, pource qu'il deuoit porter vn tel ſurnom, neantmoins tous ceux d'vne race ne ſe reſſemblent
pas. Que ſi l'on donne encore à chacun vn nom propre,
les meſmes Aſtres feroient donc qu'aucun n'en receuroit

quine luy fuſt conuenable, ou bien ils changeroient les inclinations de chacun ſuiuant ce nom; Mais il n'y a rien qui prouuę que cela doiue eſtre; au contraire pluſieurs portent ſouuent vn meſme nom, ou propre ou de famille, leſquels menent vne vie fort differente, ce qui fait voir que c'eſt vn abus de s'y arreſter.

Il'y a pluſieurs autres manieres de predire l'auenir, qui ont eſté priſes de la conſideration de toutes les choſes corporelles. Nous auons fait mention iuſqu'icy de celles qui ſont en quelque ſortē attachées à la perſonne; Les exterieures nous reſtent, leſquelles eſtans moins communes ſont eſtimées plus puiſſantes, & ſont pluſtoſt miſes au nóbre des Diuinations. Il y en a vne qui ſe fait par la Terre, qui eſt proprement celle que l'on a appellée premierement Geomantie, ou Geomance : Celle dont nous auons tantoſt parlé, eſt la Geomance artificielle. Nous voulons parler maintenant de la naturelle. L'on obſeruoit autresfois les creuaſſes des champs durant la ſeichereſſe, ou bien les diuers mouuemens de la terre, par les tremblemens, & le changement de face que pouuoit auoir vn païs, ſoit pour de tels accidens, ou pour les ruines que les eaux y auoient faictes, & quantité d'autres diuerſitez auſquelles l'on donnoit de l'explication ſelon leur figure. De meſme il y a vne Diuination par le moyen de l'Eau, que l'on appelle Hydromantie, laquelle ſe practique par la conſideration de l'accroiſſement ou de la diminution des Eaux, & par leurs mouuemens. L'on iette auſſi vn certain nombre de cailloux dans quelque baſſin de fontaine, & l'on fait iugement de ce que l'on deſire, ſelon les boüillős ou les cercles qui s'y font. L'Aeromantie, qui eſt la Diuination de l'air, ſe practique par la conſideration des Nuées & des vapeurs, & l'on y peut joindre la Capnomantie qui ſe fait par la conſideration de la fumée. La Pyromantie ſe fait par la conſideration des feux. En ce qui eſt de la conſtitution generale du Monde, l'on taſche de deuiner par l'apparition des feux eſleuez comme des Cometes, des Dragons volans, & des Eſtoilles tombantes; Et en ce qui eſt du particulier, l'on tire iugement ſur les feux que les hommes allument eux-meſmes, ſelon la couleur & la figure des flammes & du braſier, & ſelon le bruit que chaque matiere peut cauſer en bruſlant.

L'on a tiré des iugemens du vol des oyſeaux, ſelon le nombre qui en paroiſſoit, & ſelon lĕ coſté d'où ils ve-noient? En ayant gardé quelques-vns quelque temps, ſans leur donner de nourriture, l'on a auſſi preſagé ſelon la fa-çon dont ils prenoient le grain que l'on leur donnoit, & s'ils y alloient lentement ou habilement. De plus l'on a cherché le futur en obſeruant leur diuers iargon, & ce ſont là proprement les Auſpices & les Augures des an-ciens. Lors qu'ils faiſoient des ſacrifices, ils ouuroient auſſi non ſeulement les corps des oyſeaux, mais ſpeciale-ment ceux des animaux à quatre pieds, qu'ils offroient pour victimes, & ſelon la bonne côſtitution de leur cœur, de leur foye, & de toutes leurs entrailles, ils iugeoient de l'auenir. Dauátage ſi quelque corps d'homme ou de quel-que Animal que ce fuſt eſtoit engendré auec excés, ou de-faut, ou difformité en ſes membres contre les regles de la Nature, ou s'il arriuoit quelque accident eſtrange à quelqu'autre, ils appelloient cela des Monſtres & des Pro-diges, & croyoiĕt que cela ne ſe faiſoit que pour monſtrer ce qui deuoit auenir. Nous auons à dire contre toutes ces obſeruations qui dépendent de la Religion des Payens, qu'elles ne concluent rien pour la bonne ou la mauuaiſe fortune d'vn Eſtat, ou des perſonnes particulieres. Les Oyſeaux volent d'vn coſté ou d'autre, ſelon que leur in-ſtinct les porte; Ils prennent leur nourriture ſelon leur faim; & la ſanté de leurs parties interieures, dépend de la conſtitution qu'ils ont euë dés leur naiſſance, & de la ma-niere dont ils ont eſté nourris. De dire qu'il arriue que l'on prend ceux dont le naturel s'accorde à ſignifier la fortune que l'on doit attendre, cela ne ſe peut pas touſiours faire. Au reſte les Monſtres viennent au Monde pour des raiſons naturelles que l'on ſçait bien, & leur figure n'eſt point ordonnée pour ſçauoir ce qui doit arriuer autre part.

Que s'il suruient quelque accident extraordinaire à quelque Plante, ou à quelque Beste, ou à quelque Homme, l'on
peut dire veritablement que c'est vn signe de malheur;
mais le vulgaire s'abuse s'il entend que ce malheur soit
pour d'autres corps que celuy-là, ou pour ses sēblables, qui
ont couru mesme risque, & il ne faut pas que tout vn peuple en prenne l'espouuente. Que si en suite des Monstres
& des Prodiges il arriue des choses où l'on trouue du
rapport, c'est que l'on les explique ainsi apres leur venuë,
& iamais l'on n'eust descouuert ponctuellement de telles.
Pronostications , quand mesme elles seroient vrayes,
pource qu'elles font trop ambiguës.

L'on doit s'imaginer que selon les diuerses apparences
de tous les corps parfaicts ou imparfaicts, l'on dresseroit
encores facilement d'autres manieres de Diuination,
comme par exemple selon la grandeur & la figure des
Carrieres de pierre, & des Mines des Metaux que l'on
rencontrera; selon la grandeur, la grosseur, la couleur, &
le nombre des Plantes d'vne contrée, selon le nombre
des fueilles & des fruicts de chacune, & selon les qualitez
des Animaux, & tous leurs accidens. L'on auroit esgard
à cela, non pas seulement pour sçauoir ce qui arriueroit
à de tels Corps, ou pour connoistre à quoy ils seroiēt propres à l'auenir, selon les regles des signatures dont nous
auons desia fait mention, mais pour iuger par eux de ce
qui deuroit arriuer à des choses extremement esloignées, suiuant les regles que l'on a introduites en l'Art
de deuiner, si bien qu'autant de sortes de choses que l'on
peut considerer, l'on en pourroit faire autant de Diuinations, & en inuenter plusieurs ; dont iamais les anciens ne
se font auisé de parler. Toutesfois elles ne seroient pas
plus certaines que celles que nous auons dites.

Apres les Diuinations qui se font par les Elements
les Meteores, les Corps parfaictement meslez, & les
viuans, il y en a d'autres qui en dependent, & qui y
ioignent le secours de plusieurs Corps artificiels, ou tout
au moins l'artificielle application des choses naturelles.

376

Quelques-vns ayans fait fondre du plomb le iettent
dans l'eau, & felon les figures qu'il prend, ils iugent de ce
qu'ils pretendent; les autres font le mefme auec de la cire;
d'autres mettent des poids fur vne platine chaude, leur
donnant à chacun leur nom, & obferuant celuy qui eft le
pluftoft confommé, pour fignifier leurs intentions ; d'autres tracent des lettres dedans vn champ auec de la cendre ou de la pouffiere, & predifent l'auenir felon les premieres que le vent emporte, ou felon celles qui demeurét.
Il y en a encore qui iettent vn certain nombre de Dez
marquez diuerfement , & prennent garde aux marques
fur lefquelles ils fe trouuent ; d'autres iettent en l'air des
buchettes qui ne font pelées que d'vn cofté, & iugent de ce
qu'ils penfent felon le cofté fur lequel elles tombent; Cela
fe doit faire de mefme felon les marques d'vne piece de
monnoye, & felon les bufchettes oules pailles courtes ou
longues que l'on tire d'entre les mains d'vn autre, ou de
quelque autre endroict où elles font cachées. Ayant mis
auffi dans vn fac plufieurs billets qui contiennent diuerfes chofes, l'on s'affeure de l'auenir, fuiuant la promeffe
de celuy qui vient dans la main ; L'on fait le mefme auec
des boules, des tablettes, des Dez, & des Offelets, que l'on
a ainfi enfermez, lefquels portét diuers chiffres, & font tirez à l'auéture. Si l'on veut vn raifonnemét qui féble nous
inftruire dauantage, ayant ouuert vn liure en le piquant
d'vne efpingle ou de fes mains feules , on iuge par le difcours des premieres lignes que l'on a trouuées, quel fera
le fuccés de ce que l'on defire. Ayant encore efcrit les
lettres de l'Alphabet autour d'vn baffin quelques-vns attachent vne bague à vn filet, & cóme ils l'ont laiffé bran-
ler long temps , ils fe fondent fur les lettres qu'il a touchées.

Quelques anciens efcriuoient l'Alphabet autour (d'vn
grand cercle, & pofoient vn grain de bled fur chaque
lettre, & puis ayant mis vn Coq au milieu felon la fituation des grains qu'il mangeoit les premiers, ils formoient
des mots auec les lettres qui s'eftoient trouuées au def-

fous

fous,dont ils tiroient vn prefage de ce qui deuoit arri-
uer.En de certains pays l'on auoit auffi vne grāde platine
fur laquelle il y auoit plufieurs figures d'animaux de diuerfe efpece,& au milieu il y auoit vn petit pilier fur lequel on mettoit vne grenoüille qui ne manquoit point de
faute r incontinent en bas, & felon la nature de l'animal
fur lequel elle eftoit tombée l'on iugeoit du fuccés des
chofes dont l'on fe vouloit enquerir. L'on peut practiquer plufieurs artifices femblables pour mefme fujet,mais l'on fe doit eftonner dece que l'on y penfe trouuer quelque affeurance . Comme on practique en cela
des induftries fort baffes & fort vulgairesàfçauoir,de jetter des Dez,de tirer au court feftu,ou autres de peu de có-
fequence,il femble que l'on en doit attendre peu de refo-
lution. L'on refpond là deffus que c'eft l'intention qui
rend laceremonie plus autorifée , & qui fait qu'elle reçoit
du Ciel vne affiftance qu'elle n'auroit pas vulgairement;
Il faut obiecter que pourtāt vne chofe fe fait tantoft d'v-
ne forte,& tantoft de l'autre par de tels moyens ; & que
le hazard y prefidera toufiours, foit que les chofes par
par le moyen defquelles l'on veut eftre inftruit, foient
prifes ou códuites par nos mains,ou bien que l'on laiffe
faire cela à quelques animaux; Et pour en cognoiftre la
fauffeté, que l'on experimente deux fois le mefme fecret pour vn mefme deffein,l'on verra qu'il fe fera tousiours chofe diuerfe . L'on repartira alors que ceux qui
fe meflent de ce meftier n'adiouftent foy qu'à la premiere efpreuue, pourueu qu'elle fe trouue faicte legitime-
ment & methodiquement: En ce cas là ils pretendent
que l'influence des Aftres domine fur toute cette befon-
gne. Que fi l'on infifte à leur remonftrer que cela deuroit toufiours fe faire de mefme façon;ils peuuent repliquer que quand les Aftres ont fait en cela ce qu'ils deuoient,il n'en faut rien attendre dauantage, & que les autres efpreuues font inutiles. A leur compte les Aftres
efpient le temps que l'on fe fert bien à propos de quelque
inuention pour deuiner, & alors ils font que tout reüffit

Vol.III.   Bbb

de telle forte que nous fommes aduertis des chofes les plus cachées. Dans toutes les proprietez que nous auons remarquées aux Aftres, nous n'auons point trouué qu'ils en euffent aucune qui approchaft de celle là. Tout au plus l'on a propofé qu'ils fignifioient quelque chofe de ce qui deuoit arriuer; mais c'eft pource qu'ils en font les caufes. Quant aux chofes qui n'ont point cette qualité, & qui n'ont rien de commun auec d'autres, l'on ne doit point croire qu'elles puiffent donner des marques des fortunes à venir. Que fi l'on dit que les Aftres leur communiquent leurs facultez; & les ordonnent ainfi lors que nous en auons l'intention, cela ne dépend aucunement de la Nature.

IL NE faut point douter qu'il n'y ayt d'autres manieres de predire exemptes de menfonge & d'extrauagance. Nous auons declaré celles qui fe font touchant le chemin que doiuent tenir les Aftres & la production des Meteores, & fur l'employ & l'vtilité des pierres, des Metaux, & des Plantes, & la cognoiffance des Inclinations des hommes par la vraye Phyfionomie. L'Aftrologie peut auffi auoir quelque chofe de certain, pourueu qu'elle foit autre que la Iudiciaire commune; mais quant aux differentes Diuinations qui marchent en fuite, ce font des impoftures qu'il faut reietter entierement, pour ce qui eft d'y chercher la verité de s chofes cachées. Il ne s'en faut feruir que par recreation, ou bien dans les occafions où eftant en doute de ce que l'on doit choifir, il eft permis de ietter au fort, car de verité ce font pluftoft des forts fimples que de veritables Diuinations.

Pour vne maniere de Pronoftication fort vraye & fort naturelle, & propre à iuger de ce qui concerne chaque homme, l'on rapporte celle qui eft fondée fur les fonges.

En effet cela eftant attaché à la perfonne, il femble qu'il y ayt quelque certitude. L'on le peut croire en ce qui eft d'vne prediction reguliere, non pas de celles qui paffent les limites de la raifon; comme fi l'on pretend de iuger par là s'il arriuera du bien à vn homme, si quelqu'vn de ses parens mourra bien-tost , & d'autres choses qui sont entierement separées de luy. Quelques-vns disent que si l'on songe à des Perles , ou à de la Rosée, cela represente des larmes, & que cela signifie que nous aurons quelque sujet de tristesse. Que de voir des bleds & plusieurs autres fruits de la terre, cela signifie que nous deuiendrons riches; Que les Filets & le Reth nous menassent de prison corporelle ou de captiuité d'Amour; Que la Palme nous promet des victoires par la guerre, & l'Oliue nous promet la Paix; tellement qu'ils iugent ainsi de toutes choses, par celles qui sont leurs representations ordinaires : Mais si nous les dépeignons ainsi volontairement, ce n'est pas à dire que si cela nous paroist en songe, cela signifie de mesme, car nos resueries ne sont pas guidées de telle sorte que l'on n'y puisse rien voir qui ne soit certain pour l'auenir ; I'y chercherois plustost les marques de nostre estat present. Toutes ces diuersitez peuuent estre figurées en nostre esprit selon nostre disposition. Quelle asseurance y pensons nous trouuer aussi? D'vn autre costé il y en a qui croyent que pour bien expliquer les songes, il les faut prendre à rebours de ce qu'ils sont. Que s'ils nous representent vn mort ou vn cercueil , c'est signe de vie, ou de mariage, & de generation d'enfans , & s'ils nous representent de l'ordure & de la vermine, c'est signe de richesses. Ils se veulent fonder sur ce que l'on tient que les songes ne sont que mensonges, tellement qu'ils pensent que s'ils nous monstrent du mal, il en faut esperer du bien; mais les choses qu'ils nous representent ne peuuent pas estre expliquées punctuellement par d'autres contraires. Pour sçauoir qu'vne chose est fausse, l'on ne sçait pas precisément la verité; car il y a vne infinité de sortes de faussetez , quoy qu'il n'y ayt qu'vne verité de chaque chose. L'on ne sçauroit donc trouuer vne vraye explication aux songes par cette voye; & d'ailleurs nous soupçonnons beaucoup de fausseté l'Art entier, puis qu'il a diuersité de maximes, dont les vnes

font expliquer les songes par chofes femblables,& les autres par les contraires.Il y a bien plus,quand mefme l'on
fçauroit au vray ce que chaque chofe deuroit reprefenter,l'on auroit fouuent beaucoup de peine à tirer des conjectures de l'auenir, car ceux qui fongent d'ordinaire, fe
reprefentent tant de chofes diuerfes, que les explications
que l'on en pourroit faire deuroient eftre fort differentes. L'on dira qu'il faut choifir les principales pour af-
feoir fon iugement,mais ce choix eft difficile;de forte que
ceux qui fouftiennent cette efpece de prediction en font
venus là,qu'ils auouënt qu'il ne fe faut point arrefter aux
fonges trop longs& trop confus,mais à ceux qui femblent
eftre le deffein d'vne feule chofe.Il y a encore en cela de
la bigearrerie,& les chofes que nous nous formons dans
noftre imagination,lorsqu'elle n'eft pas affoupie entierement,s'y trouuent indifferemment,tantoft les vnes, &
tantoft les autres, felon les images les plus frequentes
qu'elle a receuës pendant le iour, ou felon la difpofition
de noftre corps, & felon nos inclinations. Voila les fuiets
des Songes, entre lefquels, fi nous confiderons ceux qui
viennent des diuerfes images de l'efprit, nous recon-
noiftrons que leur origine eft femblable à celle des penfées que nous auons en veillant. Prenonsgarde que fi lors
que nous fommes efueillez,nous-nous tenons en repos,
fans faire aucun ouurage où nous foyons appliquez, il
nous viendra diuerfes penfées felon noftre humeur &
nos deffeins: Voudrions nous tiret de là des iugemens de
l'auenir? Il y auroit ce femble plus d'apparence en cecy
que d'en tirer desfantofmes du fonge,puifque nous iouyf-
fons alors de la raifon:mais ceux qui parlent pour les fonges pretendent qu'ils doiuent eftre plus myfterieux, &
plus fignificatifs que toute autre penfée, d'autant qu'ils
font formez alors que l'efprit eftant à requoy dans la fo-
litude & le filence de la nuict fe recueille en luy mefme,&
fe donne plus de force,mais ce font des paroles vaines où
il paroift quelque ignorance, car le cerueau eftant alors
offufqué de vapeurs l'imagination a moins de pouuoir de

Pagination incorrecte — date incorrecte

NF Z 43-120-12

Pagination incohérente
Texte complet

faire ſes fonctions que pendant la veille. Il reſte à dire qu'vn eſprit ſuperieur ſe meſle au noſtre pendant le ſommeil pour luy donner connoiſſance de l'auenir; mais de là il faut donc reconnoiſtre que comme cette grace eſt particuliere elle n'arriue pas à chaçun : de ſorte que naturellement nous ne deuons point receuoir d'inſtruction par nos ſonges, touchant les accidens de noſtre vie, & de celle de nos amis. Nous ſommes pourtant demeurez d'accord que l'on en pouuoit tirer de certaines predictions qui nous concernoient, comme en effect cela ſe peut ; Car ayant connu par ce moyen quel eſt noſtre temperament, & quelle abondance d'humeurs nous auons, nous iugeons quel doit eſtre deformais noſtre maniere de viure, & quelles maladies nous deuons craindre: Les melancholiques ne ſongent qu'à des choſes funebres: Les bilieux ſe formēt des matieres de courroux, côme des querelles & des combats ; les phlegmatiques penſent eſtre expoſez à la pluye & à la neige, & les ſanguins ſongeront à des choſes gayes & diuertiſſantes, s'ils n'ont du ſang que mediocrement; mais s'ils en ont vne abondance nuiſible, ils s'imaginerôt quelquefois d'eſtre en feu, ou biē d'auoir la teſte, le dos, & les reins preſſez de quelque poids; Biē ſouuent meſme les Bilieux & les Sanguins ſongeront à des eaux auſſi bien que les phlegmatiques, d'autant que la ſoif qu'ils ont, les y fait penſer. Ainſi des hômes de têperament different ſongent quelquefois à de meſmes choſes, ce qui en pourroit abuſer quelques-vns; C'eſt pourquoy il faut taſcher de recognoiſtre ſi c'eſt pour diuers ſuiets qu'ils ſouffrent cela, afin de tirer la verité de tout. De là l'on peut encore auoir quelque connoiſſance des inclinations, non ſeulement des noſtres, mais de celles des perſonnes qni nous auront racôté leurs ſonges, toutesfois il faut que cela ſe faſſe ſans que la predictiô des accidēs futurs de leur vie y puiſſe eſtre fondée, ſi ce n'eſt fort mediocrement.

Il y a d'autres preſages naturels qui dépendent du corps, comme les eſternuemens, les tintemens d'oreil-

Des Eſternuemēs, des Tintemēs d'oreille, des fremiſſemens, des endormiſſemens, & des demangeaiſons de quelques parties du corps.

le,les fremiſſemens des pieds,& de tout le corps, les endormiſſemens & les demangeaiſons de quelques parties.
Quelques-vns croyent que ſelő que l'on eſternuë la nuiɓ
ou le iour,le matin ou le ſoir,&ſelő le nőbre des eſternuë-
mẽs, l'on peut predirele biũ ou le mal,touchãt toute ſorte
d'affaires , mais c'eſt vne ſuperſtitiő. Cela peut ſeruir ſeu-
lemẽt à connoiſtre ſi le cerueau eſt chargé d'humeurs, &
combien il a de force pour les chaſſer; Les tintemens d'o-
reille ſont attribuez à la prediction des nouuelles ou des
diſcours que l'on fait de nous: D'autãt que les oreilles ſeruent à ouyr , l'on a penſé que cet aduertiſſement s'addreſ-
ſoit à elles ; mais la diſtance peut empeſcher cette operation,& en vain l'on aſſeure que cela ſe fait par des ſym-
pathies,puis que celles-là ſont imaginaires . L'on dit de
meſme que le fremiſſemẽt des pieds ſignifie que l'on ſera
bien-toſt obligé de faire quelque voyage,&que le fremiſ-
ſement de tout le corps nous menaſſe de quelque perilı
Mais comment pourrions nous ſentir ce qui n'eſt pas
encore arriué? Pour l'endormiſſement,ou la demangeai-
ſon de quelques parties les doit-on attribuer à l'impuiſſance & au deſir que nous aurions de faire quelque choſe
ſelon la ſignification des membres qui ſouffrent cecy? De
telles explications ſont inuentées à plaiſir. Les broüiſſe-
mens & les tintoüins des oreilles ,les fremiſſemens , les
endormiſſemens & les demangeaiſons de chaque partie,
ont de verité leur ſignification , mais c'eſt pour l'eſtat du
corps: l'onconnoiſt par eux quelles humeurs y abondent,
& ſur quelles parties elles ſe iettent,& par là l'on peut deuiner veritablement ce qui y peut arriuer.

Il y a encore des obſeruations aſſez communes,par leſquelles on penſe predire ce qui arriuera,ſelon l'eſtat où ſe
trouuent les perſonnes. Quelques-vns diſent que l'on
change de ſept en ſept ans , de ſorte que ſelon l'humeur
dont l'on eſt dans vn ſeptenaire,il faudroit iuger du chã-
gement qui ſe feroit dans l'autre ; mais cela n'eſt aucunement receuable,ny pour le corps, ny pour l'eſprit. Leurs
changemens ſe font ſelon la maniere de viure , ſans autre

terme que celuy qu'elle prescrit, excepté qu'en ce qui est
du corps, il faut qu'il suiue les loix de nature qui le menent
à la vieillesse ; mais cela se fait plustost ou plus tard aux
vns ou aux autres, & cela paroist insensiblement ; L'on
tient qu'il y a de certains nombres d'années qui sont de-
cisifs de la fortune ou de la vie des hommes, & qu'outre
les septiesmes années, les neufiesmes apportent souuent
du changement, & mettent la vie en grand hazard ; l'on
les appelle les années Climateriques: Mais il faut prendre
garde qu'en ce qui est du peril de la vie, l'on craint fort la
soixante & troisiesme, & la soixante-sixiesme; l'on ne parle pas tant des autres termes inferieurs; côme de la vingt-
vniesme ou de la vingt-septiesme, pource qu'alors l'homme est plus ieune & plus robuste, & qu'il y en a dauantage qui meurent au temps plus auancé. L'on void donc
bien qu'il ne se faut point arrester à tous ces nombres, &
que si l'on en establissoit d'autres pour iuger, l'on y trouueroit souuent la mesme chose. Il est vray que l'on at-
tribue aussi aux grandes maladies de semblables termes
ausquels leur effect peut estre veu ; car les humeurs qui
les causent ont vn temps reglé pour paroistre, & si elles
sont en leur plus grande malice au troisiesme iour, l'on
peut coniecturer que le mal durera iusqu'au neufiesme,
ou au quatorziesme, & selon l'estat de ces iours, l'on pré-
dira ce qui pourra arriuer au corps; Et si l'on attribuë aussi
en cela quelque puissance à la lune, il faudra prendre garde en quel endroict du Ciel elle est, & si elle est pleine ou
nouuelle pour s'accorder à l'estat de la maladie. Elle y
peut auoir ainsi quelque efficace, sans estre la cause entiere des redoublemens, dont l'origine doit estre attribuée
à l'abondance des humeurs. C'est ce que l'on appelle
Crise, dont nous croyons que l'on peut tirer des presages
de la longueur ou de la brieueté de la maladie, & de la
vie ou de la mort. Cela persuade que l'on peut faire des iugemens par les années de l'aage; mais si toutes les fiéures
ou autres maladies ont quelque ressemblance, il n'en est
pas ainsi de la vie de tous les hommes, qui ont diuers tem-

peramens : de forte qu'il faut croire qu'en effect il y peut auoit des années fauorables & d'autres perilleufes, mias elles ne font pas toutes vniuerfellement pareilles pour chaque perfonne.

L'on peut adioufter icy les predictions des Medecins, qui fe font par l'obferuation du Pouls, de la couleur du teint, de la chaleur ou froideur, feicherefle ou humidité des parties; de la qualité des vrines, des fueurs, & de tous les excremens; Ils peuuent iuger de là fi la maladie fera longue, fi elle pourra eftre furmontée par la Nature feule, ou par leurs remedes, ou bien fi elle ne finira que par la mort. Ce font de vrayes predictions que l'on peut faire touchant le corps.

En ce qui eft de celles qui concernent l'efprit & la conduite de plufieurs affaires du monde, dont les ordres font fpirituels, elles fe peuuent trouuer auffi plus affeurées que celles de tant de Diuinations trompeufes dont nous auons parlé, lefquelles fe font par des inftrumens corporels & inutiles. Comment eft-ce qu'il feroit permis à des corps de donner iugement fur ce qui dépend de l'efprit? Il vaut mieux s'addreffer à l'efprit tout d'vn coup. Si nous voulons fçauoir ce qui nous arriuera de quelque chofe que ce foit, noftre efprit doit trauailler à en chercher la predictió. Qu'il examine foigneufemét les chofes paffées & les prefentes, il y trouuera de bonnes coniectures pour l'auenir, & auec cela il fentira en foy plufieurs fecrets mouuemens qui l'en aduertiront, & qui le rendant capable de faire de vrayes predictions, luy donneront auffi la vraye Prudence, pour iuger non feulement des chofes corporelles, mais des fpirituelles, ou ioinctes, foueparées.

FIN